危　机

2014—2015 年的俄罗斯

宋　扬　著

中国金融出版社

责任编辑：张智慧　王雪珂
责任校对：刘　明
责任印制：丁淮宾

图书在版编目（CIP）数据

危机：2014—2015年的俄罗斯/宋扬著. —北京：中国金融出版社，
2019.1

ISBN 978 - 7 - 5049 - 9850 - 7

Ⅰ.①危…　Ⅱ.①宋…　Ⅲ.①俄罗斯—研究—2014 - 2015
Ⅳ.①D751.2

中国版本图书馆 CIP 数据核字（2018）第 250782 号

危机：2014—2015年的俄罗斯
Weiji：2014—2015nian de Eluosi

出版
发行　　中国金融出版社

社址　　北京市丰台区益泽路2号
市场开发部　（010）63266347，63805472，63439533（传真）
网 上 书 店　http：//www.chinafph.com
　　　　　　（010）63286832，63365686（传真）
读者服务部　（010）66070833，62568380
邮编　　100071
经销　　新华书店
印刷　　保利达印务有限公司
尺寸　　169 毫米 ×239 毫米
印张　　26
字数　　348 千
版次　　2019 年 1 月第 1 版
印次　　2019 年 1 月第 1 次印刷
定价　　79.00 元
ISBN 978 - 7 - 5049 - 9850 - 7
如出现印装错误本社负责调换　联系电话(010)63263947

序　言

　　收到宋扬送来《危机：2014—2015 年的俄罗斯》一书的书稿，他希望我能为其撰写序言。先睹为快阅读了这部厚厚的著作，通读并掩卷后，我仍沉浸在俄罗斯经历并延续的那场惊心动魄的危机引起的思绪之中。过去 20 年里，我多次去过俄罗斯，在赞叹俄罗斯悠久的文化、丰富的资源、辽阔的疆域的同时，也十分关心俄罗斯的经济和金融发展，一直关注着近年来与俄罗斯相关的乌克兰危机、欧美对俄制裁、石油价格动荡、俄美政治风波和叙利亚、伊朗事件等。信息爆炸的时代，"一千个人眼中有一千个哈姆雷特"，在与许多俄罗斯的政府官员、金融家和企业家，国内外朋友谈及俄罗斯时，经常会听到截然不同的看法。纷繁复杂的国际矛盾冲突，往往纠缠着地缘政治、经济利益、历史恩怨、文化思维、宗教价值，盘根错节，互为因果。由于立场和角度不同，人们往往会不自觉地扮演着"摸象的盲人"。在读这本著作之前，我担心宋扬是否能够克服这些困难，能否全面地阐述清楚"危机"的前因后果。当我读完这本书时十分欣慰，宋扬关于俄罗斯 2014—2015 年危机的观察和研究是十分理性真诚的，是深入细致的。本书中宋扬的许多观点和研究具有独到之处。

　　作者对俄罗斯经济和社会研究的探索精神值得赞赏。他研究俄罗斯 2014—2015 年危机，但又不限于此。在时间和空间上作了延伸，对危机产生的由来进行了历史和文化的思考。本书开篇简要、概括地介绍了俄罗斯、苏联及"现代俄罗斯"的历史，帮助读者从历史和现实的视角，了解俄罗斯与西方的关系、乌克兰"脱俄"的由来，从而了解俄罗斯面对克里米亚事件、欧美制裁、内外危机的思维和行为方式的逻辑。作者继而对俄罗斯为何命途多舛、为何危机动荡成为常态、为何文明冲突和对外扩张连绵不断、为何牺牲精神和集体主义始终存在作了历史和哲学的思考，使人们加深了对历史偶然性事件背后的必然性认识。作者认为俄罗斯的历史发展异于西方文明体系，未完整经历西方文明发展阶段，文化也与欧美迥然不同，与东方世界也截然不同。俄罗斯独特的道路和命运是由其历史文化决定的，这或是俄罗斯的文化本源或历史宿命。以"决定论"的观点来分析俄罗斯的历史、现实和未来，或许有助于对俄罗斯的历史发展脉络看得更为清晰。当然作者的这些观点，有兴趣的读者可以进行深入研究和讨论。

作者对俄罗斯经济领域的分析有相当的深度和广度。俄罗斯面对来自欧美国家的严厉制裁，加之 2014 年石油价格骤然暴跌及产油国之间的博弈，导致了经济危机的进一步加深，并且危机的影响不仅限于经济领域。作者深入分析了俄罗斯在危机时期的一系列社会政治、宏微观经济政策的变化和对策，从注重社会稳定和形成人民共识，从均衡贸易、投资和消费的"三驾马车"，从财政和货币政策，从金融监管政策的适应性改革，从能源政策的调整等方面，观察分析了诸多政策措施的出台、实施和效用。经济金融危机发生后，会迅速向经济、金融的各个子系统传导和演化。作为一个金融界人士，作者充分利用其熟悉产业经济的特点，详细介绍了危机中俄罗斯各行业的冷暖变迁，介绍了危机对经济细分领域的影响，分析了俄罗斯进口替代政策的效果和挑战。对此阶段俄罗斯的能源企业、制造业、航空业、汽车业、房地产和建筑业、农林渔业的挣扎突围和断臂求生作了详述。作者引用了大量权威性的行业数据，使研究分析有理有据，更具学术性和严肃性，弥补了一般书籍介绍俄罗斯的短板。作者还详细介绍了制裁阶段的卢布危机，俄罗斯利率、汇率和资本外流，介绍了俄罗斯银行业受到的冲击及居安思危的支付改革，人民币支付清算的发展。经历了多次金融危机的俄罗斯，久病成良医，在应对通货膨胀、信贷紧缩、利率、汇率和流动性冲击等诸多压力下，从容应对，见招拆招，度过了又一次金融危机。

本书的另一特点是，作者给予读者最新的信息。危机时期，他正在中国工商银行俄罗斯子银行担任总经理。善于观察的眼睛不放过俄罗斯在危机中的种种变化细节。他讲述了一个个小故事，使读者身临其境地看到俄罗斯危机时期的"众生相"：希望与中国合作的俄罗斯大企业家，面临破产绝境的航空公司董事长，担忧通胀抢购家用电器的消费者，因卢布贬值无法偿还按揭的银行员工，以及危机时在俄的中资银行经营者等。就近观察俄罗斯，会让读者有更直观、更深刻的印象，也是对理性思考的有益补充。关于俄罗斯的著作已有不少，但介绍俄罗斯近况的著作比较少见，此书不仅详尽介绍了2014—2015年俄罗斯的情况，而且延伸至今，向广大读者呈现了俄罗斯最新的和一手的资讯。

观察俄罗斯2014—2015年的危机，不仅具有历史意义，还具有很强的现实意义。世界是个地球村，每个国家都难以独善其身，国内经济结构、金融体系、政治制度、社会治理等因素，往往与外部环境的变化和冲击交织在一起，相互关联、相互作用、相互影响，使危机的产生和演化更为复杂、也更不可测。当前，世界格局正处于大变革、大动荡、大调整的深刻演变过程，全球化进程中的贫富差距、区域差距、地缘政治、文化冲突等现象越来越引起人们的重视，一些国家极端主义、民粹主义、贸易保护主义等思潮抬头，中美之间的贸易冲突也在加剧。全球性、区域性及国家性的危机层出不穷，局部性的战争冲突增多。所有现象背后，固有国家之间的经济利益纷争，也有社会治理模式和价值观差异与冲突，或许还有亨廷顿教授 20 世纪 90 年代提出的"文明冲突"的深层次因素。防范危机、化解危机、转危为机，则必须了解世界。相信此书是一本帮助读者了解俄罗斯和世界的好书。

是为序。

姜建清

几句感言

　　宋扬同志 2013 年 8 月至 2015 年 12 月担任中国工商银行（莫斯科）股份公司总经理，我们一起在莫斯科度过了两年多难忘的时光。他在总经理的岗位上，为落实两国领导人达成共识，深化中俄务实合作，特别是对两国金融领域的合作，作出了不懈努力和贡献。在紧张工作之余，他还认真研究俄罗斯的发展史，研究俄罗斯经济的发展历程和前景。这是非常难能可贵的。作为从事欧亚地区事务的人员，我们应该学习宋扬同志的钻研精神。愿他将莫斯科工作的宝贵经历化为激励他为祖国尽职尽责服务的强大动力，在今后的人生旅途中再创辉煌！

李辉

2018 年 9 月 3 日于莫斯科

目　　录

前世今生 ……………………………………………………… 1

基辅罗斯 …………………………………………………… 3

蒙古统治时代 ……………………………………………… 5

伊凡雷帝与混乱时代 ……………………………………… 8

罗曼诺夫王朝的彼得大帝 ………………………………… 10

叶卡捷琳娜大帝、俄土战争和乌克兰 …………………… 14

战胜拿破仑的亚历山大与惨败克里米亚的尼古拉 ……… 17

改革还是革命——罗曼诺夫王朝最后的半个世纪 ……… 19

苏联 ………………………………………………………… 22

现代俄罗斯 ………………………………………………… 23

三个历史特点 ……………………………………………… 29

战争与和平 ……………………………………………… 31

乌克兰与入欧困局 ………………………………………… 33

基辅的广场革命 …………………………………………… 34

克里米亚 …………………………………………………… 37

博弈和预判 ………………………………………………… 41

公投 ………………………………………………………… 43

制裁 ·· 47

3 月制裁开始 ·· 49

    季姆琴科 ··· 50

    罗滕贝格兄弟 ··· 53

    两家被制裁的银行 ··· 54

4 月乌东冲突与《日内瓦协议》 ····························· 58

5 月乌东公投与基辅大选 ····································· 62

    亚信峰会 ··· 67

7 月初制裁升级 ·· 69

    民意调查 ··· 71

7 月 17 日马航 ·· 77

    马航事件后制裁的全面升级 ······························· 77

8 月俄罗斯的反击 ··· 80

9 月缓和或是恶化 ··· 83

制裁对于欧美俄的影响分析 ··································· 86

    欧洲 ··· 87

    美国 ··· 89

    俄罗斯 ··· 90

各国国内政治情况分析 ·· 96

石油天然气 ·· 101

2014 年下半年的油价 ··· 103

油价为什么突然暴跌 ·· 104

产油国博弈 ··· 108

    OPEC ·· 109

页岩油和美国 ……………………………………… 109

俄罗斯 …………………………………………… 113

低油价对俄罗斯的影响 …………………………… 115

能源武器 …………………………………………… 118

俄气与俄石油 …………………………………… 118

俄欧天然气管道 ………………………………… 121

俄欧石油管道 …………………………………… 126

2017 年美国 CAATSA 法案与俄欧能源问题 ……… 131

欧洲能源战略带来的挑战 ………………………… 133

和东方的能源合作 ………………………………… 135

卢布危机 ………………………………………… 139

西伯利亚的冬天 …………………………………… 141

2014 年的卢布走势 ……………………………… 143

卢布危机带来的影响与风险 ……………………… 147

卢布危机中的普通人 …………………………… 147

不同行业受卢布危机的影响 …………………… 149

外资企业的额外风险 …………………………… 155

对银行的影响 …………………………………… 158

教训：避免错配 …………………………………… 160

2015 年开始了 …………………………………… 165

新年猜想 …………………………………………… 167

评级降为垃圾 ……………………………………… 170

2015 年的欧盟 …………………………………… 176

第二次明斯克协议 ···················· 179

涅姆佐夫被刺事件 ···················· 183

稳定与动荡 ·························· 186

利率、汇率、资本流动 ················ 189

俄央行应对危机策略回顾 ·············· 195

　　强化监管与临时豁免 ·············· 195

　　资本流出与反洗钱 ················ 198

　　危机中的政策总结 ················ 203

进口替代中的行业冷暖 ················ 205

制造业 ······························ 207

汽车 ································ 209

房地产与建筑业 ······················ 214

航空 ································ 215

　　洲际航空之破产 ················ 216

农牧渔业 ···························· 223

进口替代政策的效果与挑战 ············ 227

危机中的金融业 ······················ 233

银行业 ······························ 235

　　俄罗斯银行业的特点 ·············· 235

　　危机中的俄罗斯银行 ·············· 238

　　支持实体经济、支持进口替代 ······ 244

结算、支付与其他金融服务 ············ 248

　　并没有被制裁的结算 ·············· 249

个人支付与卡组织 …………………………………… 251

人民币 ………………………………………………… 253

本币互换 ……………………………………………… 253

人民币清算行 ………………………………………… 254

结算和交易 …………………………………………… 256

人民币融资发债 ……………………………………… 257

中资银行与俄罗斯的合作 …………………………… 261

"三驾马车" 与宏观经济政策 ……………………… 263

对外贸易 ……………………………………………… 265

对外贸易大幅下降 …………………………………… 265

进口降幅大于出口，保持贸易顺差 ………………… 266

对外贸易的去能源努力 ……………………………… 268

消费 …………………………………………………… 271

实际收入下降与贫困上升 …………………………… 271

居民部门去杠杆 ……………………………………… 274

被牺牲掉的消费 ……………………………………… 277

投资与基础设施 ……………………………………… 279

投资不振的原因 ……………………………………… 280

铁路和大型项目 ……………………………………… 282

财政政策 ……………………………………………… 286

税收 …………………………………………………… 287

其他缓解财政压力的措施 …………………………… 289

国债 …………………………………………………… 290

货币政策 ……………………………………………… 292

流动性紧张 …………………………………………… 292

鱼和熊掌 ·· 293

后续 ·· 297

围魏救赵 ·· 299

"二战" 胜利 70 周年 ··· 301

制裁延续与伊核协议 ··· 303

独联体国家经济外交 ··· 307

夏日困局 ·· 309

叙利亚 ·· 311

9 月风暴 ·· 312

战争决策与战争准备 ·· 314

两架坠毁的飞机 ·· 317

叙利亚问题中的俄美关系 ································· 321

实战练兵 ··· 323

仍未结束的叙利亚内战 ···································· 325

新常态与老状态 ·· 329

普京总统 2015 年国情咨文 ································ 331

外交 ··· 334

与西方关系的改善 ·· 334

不好不坏的新常态 ·· 337

波罗的海影射出的俄欧关系老状态 ·················· 342

内政 ··· 346

总统的权威 ·· 347

卫士帮、家庭成员、圣彼得堡帮、强人集团 ······ 349

俄罗斯的政党 ·········· 352

人民群众········· 355

　选民的选择 ········· 356

　俄罗斯人 ········· 360

经济与石油········· 363

　经济复苏与长期挑战 ········· 363

　戒不掉的石油瘾 ········· 366

　制裁与低油价中的俄能源企业 ········· 368

　俄罗斯石油战略的深化 ········· 370

决定论或意志论········· 374

　俄罗斯的历史文化决定论研究 ········· 374

　乌克兰和德意志的决定论探讨 ········· 379

　哲学问题讨论 ········· 385

结束语 ········· 390

图表目录

制裁 ·· 47

图 1　俄罗斯被制裁的三位主要商人及其企业图谱 ·················· 57

表 1　您认为俄罗斯需要政治反对派吗？ ···················· 72

表 2　您对普京作为总统的工作是否满意？（根据回答者的
　　　年龄统计区分） ·································· 73

表 3　您对普京作为总统的工作是否满意？（根据回答者居住
　　　城市的规模统计区分） ··························· 73

表 4　您对普京作为总统的工作是否满意？（根据回答者的
　　　教育程度统计区分） ··························· 73

图 2　反制裁措施出台后的莫斯科欧尚（Auchan）超市
　　　（拍摄于 2014 年 8 月 8 日） ····················· 83

石油天然气 ·· 101

图 1　连接俄罗斯与欧洲的天然气管道 ···················· 122

图 2　俄罗斯向欧洲输送石油的友谊管道和三个港口 ·········· 128

图 3　2004—2015 年俄罗斯天然气工业集团向欧洲输气的
　　　主要路径 ···································· 130

图 4　2015 年俄欧之间各条天然气管道的运输量和使用率 ········ 131

卢布危机 ·· 139

图 1　2012 年至 2014 年第三季度俄罗斯的外汇收支情况 ·········· 146

图 2　2014 年第四季度卢布兑美元的走势 ····················· 147

图 3　不同行业企业以美元计价的成本和收入占其总成本收入的
　　　比例（2014 年预测分析值） ··························· 151

图 4　不同行业美元收入比例与美元成本比例之差（2014 年
　　　预测分析值） ····································· 152

图 5　各行业企业在 2013 年底的美元净债务占比 ··············· 153

图 6　各行业美元收入占比与美元债务占比之差 ··············· 153

图 7　卢布下跌 10% 的情景下，各行业 2014 年预测的汇兑损益和
　　　经营收入变化占净收入的比例 ······················· 154

图 8　不同币种的按揭贷款逾期率比较 ····················· 161

图 9　美元借款人在位于莫斯科的俄罗斯天然气工业银行总部门口
　　　抗议（摄于 2015 年 8 月） ························· 162

2015 年开始了 ··· 165

图 1　1995—2014 年俄罗斯政府债务与 GDP 的比例 ············· 174

图 2　1993—2014 年俄罗斯财政盈余/赤字占 GDP 的比例 ········· 174

图 3　1991—2014 年俄罗斯外汇储备与外债的比率 ············· 175

图 4　1991—2014 年俄罗斯进口覆盖度（外汇储备/
　　　月度进口额） ····································· 176

图 5　2015 年上半年卢布同业拆借利率走势（3 个月的
　　　MOSPRIME 每日报价） ····························· 190

图 6　俄罗斯 2012 年到 2015 年 8 月期间的通货膨胀率
　　　（年同比） ······································· 191

图 7　2014—2015 年波罗的海和中东欧国家、俄罗斯、土耳其的
　　　国际收支资本流动分析 ………………………………… 199

进口替代中的行业冷暖 …………………………………………… 205

图 1　2015 年至 2016 年 5 月俄罗斯主要行业产出表现
　　　（以 2015 年 1 月为 100） …………………………… 223
表 1　食品产量年度增幅 ………………………………………… 224
图 2　2012 年第一季度至 2016 年第一季度进口商品与食品在
　　　俄罗斯零售市场中的份额变化 ………………………… 225
图 3　2014 年至 2015 年 1 月俄罗斯零售、制造业、进口数据
　　　增（减）速变化（年同比） …………………………… 228
图 4　20 世纪 60 年代至 21 世纪 30 年代俄罗斯劳动力的
　　　年龄构成 ………………………………………………… 230

危机中的金融业 …………………………………………………… 233

图 1　俄罗斯银行业从央行和政府部门拆入资金占总负债的比例
　　　变化情况 ………………………………………………… 244
图 2　俄罗斯企业海外融资金额（2005—2016 年） …………… 246
图 3　乌拉尔钾肥 5.3 亿美元的银团贷款完成之后，报纸上刊登的
　　　一幅漫画 ………………………………………………… 248

"三驾马车"与宏观经济政策 …………………………………… 263

图 1　1994—2016 年俄罗斯进出口变化趋势 …………………… 265
表 1　俄罗斯进出口产品类别占比变化 ………………………… 270

图 2　2011 年 5 月至 2015 年 1 月俄罗斯居民收入与消费贷款
　　　实际变化趋势（年同比）……………………………………… 276

表 2　居民消费指数变化（年同比）………………………………… 277

图 3　俄罗斯 2006—2015 年失业率与实际工资变化 …………… 279

图 4　俄罗斯 2005—2015 年财政收入、支出、盈余（赤字）的
　　　情况 ………………………………………………………………… 287

图 5　俄罗斯 2009 年 11 月至 2016 年 5 月的 CPI 和 PPI 水平
　　　（年同比）…………………………………………………………… 294

新常态与老状态 ……………………………………………………… 329

表 1　在你看来，下面的各个党派主要是代表了哪个阶层的利益
　　　（多选）…………………………………………………………… 356

表 2　你最担心下列哪些社会问题（多选）………………………… 357

前世今生

历史是延续的。研究和讲述俄罗斯、讲述它和乌克兰之间的关系、讲述它和西方之间的关系、它对克里米亚的态度、它在面对外部制裁与压力、面对经济危机等内部困难时的做法，都不得不对它的历史有所了解。正是俄罗斯历史和文化的延续，才塑造了其今天在世界政治经济生活中的地位以及其面对地缘政治与内外危机时的行事态度。

基辅罗斯

俄罗斯的历史要从罗斯部族说起，罗斯部族是今天斯拉夫人的祖先。他们在公元初被称为涅维德人，主要居住在今波兰境内。大约公元2世纪开始，这些斯拉夫人逐渐南下，在公元6世纪前后已经占领了北起波兰维斯瓦河，南到多瑙河的中东欧大片疆域，成为欧洲最大的部落之一。但在经济社会发展状态上，其在当时仍处于氏族部落阶段，他们砍伐森林、平整土地、从事耕作、集体饲养牲畜和狩猎，氏族大会决定重大问题。在这个时期的斯拉夫人也被叫做安特人。公元7世纪初，斯拉夫人向东，逐步发展到了今天俄罗斯境内第聂伯河流域。也就是从这个时候，斯拉夫人逐渐演变成了三支主要的力量：包括今天波兰、捷克和斯洛伐克人祖先的西斯拉夫；包括今天保加利亚、塞尔维亚、马其顿和克罗地亚人祖先的南斯拉夫；包括今天俄罗斯、白俄罗斯和乌克兰人祖先的东斯拉夫。因此可以说，这些中东欧的现代国家，追根溯源，都有着同一个氏族祖先。特别是俄、白、乌，都是东斯拉夫人的后代，因此他们也自称为罗斯子孙，实为同祖同宗。

公元826年，作为维京人一支的北方诺曼人在留里克的带领下，顺着第聂伯河南下，逐步征服东斯拉夫的各个部落，建立了俄罗斯历史上第一个统一的王朝。公元882年①，留里克的继任者奥列格继续南下，占领了基辅，并随即在基辅正式建都，史称基辅罗斯。这里有两点值得注意：第一，俄罗斯历史上的第一个正式的首都并不是莫斯科，而是基辅，也就是今天乌克兰的首都。第二，俄罗斯历史上的第一个统一的王

---

① 公元882年，在中国已是唐朝末期黄巢起义的时候了。而在欧洲大陆，法兰克王国也已经在公元843年通过凡尔登条约而分成了东、中、西法兰克三个国家，分别成为后来法国、德国、意大利的前身。

朝是诺曼人（而不是斯拉夫人）建立的。诺曼人在东方侵入斯拉夫人领地的时间，是和他们在西方登上大不列颠群岛一致的。

基辅罗斯时期有两个最大的特点：一是征战与扩张不断，二是内乱与政变时断时续。而这两个特点实际上也一直延续到了俄罗斯未来的整个历史中。

基辅罗斯不断扩张，在公元 1000 年左右，已占据了南至黑海、北至波罗的海南岸、西到伏尔加河、东到喀尔巴阡山的近 100 万平方公里土地，人口达到 500 万人。

基辅罗斯的雅罗斯拉夫大公（1019—1054）是一位很有作为的统治者，他制定了《雅罗斯拉夫法典》，确定了基辅时代君主、贵族、平民三者之间的关系。但在他病逝之后，他的三个儿子为争夺王位而使基辅罗斯陷入了战乱和分裂。公元 1132 年[①]，基辅罗斯已经彻底解体成为十几个独立的公国。

基辅罗斯解体后，东北部出现了一个强国，叫弗拉基米尔—苏兹达尔公国，史称东北罗斯。西南部在公元 1199 年前后出现了加利奇—沃伦公国，史称西南罗斯，这是今天乌克兰民族的发源地，也是东斯拉夫人和西斯拉夫人的交汇之地。公元 1205 年，匈牙利人和波兰人入侵该地区，使其分裂直至 1234 年。基辅罗斯解体之后，西北部出现了波洛茨克—明斯克公国，史称西北罗斯，是今天白俄罗斯民族的发源地，后来立陶宛向罗斯内地扩张，吞并了与之相邻的西北罗斯的大片领土。这些在基辅罗斯解体之后所形成的地域政治格局，也一直持续影响到了今天。

基辅罗斯受东罗马帝国拜占庭的影响较大，这也造成了整个俄罗斯在历史上与西欧的文化差异。在那个时代的欧洲，大体上南方被认为是源自古希腊、古罗马的文明社会，也是基督教的发源地；而北方则被

①　公元 1132 年，中国正是南宋初期，在这一年，宋高宗赵构正式定都临安（杭州），岳飞正在积极抗金。

认为是野蛮人。当野蛮人掌握了政权之后，便开始逐步或有意或无意地接受南方文明的影响。基辅罗斯在拉基米尔·斯维亚托斯拉维奇大公时期（980—1015），从拜占庭引进了东正教。将这件事放到历史长河中去看，无疑又进一步在意识形态上造成了俄罗斯与西方的差异。君士坦丁堡皈依基督教之后，一直受到早期阿利乌斯教派的影响，这种影响一直持续到了拜占庭和俄罗斯。但是在西欧，君士坦丁堡皇帝的权力很快就被哥特人和法兰克人所取而代之，这些野蛮人皈依天主教，与罗马的教皇达成协议，从教皇那里获得对其世俗权力的承认，并以此形成和保持了宗教忠诚优于政治忠诚的思想传统。但这在东正教的世界是不存在的。按照罗素在《西方哲学史》（1955）中的说法，这也就是为什么近代的俄国人并不会认为，比起服从斯大林来，他们更应该服从辩证唯物主义。

蒙古统治时代

分裂而赢弱的基辅罗斯在 13 世纪遭到了蒙古人的屠戮与占领。1223 年，成吉思汗在第一次西征中，派手下大将哲别和速不台从南高加索向北进军基辅罗斯。罗斯各公国联合对敌，但首战完败，有 5 位大公阵亡。蒙古军队胜利后，继续向西，经过克里米亚半岛，一直打到德涅斯特河并围攻基辅。1235 年，成吉思汗之子窝阔台派拔都开始了蒙古的第二次西征，经过游牧民族的征战屠杀、抢掠补给，蒙古人终于在 1240 年彻底攻占了基辅。基辅沦陷后，蒙古人继续西征，一度攻占了波兰、捷克、匈牙利、摩尔多瓦等地，并进入克罗地亚，直达亚得里亚海岸。由于受到当地人民的顽强抵抗，蒙古军队最终从东欧撤回到了伏尔加河下游的草原地带，并在萨莱（今天的伏尔加格勒附近）定都，建立金帐汗国，自此开启了对俄罗斯 240 年的统治。

在那个时代，由于蒙古人口数量较少，它在西征和日后的占领期间，使用了很多早期在中亚战争中臣服的鞑靼人帮助其进行作战和统治。这也就是俄罗斯人和鞑靼人历史渊源的开始。

在蒙古统治时期，俄罗斯继续着其分裂的局面，各个公国按约向蒙古朝贡纳税，各处都是战后的凄惨景象，城市破败、田园荒芜。在这个时候，一个俄罗斯北部的边陲小国却慢慢地发展了起来，并最终将俄国带入到了一个新的历史时期。这个地处东北罗斯的公国名叫莫斯科。

莫斯科的第一个大公，亚历山大·涅夫斯基是蒙古人拔都在 1252 年任命的，其管辖的地区除了莫斯科，还包括其附近的诺夫哥罗德、弗拉基米尔等重要城镇。

莫斯科公国在伊凡·达尼洛维奇（1325—1340 年，史称伊凡一世）统治时期，迎来了重要的发展机遇。当时，蒙古人的金帐汗国已经统治该地区近 100 年了，对于连年的征税讨伐已感到厌倦。伊凡一世趁机成功地说服了蒙古人，由他代替进行收税，蒙古人不用再麻烦地对付俄罗斯无数大大小小的公国了，而只和莫斯科打交道就好，由莫斯科代替他们摆平其他的那些公国。这个安排为莫斯科带来了至少三方面的好处：一是伊凡一世采取各种手段，扣留了蒙古人的部分税金以充实自己的国库；二是以帮助蒙古人收税为理由，他从蒙古人那里取得了扩大自身军事力量的特权；三是借此莫斯科成为了俄罗斯各个公国实质上的领头人。这都为莫斯科未来与金帐汗国进行决战、摆脱蒙古人的统治积蓄了条件。

伊凡一世被认为是当时罗斯最富有的人，被称作"钱袋"。也是他开始了对克里姆林宫的建设。1327 年，东正教的大牧首由基辅迁至莫斯科，这进一步强化了莫斯科统治全俄的正统性地位。1328 年①，伊凡一世被封为"全罗斯大公"。

---

① 公元 1328 年，中国的元朝，明太祖朱元璋在这一年出生在安徽凤阳。在欧洲，英法关系日益恶化，都在为 1337 年爆发的英法百年战争积极准备。

莫斯科下一位重要的统治者是德米特里·顿斯科伊。德米特里为了巩固统治，对抗立陶宛大公国的异教徒和穆斯林部落的包围，决定与东正教全面结盟，成为了东正教的保护者。

面对以莫斯科公国为代表的罗斯人不断膨胀的实力和日益发展的独立念头，金帐汗国也终于坐不住了。1380年，蒙古人集结20万大军（主要是鞑靼骑兵）并与立陶宛结盟，在马麦汗的带领下，与俄罗斯在顿河岸畔进行决战，史称"马麦汗大战"或库里科沃原野会战。此战，罗斯各公国大多怯战，不敢出兵，只有德米特里带来的莫斯科公国，组建起一支10万人的军队迎战，并最终取得了此次战役的胜利。尽管这次胜利没有在当时立刻结束蒙古对于罗斯的统治，但第一次显示出了罗斯人战胜蒙古入侵的决心与能力，成功洗刷了莫斯科一直以来向蒙古人献媚的形象，使其在政治、经济、军事等方面获得了更多的自主权。

借助与蒙古人斗争的阶段性胜利，莫斯科公国在伊凡三世时期不断扩张，先后兼并了雅罗斯拉夫尔、罗斯托夫、诺夫哥罗德、特维尔、梁赞等公国，一个统一的国家初步形成。其边境北到白海、南到奥卡河、西至第聂伯河、东至乌拉尔山，面积扩大到大约280万平方公里，人口约500万。这在当时已经是欧洲幅员最大的国家了。

1453年，奥斯曼帝国攻入君士坦丁堡，拜占庭亡国。1472年，伊凡三世迎娶了拜占庭末代皇帝的侄女索菲娅公主为妻，在形式上成为了罗马帝国和东罗马帝国（拜占庭）的合法继承人，在历史上也被人们称为第三个罗马帝国。借此，莫斯科也成为了东正教唯一的保护国。

伊凡三世还在1480年停止了对金帐汗国的纳贡，从而正式结束了蒙古人对俄罗斯240年的统治。金帐汗国由于不断的内斗而逐渐分裂成了若干个大小国家，如喀山汗国、克里米亚汗国、西伯利亚汗国、乌兹别克汗国、哈萨克汗国等。在莫斯科与金帐汗国的战争中，莫斯科有一个盟友，克里米亚汗国；金帐汗国也有一个盟友，立陶宛。当时立陶宛的国土范围包括着今天白俄罗斯和乌克兰的大部分地域。在 1500 年莫斯科与立陶宛的战争中，曾出现过莫斯科与克里米亚汗国两面夹击，进攻位于乌克兰的立陶宛军的场景。

蒙古人统治俄罗斯的 240 年，对俄罗斯的影响十分深远。在莫斯科城市中心邻近红场有一个地方叫做"中国城"，但这个中国城并不像纽约、伦敦的中国城那样是华人的聚集地，莫斯科的中国城并没有华人，而只有蒙古人当年在克里姆林宫边上留下的一段城墙。中国城的俄文名称是 Китай - город，中国在俄语中的译法是 Китай，因此这个地方被翻译成了"中国城"。Китай 从词源上讲，应该是契丹的音译。就如同中国的古人很难分清楚洋人一样，俄国人在历史传统上，好像也把来自东方的各个民族混为一谈。克里姆林宫的围墙上共有 18 座塔楼，这些塔楼在中世纪是观察远方敌情的瞭望台，其中最雄伟、最壮观的一座是位于东南方向的带有自鸣钟的救世主塔楼，据说这表明了莫斯科大公国时代最强大的敌人所来自的方向。

伊凡雷帝与混乱时代

伊凡三世之后，他和拜占庭公主所生之子瓦西里三世继位。瓦西里三世之后，他和叶琳娜（据说是蒙古金帐汗国大汗的后裔）之子伊凡四世继位。伊凡四世，即"伊凡雷帝"和"恐怖的伊凡"，他是俄国的第一位沙皇，他的行事作风、治国方法，乃至他的悲剧性人生，都一直以某种形式影响着后来的俄罗斯。

伊凡四世 1533 年即位[①]，时年才 3 岁，其母亲叶琳娜暂时摄政，宫

---

① 公元 1533 年，明朝嘉靖 12 年，王守仁（王明阳）已逝世 4 年，戚继光 5 岁。那一年，厄瓜多尔和秘鲁成为了西班牙的殖民地，印加国王在向西班牙人提供了价值一亿美元的赎金后，依然被杀害了。同年，教皇把亨利八世革出教门，英格兰自此脱离了罗马天主教体系。

廷里各利益集团激烈争权，倾轧谋杀不断。1538 年，伊凡四世 8 岁，其母突然去世，据传是被毒死的。1547 年，伊凡四世正式加冕。伊凡四世上台之后，致力于加强中央集权。在他的第一任妻子安娜塔西亚于 1560 年去世之后，伊凡四世的性情越来越暴虐了。因为他推行中央集权受到贵族们的反对，伊凡四世在 1564 年冬突然出走，离开莫斯科到首都附近的一个村子居住。这引起了莫斯科的混乱和恐慌，贵族和主教不得已只能请他回首都主政，并许诺他可以有权处决任何想处死的叛徒。随后，伊凡四世在 1565 年推行了沙皇特辖制，把全国分为特辖区和普通区，特辖区包括所有俄国核心地区的领土，由对沙皇绝对忠诚且冷酷专横的特辖军统治。很多大贵族都被从特辖区赶到了位于边远落后地区的普通区，不愿就范的约 4 000 多名大贵族则被屠杀。特辖制度打破了领主政体对沙皇权力的威胁，实现了沙皇专制，加强了中央集权。

在对外扩张中，伊凡四世 1552 年吞并了喀山汗国并血洗喀山[1]，1579 年又占领了西伯利亚汗国。沙皇俄国的势力至此已经越过乌拉尔山，进入了西伯利亚。

1581 年，已然暴虐得几近病态的伊凡四世在盛怒之下失手杀死了自己的儿子，皇位继承人伊凡太子。三年之后，伊凡四世死于中风，享年 54 岁。其有智力缺陷的小儿子费奥多尔一世继位。

费奥多尔一世在位期间，主要是摄政王掌权。他在 1598 年去世，死后无子，宠臣戈东诺夫继任沙皇，历经近 350 年的留里克王朝至此绝嗣。后世曾开棺检查过费奥尔多一世的遗骸，在其中发现了大量的砷，以此验证了当时宫中关于沙皇是被人毒害致死的传言。

鞑靼贵族出身的戈东诺夫异姓称王之后，反对者不断。1605 年 4月 13 日中午，戈东诺夫在宫中设宴款待外国使节，午宴过后，他走上阳台，突然七窍流血，撒手人寰。据猜测也是被近臣下毒所害。

---

[1]　喀山，现俄罗斯鞑靼斯坦自治共和国的首府。喀山大学是列宁的母校。

戈东诺夫突然死亡之后，俄罗斯天下大乱，史称混乱时代。在混乱时代，莫斯科群龙无首，俄国四分五裂，地方诸侯势力与外国列强纷纷染指莫斯科，波兰人、立陶宛人、瑞典人、克里米亚汗国的鞑靼人，你方唱罢我登场，城头变幻大王旗。

一直到 1612 年，米宁和波扎尔斯基①率领的民兵把波兰人赶出莫斯科，这一动荡时期才告结束。1613 年②，贵族们齐聚莫斯科开会，推举伊凡四世的亲戚、16 岁的米哈伊尔·罗曼诺夫成为了俄罗斯新的沙皇，从此新的罗曼诺夫王朝诞生了，并一直延续到 1917 年十月革命。

罗曼诺夫王朝的彼得大帝

在俄罗斯罗曼诺夫王朝第二任沙皇阿列克谢一世时期，乌克兰的首领（盖特曼）鲍·赫麦尔尼茨基于 1648 年领导了反抗波兰的民族起义，这次起义席卷乌克兰与白俄罗斯。赫麦尔尼茨基在向土耳其人和克里米亚的鞑靼人请求支援未果的情况下，转向莫斯科求助。1654 年，乌克兰与俄国签订了《佩列亚斯拉夫协定》，宣布接受俄罗斯保护，这个协定在苏联时期被认为是"俄乌合并条约"。俄国 10 万大军随后兵分三路进入了乌克兰与白俄罗斯，与波兰人展开了一直持续到 1667 年的俄波战争。战争期间，先是俄国人与乌克兰哥萨克联手对抗波兰与鞑靼联军；接着瑞典对波兰宣战并在 1655 年攻占了华沙；于是俄国人为了抢占波罗的海出海口，又转而联合波兰，与瑞典开战；1657 年乌克兰的赫麦尔尼茨基病故，继任者改弦更张，在 1658 年和波兰签订了

① 莫斯科红场上，瓦西里升天大教堂前有一尊米宁和波扎尔斯基的雕像，是 1818 年为纪念他们而修建的。

② 1613 年，努尔哈赤灭掉了海西女真乌拉部，两年后建立后金国。孝庄皇后在 1613 年出生于蒙古科尔沁贵族世家，她后来嫁给了后金国的四贝勒，清太宗爱新觉罗·皇太极。

《加佳奇条约》，成立波兰—立陶宛—乌克兰联盟国家；同年，俄国与瑞典停战，俄波战争再起，并在乌克兰逐渐形成了第聂伯河左岸的亲俄区与右岸效忠波兰国王的地区；1667 年俄波在斯摩棱斯克附近签订停战协定，乌克兰以第聂伯河为界，被俄国和波兰瓜分，俄波战争结束。

　　1676 年，阿列克谢一世病逝，费奥多尔三世成为新的沙皇。同年，为了争夺东乌克兰，又爆发了第一次俄土战争。在俄罗斯一方参战的有顿河哥萨克和东乌克兰哥萨克，在土耳其一方参战的有克里米亚汗国和西乌克兰哥萨克。战争打了 5 年，最后俄罗斯和东乌克兰联军击败了土耳其，西乌克兰哥萨克首领被俘。俄土随后在克里米亚签署了巴赫奇萨莱和约，东乌克兰和基辅被正式划入俄罗斯领土。

　　1682 年，费奥多尔三世病逝，没有留下子嗣。纳雷什金家族推选其同父异母的弟弟彼得一世作为沙皇，俄罗斯历史上最伟大的一位君主就此登上了历史舞台。但另一派权臣贵族米罗斯拉夫斯基家族对彼得继位不满，他们唆使近卫军发动政变，推举费奥多尔三世的另一位同父异母兄弟伊凡作为沙皇，史称伊凡五世。此后召开的贵族议会进行了折中，确认伊凡为第一沙皇，彼得为第二沙皇。但伊凡弱智多病，彼得又太小，在近卫军的支持下，伊凡的同母姐姐索菲亚公主摄政[①]，成为了俄罗斯真正的主宰。在此后的七年中，索菲亚把伊凡五世留在莫斯科，而彼得一世和皇太后则避居在了莫斯科郊外的小村庄里。1689年[②]，彼得率领着他在这些年里通过战争游戏训练出来的少年军，回到了莫斯科，索菲亚被关进了新圣母修道院。彼得大帝正式执掌了他的国家。

　　早在和少年军进行战争游戏时，彼得就对海军发生了浓厚的兴趣，而在当时俄国还是一个没有出海口的内陆国家。1695 年彼得远征土耳

---

　　①　索菲亚公主就是金庸小说《鹿鼎记》里罗刹国公主苏菲亚的原型。
　　②　同年，康熙大帝与俄国签订《中俄尼布楚条约》，而英国也是在这一年结束光荣革命，通过了限制王权的《权利法案》。

其的亚速，因没有舰队配合而遭失败。于是他在顿河建造船厂，组织了俄国的第一支舰队。1696 年在舰队的配合下，彼得第二次远征亚速并取得了这个通向亚速海的出海口①。

1697 年，彼得大帝隐姓埋名，跟随着庞大的俄罗斯使团出访西欧，先后游历荷兰、英国、奥地利等国，学习造船、航海等西方先进的科学技术，并聘请了大批西欧的科技人员到俄国工作。今天在欧洲的一些城市里还保留着彼得大帝当年游学的故居。

1698 年，趁着彼得在西欧，莫斯科的近卫军再次叛乱，彼得及时赶回，对叛乱者进行了残酷的镇压。伟大的俄国画家苏里科夫在 1879 年创作的名画《近卫军临刑的早晨》，形象地表现了这个历史事件。

解除了国内反对派威胁的彼得，随后进行了全面的欧化改革，振兴贸易、扩大出口、发展工业、建学校、办报纸、剃胡须、剪长服、实行征兵制、建立正规陆军、扩建海军。

国力渐强的俄罗斯一直觊觎着通向波罗的海的出海口，1700 年俄国对瑞典宣战，北方战争终于爆发。1703 年，借助瑞典军队主力被拴在波兰的机会，俄军占领波罗的海沿岸地区，在涅瓦河口大兴土木，建立圣彼得堡并迁都至此。1721 年俄瑞签订《尼斯塔特合约》，确定了波罗的海沿岸的疆界划分。同年，彼得一世正式改称大帝，俄国也改称俄罗斯帝国，成为欧洲列强之一。

俄瑞战争期间，乌克兰的首领（盖特曼）伊万·马泽帕联瑞反俄自立，失败后逃往土耳其。在俄国和苏联历史上，马泽帕被描绘成十恶不赦的坏人，普希金的长诗《波尔塔瓦》里也把他写成了一个权欲熏心的卑劣小人。而在笛福、伏尔泰和拜伦的诗歌与著作中，马泽帕又被描绘成一个充满传奇色彩的哥萨克英雄。在现代的乌克兰，马泽帕被看做是仅次于赫麦尔尼茨基的民族英雄，他统治的时代被认为是

---

① 亚速海是俄罗斯和乌克兰南部的一个陆间海，其西面为克里米亚半岛，北面为乌克兰，东面为俄罗斯，通过刻赤海峡与黑海相连。

"乌克兰的文艺复兴"时代，在乌克兰发行的钞票上也印上了马泽帕的头像。

1724年秋天，彼得大帝跳入芬兰湾刺骨的冰水中，解救搁浅船只上的士兵，因此受了风寒，在1725年2月病逝，享年52岁。此时，俄罗斯已经成为了西起波罗的海、东到白令海峡、北至北冰洋、南到里海的庞大帝国。

彼得大帝和前妻洛普辛娜生有一子，阿列克谢，早年被立为皇储。但是在一些保守派大臣的影响下，皇储阿列克谢并不赞成彼得大帝的西化改革措施，彼得大帝对此深感失望。1718年，彼得大帝怀疑皇储阿列克谢参与了一起试图推翻他的谋反，便将阿列克谢投入监狱，使之最后死在狱中。

彼得大帝死后，在改革派大臣缅希科夫和近卫军的拥护下，他的第二任妻子、皇后叶卡捷琳娜一世成为了俄国女皇。但这位女皇在位仅两年就病逝了。前皇储阿列克谢的儿子，彼得大帝的孙子继位，即彼得二世。彼得二世和他父亲一样不喜欢爷爷的改革，于是保守派卷土重来，缅希科夫被流放到了西伯利亚，皇宫被迁回了莫斯科。这位彼得二世也是短命的皇帝，只活到了14岁，在位时间三年。

彼得二世在1730年死后，无后。此时按顺位，应该是彼得大帝与叶卡捷琳娜一世的女儿伊丽莎白继位。但保守派大臣害怕伊丽莎白会支持改革派的复兴，于是密谋迎接在库尔兰（现拉脱维亚西部）的安娜回国继位。安娜女皇是彼得大帝同父异母哥哥沙皇伊凡五世的第四个女儿，17岁时被彼得大帝许配给了库尔兰公爵。

安娜女皇继位后不久就将皇宫迁回了彼得堡。女皇还成立了权力几乎毫无限制的秘密刑侦部门，由她从库尔兰带回的情人比龙领导。在安娜时代，秘密刑侦部门对莫斯科贵族进行了大规模清洗，有两万多人被流放到西伯利亚、五千多人被捕后下落不明、一千多人被处决。

安娜在位十年，1740 年病逝。死前她指定了自己远嫁德国布伦瑞克的外甥女之子，也就是伊凡五世第三个女儿的外孙，仅两个月大的伊凡六世继位，并指定自己的情人比龙作为摄政王。伊凡六世登基不到两个星期，皇宫近卫军政变，逮捕了比龙，拥戴伊凡六世的母亲担任摄政王，但实权则掌握在了近卫军将领们的手中。但一年不到，政变又起，彼得大帝的小女儿伊丽莎白将伊凡六世母子囚禁，自己登上了沙皇的宝座。而伊凡六世则最终在 1764 年一次失败的营救过程中被杀。

1741 年，伊丽莎白一世登基，很多人认为这是驱逐以布伦瑞克家族为代表的德国势力，恢复俄罗斯正统的爱国行动。伊丽莎白登基之后，宣布恢复所有彼得大帝的改革措施，解散内阁，恢复彼得大帝时代的枢密院，建立了文官体制，巩固君主专制，取消了俄国内海关，鼓励商业流通。这时的欧洲大陆，原来由法国和奥地利主导的政治秩序受到了新崛起的普鲁士的挑战。法、奥、俄逐渐结盟对抗普鲁士，普鲁士也向英国寻求帮助。两大军事政治集团逐渐在欧洲形成，并最终在 1756 年爆发了被丘吉尔称作近代史上第一次世界性大战的七年战争。在七年战争中，俄罗斯占领了普鲁士的柯尼斯堡，那是著名哲学家康德的故乡，也就是今天的加里宁格勒。这块盛产琥珀的领土直到现在仍然是俄罗斯在欧洲的一块飞地。

叶卡捷琳娜大帝、俄土战争和乌克兰

1761 年底，英国随着主战派首相的下台停止了对普鲁士的援助。普鲁士的腓特烈大帝身处孤立，认为自己即将失败甚至准备自杀。但此时，奇迹发生了。

1762 年 1 月，一直未婚的伊丽莎白一世病逝，将皇位传给了自己的外甥、彼得大帝的外孙——彼得三世。彼得三世的父亲是荷尔施泰因—戈托普公爵卡尔·腓特烈，属于欧洲著名的奥尔登堡王朝①。彼得三世自幼长在德意志，几乎不会说俄语，且一直将普鲁士的腓特烈大帝作为自己的偶像。彼得三世继位后，不仅停止了对柏林的进攻，还与普鲁士结成同盟，命令俄军掉头帮助普鲁士军队对抗奥地利。这个戏剧性的转变史称勃兰登堡奇迹。一直到1945年，第二次世界大战即将结束时，希特勒还希望着勃兰登堡奇迹能够重现，苏联和英美的同盟会突然瓦解。

彼得三世把德意志的利益凌驾于俄罗斯利益之上的做法受到了俄国国内普遍的反对。他在位仅仅半年，就被自己的妻子、皇后叶卡捷琳娜所领导的政变推翻。彼得三世退位一周后，死于圣彼得堡附近的一个小城，官方宣布的死亡原因是消化不良。

于是，俄国历史上在位时间最长的沙皇——叶卡捷琳娜二世登基。叶卡捷琳娜原名索菲亚·奥古斯特，是德国一个迷你公国的公主，也是俄罗斯留里克王朝的远房亲戚。她在1744年被伊丽莎白女皇挑选为皇位继承人彼得三世的未婚妻。索菲亚不同于心系普鲁士的丈夫（也是远房表哥）彼得，她热爱俄罗斯，努力学习俄语，皈依东正教，改名叶卡捷琳娜。叶卡捷琳娜被认为是仅次于彼得大帝的圣主，也被尊为大帝。今天，圣彼得堡冬宫外墙那蓝绿的颜色，据说就是叶卡捷琳娜大帝眼睛的色彩。

叶卡捷琳娜大帝虽然和伏尔泰等西欧启蒙思想家有所交往，但在内政上仍不断扩大贵族特权、维护和发展农奴制度，并在被征服的少数民族地区强制实施俄罗斯化政策。

在对外扩张方面，叶卡捷琳娜大帝最终完成了彼得大帝未尽的梦想。一是通过两次俄土战争抢占了克里米亚等地，彻底打通了黑海出海

---

① 由于彼得三世的父系属于奥尔登堡家族，使其后代的俄罗斯皇室与欧洲很多皇室成为了亲戚。直至今天，包括英国女王伊丽莎白二世的丈夫爱丁堡公爵菲利普亲王等很多欧洲皇室成员还属于奥尔登堡家族。

口；二是通过三次瓜分波兰巩固了俄国在波罗的海东岸的霸权，并将西乌克兰等地纳入版图。

1768 年，第一次俄土战争爆发。俄军控制了亚速海，攻占了克里米亚，土耳其被迫承认克里米亚汗国摆脱对土耳其的附庸地位而独立。1776 年由于俄内部的普加乔夫起义，俄国与土耳其停战。这之后，叶卡捷琳娜大帝通过不断蚕食，终于在 1783 年将克里米亚正式划为俄罗斯管辖之下并在黑海设置军事要塞、建立舰队。同年，俄罗斯和同样信仰东正教的格鲁吉亚签订条约，格鲁吉亚接受俄罗斯的保护，以抵御来自伊朗和土耳其伊斯兰世界的威胁。土耳其对俄的上述作为十分不满，于 1787 年再次对俄宣战。第二次俄土战争中，俄罗斯、奥地利、丹麦结盟，土耳其和瑞典结盟，战争横跨整个黑海、波罗的海和巴尔干。叶卡捷琳娜大帝再次取得了战争的胜利，控制了摩尔多瓦和黑海的制海权。

在波兰方面，叶卡捷琳娜大帝在 1763 年将她的情夫波尼亚托夫斯基扶上波兰王位。随后又在 1772 年与普鲁士、奥地利一起第一次瓜分波兰，获得了白俄罗斯和拉脱维亚的部分领土。1791 年，俄国和普鲁士以波兰通过民族主义的《五三宪法》为借口，攻占华沙，再次瓜分波兰，叶卡捷琳娜大帝得到了西乌克兰、白俄罗斯和立陶宛的部分领土。1794 年，俄普奥联军镇压了波兰救亡起义，第三次瓜分波兰，使之从地图上彻底消失了。

正是在叶卡捷琳娜大帝在位期间，俄罗斯真正地将现代意义上的乌克兰纳入了自己的版图之中。克里米亚是从土耳其人手里夺过来的，乌克兰的西部则是通过瓜分波兰而得到的。也许正是因为如此的历史，俄国人有着自己的理由不把包括克里米亚在内的东部乌克兰与它的西部看成一回事。

1796 年，也就是打败了土耳其的 4 年后和瓜分了波兰的 2 年后，叶卡捷琳娜大帝病逝，她和彼得三世的儿子保罗一世继位。

战胜拿破仑的亚历山大与惨败克里米亚的尼古拉

保罗刚出生就被伊丽莎白女皇从他母亲的身边抱走，亲自抚养，这也造成了保罗一世和他母亲叶卡捷琳娜的关系一直不好。保罗的儿子亚历山大出生后，叶卡捷琳娜立即将小亚历山大放在了自己身边抚养（和伊丽莎白对保罗做的一样），甚至想让亚历山大代替保罗作为皇位继承人。保罗一世继位后，立即将父亲彼得三世以盛大的仪式重新埋葬在皇家墓地，并且更改了很多母亲叶卡捷琳娜在位时的政策。保罗追寻其父亲对于普鲁士的迷恋，对俄国军队进行了普鲁士化改造。外交方面，保罗也许是为了显示和叶卡捷琳娜的不同，刻意强调对欧洲的友好，乃至使波兰在拿破仑的支持下再次独立。这一切都造成了叶卡时代的老臣和军队的反对。1801 年，在新建的城堡中，一伙被解雇的官员谋杀了在位五年的保罗①。

23 岁的亚历山大一世继位。他作为神圣同盟的领袖，从拿破仑手中拯救了欧洲，被誉为欧洲的救世主。亚历山大时代是俄罗斯参与整个欧洲事务最紧密，也是与欧洲关系最亲密的时期。

亚历山大降生之后，就被祖母叶卡捷琳娜大帝抱走抚养。据说在他不到 10 岁的时候，就能感觉到祖母和父亲之间的对立，并在两者间巧妙周旋。亚历山大一世继位后，更改了保罗时代的很多法令，恢复了叶卡时期的政策，包括允许贵族子弟出国留学、恢复与欧洲的贸易等。亚历山大曾屡次试图废除俄国的农奴制度，颁布了自由耕作法，允许农奴赎身，推行农业改革等。但一方面这些措施遭到了贵族地主阶层的反对，另一方面大多数俄国农奴缺乏北美黑奴那种对自由的向往，甘愿委

---

① 亚历山大一世有没有参与对其父亲保罗的政变阴谋，至今没有定论。

身于地主而不愿改变自身地位。据统计，在亚历山大一世时期通过赎身获得自由的农奴还不到农奴总数的 5%。

在那个时代，俄罗斯对于法国充满了热爱甚至崇拜，如托尔斯泰的《战争与和平》里所描述，当时俄国贵族都是说法语的。但 1812 年拿破仑却突然入侵俄罗斯，这在俄国人眼里，不是第一次也不是最后一次，欧洲背叛了俄罗斯。在反法卫国战争中，最后迫使法军撤退的，除了俄国人民的英勇抵抗，还有那里寒冷的冬天。俄军一路西进，攻陷巴黎，亚历山大一世成为了欧洲反法同盟的盟主。而在这次席卷欧洲的战争中，一些年轻的俄国军官也受到了法国自由革命的影响，成为了后来十二月党人的中坚。

1825 年，亚历山大一世得到密报，军中在准备政变，他没有采取任何措施就离开了圣彼得堡，到亚速海海边的一个小镇疗养。两个月后宣布驾崩。但有人说他并没有死，而是看破红尘，隐遁深山。十年后，人们在乌拉尔山区发现了一位雍容高雅的老人，自称叫费奥多·库兹米奇，他学识渊博，待人宽厚，对当时的政治事件了如指掌、名人事迹如数家珍，但他却说不清自己的来历。苏联时期曾挖开过沙皇的墓室，在亚历山大的墓里空无一物。

亚历山大一世没有留下男嗣，他的三弟尼古拉一世继位。

尼古拉刚登上皇位，就爆发了十二月党人起义，起义遭到了新沙皇的残酷镇压，按赫尔岑的说法，尼古拉一世"隆重地用绞刑架开始了统治"。尼古拉喜爱军队，采取军国主义和独裁的统治方法，他削弱了大臣和国家参政院的作用，依靠正常国家机器之外的、由小圈子成员组成的特别委员会进行统治，派身边的将军作为专使到俄罗斯各地去执行特殊使命。尼古拉一世时期颁布了多项法令，禁止贵族子弟去西欧留学，禁止从西欧进口书籍，进行严厉的报刊审查。①

---

① 俄罗斯伟大诗人普希金的主要创作活动就集中在尼古拉一世统治期间。普希金在 1834 年的日记里对尼古拉做出了著名的评语"在他身上有很多士官长的东西和不多的彼得一世"。

在外交上，自反拿破仑战争之后，俄国一直是欧洲镇压革命运动的中坚力量。尼古拉一世不仅镇压国内的革命，还先后出兵镇压了波兰起义和匈牙利民族运动，被称为"欧洲宪兵"。俄国一方独大的情况终于遭到了欧洲列强的集体反对，在1853年爆发的克里米亚战争中，英国、法国、奥地利、土耳其等国联合反俄。1855年初，克里米亚战争已到最后时刻，俄罗斯败局已定，尼古拉一世不甘受辱，对他的长子亚历山大交代了后事，然后命令给莫斯科、基辅、华沙同时发报："皇帝正在死去，并向所有的人道永别。"

改革还是革命——罗曼诺夫王朝最后的半个世纪

尼古拉一世的长子亚历山大二世继位。亚历山大幼年时曾游历俄罗斯诸多省份和欧洲很多国家，强烈的对比让他很早就立下了变革的志向。俄罗斯在克里米亚战争中的惨败，更说明了其在工业和政治体制上已远远落后于欧洲其他国家，改革俄罗斯陈旧的政治经济体制已势在必行，这首先就是要解放当时占全俄人口90%的农奴。经过多年准备和各方博弈，沙皇终于在1861年下诏正式废除了农奴制①。种种的改革使俄罗斯国内革命热情高涨，进行恐怖主义活动的地下组织也不断增多。1881年，就在亚历山大二世准备签署法令启动俄国君主立宪改革的当天，一个刺客向沙皇的马车投掷了炸弹，炸弹炸伤了卫兵和车夫，亚历山大二世下车查看属下伤势，这时刺客投来了第二枚炸弹，沙皇遇刺身亡。

也是在亚历山大二世在位时期，俄国在1858年和1860年先后与清政府签订了《中俄瑷珲条约》和《中俄北京条约》，取得了中国东北地区100多万平方公里的土地，并在海参崴（符拉迪沃斯托克）设立了

---

① 美国的《解放黑奴宣言》是林肯总统于1862年颁布的，比亚历山大二世废除俄国的农奴制晚了一年。

远东总督府。1864 年，亚历山大二世又通过《中俄勘分西北界约记》割占了中国西北 44 万平方公里的土地。还是这个亚历山大，在 1867 年将阿拉斯加以 720 万美元的价格卖给了美国。

亚历山大二世的儿子亚历山大三世继位，他为了纪念父皇，在其父遇刺的地方修建了美丽的圣彼得堡喋血教堂。但在君主立宪制改革等问题上，他却没有继承父皇的事业。亚历山大三世从其父遇刺这件事上吸取的教训是，应该加强君主专制、强化社会治安、遏制自由化。他逮捕和绞杀了大量革命党人，这其中也包括列宁的哥哥[1]。1888 年 10 月，亚历山大三世的专列由于铁路工人操作失误而出轨，造成 23 死 19 伤，沙皇也在事故中受到风寒和惊吓而患病。此后亚历山大三世身体情况一直不佳，远离国政，直到 1894 年逝世。

亚历山大三世死后，其长子尼古拉二世继位。尼古拉二世作为俄罗斯罗曼诺夫王朝的末代沙皇，他的覆灭一方面是由于俄境内持续不断的阶级对立造成的革命激化，另一方面是由于长期的对外战争使得民不聊生，加剧了国内的矛盾。

1900 年，俄国参加八国联军进入北京并乘机占据了中国东北，这加剧了日俄矛盾并导致了 1904—1905 年的日俄战争。俄国在这场战争中惨败，太平洋舰队几乎全军覆没[2]。战争的巨大耗费激化了国内矛盾，圣彼得堡 1904 年底发生大罢工，1905 年 1 月，约 3 万工人在神父的带领下到冬宫广场示威，希望向沙皇递交请愿书，而当时尼古拉二世不在东宫。广场上的民众越来越多，士兵开始对空鸣枪示警，随后便向群众射击。官方公布的伤亡人数为 96 死 333 伤，而反对派

---

①　当时的革命党主要是人民意志党，也正是这个党的刺客暗杀了亚历山大二世。1887 年，人民意志党又策划行刺亚历山大三世，但计划失败。五名人民意志党人被处以绞刑，其中就有列宁的哥哥，亚历山大·乌里扬诺夫。

②　日俄战争期间，前往远东的第二太平洋舰队中有一支军舰叫阿芙乐尔号，1905 年 5 月在对马海峡的海战中俄国舰队几乎全军覆没，阿芙乐尔号侥幸逃脱，却在回国途中又遭到菲律宾的扣留，一年后才归还俄国。1917 年 11 月 7 日（俄历 10 月），正是这艘阿芙乐尔号率先向冬宫开炮，那是十月革命的第一声炮响。

宣称有超过 4 000 人死亡。随后在整个 1905 年，又陆续爆发了全俄总罢工和莫斯科武装起义，尼古拉二世派遣讨伐队到处镇压革命。这种对外穷兵黩武，对内残暴统治，在 1914 年第一次世界大战爆发后达到了顶峰。

叶卡捷琳娜大帝与土耳其的战争和亚历山大一世与拿破仑的战争中，俄罗斯都是与德国和奥地利结盟。在 1848 年席卷欧洲的革命狂潮中，尼古拉一世还曾派兵 10 万帮助奥匈帝国镇压了匈牙利的民族起义。但是随着亚历山大三世推行泛斯拉夫主义，俄国人越来越喜欢插手南斯拉夫人和巴尔干地区的事务了。而巴尔干一方面是奥匈帝国传统的势力范围，另一方面也是刚刚统一和强大起来的德意志觊觎的地方。这造成了在克里米亚战争中，奥地利开始站到土耳其一边反对俄罗斯。自此，俄国与德、奥的关系越发紧张，并最终导致第一次世界大战因巴尔干火药桶的引爆而全面爆发。

西线战场上，英、法、美等国联手对抗德国，战势焦灼；而东线战场上，则是德、奥一起对付俄罗斯，战况不利。惨痛的伤亡和粮食困难激起了人民的不满。1917 年圣彼得堡市民的反饥饿游行引发了二月革命，尼古拉二世在 3 月被迫退位，罗曼诺夫王朝灭亡。二月革命后成立的临时政府依然没能稳定国内的局势，随后又爆发了共产党领导的十月革命。尼古拉二世全家在 1918 年 7 月被布尔什维克集体处决。

纵观 1605 年俄罗斯大混乱时代之后罗曼诺夫王朝的 18 位沙皇，由于政变或前任被暗杀或通过密谋登上皇位的有 8 位，由于政变或被暗杀而离开皇位的有 6 位，还有一位疑似自杀（尼古拉一世），仅有王朝成立之初的前三任沙皇才得以善始善终。俄国的沙皇是一个如此高危的行业，这也许就是俄罗斯的文化和宿命。

苏联

1917 年十月革命之后的历史大家都比较熟悉。而一些来自俄罗斯历史传统中的被称为莫斯科大公国文化（Muscovite）的特质也一直没有消失，直到今天。

在外交和军事方面，新生的苏维埃政权在反对帝国主义武装干涉的过程中，于 1920 年进攻波兰，试图军事解放波兰，但最终兵败华沙。1922 年，俄罗斯、乌克兰、白俄罗斯和外高加索联邦共同组成了苏维埃社会主义共和国联盟（以下简称苏联）。1939 年，苏联与纳粹德国秘密签订《苏德互不侵犯条约》，协同发动了瓜分波兰的战争。1940 年爱沙尼亚、拉脱维亚、立陶宛被占领并并入苏联，罗马尼亚也割让了摩尔达维亚（摩尔多瓦）给苏联。这样的革命扩张直到第二次世界大战全面爆发才被打断。

1941 年德国对苏联发动突然进攻，当年就打到了莫斯科近郊。但希特勒的命运和 1812 年的拿破仑一样，被俄罗斯顽强的抵抗与严寒的气候所击败，并被俄国人一直打到了柏林。1945 年欧洲战事结束后，苏联红军对日宣战，出兵中国东北和朝鲜北部。这期间，苏联在东面又获得了唐努乌梁海地区，介入中国和朝鲜半岛的战争，支持外蒙古独立；在西面建立了东欧众多的卫星国家，并在 1955 年成立华约以抗衡美国为首的北约。

在勃列日涅夫时代，苏联更加推行扩张政策：1968 年出兵捷克斯洛伐克镇压布拉格之春；1969 年又与中国多次发生边境冲突；在中东地区极力扩大影响，支持埃及和叙利亚对抗以色列的中东战争；1979年更是公然入侵阿富汗，遭到了国际社会的广泛制裁。美苏军备竞赛不断加剧，尤其是苏联耗费大量财力应对美国总统里根的"星球大战计划"，为这个超级大国的最终破产埋下了伏笔。

在对内政治斗争中，列宁 1924 年逝世之后，斯大林先是联合季诺维耶夫和加米涅夫在 1924 年打倒托洛茨基，又联合布哈林在 1926 年击败托洛茨基、季诺维耶夫和加米涅夫的联盟，最后在 1929 年打倒布哈林。斯大林摒弃了列宁的新经济政策，通过肃反进行了大清洗。斯大林在 1953 年逝世后，赫鲁晓夫击败了贝利亚、马林科夫和莫洛托夫，成为了苏联最高领导人，他在苏共二十大上发表秘密报告全面批判了斯大林。1964 年，赫鲁晓夫在黑海之滨休假期间，莫斯科发生政变，勃列日涅夫上台。勃列日涅夫执政直到 1982 年去世，其后继任苏共中央总书记的安德罗波夫、契尔年科都上任不到两年便病逝。

1985 年，年轻的戈尔巴乔夫上台。戈氏的经济改革造成物价飞涨，经济几乎崩溃；政治改革则一方面使得包括叶利钦在内的各加盟共和国领导人开始寻求更大的权力，另一方面历史事件公开化和思想自由化也加剧了各民族的对立情绪。而党内保守派和自由派的斗争更是让戈尔巴乔夫腹背受敌。1991 年保守派发动了"八一九"政变，在克里米亚休假的戈尔巴乔夫被软禁。政变虽然只持续了三天，但野心勃勃的叶利钦抓住了这个机会，宣布苏共为非法组织并限制其在俄罗斯境内的活动。随后，苏联第二大加盟共和国乌克兰宣布独立，苏联走向解体。

现代俄罗斯

独立后的俄罗斯在叶利钦的领导下，向经济私有化进行了激进的转轨。"休克疗法"希望在短期内废除计划经济、建立资本主义经济制度。现在很多人批评"休克疗法"，认为其副作用太大，但是在当时，戈尔巴乔夫的渐进性改革已被认为彻底失败，"休克疗法"与渐进性改革的争论被看成是叶利钦与戈尔巴乔夫的争论，是自由主义与保守主义的争论。在这样的情况下，支持"休克疗法"被认为是政治正确的选择，仍坚持渐进式改革的人被认为是试图维护旧制度的坏人，只有支持激进的"休克疗法"的人才被认为是正确的改革派。

1991 年，苏联计划委员会的职能即被取消大部分，管理经济的任务被转移到经济部。1992 年，有 60% 的国家计划采购合同被政府宣布作废，同时国有企业管理人员的奖金也被冻结，这实际上就是国家放弃了对国有企业的管理责任。

除了国家对自然资源继续享有所有权之外，国有工业企业被"一刀切"地进行了私有化，50% 的股份继续归国家，40% 的股份归工人，10% 的股份归管理层。一方面，国家可以发行新股，从而稀释了原有股东的权益；另一方面，国家股份可以出卖，虽然原则上全体人民都可购买，但实际上买家主要是可以获得信贷资源的内部人士和有海外资金支持的私募基金。在这样的情况下，国有企业的股权逐渐集中在了少数寡头手里。

同时推进的俄罗斯银行体系自由化进程，并没有其他的监管改革和货币政策改革进行配套。新的银行在放松准入的情况下，如雨后春笋般涌现出来；不再依靠计划而追求利润的所谓市场化转型使得银行实在无法按捺住自己的放贷冲动。但在变革的年代里，银行的贷款对象也必然发生变化，那些在计划经济时代可以得到贷款的工厂企业被切断了融资，新兴的寡头成为了银行新的客户；不受控制的新银行家也在这个过程中发现了巨大的寻租机会。所有这些因素与胆大心细的寡头相结合，大大促进了私有化和财富集中的进程，也促进了卢布的超发。帕特里克·康威（Patrick Conway）在 1994 年世界银行政策研究论文中指出，当俄罗斯金融系统从计划控制转向准备金制度的过程中，银行体系流通的现金数量增加了 10 倍，并且大量以狭义货币（M_1）的形式存在。

随着苏联的解体，苏共纪律组织和克格勃等原有的监控体系也缺失了，侵吞国有资产的私有化行为完全处于无人监督、野蛮生长的状态。按照时任俄罗斯经济部长安德烈·涅恰耶夫（Andrei Nechaev）在 2018 年接受英国广播公司 BBC 采访时所说，那是没有政府、没有央行，甚至没有军队、没有货币，什么都没有的时期。

这时候，价格转轨使得商品不再按照计划价格出售，而采用更高的市场价格，于是那些老国有企业的新私人老板的利润与资产价值也一下子提高了很多。他们用重新评估了价值的资产进行抵押，继续通过各种渠道从银行获得贷款，再用贷款继续购买国有股份和因物价飞涨而急于套现的工人手中的股票，从而控制了更多的原国有资产。

价格转轨的另一个作用是物价飞涨，俄罗斯通货膨胀率达到了 2500% 的天文数字。而高通胀的情况无疑是对借款人有利的，那些用高杠杆进行资产收购的寡头们欠银行的巨额负债随着高通胀变得微乎其微了，但那些把储蓄存入银行的普通人，则在通货膨胀中，毕生积蓄变成了一堆废纸①。

私有化 + 银行改革和加速放贷 + 放松价格管制 + 巨额通货膨胀，完美演绎了一场即便在工商管理硕士（MBA）的案例库中都无法想象的超级杠杆收购（Leveraged Buyout）。

但这个实际中的案例故事还没有结束。

为了有效控制通货膨胀，叶利钦决定不能再毫无节制地印刷卢布了。但是不印钞票，巨额的财政赤字又如何解决呢？政府转向了借贷。

1995 年 3 月，时任联合进出口银行（Uneximbank）总裁的弗拉基米尔·波塔宁（Vladimir Potanin）代表俄罗斯银行信贷联盟（MKS）宣布，将向俄罗斯联邦政府提供信贷支持，该项贷款将以卢克石油（LUKOIL）、诺里尔斯克镍矿（Norilsk Nickel）、尤科斯石油（Yukos）、西伯利亚石油（Sibneft）等当时还属于国有的大型资源类企业的股票进行质押担保。

---

① 俄罗斯在 1992 年的通货膨胀率将近 2500%，而同期俄罗斯储蓄银行给客户存款提供的一年期利率水平为 90%。

1998 年 8 月，在亚洲金融海啸期间，俄罗斯政府债务违约，投资者们损失惨痛。质押的国有企业股票被划归了债权人银行所有，借此，那些在第一轮私有化过程中侥幸逃脱的资源企业也最终被寡头们瓜分了。波塔宁从此成为了诺里尔斯克镍业的实际控制人，直至今日。

经济上的激进革命造成了大量的国有资产流失，社会贫富分化和动荡，卢布大幅贬值，经济几近崩溃。俄罗斯的基尼系数 1991 年是 0.260，1994 年达到 0.398，1995 年又进一步达到 0.409。

经济的动荡和贫富分化的加剧带来了政治动荡。

1992—1993 年，针对时任副总理盖达尔（Yegor Gaidar）和丘拜斯（Anatoly Chubais）提出的"休克疗法"经济转型方案，当时作为议会的俄罗斯苏维埃最高委员会在主席鲁斯兰·哈斯布拉托夫（Ruslan Khasbulatov）和副总统鲁茨科伊（Alexander Rutskoi）的领导下，和总统叶利钦之间发生了重大分歧。叶利钦要求俄罗斯苏维埃通过与"休克疗法"相关的法案，但却遭到拒绝。

叶利钦随即在 1993 年 9 月初宣布解除鲁茨科伊副总统职务，议会则通过决定否决了总统的这个命令。同月，俄罗斯联邦委员会宣告成立，叶利钦总统签署 1400 号法令，宣布中止俄罗斯苏维埃的全部权力，俄罗斯新的立法权力机关——联邦委员会将在 1993 年 12 月举行选举。在叶利钦发表电视讲话宣布 1400 法令之后的一个小时，俄罗斯苏维埃在议会所在地白宫召开紧急会议，通过决议终止叶利钦的总统权力。同时，俄罗斯宪法法院宣布叶利钦违宪，罢免其总统职位，任命鲁茨科伊代行总统权力。

9 月 23 日晚上，俄罗斯第十次非常人民代表大会在白宫开幕，但白宫随即被切断了电力供应。于是，一些支持议会的莫斯科市民和警察携带枪支来到白宫进行保卫，但这成为克里姆林宫里叶利钦总统出兵的理由。从 9 月 24 日开始，议会大厦白宫被政府军警包围，与外界的电话联系、供电、供水均被切断。武装冲突一触即发。

关键时刻，俄罗斯宪法法院院长瓦列里·佐尔金（Valery Zorkin）提出了在同年 12 月同时举行总统和议会选举的折中方案。俄罗斯东正教大牧首阿列克谢二世也在叶利钦和议会之间进行斡旋，呼吁双方举行和谈。但这和平解决冲突的最后希望却随着莫斯科街头议会支持者与防暴军警的冲突而破灭。

10 月 3 日，支持议会的反对派在莫斯科十月广场举行数万人集会，他们突破防暴军警的障碍，游行到了白宫。当天下午，示威者冲进了俄罗斯市政大楼和电视中心，军警开始对突破防线的示威者开枪。晚上 10 点，叶利钦在电视上宣布莫斯科进入紧急状态。

10 月 4 日凌晨，叶利钦签署命令，10 辆坦克和 20 辆装甲车开到白宫附近。早晨 7 点半，武装部队开始向白宫射击。大约 10 点，坦克向白宫开炮并引发火灾。下午 6 点左右，白宫失守，鲁茨科伊和哈斯布拉托夫等人被捕①。

据俄罗斯"十月事件"调查委员会公布的官方数字，在该事件中共死亡 157 人，受伤 384 人。

"十月事件"、炮打白宫，使俄罗斯总统的权威被大大加强，也让叶利钦的形象和威望大打折扣。

在 1996 年总统选举的第一轮投票中，叶利钦仅获得了 34.82% 的选票，凭借"七大寡头"的支持②，才在第二轮投票中击败俄罗斯共产党的久加诺夫，再次当选总统。

在这期间，久加诺夫领导的俄共一直是国家议会杜马的第一大党，

---

① 这不禁使人联想起了 1991 年"八一九"事件期间的情形，苏军的坦克也包围了白宫，但当时在白宫里被包围的却是叶利钦。只是那时的苏军坦克并没有开炮，叶利钦还站在坦克上宣读了他的《告俄罗斯公民书》。然而仅仅两年之后，炮击白宫的事件就发生了，这次，叶利钦成为了下令开炮的人。

② 1996 年 3 月，叶利钦秘密召见了 7 个金融寡头并与之达成了一项协议，银行家提供资金支持叶利钦连任总统，叶利钦则维护寡头们的经济利益。这七大寡头是：联合银行总裁别列佐夫斯基、大桥银行总裁古辛斯基、国际商业银行总裁维诺格拉多夫、首都储蓄银行总裁斯摩棱斯基、阿尔法银行总裁弗里德曼、梅纳捷普银行总裁霍多尔科夫斯基、俄罗斯信贷商业银行总裁马尔金。

府院之争不断。1998—1999 年，俄罗斯债务违约和随之而来的政治经济困难使得叶利钦先后 4 次解散内阁，撤换总理①。但实际上，内阁总理也好，杜马议员也好，俄罗斯的国家权力一直集中在总统一个人身上，而叶利钦总统治理国家所依靠的则是身边被称为"家庭成员"的一小撮亲信。

1999 年 12 月 31 日，叶利钦在电视直播的新年贺词中宣布辞职，向时年 47 岁的总理普京移交了总统权力。这也许是叶利钦一生中最重要的政治选择之一。当俄联邦安全局局长普京在 1999 年夏天接任政府总理时，声名皆无，大家都在猜测他是否会像他的几位前任那样短命②。谁也没有想到这么快叶利钦竟然会让他全面接班。

叶利钦曾在自传中说，选择普京是遵照自己的经验和判断独立做出的决定，但也承认曾听取了总统办公厅主任沃洛申、顾问尤马舍夫和女儿兼顾问塔季扬娜的建议。

2000 年初，刚刚就任总统的普京签署法令，免除了包括总统顾问塔季扬娜在内的数位克里姆林宫官员的职务。2001 年，塔季扬娜与叶利钦原顾问尤马舍夫结婚，之后他们主要从事商业活动，长期居住在伦敦③。2000—2003 年，叶利钦时代的重要寡头古辛斯基、别列佐夫斯基、霍多尔科夫斯基等先后被投入监狱或被迫流亡海外，他们曾在私有化过程中得到好处，并运用自己控制的媒体和金融帝国不遗余力地帮助叶利钦在 1996 年不利的形势下获得总统连任。2003 年，普京总统接受了总统办公厅主任沃洛申的辞职。至此，叶利钦的"家庭成员"全部退出历史舞台。

---

① 叶利钦在担任总统的 8 年里，共使用了 7 个总理、9 个财长、6 个内务部长和 3 个外交部长。

② 在普京担任总理前，基里延科的总理任期是 5 个月，普里马科夫的总理任期是 8 个月，斯捷帕申的总理任期是 4 个月。

③ 2002 年俄罗斯媒体公布的富豪榜上，叶利钦的女儿塔季扬娜在俄罗斯最富有的 10 位女性中排名第一，她当时的资产估计在 1.8 亿~2 亿美元。

俄罗斯的普京时代开启了。

三个历史特点

纵观整个俄罗斯的历史，从基辅罗斯、蒙古占领时期、莫斯科大公国留里克王朝、混乱年代、罗曼诺夫王朝、苏联时期，一直到现代的俄罗斯，我们可以尝试着对其共有的几个特点进行总结。正如《圣经·传道书》中所说的：已有的事，后必再有；已行的事，后必再行；日光之下，并无新事。

第一个特点，动荡与危机不断。在俄罗斯的历史中，动荡和危机几乎就是社会的常态，稳定永远是暂时的，这正像是俄罗斯著名作家陀思妥耶夫斯基（Fyodor Dostoevsky）所说的，"俄罗斯似乎永远处于创建之中"。从苏联解体之后，现代俄罗斯更是一直与危机相伴，从20世纪80年代末计划经济瓦解带来的危机，到整个20世纪90年代由经济转型而带来的危机，再到1998年跟随着亚洲金融海啸而发生的俄罗斯国债违约和金融危机。这之后是十年难得的经济发展期，一直到2008年跟随着美国次贷危机而发生的新的金融危机。这次危机随着国际能源价格在21世纪初的一波牛市才有缓和，接踵而来的就是2014年开始的乌克兰危机、欧美制裁、油价下跌、卢布贬值、叙利亚危机。在这样不断的危机中，俄罗斯显然是需要一位具有强大意志和钢铁手腕的领袖，才可以披荆斩棘、坚持前行。

第二个特点，文明冲突与对外扩张不断。俄罗斯的外交与军事就如同它的国徽一样，双头鹰的两个脑袋一个向东看，一个向西看。这既是一种警惕，也是一种觊觎。在历史上，俄罗斯既受到来自东方蒙古人和鞑靼人的侵略，又受到来自西方波兰、瑞典、法国和德国等列强的进攻。同样，俄罗斯在历史上也既向东、又向西地扩展着世界第一大的国土。无论是印度、中国的东方文明，还是源自希腊罗马的欧洲文明，都有一种自足的性质，且有足够长的时间使其各自的社会关系达到一种成熟和稳定的地步。而俄罗斯在地理、社会、历史等各方面都介于欧亚之间，它与西欧和东方都不同，在不同的时代、以不同形式，或近于东方或近于西方。它不完全属于谁，在东方眼里它是西方列强，在西方眼里它又是东方异域。蒙古人和鞑靼人对俄罗斯两个半世纪的统治是其国家结构和文化上的重要成分，西方也一直既是可怕的敌人又是吸引人的老师。俄罗斯没有依照东方而形成儒家或释家的价值观，因为它更直接地面对并且要努力适应西方在军事、经济、技术上的挑战；俄罗斯也没有依照西方而形成民主的制度和科学的精神，因为它广博的腹地和严酷的气候足以保护它的内向性与神秘性。

第三个特点，人民的牺牲精神和集体主义。俄罗斯的气候条件恶劣，在农业社会里造成了其物质产出的匮乏。在与欧洲列强的抗衡中，俄罗斯人民对于国家的奉献和牺牲要远远高于欧洲其他国家。这种为国牺牲的集体主义精神明显有别于西方个人主义精神，而更近似于东方的价值观。无论是沙皇时期还是苏联时期，都为了自己的国家目的，比其他国家吞占了更多的人民财富。在沙皇时期，俄罗斯将本族人作为农奴的制度直到 1861 年才被取消。在苏联时期，国家的军事工业一度可与美国抗衡，但轻工业极度落后，居民生活长期依靠配给制维持。这不仅使普通民众遭受贫困，也使封建社会的贵族阶级和现代社会的中产阶级永远无法在数量与质量上真正参与到国家生活中来。人民的牺牲精神也解释了为什么屡屡遭遇动荡和危机，俄国的统治者却总能在大多数时间里继续维持自己的统治。其实这种牺牲精神在领袖身上也有所体现，从伊凡雷帝、彼得大帝一直到戈尔巴乔夫，往往都有着一种孤独的悲剧主义色彩。

就是这样的一个国家，随着历史的车轮，进入到了注定命途多舛的2014 年。

战争与和平

自从苏联解体、1998 年俄罗斯国债违约，到 2008 年国际金融危机，俄罗斯的经济动荡、卢布贬值早已成为日常，俄罗斯人也早已习惯并彻底放弃了存钱的生活方式，他们更喜欢尽情消费、享受当下。特别是在冬天，俄罗斯的冬季白雪皑皑，不见阳光，实在难熬。这样的冬季曾经击败过拿破仑和希特勒，即使是俄罗斯人自己也很难忍受。东正教的圣诞节是在 1 月，连同新年会有一个近 10 天的长假，这正是俄罗斯人旅游消费，追寻阳光的绝好时间。据说曾有一家中资机构，由于年终决算，无法让所有本地同事都同时在 1 月休假。而一位没有被同意休假的俄罗斯雇员，则选择了宁可辞职也要去地中海晒太阳。

　　2014 年 1 月 1 日，莫斯科谢列梅捷沃国际机场里人头攒动，和往年一样，到处都是争相前往欧洲度假、滑雪、晒太阳的人，一片和平与快乐的景象。这时候，乌克兰独立广场上的示威还只是电视里的新闻而已，谁也不知道这会给 2014 年带来什么，给俄罗斯和每个人的生活带来什么。

乌克兰与入欧困局

自苏联解体之后，乌克兰的动荡就多于和平，特别是最近这些年，乌克兰从来就不缺革命的新闻。2004 年的橙色革命更是使乌克兰连续出现政治变动和不稳定。很难有人会在一开始就认为，这次起源于 2013 年 11 月 21 日、亚努科维奇总统中止"入欧"进程而引发的大规模抗议活动，与以往相比，会有什么特别。

在苏联的计划经济版图中，乌克兰以重工业为主，其在能源、原材料的采购，技术研发，产品销售等各个方面都高度依赖以俄罗斯为主的其他独联体国家。同时，乌克兰在历史和地理上，也没有东欧各国和波罗的海三国与欧洲接近，并没有如这些国家一样，享受到欧洲一体化带来的红利。乌克兰一直在艰难地摸索着自己的发展之路。在这摸索的过程中，逐渐出现了两种倾向，一些人开始对当初的独立产生悔意，亲俄情绪加剧；另一些人则越来越希望学习东欧诸国倒向欧洲，争取加入欧盟。这为其后来的国家分裂埋下了伏笔。

2004 年的橙色革命更加深了这种分歧并使其在政治层面得以表现。俄罗斯支持的以亚努科维奇为代表的东南部势力和"左右联合反对派"所形成的以尤先科为代表的亲欧西部势力，形成了明显的政治对抗。而俄罗斯与欧洲在各自背后的支持更激化了矛盾，并使问题日益复杂。

乌克兰传统上就夹在俄罗斯与西欧之间谋求生存和发展，也完全了解妥协和两头兼顾的艺术。像乌克兰这样的国家，其地理、经济、政治、人文、历史等因素决定了完全的亲俄与完全的亲欧都是行不通的，因此两个阵营的边界其实也不是很清晰。亚努科维奇、尤先科、季莫申科，都曾在号称"乌克兰的叶利钦"的库奇马总统时代任政府要职。亚努科维奇是乌克兰东部寡头们的代言人，这些巨富寡头和俄罗斯的寡头们一样，大多是通过大型国企私有化而发家的。尤先科更明确地主张市场经济，也曾提出对国企私有化的一些黑幕进行调查。季莫申科虽然标榜是"反俄英雄"，但曾经自谓俄语比乌克兰语流利，而且其在与俄天然气谈判过程中的立场也远没有亚努科维奇强硬。

乌克兰所谓"入欧"的事情，自苏联解体之后，就时而激烈、时而松散的不断被人提及。但关于这个问题实质性的谈判则是在亚努科维奇担任总理期间才正式开始的。按照乌方与欧盟的谈判，乌克兰原定在 2013 年 11 月底与欧盟正式签署联系国协定。但是在 11 月 21 日，乌克兰政府突然宣布暂停与欧盟签署联系国协定的准备工作，同时表示将加强与俄罗斯等其他独联体国家的经贸关系。此举引发了亲欧民众的强烈不满，随之便爆发了自 2004 年橙色革命以来最大规模的示威活动。

示威活动开始之初，亚努科维奇在 11 月 30 日就下令在首都基辅的"金雕"特警队不惜以暴力驱散示威人群，但收效不大，反而在客观上助长了反对派的气焰，使事态越闹越大。

亚努科维奇政府在"入欧"上临门一脚时做出的这个决定，即使不是俄罗斯事前努力的结果，也必定是得到俄罗斯事后大力支持的。在乌政府宣布暂停"入欧"的 20 天后，俄罗斯于 12 月 10 日宣布，将出资 150 亿美元购买乌克兰债券，同时暂时把向乌克兰供应的天然气价格下降三分之一以作为紧急援助。此举更加重了亲欧民众的愤慨与反俄情绪。

基辅的广场革命

2013 年底，反对运动还是和平的，各方都保持了基本的理智与克制。但在 2014 年，最后一个和平安详的东正教圣诞假期之后，局势开始逐渐失控。

1月下旬，乌克兰政府颁布了《反示威法》，这不仅没有使示威停止，反而激化了冲突。示威者占领了司法部大楼并明确要求总统亚努科维奇下台。亚努科维奇此时已然恼羞成怒，下令调派军队镇压示威。时任乌军总参谋长弗拉基米尔·扎曼纳将军出身于苏军驻东德的坦克部队，是亚努科维奇在 2012 年提拔担任此职的。扎曼纳因将军以"不支持对示威者使用暴力"而拒绝执行总统的镇压命令，随即便被撤职，接任他的是原苏军黑海舰队海军军官伊利英将军。伊利英将军明确表明，"作为一名军官，除了忠诚和确实地服务于乌克兰人民外我看不出有什么别的选择，我没有，也绝不会发布任何犯罪的命令"。此后军方旋即宣布在示威冲突中保持中立。

指望不上军队，亚努科维奇只能继续依靠他的"金雕"特警队，而特警队也果然"不孚众望"。1月22日，示威者与特警队在基辅格鲁舍夫斯基大街的冲突开创了死亡纪录，3名示威者被打死，另一名前一天被捕的示威者当天被发现弃尸于市郊。

事态至此，双方已经没了退路。1月27日，政府给"金雕"特警大幅加薪，并把特警人数扩充到3万人，增加了6倍，以期发挥更大的作用并最终平息示威。但示威抗议活动却不断扩大、持续升级，并开始从街头进入到了议会和政府内部。

1月28日，乌克兰总理阿扎罗夫迫于压力辞职，亲欧的反对派暂时占据了上风。鉴于这种情况，俄罗斯发出警告：如果总统亚努科维奇最终被推翻，俄国将重新考虑对乌克兰的150亿美元经济援助问题。但在那个时刻，没有人会关心这事。

示威运动继续向暴力革命升级，对抗日益加剧，最终在2月18日演变成了大规模的流血冲突。当日，数千名示威者从基辅市中心的独立广场出发，朝议会大楼方向前进，举行号称"和平进军"的活动，要求议会恢复2004年宪法。随后示威者在议会大楼附近与特警发生激烈冲突。根据事后有关调查，遇难平民有102人，其中100人是抗议者，一人是围观者，一人被抗议者所杀，另有 16 名警方人员遇难。和平蒙难之日，即战争开始之时。

此时，乌克兰外省的局势也已经完全失控，西部一些地区在基辅发生大规模流血事件后，当地的"金雕"特警倒戈、哗变，反对派控制了大部分地区的局势。亚努科维奇大势已去。

2 月 18 日的流血事件发生 3 天后，2 月 21 日，亚努科维奇终于和反对派代表，波兰、法国和德国的欧盟调停人签署了旨在结束暴乱的三方协议。协议中，反对派同意停止暴力抗议，撤出占领的公共建筑，没收非法武器；亚努科维奇同意提前大选，支持恢复 2004 年宪法，进一步限制总统权力，加大议会权力，否决紧急状态，释放被捕者，政府、反对派与欧盟三方联合调查流血事件真相。俄罗斯调停人拒绝签署该协议。

但是当协议在广场宣布时，却招来了一片嘘声。当时情况下，混乱的独立广场上已经没有人能够领导群众了。整个示威活动的组织者来自各个方面，包括左派的社会党，以退伍兵为主的持极端民族主义立场的乌克兰国民公会—乌克兰民族自卫组织（UNA – UNSO），国会中的三大反对党——祖国党、乌克兰改革民主联盟、斯沃博达党，等等。在 2 月 21 日的气氛里，唯一能比较的就是谁更坚决、谁更革命、谁更极端，任何的妥协和折中，甚至就是和政府签署协议这件事本身，都会被人群嗤之以鼻。这也许是一切群众运动到最后的必然状态，人群发动起来之后，就无法控制了。于是又一次和平解决危机的机会丧失了。而反对派没有履行双方签署的协议，也在一定程度上为日后乌克兰东部乱局，甚至为俄罗斯的介入，制造了借口。

这种情况下，亚努科维奇唯一的选择就是逃跑。

2 月 22 日凌晨，议会以"总统不知去向"为由高票通过罢免亚努科维奇总统职务，要求释放反对派领袖，并决定 5 月 25 日提前举行大选。

2 月 23 日，议会继续开会，决定由议长图尔奇诺夫代行总统职权。

同日，乌克兰前总理季莫申科获释并立刻前往基辅独立广场发表演说，号召人们继续坚持斗争。

也就在同一天，开幕于2月7日的索契冬奥会，历经半个月圆满结束了，俄罗斯位居奖牌榜榜首。在观看闭幕式盛况的人们可能想不到，很快全世界的关注点就会转到那个与索契相距不到500公里、同处黑海之滨的另一个地方——克里米亚。

克里米亚

2014年2月底，基辅的情况基本已成定局，亚努科维奇一败涂地、无法翻盘了。他于22日逃离基辅后，先是到了乌克兰东部的俄语地区哈尔科夫，然后继续往东，到了他早年发迹的地方——顿涅茨克，最后到了克里米亚，据说躲进了俄军的基地。

这时候，全世界的目光都投向了莫斯科，疑惑俄罗斯人接下来会怎么做。答案很快就揭晓了。

2月26日，俄罗斯部队开始在乌克兰边境集结并进行军事演习。第二天，克里米亚议会就通过决定，将就扩大自治权利的问题举行全民公决。事态的发展表明，莫斯科不会选择沉默。

此时，欧美也实施了强硬路线。2月28日，美国总统奥巴马公开警告俄罗斯不要军事干预乌克兰，乌克兰代总统也高调谴责俄罗斯占领了乌境内的两座机场。

但美国的警告和基辅的谴责是不会吓退俄罗斯人的。3月1日，克里米亚的亲俄武装分子占领了当地的议会和政府大楼，并在楼上升起了俄罗斯的三色国旗。同时，俄罗斯正式向克里米亚境内增兵6 000人，并调动大量军事技术装备。3月2日，俄罗斯联邦委员会批准了总统普京的请求，授权可以在乌克兰使用俄罗斯武装部队，该决议即刻生效。乌克兰随即宣布全国进入军事戒备状态。

剑拔弩张之后，3 月 4 日普京出面表态，宣称俄罗斯并没有吞并克里米亚的打算，克里米亚的未来应该由其人民自行决定，目前俄罗斯也没有必要向乌克兰派遣军队，已命令所有参与俄乌边境军事演习的部队退回到他们的基地。

但这样的表态并没有使市场安心，卢布汇率首先受到强大压力，卢布对一篮子货币价格跌至历史新低。地缘政治危机总会率先影响金融市场，比如 2008 年的南奥塞梯战争，从 2008 年 8 月俄军进入南奥塞梯到 9 月美国总统奥巴马表示无意与俄开战，一个月的时间里卢布贬值 9.6%。而 2014 年新兴市场的经济情况比 2008 年还差，且美元加息已基本形成预期。在乌克兰危机全面爆发之前，卢布已在 2013 年内贬值了 7.1%，在 2014 年 1 月贬值 5.9%，2 月至 3 月初又贬值 5.1%，这次乌克兰危机对卢布汇率带来的冲击肯定比 2008 年的南奥塞梯战争更加严重。在汇率承压的同时，俄罗斯的资产价格也大幅跳水，莫斯科时间 3 月 4 日早盘，俄股市下跌 9.2%，创 5 年来盘中最大跌幅。同日，为稳定市场、强化对卢布汇率的支持，俄罗斯央行紧急将基准利率从 5.5% 上调 150 个基点至 7%。

普京总统所说的让克里米亚人民自行决定克里米亚的未来，在两天之后便得到了回应。克里米亚议会在 3 月 6 日通过决议，决定以联邦主体的身份加入俄罗斯联邦，并将在 3 月 16 日举行关于克里米亚未来地位的全民公投。

摊牌的时间来得如此之快！

在克里米亚决定进行公投之前，市场普遍的预期还比较乐观。美银美林 3 月 5 日发表的研究报告显示，国际问题专家们当时认为在乌克兰发生战争的概率是 15%～20%。但克里米亚议会 3 月 6 日的决议让人有些不知所措，大家都不知道将会发生什么。有人预感到大事将至，既兴奋又紧张，还有人仍然平静，认为只不过是另一个南奥塞梯事件，很快就会归于平稳。

放在当时的背景下讨论各方的博弈，或者说在今天研究当初各方选择的必然性时，我们必须了解如下事实。

首先，俄罗斯是一个很有地缘政治观念的国家，在处理地缘政治事件时，通常采取的做法是以进攻作为防守。当俄罗斯周边国家，特别是苏联和东欧国家状况发生改变，俄罗斯的反应永远是迅速与主动的，有时甚至超乎外人的理解与想象。举苏联解体之后的一些例子：早在1999 年南联盟科索沃战争期间，尚未摆脱 1998 年债务违约危机的俄罗斯，就突然出兵占领了科索沃的机场，令北约大跌眼镜、措手不及；再到 2008 年的格鲁吉亚、2014 年的乌克兰、2016 年的叙利亚，莫不如此。

其次，俄罗斯与北约和欧盟的关系，要从德国统一说起。在 1990 年德国统一问题的谈判中，据说时任西德总理科尔和美国国务卿贝克都曾向苏联领导人戈尔巴乔夫保证过，北约不会借助德国统一和东欧剧变向苏联的势力范围进行扩张和蚕食①。但实际情况却不是这样。华约早在 1991 年就解散了，但北约依旧存在，并不断扩充。现在不仅原东欧国家和华约组织成员国波兰、匈牙利、捷克、斯洛伐克、保加利亚、罗马尼亚成为了北约成员，而且就连苏联加盟共和国爱沙尼亚、拉脱维亚、立陶宛也加入了北约。在俄罗斯看来，由于加入欧盟存在一些财政和经济方面的约束条件，比较困难，因此东欧国家在试图融入欧洲的进程中，往往第一步选择先加入相对容易进入的北约。因此俄罗斯认为北约东扩就是西欧人背信弃义，在欧洲统一进程的幌子下不顾及俄罗斯利益、不断孤立俄罗斯的过程。乌克兰与欧盟的亲热如果不及时制止，很可能就成为另一个波罗的海三国。

另外，克里米亚的地位也不得不提。从本书"前世今生"概述俄

---

① 这个说法在戈尔巴乔夫、普里马科夫等人的回忆录中都有记载。

罗斯历史的过程中就可以看到克里米亚在俄罗斯历史上的重要性。克里米亚曾经是鞑靼人和土耳其人入侵俄罗斯的桥头堡，数百年来一直是欧亚之间的军事和交通要塞，兵家必争之地。直到叶卡捷琳娜大帝时代，经过与奥斯曼土耳其之间两次激烈残酷的战争，俄罗斯才最终得到了克里米亚的控制权。在 1853 年席卷克里米亚半岛、巴尔干和黑海的克里米亚战争中，俄军更是付出了超过 25 万人伤亡的代价。1945 年确定"二战"之后世界秩序和利益分配方案的雅尔塔会议也是在克里米亚举行的。一直到 1955 年克里米亚都属于俄罗斯。1955 年，为纪念"二战"胜利 10 周年，苏联将其从俄罗斯划给了乌克兰加盟共和国。但克里米亚的塞瓦斯托波尔军港一直驻有俄罗斯的黑海舰队。这样一个重要和充满了历史记忆的地方，是绝不可能随着乌克兰的转向而使之重被异国控制的。同时，从历史上看，克里米亚原是鞑靼人的国家，曾长期作为土耳其的附庸，俄罗斯是从土耳其人手中夺过克里米亚的。而乌克兰西部则一直是波兰与立陶宛的势力范围，基辅在 17 世纪还曾和波兰、立陶宛成立过三个民族的联盟国家，乌克兰西部是俄罗斯通过瓜分波兰而获得的战利品。所以在俄罗斯人眼里，克里米亚与乌克兰历史不同、来源不同，本不是一回事情。

在莫斯科，更有一些经历过苏联荣光时代的精英阶层，仍然有恢复苏联版图建立新的大俄罗斯的梦想。在他们眼里，原苏联的加盟共和国中，乌克兰在经济、军事、政治地位方面都是仅次于俄罗斯而排在第二位的，如果没有乌克兰的加入，大俄罗斯梦想将永远无法实现。因此，任凭战略地位举足轻重的乌克兰自由向西是绝对无法忍受的。美国的地缘政治专家布热津斯基（Brzezinski）曾经说过：如果俄罗斯拥有乌克兰，它就是一个世界大国；如果俄罗斯失去乌克兰，它就只是一个地区大国。

前述几点足以决定了俄罗斯于 2014 年初在乌克兰危机和克里米亚问题上所做出的选择无法避免。

博弈和预判

2014 年 3 月初，比俄罗斯对乌克兰和克里米亚的行动更无法让人确定的，是在俄罗斯采取了行动之后，欧美会如何反应：是武装干涉？还是实质性的制裁？或者是雷声大雨点小地不了了之？

在阵地的另一边，乌克兰境内乌语地区的欧洲化倾向在这些年中已经越来越强，特别是年青一代，受到橙色革命的影响很大，基辅向西去的民意基础已经形成。同时，来自欧美的主流观点认为，俄罗斯之所以高调介入乌克兰问题，很大程度上因为西方在 2008 年对南奥塞梯问题表现得过于软弱了。甚至有人认为这就是新的慕尼黑时刻，继续绥靖政策不仅政治错误，而且还会导致更多武装干预的发生，使伊朗核问题、朝鲜核问题、钓鱼岛问题等都有出现克里米亚模式的可能。因此欧美这次必须坚持对俄的强硬姿态。

在这样矛盾激化在所难免的情况下，无论是乌克兰内部的亲俄和亲欧两种势力，还是俄罗斯与欧美之间的分歧都很难调和。当时，一位曾经在乌克兰使馆和俄罗斯使馆均工作过的资深外交官告诉我，事情如此发展下去，最可能的结果就是乌克兰分裂。

俄罗斯作为一个核大国，欧美因为一个乌克兰而与其进行正面的军事冲突是不可能的，这种冲突不仅是世界大战，也是地球人集体自杀，冲突即使是在冷战时代也被巧妙地避免了。于是比较合理的推测就是美国将对俄罗斯进行一定程度的经济制裁。正是基于这种判断，在 3 月 16 日克里米亚对自己的未来进行公投之前，很多俄罗斯企业就已经开始为可能的制裁着手进行应对准备。

在靴子真正落地之前，大家预判这些可能的对俄制裁大概会包括：对俄罗斯石油和天然气的禁运、减少欧洲对俄罗斯能源的依赖、减少对俄投资、冻结俄罗斯官员甚至政府企业在欧美的资产等。

　　在能源方面，俄罗斯与欧洲的相互依存程度十分高。2013 年，俄罗斯共出口天然气 2 049 亿立方米，其中出口到欧洲 1 393 亿立方米，占比 68%，在出口到欧洲的天然气里又有 50% 是通过乌克兰管道运输的。欧美如果对俄实施能源禁运将大大打击俄罗斯的对外贸易和经济。但同时，按照欧洲统计局公布的数据，在欧洲能源进口结构中有 34.5% 的石油、超过 30% 的天然气、27% 的煤炭来自俄罗斯。全面的能源禁运只能造成两败俱伤，阻碍欧洲经济在 2009 年国际金融危机后的脆弱恢复。因此，在这个问题上，拥有页岩气的美国和拥有北海油气资源的英国相对积极，而欧洲则很难强硬。

　　与能源禁运相比，欧美减少对俄投资则更方便一些。2013 年的统计表明，在俄投资最多的国家是德国和日本。而这两个第二次世界大战的战败国，一个是可以为了维护欧洲的团结与大国形象而有限度地牺牲自身现实利益的，另一个则是很难拒绝来自美国的政治要求的。因此，由德、日作为表率的西方，对俄罗斯在投资方面的制裁就更容易操作一些。

　　前文曾介绍过，俄罗斯居民在银行进行存款的意愿极低，俄罗斯的企业与金融机构在筹资上对于资本市场，特别是离岸资本市场（主要是伦敦）的依赖程度很高。2013 年俄罗斯企业共获得 520 亿美元的国际银团贷款，基本全都是欧美银行牵头组织的，其中荷兰国际集团（ING）是俄罗斯银团市场最大的牵头行，在 2013 年共做了 96 亿美元的业务。乌克兰危机之后，欧美银行即便在正式制裁实施之前，出于风险和政治的考虑，就已基本暂停了对俄罗斯的业务，俄罗斯企业和金融机构在 2014 年初已无法在欧洲市场进行融资。2014 年 2 月，莫斯科信贷银行正好在进行一笔银团贷款融资，这样的项目一直都是欧美银行作为牵头行进行安排的。但随着事态的变化，莫斯科银行破天荒地主动找到了中资银行，希望由来自东方的银行牵头筹组这笔银团。

除了融资之外，俄罗斯人也在筹划一旦制裁发生之后的资金汇划安排。包括俄罗斯第二大银行外贸银行（VTB）在内的很多俄罗斯金融机构和企业，在克里米亚公投之前便已计划将其在美国和美资银行账户上的资金逐步转回俄罗斯，并咨询在非欧美的金融机构开立账户进行资金清算的问题。

未雨绸缪地进行应对准备是一方面，大张旗鼓地进行恐吓则是另一方面。

针对欧美发出的制裁警告，普京总统表示俄罗斯自有应对方法，这包括停止偿还外债和不再使用美元。如此声明使本已高度紧张的市场更为恐慌，俄罗斯政府违约风险增加，国债的收益率持续攀升，3 年期国债的收益率在 3 月 11 日达到了 8.4%。

在这样的气氛中，在恐慌与忙乱、兴奋与紧张、平静与无所谓中，克里米亚公投的时间一天天逼近了。

公投

3 月 15 日傍晚，公投前夕，我结束周末加班，坐车驶过克里姆林宫。莫斯科河岸的红墙静静伫立，西边的落日染红了天上厚厚的云层，一片难得的祥和。那是暴风雨来临前的平静与美丽。

3 月 16 日，星期日，克里米亚公投。

3 月 16 日晚，在计票过半之后，克里米亚全民公投筹备与执行委员会主席米哈伊尔·马雷舍夫宣布：当日有超过 120 万选民前往投票站进行了投票，投票率为 82.71%。据初步统计，赞成克里米亚加入俄罗斯联邦的选票为 95.5%。

3 月 17 日，公投计票结束。克里米亚总理阿克肖诺夫宣布：最终有 96.6% 的选民投票支持克里米亚脱离乌克兰加入俄罗斯。

3 月 18 日，普京总统在莫斯科与克里米亚代表签署协议，接纳其成为俄罗斯联邦的一员。随后，普京在俄议会发表演讲，称克里米亚独立公投完全符合民主程序和国际法。在克里米亚有三种平等的语言，俄语、乌克兰语和鞑靼族语，俄罗斯和克里米亚的精神价值相连，克里米亚是俄罗斯领土，过去以及现在都是俄罗斯不可分割的部分。普京同时强调与乌克兰兄弟般的关系对俄一直很重要。他谴责西方虚伪，在乌克兰问题上持双重标准。据说普京总统的议会讲话被掌声打断了至少 30 次，很多议员佩戴了象征"二战"胜利的丝带，称今天——克里米亚回归的日子——可以与 1945 年 5 月 9 日卫国战争胜利纪念日相提并论。

俄罗斯人民也是热情高涨，俄内务部称当天整个俄罗斯约有 60 万人集会庆祝克里米亚入俄。仅在莫斯科红场，当晚就有 12 万人集会，现场旗海飘扬，还举办了音乐会，人们群情激昂，流下热泪。普京也来到了红场，与集会人群同声高唱俄罗斯国歌并发表讲话："欢迎克里米亚回家。"

克里米亚正式成为了俄罗斯的一部分。

当然，任何事物都有它的两面。克里米亚的回归除了兴高采烈的庆祝之外，也有让人头疼的问题。欧美制裁是一个问题，在后续的章节中会详细介绍和讨论。另外还有一个问题，就是克里米亚回归后，俄罗斯所面临的新增财政负担。

在 2014 年 3 月克里米亚收回之初，很多俄罗斯经济学家所担心的并不是即将到来的制裁及其影响，而是更关心克里米亚回归本身对于俄罗斯财政的冲击。按照经济学家和相关政府部门的分析，莫斯科对克里米亚未来的财政投入将主要包括两方面：一是常规项目的转移支付，二是为了弥补基础设施欠账所需的大量投资。

克里米亚一直存在着严重的财政赤字，根据评级公司标准普尔的估计，如果按照 2013 年乌克兰财政对克里米亚的补贴标准，俄罗斯联邦预算对克里米亚的转移支付每年至少需要 380 亿卢布。但这只是存

量，还有增量没有算进去。克里米亚公共事业单位人员的平均工资是
12 500 卢布，而俄罗斯公职人员的工资标准是 30 000 卢布；克里米亚
公职人员的养老金平均水平是 6 000 卢布，而俄罗斯则是 11 140 卢布。
克里米亚加入俄罗斯之后，克里米亚公共事业单位人员的工资、养老
金将提高到俄罗斯标准。这对于克里米亚地区在职的和退休了的公务员
来说是一个好消息，也许这也是他们公投支持加入俄国的一个微不足
道的次要原因。但对于俄财政来说，这可是一笔巨大的额外支出。克里
米亚公务员的人数大约是 20 万，以退休人员和在职人员 1:3 的比例计
算，上述工资和养老金的上涨将每年增加财政支出 460 亿卢布。再加上
前面说的 380 亿已经存在的转移支付，俄罗斯每年在"吃饭财政"的
常规项目上就要为克里米亚掏 840 亿卢布。

　　在基础设施建设方面，有人估算克里米亚的基建投资总缺口至少
1 800 亿卢布。2013 年的克里米亚半岛，有 80% 的电力和 65% 的天然气
来自乌克兰，如果在克里米亚投入俄罗斯怀抱之后，乌克兰切断上述能
源供应，唯一的解决方案就是建设跨越刻赤海峡的输电线，把俄罗斯的
能源引进半岛，这将耗资大约 180 亿卢布。此外，改造克里米亚老旧的
港口将需要 636 亿卢布；道路建设和重修需要 540 亿卢布；机场的重建
需要 86 亿卢布；铁路网的重建需要 97 亿卢布；振兴旅游业需要的投资
是 65 亿卢布；还有农业需要投入 40 亿卢布。

　　在所有这些计划中的工程里面，最重要也最有标志性意义的就是
修建连接克里米亚半岛和俄罗斯本土的刻赤海峡大桥。俄交通部长马
克西姆·索科洛夫（Maxim Sokolov）预测刻赤海峡大桥项目的成本至
少是 500 亿卢布，而负责该工程前期测评的俄罗斯联邦公路署（Rosa-
vtodor）估计该项目的每公里造价为 166 亿卢布，如果按这个造价，预
算为 4.5 公里的大桥需要的远不止 500 亿卢布。

　　如此庞大的资金需求，显然会大大加重俄罗斯政府的财政负担。
2014 年原财政预算赤字为 GDP 的 0.4%，即 3217 亿卢布。克里米亚突

然的从天而降，使得俄联邦预算赤字将大大增加。这里不得不再提一句，俄罗斯财政的最大来源是油气收入，其贡献在联邦预算中占比超过50%，在出口中的占比超过三分之二。当经济学家们在计算克里米亚回归对俄财政影响的时候，国际油价还在大约100美元每桶的水平，而谁都不会料到就在一年之内，这个价格将被腰斩。

　　2014年的那个3月，吃过了谢肉节（Maslenitsa）的送冬薄饼，无论克里米亚将会为俄罗斯财政带来的新赤字是多少，无论欧美的制裁将会如何发生和加码，无论未来油价的走势会有什么戏剧性的变化，无论有什么样的代价，克里米亚回家了。

制　　裁

随着 2014 年 3 月 16 日的克里米亚公投,一只悬疑的靴子已经落到了地上,而另一只靴子——欧美制裁——也像预期的那样很快落地了。

3月制裁开始

早在克里米亚公投之前，欧美已经因为乌克兰问题而实施了一些小规模的制裁措施。美国在3月4日暂停了与俄罗斯之间的投资和军事合作，取消双边谈判和会见。3月6日，美国又对所谓影响乌克兰民主进程以及威胁乌克兰和平、安全、稳定和领土完整的个人和机构进行了包括资产冻结和签证禁令在内的制裁。北约则在3月6日暂停了与俄罗斯的军事和民事会谈，同时拒绝执行原来安排的与俄罗斯的联合军事任务。欧盟也在3月6日暂停了与俄罗斯之间关于简化签证制度的谈判工作。

3月17日克里米亚加入俄罗斯之后，欧美对俄正式的第一轮制裁也马上展开。可见其对于俄罗斯在克里米亚问题上的态度和自己对于此事应该如何反应是早有准备的。

克里米亚加入俄罗斯的当日，美国总统奥巴马签署命令，宣布冻结包括俄联邦委员会主席马特维延科、俄副总理罗戈津在内的7名俄罗斯官员和4名亲俄的乌克兰官员的银行账户，控制其资产并拒绝向其发放入境签证。3月20日，美国又将制裁范围扩大到了包括格纳迪·季姆琴科（Gennady Timchenko）、罗滕贝格兄弟（Rotenberg）等人在内的俄罗斯商人以及与其相关的企业和金融机构，位于圣彼得堡的一家商业银行——罗斯亚银行（Bank Russiya）也遭到了全面的制裁。美国还在3月27日暂停了与俄罗斯在反对毒品领域的合作；在3月28日终止发放对俄出口防卫产品和服务许可证；3月30日宣布停止"美俄总统委员会"的工作。美俄关系达到了苏联解体之后的最低点。

欧盟也在3月17日决定对俄罗斯和乌克兰的21名官员实施禁止入境欧盟、冻结其在欧盟的资产等制裁措施。3月21日，欧盟又在自己的制裁名单中增加了12名俄罗斯（含克里米亚）的官员和军人。3月

25 日，欧盟明确禁止欧盟各国驻俄使馆向克里米亚居民发放赴欧签证，将自己的惩罚措施从个别军政人员扩大到了整个克里米亚半岛的公民。除了针对人员的制裁和限制之外，欧盟也全面停止了与俄罗斯在各方面的合作，宣布取消了原定于 2014 年 6 月召开的欧俄峰会。

此外，北约在 3 月 17 日宣布暂停与俄罗斯的合作，包括取消俄罗斯参加对叙利亚的化学武器检查等相关行动的资格。八国集团（G8）也取消了原定于 6 月在索契召开的八国峰会，并在 3 月 25 日正式暂停了俄罗斯的会员国资格，于是 G8 又变回了 G7。英国在 3 月 13 日宣布暂停与俄罗斯的军事合作，包括终止向俄提供军事装备，取消联合军事演习。德国除了参与欧盟、北约等国际组织的对俄制裁之外，还在 3 月 19 日宣布暂停执行与俄罗斯之间价值 1.2 亿欧元的军事合同，并在 3 月 21 日宣布全面停止对俄国防产品的出口。法国也和德国一样，在 3 月 22 日宣布暂停了与俄罗斯之间的大部分军事合作。

在上述 3 月所发生的第一轮制裁中，最受关注的是欧美对于一些俄罗斯商业大亨及其所控制的机构，特别是两家银行的制裁。对于政府官员进行的资产冻结和签证限制制裁更多影响的只是个人的财产与生活，而对于一些重要的商界人士及其所控制的商业金融机构的制裁，则会对整个俄罗斯的社会经济生活、对俄国的经济发展、金融稳定带来影响。

季姆琴科

在这些被列入制裁名单的俄罗斯商业领袖之中，季姆琴科是重要的一位。季姆琴科多年在俄富豪榜上排名第 10 位左右，他在 20 世纪 90 年代曾在苏联的外贸部工作，而普京在担任列宁格勒市（今圣彼得堡）国际联络委员会主席时，也在主管市政府的对外经济和贸易工作。

季姆琴科参与创立了注册在塞浦路斯的能源公司贡沃（GUNVOR）集团，该集团通过其在瑞士、新加坡、巴哈马等地的交易网络，成为了仅次于嘉能可（GLENCORE）、维多（VITOL）和托克（TRAFIGURA）之后的全球第四大原油交易商。贡沃在 2012 年的原油交易量在每日 250 万桶左右，约占全球原油供应量的 3%。由于受到美国制裁，季姆琴科在 2014 年 3 月将其在贡沃集团的股份出售给了公司的另一位创始人，来自北欧的图恩克韦斯特（Törnqvist）。

季姆琴科还拥有俄罗斯西布尔（SIBUR）石化公司 37% 左右的股份[①]，西布尔是俄罗斯最大的天然气和石油化工公司，公司的估价在 100 亿欧元左右。

季姆琴科通过其在卢森堡注册的伏尔加资源投资公司（VOLGA）持有诺瓦泰克（NOVATEK）大约 23% 的股权。而诺瓦泰克旗下最著名的投资就是位于北极圈内俄罗斯亚马尔半岛的天然气项目，该项目集天然气开采、液化、运输于一体，探明天然气储量约 9 270 亿立方米，设计年产液化天然气（LNG）约 1 650 万吨，是目前北极圈内最主要的能源项目之一。亚马尔半岛深入北极，地理位置十分重要，具有特殊的战略意义。从亚马尔跨越北极抵达北美，无论是飞机还是破冰船，都十分地快速便捷。

亚马尔天然气项目一直得到俄罗斯政府的全力支持。在亚马尔之前，俄罗斯天然气工业集团是唯一拥有出口天然气许可的企业。俄罗斯另外的一个能源巨头——俄罗斯石油，曾经和日本公司合作开发库页岛的天然气项目，但是由于没有出口许可，只能将开采出来的天然气先卖给俄气，再由俄气进行出口。但是亚马尔项目却得到了俄罗斯政府的

---

① 季姆琴科在西布尔的股份后来被逐步稀释，包括在 2014 年基里尔·沙马洛夫从季姆琴科手中收购了西布尔公司 17% 的股份。基里尔·沙马洛夫，生于 1982 年，他的父亲尼古拉·沙马洛夫也在美国的制裁名单之中，根据路透和彭博的报道，小沙马洛夫是普京小女儿卡捷琳娜·吉洪诺娃的丈夫，在 2018 年 4 月被美国列入了制裁名单。

来自中国的中石化和丝路基金也先后在 2015 年和 2016 年分别购入了西布尔各 10% 的股份。根据 2015 年底公开数据显示，季姆琴科在西布尔的股份当时已降到了 15% 左右。西布尔在 2017 年公布的最大股东是列昂尼德·米赫尔松（Leonid Mikhelson），他同时也已成为了诺瓦泰克（NO-VATEK）的大股东和董事长，他直到 2018 年还没有出现在欧美的制裁名单中。

天然气出口许可，这使诺瓦泰克公司成为了在俄气之外第二个可以出口天然气到国外的企业。

亚马尔天然气项目最初由俄罗斯诺瓦泰克、法国道达尔（TOTAL）和中国中石油分别持股 60%、20% 和 20%，2015 年，中国的丝路基金又宣布从诺瓦泰克手里购入了亚马尔项目 9.9% 的股份。在欧美对俄实施制裁之后，法国政府批准道达尔公司继续在俄合作实施包括亚马尔天然气开发在内的三个油气项目。道达尔公司向法国政府承诺会严格遵守欧美对俄在技术与融资方面的制裁限制。

季姆琴科被列入制裁名单之后，亚马尔天然气项目的实施主要面临两方面的挑战，一是资金，二是技术。

在资金方面，通过道达尔的继续留守和丝路基金的新鲜加盟，项目的股权投资并没有受到太大影响。但该项目原计划还有 70% 的资金要通过项目贷款的方式落实，这多少遇到了一些波折，一些原来承诺参与的西方银行受制裁影响不得不临时退出。根据公开媒体在 2016 年 5 月的报道，亚马尔项目最终得到了中国国家开发银行和中国进出口银行的支持，两个银行以欧元和人民币向项目提供了约合 120 亿美元的贷款。据悉该贷款是通过奥地利中央合作银行（Raiffeisen）进行的资金调拨。通过欧元和人民币发放贷款并通过奥地利的银行进行清算，主要是因为诺瓦泰克虽然受到了美国的制裁，但却并没有在欧盟的制裁名单上。

在技术方面，亚马尔项目原计划依靠欧美技术进行天然气的开采和处理，但制裁使得这个方案搁浅。中石油等中资石油化工企业原计划借此机会推动技术和装备的"走出去"，但地处严寒冰冻的北极圈内的液化天然气项目技术难度实在太大，让中资企业心有余而力不足。2017年 11 月，在北京召开了一场由中国贸促会和日中经济协会、日本经济团体联合会等单位主办的中日企业家对话会，在对话会分论坛的讨论中，日本日挥株式会社、千代田化工建设株式会社等都提到了亚马尔项目，将其作为与中国企业开展第三方合作的样本，并希望继续与中国企业在中东、非洲等第三方市场进行石油、天然气、化工成套设备方面的合作。按照日本人的介绍，亚马尔天然气项目最终应该主要采用了日本技术，中国企业则分包了一些简单的工程，出体力活。

除了能源企业之外，季姆琴科也拥有被美国全面制裁的两家银行之一，罗斯亚银行（Rossiya Bank）的少数股权（大约7.9%）。

按照美国财政部3月20日声明所称，季姆琴科的活动直接与普京相关，普京在贡沃公司也有投资，并可能直接掌握着该公司的资金。但这个说法遭到了贡沃集团的否认。

季姆琴科在被美国列入制裁名单之后不久，经由普京总统推荐，在4月29日的中俄企业家理事会特别会议上被选举成为该理事会的俄方主席。从此，一头银发、面带微笑、目光坚毅的季姆琴科便经常出现在包括中俄总理定期会晤机制等在内的各类中俄合作会议与论坛上，促进了包括其持股的西布尔、诺瓦泰克在内的众多俄罗斯能源企业与中国的合作。

罗滕贝格兄弟

阿尔卡季·罗滕贝格（Arkady Rotenberg）和鲍里斯·罗滕贝格（Boris Rotenberg）两兄弟也在3月的制裁名单上。据说他们很早以前就是和普京一起练习跆拳道的队友，并且共同师从于俄罗斯著名的柔道大师拉赫林。普京总统喜爱柔道运动是人尽皆知的，网络上也随处可见普京总统身着柔道服进行运动的飒爽英姿。而阿尔卡季·罗滕贝格在2013年就当选为世界柔道协会的执行委员了，是俄罗斯在柔道界的领军人物。

罗滕贝格兄弟属下的建筑公司是2014年初刚刚结束的索契冬奥会的主要建筑商，根据美国财政部的描述，他们获得与索契冬奥会有关的项目合同金额高达约70亿美元，两兄弟在索契冬奥会前两年的个人资产也激增 25 亿美元。

　　但是不得不多说一句，索契冬奥会的建设情况真是不敢恭维。在奥运会开幕的时候，索契市内的一些酒店已经封顶但还没来得及完成内部装修，只能黑着灯如同鬼楼一般映衬着奥运开幕当夜漫天燃放的礼花。为了解决众多官方代表团和媒体的住宿问题，索契奥组委从意大利租借了几艘巨型邮轮，停泊在索契的黑海海滨，临时当做酒店使用。更有甚者，在奥运比赛开始之后，冬奥会体育中心的五个体育场馆中还有一个尚未完工，施工围挡虽然被画上了冬奥会吉祥物，但那显然不是建筑的一部分，起重机也还在那里吊装着设备。在奥运公园的摊档上，观看比赛的观众和仍在建造场馆的施工工人一起排队购买热狗和咖啡。

　　根据一些西方媒体的报道，罗滕贝格兄弟在事业上的起步，主要是通过和俄罗斯天然气公司（Gazprom）的合作。俄气在 2008 年将自己从事天然气管道安装的子公司卖给了罗滕贝格，此后罗滕贝格通过这个公司承接了俄气的大量工程订单，仅在 2009 年，罗滕贝格属下的公司就中标了俄气集团的 19 个项目。[①]

　　由于罗滕贝格兄弟被制裁，其控股 74.6% 的 SMP 银行也成为首批被制裁的俄罗斯银行之一。另外一个被制裁的银行是罗斯亚银行（Rossiya Bank），其在规模和影响力上都超过 SMP 银行，不仅前文提到的季姆琴科拥有罗斯亚银行 7.9% 的股份，罗斯亚银行的三位创始人——卡瓦尔钦科、富尔先科、亚库宁——也都名列制裁榜。

两家被制裁的银行

　　尤瑞·卡瓦尔钦科（Yuri Kovalchuk）是罗斯亚银行的董事长和最

---

　　① 受到制裁之后，阿尔卡季·罗滕贝格向他的儿子伊戈尔·罗滕贝格出售了所持有的包括石油工程企业俄气布雷尼（GAZPROM BURENIE）在内的众多公司的股份。伊戈尔·罗滕贝格在 2018 年 4 月也被美国列入了制裁名单。

大股东。他在苏联时期曾是圣彼得堡物理技术研究所的科学家，后来下海从商，在1991年创立了罗斯亚银行，持有该银行43%的股份。

同在制裁名单上的富尔先科也是罗斯亚银行早期的创业者之一。他与卡瓦尔钦科曾是圣彼得堡物理技术研究所的同事，但并没有像卡瓦尔钦科那样一直从事于商业与金融，富尔先科曾在2004—2012年担任俄罗斯科学部部长，继续从事他所热爱的科学事业，被认为是普京的私人科学顾问。

弗拉基米尔·亚库宁是俄罗斯铁路公司总裁。亚库宁在苏联时期曾经工作于克格勃系统，并在1985—1991年担任苏联驻联合国大使。苏联解体后他在圣彼得堡从事商业活动，同样参与了罗斯亚银行的创立。亚库宁在2000年被普京总统任命为俄罗斯运输部副部长，2001年被任命为俄罗斯铁路公司总裁。[①]

罗斯亚银行成立之初只是一家列宁格勒地区（圣彼得堡）的小型银行，但其发展得到了列宁格勒市与后来圣彼得堡市政府的支持。2000—2003年，罗斯亚银行的发展速度明显加快，资产在几年间翻了13倍，接近2亿美元。罗斯亚银行此后又陆续兼并了俄罗斯天然气集团的养老基金和保险业务部门，资产规模迅速达到100亿美元，成为俄罗斯的第15大银行。

美国人对罗斯亚银行的制裁是全面停止这个银行的一切美元业务，包括融资和清算。在这样的制裁措施出台之后，罗斯亚银行很快就停止了自己的外汇业务，并关闭了在数家美国银行的代理行账户。同时，在罗斯亚银行被列入制裁名单的第二天，普京总统让克里姆林宫的总统事务管理局把他的工资转到了这个银行发放。毕竟总统的工资是卢布的，对于美元业务的全面制裁并不影响这家银行为包括普京总统在内的本地客户提供卢布业务的服务。

---

① 亚库宁在2015年8月辞去了俄罗斯铁路公司总裁一职。据说他被解雇的主要原因是他的儿子安德烈·亚库宁在伦敦开设的公司存在严重的腐败行为，而且安德烈还申请了英国的护照。

罗滕贝格兄弟控制的 SMP 银行比罗斯亚银行小一些，在俄罗斯银行业中排名第 39 位。制裁之后，该行储蓄客户短期内提取了约 90 亿卢布的存款（该行总资产约 2 000 亿卢布）。角色相当于国家开发银行的俄罗斯外经银行（VEB）随即为 SMP 银行紧急提供了次级借款，以维持它的正常运营。SMP 银行是俄罗斯最先尝试人民币业务的本地银行之一，在制裁之前就已经与一些中资银行开展了人民币的贸易融资和结算业务合作。

在 SMP 银行被列入制裁名单后，两大卡组织——维萨（VISA）和万事达（Master Card）——随即停止了对该银行的服务，但在两天后又恢复了业务。作为总部位于美国的维萨和万事达，面对美国的制裁要求，处境的确十分困难。根据摩根士丹利预测，如果失去俄罗斯市场，每年将给维萨带来约 4 亿美元的损失，给万事达带来 1.6 亿美元的损失。但维萨和万事达这次对 SMP 银行的两天停摆，却给俄罗斯人提了一个醒。俄罗斯人一方面开始加强和中国银联、日本 JSB 等其他信用卡组织的合作；另一方面，普京总统也在 3 月 27 日宣布了俄罗斯将创建本国自己的支付系统以替代外国卡组织的计划。

在罗斯亚银行与 SMP 银行被制裁之后，俄罗斯第二大银行——外贸银行（VTB）的 CEO 安德烈·柯思金（Andrei Kostin）在电视上接受采访时说，"俄罗斯会用卢布销售自己的产品，包括军火、石油和天然气，俄罗斯也会用卢布买自己需要的产品"。不知道这是真心在为被制裁的银行鼓劲，还是隐隐也预知到了自己的将来。这里说的将来不止是用卢布进行国际贸易结算，也包括 VTB 自己在几个月后也遭到制裁。①

面对汹涌而来的制裁风潮，俄罗斯政府的态度是坚决的。3 月 17 日，俄联邦外交部发表声明，称美国对俄制裁是"不愿承认现实的病态反应，试图将一意孤行的、不公正的、完全忽视现实的解决方式强加

---

　　①　对罗斯亚银行和 SMP 银行此次的制裁是全面禁止一切美元业务，包括融资和清算。而后来欧美对俄罗斯其他大型银行（俄储、VTB、天然气工业银行等）的制裁则只是禁止对其进行中长期的融资，而不包括清算等业务范围。

于人"。作为反制措施，俄外交部在 3 月 20 日宣布禁止美国政府和国会的 10 名官员入境俄罗斯，3 月 24 日，俄外交部又公布了一份 13 人的制裁名单，禁止部分加拿大政府官员和议员入境。3 月 28 日，俄外交部进一步根据对等原则扩大了对欧盟、美国和加拿大的制裁范围。

　　对众多的俄罗斯政府高官和商业领袖来说，被欧美制裁是一件光荣的事情，好像显示出了自己和普京总统的关系更为亲近。特别是对于欧美冻结资产的制裁措施，很多官员表态自己根本没有在海外的资产，没有贪污腐败和来路不明的钱财，因此这项措施对他们毫无影响。

　　第一轮制裁风潮主要涉及的俄罗斯富豪及其旗下的公司情况如图 1 所示。

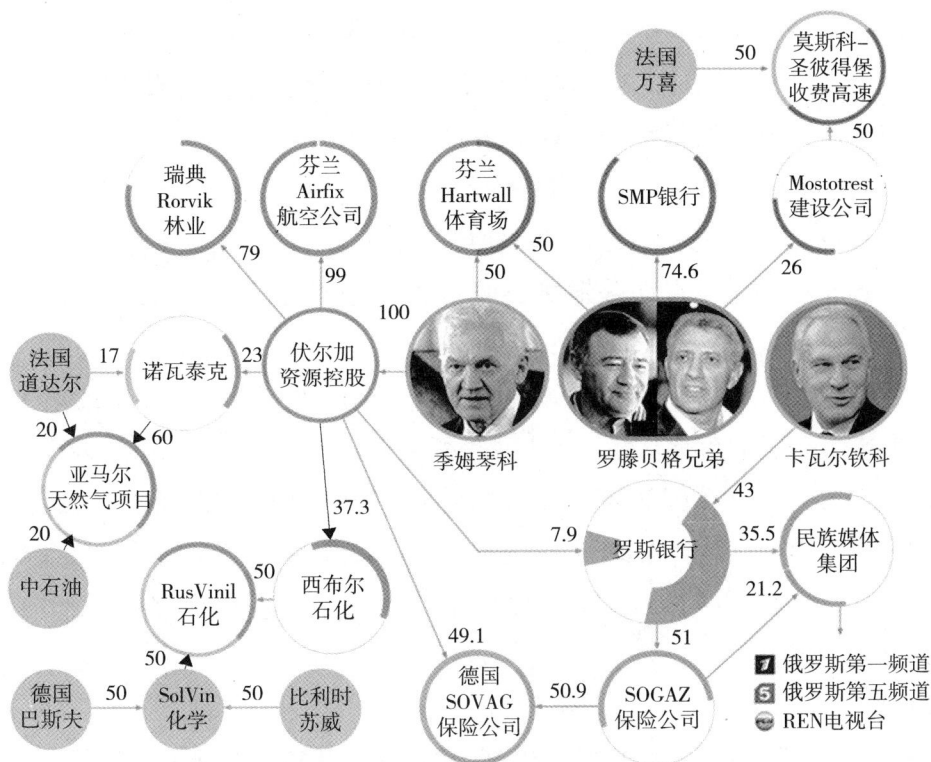

　　注：图中灰色圆圈中的企业都是与此三人的下属企业有合作关系的外国企业。上述的股权比例是按 2014 年 3 月制裁发生时的情况，没有包括此后的股权变化。

图 1　俄罗斯被制裁的三位主要商人及其企业图谱

总体来看，这轮制裁所涉及的行业包括能源、化工、金融、基础设施等，所涉及的国际性合作项目与合资公司也包括法国、德国、比利时、中国等国家的企业，其涵盖的范围可以说十分广泛。但如果仔细分析，这第一轮制裁的内容却还算柔和。实质性的制裁措施只是针对一些个人和两家规模不大的银行，影响可控①。比起克里米亚回家，这样的对价是合算的。

4 月乌东冲突与《日内瓦协议》

克里米亚回归俄罗斯。但摊开地图就会发现一个明显的问题：克里米亚半岛是一个飞地，它在陆地上并不与俄罗斯接壤，从俄罗斯本土去克里米亚，或者通过飞机，或者通过船只穿过刻赤海峡②，如果走陆路，则必须要经过乌克兰的东部地区。

乌克兰东部就这样不得不成为下一步的焦点。

乌克兰东部一直和基辅所在的乌克兰西部地区存在着明显差异，从本书"前世今生"对于俄罗斯历史的介绍中可以看出，乌克兰西部自古受到波兰等欧洲国家的影响较大，而东南地区则受奥斯曼土耳其和鞑靼人的影响深远。在历史上，俄罗斯也是分别从波兰人和立陶宛人手里夺取的乌克兰西部领土，从土耳其人和鞑靼人手里得到的包括克里米亚在内的乌克兰东部领土。在现代，乌克兰东南部是俄罗斯族人聚集的地区，也是在广场革命中被推翻的乌克兰前总统亚努科维奇传统的据点和票仓。

---

①　如果按资产排名，罗斯亚银行和 SMP 银行分别为俄国的第 15 位和第 39 位，做个不太恰当的对比，这在中国就相当于是华夏银行和包商银行在行业内的排名（2015 年数据），如果它们不能做外汇业务了，对整个金融体系和社会经济生活的影响尚且可控。

②　这也就是为什么在考虑克里米亚基础设施投资时，大家都要把刻赤海峡大桥和跨越刻赤海峡的输电线计算在内的原因。

　　进入到 2014 年 4 月，乌克兰东南部多个州的俄罗斯族人爆发了示威抗议运动，抗议基辅的亲西方势力通过广场运动发动政变推翻了亚努克维奇政权，其中顿涅茨克还希望效仿克里米亚进行公投以决定自己未来的地位。而在基辅的乌克兰过渡政府则决定对乌东部采取“反恐清剿”行动，当地地方政府与部分极端右翼分子对示威者进行了强力镇压。在乌克兰东南部的敖德萨地区还发生了流血事件，导致 50 多名俄族示威者死亡。这更加激发了乌东南多个州俄罗斯族民众的反抗，事态逐步升级并向武装冲突演变。

　　为了避免情况急剧恶化，美国国务卿克里、俄罗斯外长拉夫罗夫、欧盟外交和安全政策高级代表阿什顿、乌克兰代理外长杰希察于 4 月 17 日在日内瓦举行了紧急四方会谈并签署了《日内瓦协议》。在日内瓦会议期间，俄美等各方还频繁地进行了多轮私下的双边会商，这些私下会商比四方会谈更具实质意义。这也是自乌克兰危机发生以来，俄乌高层首次坐在同一谈判桌上进行的对话，事态仿佛走向了一定程度的缓和。而且仅就《日内瓦协议》达成的内容，从表面上看还是很鼓舞人心的。

　　协议各方一致认为，当前应该采取实际行动缓解乌克兰国内紧张局势，恢复社会安定。协议主要内容包括：一是解散所有乌克兰境内的非法武装，非法武装分子撤离其占领的所有基础设施，包括大楼、街道和其他公共设施。对示威人士和主动缴械撤离占领区的武装分子给予特赦，但武装占领期间掠夺财物的武装人员除外。二是乌克兰需要进行宪政改革。宪改过程必须具有包容性、透明性和可问责性，同时要求立即举行全国范围的民众对话，最大限度听取公众意见。三是谴责乌克兰国内所有极端分子、种族主义分子、宗教极端主义分子、反犹太主义分子，呼吁停止暴乱行动。

　　《日内瓦协议》各方还同意，由欧洲安全合作组织（OSCE）组成国际监督团，负责监督协议内容的执行情况。同时，这份协议并不涉及克里米亚的问题——这也许是俄罗斯方面的一个胜利。

但是在日内瓦会议的前前后后，在《日内瓦协议》的背后，各方之间相互威胁、叫板、拍砖的情形，让人感到事情并不是那么简单和乐观。

俄总统普京在电视采访中认为，日内瓦会谈重在寻求乌克兰危机的出路，但他同时也重申了乌克兰的过渡政府是非法政府。面对乌克兰和西方国家对俄罗斯陈兵俄乌边界的指责，普京回应说，4 万名在俄乌边境的俄军只是进行常规军事演练，而并没有参与乌克兰东部的动乱。俄外长拉夫罗夫要求乌克兰政府抛弃民族歧视，保护在乌克兰境内说俄语的公民的利益。拉夫罗夫强调乌克兰应该施行宪改，而且宪改的过程必须是透明、包容和可问责的，要让乌克兰人民自己决定乌克兰的未来。外长先生还表示俄罗斯保留武力干涉乌克兰东部局势、保护当地俄罗斯人的权利。

乌克兰方面对外的发声相对缓和，乌克兰代总理亚采钮克称，为稳定局势，基辅将给予乌克兰东部更多自治权。这被认为是寄希望于与俄罗斯达成某种妥协的信号。

美国在媒体面前表现的态度远比《日内瓦协议》的内容强硬。克里对媒体强调，只有协议内容得以执行，局面恢复稳定，西方的任务才算结束。克里警告俄罗斯，如果《日内瓦协议》仍然无法缓解乌克兰国内局势，那么俄将为此付出更多的代价。克里希望俄罗斯能在《日内瓦协议》执行期间从乌克兰东部边境撤军。奥巴马总统在白宫例行的新闻发布会上指出，虽然美国相信俄罗斯染指乌克兰危机，但是日内瓦会谈正是给普京一个改过的机会，美国同时也做好了应对俄坚持己见的充分准备。另有一位匿名的美国政府官员在日内瓦会谈期间通过媒体向俄罗斯发出警告，称如果谈判失败，美国准备采取进一步措施，针对俄罗斯总统小圈子里的人和他们控制的实体，还有一些特定的行业，加大制裁。位于华盛顿的伍德罗威尔逊中心凯南俄罗斯研究所（Kennan Institute for Advanced Russian Studies of the Woodrow Wilson Center）副所长威廉姆·彭慕兰（William Pomeranz）分析，美国对俄罗斯最严厉的制裁将是和对待伊朗一样，使俄罗斯完全无法进入到国际金融市场。而俄罗斯人是害怕这一点的，这正是俄罗斯人想要避免的。

日内瓦谈判的前后，欧美除了在口头上对俄罗斯进行不断警告之外，其实质的制裁行动也没有放缓。

欧洲飞行安全组织在4月初宣布禁止航班在克里米亚领空飞行。美国在4月3日宣布暂停美俄两国反导领域磋商，在4月11日开始对7名克里米亚领导层成员和黑海油气公司进行制裁。欧洲议会在日内瓦会议举行的当天，通过决议，呼吁拒绝建设从俄罗斯通过黑海向土耳其和南欧供应天然气的南溪（South Stream）管道，而如果南溪天然气管道建成，将使得传统的从俄罗斯通过乌克兰向欧洲供应天然气的情况得到根本改变。在日内瓦会谈结束两天之后，德国在4月19日正式拒绝参加在"圣彼得堡对话"框架下的俄德政府间磋商年会，并在4月24日宣布停止对俄的全部军品出口。

4月28日，欧美又实施了新一轮的对俄制裁。欧盟通过决议增加了15人到制裁名单上，禁止他们入境欧盟并冻结其在欧洲的资产。美国也在同日增加了对7名俄罗斯政府官员和17家俄罗斯公司的制裁，具体制裁措施包括资产冻结和签证限制。同时美国还宣布禁止对俄出口可用于提高军队作战能力的高科技产品。

如果事情不能良性循环的话，则必将走向反面。

在经历了4月日内瓦会议所带来的希望和制裁继续加码所带来的失望之后，乌克兰东部的武装冲突在5月并没有缓和的迹象。

5 月乌东公投与基辅大选

5 月 11 日，乌克兰东部顿涅茨克州和卢甘斯克州就其未来地位问题举行了全民公投。公投的问题只有一个，"您是否支持关于顿涅茨克人民共和国和卢甘斯克人民共和国国家独立的决定"。

根据统计结果，顿涅茨克的投票率为 74.87%，赞成独立的选票为 89.07%；卢甘斯克的投票率为 75%，赞成独立的选票为 96%。随后，顿涅茨克和卢甘斯克在 5 月 12 日正式宣布根据公投结果脱离乌克兰独立。顿涅茨克临时政府联合主席丹尼斯·普希林在 12 日发表的声明中，还请求俄罗斯审议顿涅茨克加入俄联邦的问题。

克里姆林宫新闻局在 12 日发布消息说，莫斯科尊重顿涅茨克和卢甘斯克人民在公投中所表达的意愿，对于公投的结果（也就是两个地区的独立），应该通过基辅、顿涅茨克和卢甘斯克三方的对话，以文明的方式进行实施，而不应该采取任何的暴力。为了实现对话，俄方欢迎所有调解努力。俄方谴责武力行为。俄外长拉夫罗夫在同一天也再次呼吁乌克兰与东南部代表开展对话，指出在欧洲安全与合作组织建议基础上开启乌克兰全国对话的重要性。

而对于公投结果和两个地区的独立，乌克兰、美国和欧盟等都明确表示不会承认。

乌克兰代行总统职责的议长图尔奇诺夫在 12 日对两个州的独立公投表示了强烈谴责，称这些公投没有法律依据，是分离主义分子为了掩盖其犯罪行为的宣传闹剧，其组织者要负刑事责任。乌克兰同时声明称两个州的独立公投是在俄罗斯授意下进行的，其目的是让乌克兰局势动荡，破坏乌克兰总统选举和推翻乌克兰政权。乌克兰政府将继续打击"恐怖分子、破坏分子和罪犯"。

美国国务院发言人普萨基表示，乌克兰顿涅茨克州和卢甘斯克州当天举行的公投意在进一步制造分裂和混乱，美方不会承认公投结果。根据乌克兰法律，上述两州进行的公投"不合法"，而且公投违反国际法并侵犯乌克兰领土完整。

欧盟也通过决议，表示不会承认乌克兰顿涅茨克州和卢甘斯克州举行的公投，也不会承认未来任何类似的所谓公投。欧盟支持乌克兰将在5月25日举行的总统选举，呼吁乌克兰问题有关各方确保乌克兰人民行使选择自己未来的权利。同时，欧盟在5月12日也再次扩大了相关制裁范围，新增了13名个人以及2个法人——黑海油气公司和费奥多西亚公司（FEODOCIYA）——进入制裁名单。

5月14日和17日，乌克兰举行了两轮民族团结圆桌会议，由于基辅始终拒绝承认东部民间武装的地位、拒绝与之进行对话，这种没有重要当事人参加的会议也就不可能取得什么实质性进展。在乌克兰亲俄与亲西方的两派事实上处于互不信任、拒绝交流的状态下，这样的民族团结会议也只能是给基辅在5月25日举行的大选做些舆论渲染。

2014年5月25日，乌克兰举行了广场革命和亚努科维奇下台之后的正式总统选举。在这次大选中，乌克兰西部的选民投票踊跃，希望选出一位能够防止爆发内战和财政崩盘的新总统，而在乌克兰东部不少地区的投票所则大多被关闭了。

选举结果，被称为"巧克力大王"的乌克兰巨富、发展改革党候选人，48岁的波罗申科（Petro Poroshenko）获胜，得票超过55%。其主要竞争对手，乌克兰前美女总理季莫申科（Yulia Tymoshenko）得票率仅有13%。

2014年2月22日晚，在亚努科维奇倒台之后，季莫申科被乌克兰最高行政议院宣布无罪释放。从监狱出来的第一时间，她就前往基辅独立广场发表演讲，一度被认为很有希望成为乌克兰新的领导人。但季莫申科终于在 5 月的总统选举中败给了波罗申科。究其原因主要有以下几个方面：

首先，季莫申科在乌克兰前几届政府中涉足太深，其政治资本已然消耗殆尽。季莫申科在 1997 年当选乌克兰议员。1999 年，尤先科（Viktor Yushchenko）成为乌克兰政府总理时，季莫申科被任命为副总理，主管能源部门的工作。2004 年，她与尤先科发起"橙色革命"，使后者当选乌克兰总统，而季莫申科也在 2005 年被尤先科任命为总理。但只几个月之后，季莫申科领导的政府就被尤先科以工作不力和缺乏团队精神为由解散。2007 年议会选举后，季莫申科东山再起，再次出任政府总理，直到 2010 年的总统选举中，季莫申科败给亚努科维奇，再次被迫下台。这期间的反反复复已使一些选民对其产生了厌倦。

其次，在季莫申科从政的过程中一直官司不断，声誉受到影响。2001 年，季莫申科当副总理期间，乌克兰总检察院就以走私、行贿、偷漏税等罪名起诉过她，认定其伪造海关文件和走私天然气，季莫申科还因此在狱中度过了 42 天。2004 年，俄罗斯军事检察官办公室又指控季莫申科在从事能源生意期间，曾向俄国防部官员行贿，从俄走私天然气 30 亿立方米，非法获利 8 000 万美元。为此，季莫申科及其家人的名字还一度出现在国际刑警组织的通缉名单中。2011 年，季莫申科再次遭到起诉，认为她在 2009 年签署乌俄两国天然气供应协议中滥用职权，被判处 7 年监禁，直到 2014 年 2 月广场革命之后才被释放。这些官司无论是真是假，也已经使季莫申科的公众形象大打折扣。

再次，季莫申科的家族生意和从政生涯，与敏感的油气行业关系太过紧密，令普通选民总难放心。季莫申科于 1991 年，在公公根纳季·季莫申科的支持下，成立了乌克兰汽油公司。这个公司在短短几年之后就成为乌克兰向俄进口天然气的主要进口商，垄断了乌克兰全国各地的天然气供应，季莫申科也被称为"天然气公主"。季莫申科在担任副总理期间，对乌克兰石油开采进行公开招标，这种做法被认为严重侵犯了寡头们的利益。而她担任总理期间与俄罗斯签署的天然气协议更是成为其后来锒铛入狱的罪证。天然气对于俄罗斯和乌克兰的意义远非只是简单的能源，涉足太深，既是能量的体现，又难免让人遐想和担心。

最后，据说季莫申科的身体状况也不太好，毕竟在监狱里关押了2年多的时间，而且她还比波罗申科大5岁。2012年在监狱期间，季莫申科就曾因背部疼痛而进入医院治疗。在2014年2月22日通过广场革命被释放后，季莫申科在24日晚就通过其个人官方网站宣布，将接受德国总理默克尔的提议，赴德国接受治疗。其身体状况是否可以胜任总统的位置，将乌克兰从危机和战乱中引领出来，这可能也是一些选民担心的地方。

通过上面几个方面的分析，时年48岁的彼得·波罗申科的确有一些优势使之战胜竞争对手，成为乌克兰总统。

首先，波罗申科的政治履历比较简单。他在1998年当选乌克兰议员，2001年加入当时的反对派尤先科的选举集团"我们的乌克兰"，2004年参与"橙色革命"，随后在2005年被任命为乌克兰国家安全与国防委员会秘书，2009年成为乌克兰外长。

其次，在家族企业方面，波罗申科在1996年创建了如胜（Roshen）公司，将其发展成为欧洲最大的糖果制造企业之一。波罗申科从2012年开始，凭借糖果生意跻身全球亿万富豪榜，按2013年的《福布斯》数据，其个人资产约为16亿美元。巧克力和石油虽然都是黑色的，但那甜美的味道应该比石油天然气更受选民欢迎。波罗申科以"新生活"作为竞选纲领，其成功的商人形象令多数选民愿意相信他能够振兴国家经济，让百姓过上新生活、好日子。

另外，波罗申科在经商与从政的过程中，与各个方面的关系都处理得不错。2000 年，他的双胞胎女儿出生，当时的总统尤先科曾亲自为这对孪生姐妹洗礼。在担任外长期间，波罗申科曾经说过："我们的主要方向是欧洲，但俄罗斯是最大的也是最重要的战略伙伴"。他的企业为俄罗斯供应了三分之一的糖果，在俄罗斯有着很多的生意伙伴。而在 2014 年 6 月，维基解密网站曾曝光了两份美国外交电报，称波罗申科曾为美国国务院线人，在 2006 年向美国驻乌克兰前大使约翰·赫布斯特（John Herbst）透露了有关乌克兰组建联合政府的内部信息。

波罗申科当选之后，白宫在一份声明中表示，将寻求与乌克兰新一任总统的合作，为乌克兰进行重要的政治和经济改革提供支持。同时，俄罗斯总统普京也承诺将尊重乌克兰的选举结果，并与乌克兰新总统合作。

波罗申科在选举获胜后的电视讲话中表示，他当选总统后的首要使命是让乌克兰"结束战争、带来和平"，但他同时也强调乌克兰永远不会承认克里米亚公投的结果。波罗申科承诺在 2014 年底前举行乌克兰全国范围的议会选举。他还承诺乌克兰新政府将继续与欧洲保持紧密关系，但他也表示要与俄罗斯关系实现正常化。波罗申科说，与俄罗斯这个大邻国保持联系将比过去几个世纪更加重要。

但实际上，在总统选举结束仅仅一个多月后，乌克兰的新总统就做出了站队的选择。

乌克兰与欧盟于 2014 年 6 月 27 日签署了自由贸易和政治合作协议，这意味着乌克兰重新启动了加入欧盟的程序。而暂停入欧程序也正是亚努科维奇在一年前引发广场革命的原因。消息公布之后，俄罗斯立即警告乌克兰倒向西方会导致严重的后果。波罗申科在签字仪式上表示："在过去一个月中，乌克兰付出了可以付出的最高代价，现在乌克兰实现了自己的欧洲梦"。他说协议签署的这一天有可能是乌克兰自脱离苏联以来最重要的日子。

乌克兰达到欧盟的各项标准而成为其成员，将需要漫长的时间与努力，存在众多的不确定性。但合作协议的签署表明了乌克兰在西方与俄罗斯之间的倾向性选择。各方的分歧与冲突越发明显了。

亚信峰会

2014 年 5 月还有一件大事，就是在上海举办的亚信峰会。

5 月 20 日凌晨 4 时，就在乌克兰总统选举的前几天，俄罗斯总统普京抵达上海虹桥机场。普京总统走下飞机时，随从为他撑开的雨伞被巨大的风吹坏了，总统先生就由这个小插曲开始了他对中国为期两天的国事访问。在上海期间，普京出席了在此举行的亚洲相互协作与信任措施会议第四次峰会（亚信峰会）。这次上海之行据称是 2013 年 3 月以来，习近平主席与普京总统的第七次会面。

5 月的中国之行无疑是双头鹰①在 2014 年外交工作中的一件大事。俄罗斯外交界普遍认为中国对西方制裁俄罗斯的反应，是中俄两国双边关系在政治领域的重要事件。在 2014 年初的时候，俄罗斯曾有人传闻西方坚称中国可能做出加入制裁的决定，但这种情况并没有发生。时任中国外长王毅明确表示中国不会加入对俄制裁，并将给予俄罗斯可能需要的各种必要协助。俄罗斯国家杜马俄中议员友好小组秘书尤里·纳格尔尼亚克对俄罗斯媒体称，中国外交部的这一声明明确地反映了俄中关系的深化。

5 月 20 日习近平主席与普京总统在上海签署了《中俄关于全面战略协作伙伴关系新阶段的联合声明》，这是普京 5 月访问上海的重要成果。在这份联合声明中，中俄双方提出要推动双边贸易额在 2015 年前达到 1 000 亿美元，在 2020 年前达到 2 000 亿美元②，而能将中俄两国的经贸往来推向这一前所未有的高度的驱动力，将是天然气贸易。

---

① 双头鹰是俄罗斯国徽的图案，一头向西，一头向东。
② 中俄双边贸易额在 2013 年为 890 亿美元。

天然气贸易是中俄两国经济合作领域的头号大事。在普京总统访问上海期间，中俄两国政府在 5 月 21 日签署了《中俄东线天然气合作项目备忘录》，中国石油天然气集团公司和俄罗斯天然气工业股份公司也同时签署了《中俄东线供气购销合同》。根据这份中俄关系史上最大的天然气合同，俄气公司将在 30 年内每年对华出口 380 亿立方米天然气，合同总额约为 4 000 亿美元。中俄两国的天然气合同将实现中国气源的多样化和俄罗斯天然气市场的多样化，减少彼此对于第三方的依赖。俄罗斯在 2013 年全年出口天然气 2 049 亿立方米，其中出口到欧洲占比 68%，出口到亚太地区国家仅占比 6.3%，中俄之间每年 380 亿立方米的供气合同将使得俄能源出口领域里的中国份额大幅增加。外界对中俄签署天然气合同的反应也是积极的，2014 年 1 ~ 4 月俄罗斯GDP 增长仅 1%，在中俄 5 月签署天然气合同之后，美银美林即把俄罗斯 2015 年的经济增长预测值从 1.5% 提高到了 2.1%。

除了这份 4 000 亿美元的天然气合同，中俄两国企业也在普京 5 月访华期间签署了其他一系列能源合作协议。被欧美列入制裁名单的季姆琴科在 4 月成为俄中实业家理事会俄方主席，也随同普京总统来到了上海。在上海期间，季姆琴科属下的诺瓦泰克公司与中石油签署了在亚马尔天然气项目框架下，每年 300 万吨液化天然气（LNG）的供应合同。同时，中国国家开发银行、俄罗斯外经银行（VEB）、俄罗斯天然气工业银行（GAZPROMBANK）也签署了针对亚马尔天然气项目的融资备忘录。

另外，还有同样被欧美列入了制裁名单的俄罗斯石油公司总裁谢钦（Sechin），也跟随普京总统访问了上海。访问期间，俄罗斯石油公司与中石油签署了关于双方合作的天津炼油厂项目投产期限协议，确定这个预计总投资 50 亿美元，设计年产能 1 600 万吨的工厂将在 2019 年底前投产。俄石油和中石油双方还提出了在该项目的第二阶段，在中国建设以俄石油和中石油品牌运作的加油站网络的合作计划。这表明了中俄两国在能源领域从上游资源开采，到中游炼化加工、下游销售全链条的合作意愿。

　　为了普京总统 5 月在上海的访问，双方的确做了很充分的准备，除了在能源领域的众多访问成果之外，其他在经贸、工业、农业等各个领域的合作意向也多有达成。其中就包括长城汽车与俄罗斯图拉州政府签署的建设整车生产基地的协议。这个合作协议颇具里程碑意义，值得被特别提及，这标志着中国车企在俄从销售公司到投资设厂的一次重要转变。在 2014 年前 4 个月，俄罗斯累计销售汽车 82.9 万辆，同比减少 4%，但中资车企在俄销量达到 2.8 万辆，与 2013 年同期基本持平，这也使得中资车企在俄罗斯乘用车市场中所占的份额从 2013 年的 3.26% 上升到了 3.37%。能源方面，主要是中国进口、俄罗斯出口；而在汽车、工程设备、家电等制造领域，则是中国出口、俄罗斯进口居多。如果在上述的各个行业中，中俄双方都增加彼此的市场份额，这才是双方经贸关系真正加强的实质性表现。

7 月初制裁升级

　　经过了普京访华、乌克兰大选这个繁忙的 5 月之后，从 6 月到 7 月中旬，乌克兰东部的军事冲突仍然在继续着，各种战斗的新闻不断刷屏，莫斯科的电视台控诉着乌克兰政府军在乌克兰东部地区的暴行，CNN 和 BBC 则是在谴责乌克兰东部的分离主义武装不断挑起事端和伤害平民，甚至声称俄罗斯的武装力量也越境介入了乌克兰东部的战事。

　　同时，欧美对俄罗斯的制裁也在隔三岔五地加码。6 月 18 日，俄罗斯的军事电信公司（Voentelecom）等 55 家俄罗斯企业受到制裁，6 月 21 日又有 7 名俄罗斯族的分裂主义领导人受到制裁。

本轮的制裁在 7 月中旬达到了高潮。

欧盟在 7 月 12 日，在自己的对俄制裁名单上增加了 11 名个人；在 7 月中旬又要求欧洲投资银行和欧洲复兴开发银行暂停在俄罗斯开展所有新的融资业务。

美国也在 7 月 16 日开始对俄罗斯的金融、能源和军事装备等关键经济部门进行制裁，制裁名单包括俄罗斯外经银行（VEB，俄政府全资控股的政策性银行，承担国家开发银行的职能）、俄罗斯天然气工业银行（GAZPROMBANK，当时在俄罗斯排名第三的银行，大股东是俄罗斯天然气集团 GAZPROM）这两家金融机构；还有谢钦任总裁的俄罗斯石油公司（ROSNEFT，俄罗斯最大的石油公司）、季姆琴科旗下的诺瓦泰克公司（NOVATEK，俄罗斯除了俄气之外最大的独立天然气公司）这两家能源集团①；以及包括金刚石安泰公司（前身是苏联兵器部第一特种设计局，主要研制地空导弹系统）、卡拉什尼科夫公司（Kalashnikov Concern，是 AK-47 步枪的制造商）在内的 8 家国防工业和军工企业。美国禁止这些企业和金融机构借助美国的资源获得 90 天以上的中长期融资。同时受到制裁的还有 4 名俄罗斯政府官员，其在美资产遭到冻结，与美国企业和个人的业务往来也受到禁止。

此次制裁和年初的制裁有一些不同之处。

首先，本次实施的制裁是 SSI，即限制性制裁，而年初欧美对罗斯亚银行（Rossiya Bank）和 SMP 银行的制裁是 SDN，即全面制裁。本次制裁的内容主要是禁止美国银行和投资者向被制裁企业和银行提供 90 天以上的贷款等融资支持，旨在切断俄重要企业和银行在美国的融资渠道，而不涉及资金结算等其他基础性服务。而对罗斯亚银行和 SMP 银行的 SDN 制裁是连结算等资金汇划业务也被禁止的。

另外，此前欧美实施的多次制裁都集中在与普京过于甚密的小圈

---

① 虽然谢钦和季姆琴科早在 2014 年 3 月就被列入了制裁名单，但那只是针对其个人的制裁。7 月 16 日的制裁措施则开始明确针对其领导的公司。

子，主要是针对包括政府官员和寡头在内的个人。而本轮制裁是乌克兰危机爆发以来，欧美第一次将矛头直接指向了俄罗斯金融和经济部门的骨干企业。这将大量限制俄罗斯银行、能源与国防企业在美国开展业务的能力和融资渠道。这是十分危险的信号，将更实质性的对俄罗斯的经济产生不利影响。

民意调查

俄罗斯最大的银行，俄罗斯储蓄银行（SBERBANK）在 2014 年 7 月发布的研究报告可以很好地反映当时俄罗斯面对欧美愈演愈烈的制裁下的总体情况。

一方面，俄罗斯的经济接近停滞，消费者债务的上升导致零售销售额增长在 2014 年 5 月放缓至同比 2.1％，人们的生活情况堪忧。有些人认为 2014 年的俄罗斯看起来像苏联解体前一样的孤立。乌克兰、摩尔多瓦、格鲁吉亚这些苏联国家在 6 月 27 日与欧盟签署了联合协议，倒向了西方。芬兰和瑞典这两个俄罗斯的非北约邻国，在乌克兰事件之后也声称要重新考虑它们如何能更好地保护自己不受俄罗斯威胁并打算就是否加入北约进行公投。甚至是俄罗斯的铁杆朋友，同属关税同盟国家的白俄罗斯和哈萨克斯坦，在俄罗斯对乌克兰的产品征收有制裁性质的进口关税之后，也没有跟随采取同样的行动，这在俄罗斯人心中更凸显了其孤立的处境。

另一方面，伴随着乌克兰事件的进程、克里米亚的收复和欧美制裁的加剧，民意测验的数据显示，俄罗斯最高政治家的支持率在不断提高，俄罗斯人认为国家的事情朝着正确的方向发展的百分比也已经接近了 2007 年末信贷繁荣时期的历史新高。在被调查样本中，有超过60％的人认为国家正在朝向一个正确的方向发展，而在一年前的 2013 年 6 月，这一数字仅仅为 40％。

根据民意测验显示的数据，不仅普京总统的支持率空前高涨，达到86%，梅德韦杰夫总理和他领导的政府的支持率也在飙升，甚至已经超过了历史高点。还有那些与克里米亚和乌克兰事件毫无关系的地方领导人，比如州长和市长们，他们的支持率也在跟着飙升，2014 年 6 月平均达到了 65%，而在 2013 年的同期则是 56%。甚至是俄罗斯议会机构国家杜马，这是在俄罗斯历史上最不受欢迎的机构，其支持率也达到了有史以来的最高水平——51%，而在 2013 年 6 月的数字仅是 37%。

这是一个令俄罗斯本地观察家们十分吃惊和振奋的现象，自从苏联解体以来，俄罗斯的内政或者是总统和杜马开战，或者是总理走马灯似的下台，这个国家的体系从来没有像在 2014 年中这样的巩固过，而普京总统无疑是团结这一切的中心人物。这样的团结减少了对国家政策辩论和反对的空间，越来越多的俄罗斯人认为在俄罗斯不需要政治的反对派，持此种观点的人的比例在 2014 年 5 月为 23%，已经逼近了2000 年（叶利钦下台和普京刚刚成为总统）时的 29% 的历史最高水平。

表 1　　　　　　　　　您认为俄罗斯需要政治反对派吗？

	2004 年 5 月	2006 年 6 月	2008 年 7 月	2009 年 7 月	2010 年 7 月	2012 年 7 月	2014 年 5 月
当然需要	32%	27%	27%	25%	23%	29%	18%
可能需要	29%	29%	34%	32%	32%	43%	39%
可能不需要	12%	14%	14%	15%	15%	10%	19%
当然不需要	5%	6%	7%	5%	5%	3%	4%
不清楚	22%	24%	17%	24%	24%	15%	20%

数据来源：列瓦达中心（Levada Center）民意调查。

在俄罗斯储蓄银行的研究报告中，还包括针对普京总统支持率的分人群统计数据。在不同的年龄、社会群体、受教育程度的人群中，普京的支持率都非常高，其中在年轻人和受过高等教育的俄罗斯人中的支持率是最高的，而在 55 岁及以上的人群中的支持率则稍低。这是一个新的和重要的变化，很多的俄罗斯问题专家和分析师们习惯地认为，普京总统的支持率是因为一些老年人对苏联的怀旧情绪造成的，而从 2014 年中的统计分析来看，这种观念已经错误了。

表 2　　　　　　　　您对普京作为总统的工作是否满意？

（根据回答者的年龄统计区分）

	总体	18～24 岁	25～39 岁	40～54 岁	大于 55 岁
满意	86%	92%	87%	87%	84%
不满意	13%	7%	13%	13%	16%
不清楚	1%	1%	<1%	<1%	<1%

数据来源：列瓦达中心（Levada Center）2014 年 7 月民意调查。

表 3　　　　　　　　您对普京作为总统的工作是否满意？

（根据回答者居住城市的规模统计区分）

	总体	莫斯科	50 万人口以上城市	10～50 万人口城市	10 万人口以下城市	乡村
满意	86%	84%	86%	86%	86%	89%
不满意	13%	16%	13%	14%	14%	10%
不清楚	1%	<1%	1%	<1%	<1%	1%

数据来源：列瓦达中心（Levada Center）2014 年 7 月民意调查。

表 4　　　　　　　　您对普京作为总统的工作是否满意？

（根据回答者的教育程度统计区分）

	总体	大学	高中	初中	初中以下
满意	86%	89%	86%	85%	85%
不满意	13%	11%	13%	14%	13%
不清楚	1%	<1%	1%	1%	2%

数据来源：列瓦达中心（Levada Center）2014 年 7 月民意调查。

不仅是俄罗斯储蓄银行引用的俄罗斯本地调查机构提供了这样的结论，盖洛普（Gallup）随后在 2014 年 7 月 18 日发表的调查结果也显示了同样的趋势。根据盖洛普的民意调查，普京总统的支持率达到了历史最高的 83%，明显高于 2013 年的 54%；俄罗斯人对政府的信心也达到了 64%，明显高于 2013 年的 39%；对军队的信心达到了 78%，也高于 2013 年的 65%。盖洛普调查显示，自 2008 年以来第一次，大部分俄罗斯人（73%）相信，他们国家的领导人正在朝着正确的方向带领国家前进。

俄罗斯本地的民意调查还显示，由于受到制裁，俄罗斯人对美国政府的认同感已跌落到了悬崖：从 2010 年的 23% 和 2013 年的 16%，降到了 2014 年 6 月的 4%。在 2014 年 6 月被调查人群中对美国总体印象呈正面的比例跌落到了 20% 以下，而在 2010 年 5 月这个比例曾高达 60%，在一年前的 2013 年 5 月该比例也在 50% 以上。由此看来，克里姆林宫对于谁是造成强加给俄罗斯的制裁的罪魁祸首这一问题，给民众做出了十分成功的解释。

与此同时，对于并没有对俄实行制裁的中国的支持率在民意调查中大幅上升。

那年春季的某日，我正在莫斯科的超市买东西，一个胖胖的俄罗斯中年男子突然拦住了我，用蹩脚的英文问我："你是中国人吗？"在得到了我肯定的回答之后，他不容分说地熊抱住了我，然后一边热情地和我握手，一边继续用蹩脚的英文说："谢谢中国，中国和我们在一起，中国没有制裁我们！"

欧美对俄罗斯的制裁绝对不应该是针对俄罗斯普通人民的，否则在道义上就无法保证其最基本的政治准确性，本来制裁的初衷应该是针对当权力量的，是惩罚他们在对内和对外的一系列政策上没有按照西方的价值与规矩行事。制裁者期望的结果，是当权力量迫于压力而改弦更张甚至下野，这种压力一方面是来自外部的制裁本身，另一方面是由于制裁而造成的经济危机与生活水平下降使得被制裁国内部的人民群众反对其当权力量而引发的内部压力。而面对西方的制裁，俄罗斯领导人和政府的支持率却不断飙升，这应该是欧美最不愿意面对的事实。这样的结果很容易被归咎于民族主义作祟。而当欧美的政治评论家们在 2014 年大谈俄罗斯正在崛起的民族主义之危害时，不知道他们是否会想到，仅仅 2 年之后，在英国、美国、欧洲大陆，民族主义已经成为了一种时髦：英国公投退出欧盟、反全球化的候选人或当选总统或对选举结果构成重大威胁。

俄罗斯储蓄银行在他们 2014 年 7 月的分析报告中认为，俄罗斯在高涨的反欧和反美情绪中，社会已经变得更加团结了，但是这和民族主义无关。按照俄储银行报告中的描述：俄罗斯人根本不理解为什么欧美的政府高官会加入到 2013 年底和 2014 年初反对亚努科维奇的广场运动中去；对于普通的俄罗斯人，也很难接受为什么一个著名的美国参议员会在 6 月访问保加利亚，而且在这次访问后，保加利亚就宣布暂停对南溪天然气管道（South Stream）的建设。俄罗斯人可能不知道这个项目是否会有效率，或者他们作为一个国家是否能够从中受益，但是他们对于美国在世界范围内没完没了的干预，包括最近对俄罗斯实施制裁，感到反感。

欧美总是试图通过在乌克兰所发生的事情来证明自己对俄制裁的必要性和正当性，但是从民意调查数据可以看到，很多的俄罗斯普通民众并不特别地关心和完全地理解在乌克兰发生了什么，他们对于普京总统和政府的支持、对于美国和西方的反感并不是因为在乌克兰发生了什么，而就是因为美国和欧洲对于俄罗斯的制裁与打压。根据民意调查，俄罗斯人在乌克兰事件后，主要的信息来源是官方电视和包括互联网在内的独立媒体，当然这样的信息源不一定使人能够对事件有一个全面和正确的解释，也较难就在乌克兰真正发生了什么而得出自己的结论。这也是在今天大众传媒时代所普遍存在的情况。

大多数俄罗斯人并不害怕承认他们不特别关心和不完全了解乌克兰正在发生的一切。根据民意调查显示，在 2013 年 12 月受访者中仔细跟踪乌克兰事件的比例仅为 4%，有 75% 的人并不特别关注乌克兰事件甚至根本不知道那里发生了什么；到 2014 年 6 月，紧密跟踪乌克兰事件的受访者比例也只是增加到了 20%，仍有 36% 的人群对此并不特别关注。而即便是紧密关注乌克兰事件的 20% 的受访者中，也只有 8% 的人声称自己很好地理解了在乌克兰究竟发生了什么；认为自己较好地和在一定程度上理解了乌克兰事件的人群分别为 33% 和 47%；还有 10% 的人认为自己即便紧密跟踪了乌克兰事件也搞不清楚在那里究竟发生了什么；另有 3% 的受访者对此问题不予作答。

在 2014 年 7 月的分析报告中，俄罗斯储蓄银行的专家展望乌克兰事件的未来走向，认为：所有国家的各种政治家和他们的顾问，都生活在一个不同的维度中并且常常与现实的联系十分有限。但他们不能显示出头脑简单，他们不能说"我不知道"，但他们没有充分的信息进行判断和决策。这在人类历史上是经常出现的情况，当智慧无法提供可靠的信息时，冲突就从无中生有里产生了。因此在新闻里毫不奇怪地充满了各种专家的幻想，他们相信并知道普京的目标和普京在想什么，而这些幻想代替了事实和可靠的信息。游戏的规则于是就成了这样：政客们的行动没有正确考虑自己行为的影响，这些行动不是基于可靠的信息，而是基于上述的幻想或他们认为的所谓"足够证据"，就像关于伊拉克的萨达姆·侯赛因的化学武器的情报一样。只要政客继续忽视《希波克拉底誓约》（Hippocratic Oath）中不做恶事的明智原则，地缘政治风险就会继续居高不下，永久性的不稳定因素也就会继续存在于包括乌克兰东部在内的各个地区。也正是因为如此，不管这些地区的政治发展进程如何，俄罗斯都会比过去 20 年里更加受到政治孤立。

就在这份报告发布的几天之后，又一个黑天鹅事件发生了。这仿佛是印证了报告中所说的，忽视《希波克拉底誓约》不做恶事的原则所带来的惨痛后果。

7 月 17 日马航

2014 年 7 月 17 日，一架从荷兰阿姆斯特丹飞往马来西亚吉隆坡的马来西亚航空公司波音 777 客机 MH17 号航班，在乌克兰东部顿涅茨克的沙赫乔尔斯克附近坠毁。机上的 280 名乘客和 15 个机组人员全部遇难。根据种种迹象，各方均推测这架飞机是被击落的[①]，而在乌克兰东部地区正激烈交火的乌克兰政府军和民间武装，均在第一时间否认击落了客机，并且相互指责对方才是肇事者。[②]

马航 MH17 航班被击落事件的真相虽然没有在短期内彻底揭开，但这件事却加剧了乌克兰冲突各方的敌对情绪，特别是飞机上遇难的大多是荷兰与其他欧洲国家的乘客，这也使一些原来持置身事外态度的欧洲普通民众在宣传引导下增加了反俄情绪。MH17 航班事件至少表明乌克兰危机还远远未到能够解决的时候。

马航事件后制裁的全面升级

欧美对俄罗斯的制裁在马航事件之后也达到了空前的严厉程度，其制裁名单已然扩大到了俄罗斯几乎全部的主要银行。

美国在 7 月 25 日宣布，拒绝支持世界银行（World Bank）在俄罗斯的项目。在 7 月 29 日又将俄罗斯外贸银行（VTB，俄罗斯第二大银行，在莫斯科和伦敦挂牌上市）、俄罗斯农业银行（ROSSELKHOZ-

---

① 2016 年 9 月，马航 MH17 客机空难联合调查组发布了中期调查结果，认为 MH17 客机是被俄制山毛榉导弹击落的。

② 顺便提一句，2014 年 3 月 8 日，也就是马航 MH17 客机坠落前 4 个多月，还发生了马航 MH370 航班失踪事件。马来西亚航空公司一架载有 239 人的波音 777 飞机，航班号 MH370，原定由吉隆坡飞往北京，与地面失去了联系。该事件的真相也一直没有水落石出。

BANK，俄罗斯第五大银行）、莫斯科银行［俄外贸银行（VTB）控股，俄罗斯第四大银行］纳入了制裁名单，其采取的仍然是限制性制裁（SSI）措施，限制美国人或通过美国（by a U. S. Person or within the U-nited States are prohibited）对上述银行或相关法人提供超过 90 天以上的融资支持，包括在美国市场上发行债券和进行股权融资。同时受到美国制裁的还有俄罗斯国有的联合造船厂（United Shipbuilding Corporation），它是俄罗斯最大的造船企业，也是俄罗斯军用舰艇的主要生产商。

欧盟在 7 月 31 日跟随着也发布它最新的对俄制裁措施。

在金融方面，欧盟对俄罗斯储蓄银行（SBERBANK，俄罗斯第一大银行）、俄罗斯外贸银行（VTB）、天然气工业银行（GAZPROM-BANK）、俄罗斯外经银行（VEB）和俄罗斯农业银行（ROSSELKHOZ-BANK）这 5 家大型银行实施制裁。禁止购买和销售上述这 5 家银行的超过 90 天的可转让证券和货币市场工具，也禁止对这些可转让证券和货币市场工具提供经纪服务、协助承销发行和进行交易。按照欧盟的解释，被禁止的可转让证券包括资本市场上的股票、存托凭证、债券等；被禁止的货币市场工具包括在货币市场上进行交易的票据，如国库券、存单和商业票据。这项禁止延伸至上述 5 家银行控股 50% 以上的非欧盟子银行。或者接受这 5 家银行指示从事上述交易的任何其他人和公司。

在能源工业方面，欧盟宣布对特种能源设备和技术出口俄罗斯实行许可制度，特别是禁止对俄出口用于开采北极、深海及页岩油的三类高科技设备。为上述这三类设备提供的技术支持、服务、融资（包括拨款、贷款、出口信用保险等），也都需要申请特别的许可。欧盟在制裁解释中还特别强调，这些制裁只是针对特种设备的贸易，而并不包括石油、天然气和其他大宗商品的贸易。

同时，欧盟还对俄罗斯武器及相关材料的进出口实行了封锁，禁止向俄罗斯出售、供应、转让武器和相关材料，禁止向俄罗斯军事最终用户出售军民两用商品和技术。这些禁令适用于列入欧盟普通军事名单和双重用途清单上的所有项目，包括武器弹药、军用车辆和准军事装备等。

美国和欧洲对俄罗斯的本轮制裁再加上 7 月初的那轮制裁，使俄罗斯前五大国有银行以及俄国的国家开发银行无一幸免。这五大银行在俄罗斯金融行业中的地位是极其重要的，仅是其中排名第一的俄罗斯储蓄银行，其资产就占到俄罗斯银行业总资产的一半以上。

虽然本轮制裁从表面上看，一是没有禁止在美国和欧盟地区以外的其他国家和地区的非美籍机构和个人为俄罗斯被制裁机构提供融资；二是也没有禁止 90 天以内的在美国和欧盟地区的融资。这仿佛说明与被制裁的俄国机构发生业务往来仍有空间，但其实却不然。美国人的监管有三个威力很大的武器：一曰长臂管辖，二曰自由裁量权，三曰追溯以往。有些业务好像是可以做的，而且好像做了之后，美国人也没有马上跳出来反对。但美国依然可以利用长臂管辖跨境执法，利用自由裁量权主观臆断，利用追溯以往在不知道未来的什么时候来突然发难。

另外，目前国际上资金的往来大多是通过环球同业银行金融电讯协会（Society for Worldwide Interbank Financial Telecommunications, SWIFT）报文进行汇划，这个国际银行间的非营利合作组织，其总部虽然设在比利时布鲁塞尔，但其在美国纽约设立了交换中心（Swifting Center），通过 SWIFT 的资金汇划报文如果经过了纽约的交换中心，那是否就算是通过美国了，是否就属于被制裁的范围了呢？

还有，美国人对银行，特别是外国银行的处罚一直下手极其凶狠。荷兰国际集团（ING）曾在 2012 年支付 6.19 亿美元以解决其关于被制裁的古巴和伊朗等国家的业务；汇丰银行也在 2012 年同意支付 19.2 亿美元，以解决其在被美国制裁的国家所进行的业务问题。就在乌克兰危机和欧美对俄制裁全面爆发的 2014 年，美国在 6 月 30 日宣布对法国巴黎银行（BNP）提出刑事诉讼，指控这家法国最大的银行为苏丹和其他被美国列入"黑名单"的国家转移了数十亿美元的资金。最终巴黎银行同意认罪及接受了 89 亿美元的罚款，这个金额创下了被指责与受美国制裁的国家做生意的银行的罚款新纪录。

正是在这样的高压威胁下，很多国际性银行因为担心有意或无意之间违反制裁而遭受巨额的罚款，干脆直接暂缓了即使是最基础的涉俄业务。据称总部位于美国的摩根大通银行（JP Morgan Chase）在 3 月制裁刚刚出现的时候，曾对一个并未在"黑名单"上的俄罗斯企业的一笔不到 5 000 美元的付款业务，进行了暂缓处理，在与美国监管部门进行了咨询之后，才于 4 月初对该业务进行了放行。在这样的氛围下，俄罗斯不只是被制裁企业的融资，任何企业即便是简单的汇款，都可能无法得到高效的服务。这将大大影响俄罗斯企业正常的对外贸易和业务经营，这些影响是比仅仅从文字上列出的制裁内容广泛得多的。

事已至此，被多轮制裁逼迫的俄罗斯也决定进行反击了。

8 月俄罗斯的反击

在美国宣布新一轮制裁措施之后，俄外交部 7 月 17 日发表公告称，"华盛顿可笑地竭力撇清责任，颠倒黑白，但事实上却煽动了流血冲突。制裁除了使俄美关系复杂化以外没有任何意义"。

8 月 6 日，作为回应和反击，俄罗斯出台了对西方国家的反制裁措施。根据"关于实行部分特殊经济措施以保障国家安全"的总统令，俄罗斯禁止制裁俄罗斯的欧美各国运输部分种类的农产品、原材料和食品进入俄境内。受禁运措施影响的国家主要有欧盟、美国、澳大利亚、加拿大等，由俄罗斯联邦政府负责制定的禁运产品清单包括了肉制品、奶制品、鱼类、蔬菜、水果和坚果等。8 月 11 日，俄罗斯又决定扩大其反制裁的范围，增加了限制政府采购国外供货商的轻工业品，包括各类纺织品、服装、特种服装、内衣及皮毛制品等。此外，俄罗斯还宣称正在考虑禁止欧盟和美国的飞机经俄罗斯中转到亚太地区的可能性。

除了这些公开宣布和威胁使用的制裁之外，俄罗斯对欧美在俄投资的企业也开始"特别关照"了。俄政府在 7 月就颁布法令，要求维萨（VISA）和万事达（MasterCard）两个卡组织在 2014 年 10 月 31 日前把其支付系统的处理职能交给俄罗斯的公司。8 月，俄罗斯又以对供应商采用歧视性条款为由，给在俄经营的法资大型连锁超市欧尚（Auchan）① 开出了罚单；以不符合俄有关卫生标准而禁止了麦当劳部分产品的销售。俄国家杜马还在研究拟出台法案禁止俄国有企业和战略性企业在外资银行存款和办理业务。

但总体比较起来，俄罗斯的反制裁措施比起欧美的多轮制裁来，还是比较柔和的。

一是在制裁范围上，欧美对俄的制裁已经由最初的冻结个别人物的资产和签证，逐渐扩大到了在外交领域中停止俄罗斯 G8 成员国的资格；在经济领域中制裁俄主要金融、国防及能源企业；在军事领域中搁置了与俄罗斯的全部军事合作等。而俄罗斯对美欧的反制裁措施则仅仅是限制部分食品和纺织品的进口。

二是在制裁力度上，截至 2014 年 7 月底，欧美对俄罗斯的制裁人数已经分别达到了 50 人和 91 人，其中美国的制裁名单里还有俄罗斯联邦副总理罗戈津（Dmitry Rogozin）等政府要员。欧美对俄罗斯制裁的企业也不断累积已达数十家。而俄罗斯对欧美的反制裁措施当时尚未针对任何具体的个人或企业。

俄罗斯的反制裁虽说在范围和力度上不及欧美，但仍可谓是一手妙招。

首先是在外交上，俄罗斯毕竟还是对等地做出了制裁的姿态，出了

---

① 法国的欧尚是西方连锁超市在俄罗斯办的最好和规模最大的，反而家乐福、沃尔玛等在俄罗斯的经营规模并不大。

一口恶气，挽回了一些颜面。但更重要的则是在经济和贸易方面，上述被限制从欧美进口的商品在 2013 年的年进口额大约为 90 亿美元，限制这些商品的进口也在后续的经济困难时期，特别是石油价格跳水之后，使得俄罗斯对外贸易中进口下降的速度比出口更快，保持了难得的经常项目顺差，为稳定卢布汇率起到了一定积极的作用。在克里米亚刚刚收回、欧美制裁不断加码的初期实施这些反制裁措施，比起在后来面临油价下跌和卢布贬值时再贸然出台类似措施，更容易被俄罗斯的普通市民接受。在爱国热情高涨、政府支持率节节提高的时候，即使停止进口欧美食品在短期内为大家的生活造成了一定影响，但人们也基本上欣然接受了。

反制裁措施出台之后，进口食品没有了，一些大型的超市突然面对这种情况，还来不及和很多本地的食品生产商建立供货关系，无法立刻调运本地生产的商品补充货源，库存的进口食品卖光之后，出现了一段时间的断货现象。一些俄罗斯人也担心反制裁之后，部分商品会脱销，同时由于对于本地生产的食品在质量和口感上的疑虑，莫斯科等地也发生了小规模的抢购情况。但总体的市场反应还是平稳的。俄政府也鉴于民众的消费需求和自身生产能力的欠缺，在 8 月 20 日调整了反制裁范围，宣布取消了对于无糖牛奶、三文鱼、鳟鱼、土豆、洋葱、甜玉米等几种特定产品的进口禁令。

当时，俄罗斯的一家英文报纸曾刊登了一幅漫画，一个长得很像普京的俄罗斯人回家问自己的爱人，"亲爱的，你是想要克里米亚，还是想要奶油？（Do you want Crimea, or cream？）"，漫画虽然并没有给出回答，但在那个时候，应该是会有很多俄罗斯人选择要克里米亚的。

在莫斯科市中心地区，普希金公园的莫斯科河岸边，有一个著名的餐厅，名字叫"生蚝"（Oyster），停止进口欧美食品之后，来自欧洲的生蚝也没有了，这家餐厅干脆改名叫"没有生蚝"（No Oyster），这也显示出了莫斯科人对待制裁与反制裁的幽默态度。

图 2　反制裁措施出台后的莫斯科欧尚（Auchan）超市

（拍摄于 2014 年 8 月 8 日）

9 月缓和或是恶化

也许是俄罗斯在 8 月出台的反制裁措施起到了一定作用，也许是各方都已经逐渐认识到事态的进一步恶化只能使所有人都承受更严重的损失。乌克兰危机在 2014 年 9 月总体呈现出了难得的缓和迹象。

9 月 6 日，乌克兰政府和东部武装签署了旨在促成双方停火的明斯克协议，乌克兰东部的武装冲突情况得到了一定的缓解。9 月 10 日，乌克兰新总统波罗申科在政府扩大会议上表示，将于 2014 年 9 月第三周提交议会审议关于乌克兰东部顿涅茨克州和卢甘斯克州某些地区享有特殊地位的法案。乌克兰总统顾问卢岑科表示，顿涅茨克州和卢甘斯克州部分由民间武装控制的区域会获得特殊地位，但这些在乌克兰境内建立的"特区"仍将是乌克兰的一部分。乌克兰议会随后批准特赦乌克兰东部民间武装并允许乌克兰东部地区实现有限自治。9 月 12 日，欧盟也宣布延迟执行和乌克兰的自由贸易协定至 2015 年底，该协定是俄罗斯反对乌克兰加入欧盟的主要经济原因。

所有这些都仿佛是为乌克兰危机的外交解决和寻求妥协带来了曙光。

但是，正如同是有人期望事情尽快圆满解决一样，也肯定有人希望事情越闹越大。

9 月 12 日，峰回路转，让大多数人毫无准备，也感到毫无缘由地，制裁又加剧了。

美国宣布继续扩大其制裁清单，在银行方面：一是将俄罗斯最大的商业银行——俄罗斯储蓄银行也列入了制裁[①]；二是将对俄罗斯被制裁银行的融资限制从 90 天以上进一步压缩到了 30 天以上。

在能源企业方面：美国将特种设备出口限制名单扩大到俄罗斯天然气工业集团（GAZPROM，俄罗斯最大的天然气企业，也是世界最大的天然气开采企业）、卢克石油公司（LUKOIL）、俄罗斯石油管道运输公司（TRANSNEFT）、天然气工业石油公司（GAZPROMNEFT，俄气下属的石油公司）、苏尔古特油气公司（SURGUTNEFTEGAS，俄第四大石油公司），禁止向上述这些俄能源企业出口和提供涉及深海、北极、页岩油气勘探与生产的设备、服务和技术支持。同时，美国还特别针对俄罗斯石油管道运输公司（TRANSNEFT）和天然气工业石油公司（GAZPROMNEFT）这两家企业实施了融资限制，禁止其在美国市场上获得 90 天以上的银行贷款或发行有价证券。

---

① 俄罗斯储蓄银行在 7 月马航航班失事后的那轮制裁中，已经被欧盟列入了制裁名单，美国则是在 9 月才将其列入了制裁范围。

　　美国同时还将俄罗斯技术公司（ROSTEC，俄罗斯最大的国防工业控股公司）、季霍米洛夫仪器仪表研究院（NIIP，生产米格－31等飞机的机载雷达）等国防工业综合体也纳入了制裁名单。

　　同一天，欧盟也跟随美国出台了新一轮制裁措施。在银行方面，对俄罗斯储蓄银行等五家银行提供贷款或投资服务的限制，被从90天以上压缩到了30天以上。在能源方面，禁止向俄罗斯国家石油公司（ROSNEFT）、俄罗斯石油管道运输公司（TRANSNEFT）和天然气工业石油公司（GAZPROMNEFT）这三家企业提供30天以上的融资。在军工方面，乌拉尔车辆厂（UVZ，俄军坦克的主要供应商）、联合飞机制造公司（OAK）等俄罗斯国防企业也被纳入了制裁名单。同时欧盟还在制裁名单上新增了24名自然人。

　　制裁进行到这个时候，在技术上已经变得越来越复杂了，可能有的读者也看得有些乱了。美国和欧盟的制裁对象不同、内容不同、出台时间也不同。有的企业从9月的制裁名单上看好像没事，但实际其在7月或更早的时间就已经被纳入了制裁（比如俄罗斯石油ROSNEFT），还有的企业虽然欧盟没有制裁，但美国是制裁的（比如俄罗斯天然气GAZPROM）。在对于能源企业的制裁方面，有的是限制其90天以上的融资，有的则仅仅是限制向其出口深海、北极、页岩三类设备，内容也很不一样。更麻烦的还有像俄罗斯天然气这样的综合性集团，除了天然气集团本身之外，还有天然气工业石油公司、天然气工业银行，而上述三者的制裁内容又完全不一样，天然气银行是被限制30天以上的融资，天然气石油是被限制90天以上的融资和三类设备出口，而天然气集团则仅是被限制了三类设备的出口。

　　制裁如此复杂的原因，主要是各国和俄罗斯的经济贸易往来情况不一样。制裁本身就是"杀敌一千、自损八百"的事情，制裁的对象和内容也就要尽量找那些对自身影响小的领域了。比如欧洲对俄罗斯天然气的依赖是很严重的，因此就没有像美国那样把俄罗斯天然气集团列入自己的制裁名单。

还有一些跟随欧美制裁政策的国家，出于自身经济和外交政治的考虑，到这个时候也有些沉不住气了。

首先是与俄罗斯一衣带水且有领土纠纷（北方四岛）的日本。日本虽然紧跟美国，高调宣布对俄罗斯实施制裁，但到了 2014 年下半年，其对俄投资反而在不断加速。日本伊藤忠商事、丸红、住友商事等大型财团，分别在 2014 年 9 月、10 月，与俄罗斯远东发展部签署了贸易投资合作备忘录及一些具体的项目协议，拟在俄远东地区开展长期贸易投资合作。日本饭田国际商业发展集团也在 10 月初表示有意在俄滨海边疆区开展林业深加工、低层居民房建设等项目合作，计划在当地每年建设 4 万套住房，并向购房者提供低息抵押贷款。2014 年 10 月 7 日，日本首相安倍更是直接致电普京总统祝贺生日，并确定 11 月在北京举行的 APEC 会议期间将与普京总统举行会谈。

制裁战进行到了这个程度，已然是胶着状态，未来是恶化还是缓和，仅在一念之间。

制裁对于欧美俄的影响分析

从 2014 年 3 月开始的制裁，到 2014 年 9 月，半年期间，总体形势已经基本明朗，如本章所述，各方的武器都基本亮出来了。

制裁是"双刃剑"，对被制裁者和制裁者都会带来负面影响，但由于各国资源禀赋的不同、经贸关系的差异，受到制裁影响的程度也大不相同。根据德国基尔世界经济研究所（Kiel Institute for the World Economy）2017 年 7 月发表的研究报告显示，从 2014 年开始的对俄制裁，俄罗斯作为被制裁国无疑在这 3 年期间所受到的损失最大，但作为制裁国也同样遭受到了大约 440 亿美元的经济损失。在这 440 亿美元制裁国的损失中，德国占 40%，而美国仅占 0.6%。这种因相互制裁而对各国经济与社会生活所造成的迥异影响，在 2014 年第三季度也已初步显现。

欧洲

欧盟与俄罗斯地缘接壤，经贸往来十分紧密，欧洲受制裁战的影响比美国大得多，有人甚至认为其遭受制裁的损失与俄罗斯不相上下。

第一是在贸易方面，欧盟是俄罗斯的第一大贸易伙伴，根据欧盟统计局的数据，2013 年双边经贸总额为 3 249.11 亿欧元。欧盟委员会预计，由于欧盟对俄实施制裁，欧盟在 2014 年和 2015 年将分别减少收入 400 亿欧元和 500 亿欧元，这将分别占其 GDP 的 0.3% 和 0.4%。具体到不同的欧盟成员国，其对俄的贸易往来情况也有差异。德国与俄罗斯贸易往来十分密切，2013 年德国对俄罗斯出口额达到 361.06 亿欧元，占欧盟对俄总出口额的三分之一。德国还是欧洲对俄投资的最大来源地，约有 6 200 家德国企业在俄罗斯开展业务，2013 年对俄直接投资超过 160 亿欧元。德国工商会和中小企业协会预计对俄制裁使德国对俄出口下降 17%，约 60 亿欧元。意大利和法国分别是俄罗斯在欧元区的第二大和第三大贸易伙伴。法国还是俄罗斯重要的军火贸易供应商，它一直在一份价值 12 亿欧元的向俄供应"西北风"级两栖攻击舰（也被称为直升机航母）的军事大单上犹豫不决，直到 2014 年 11 月 25 日，法国总统奥朗德才迫于美英等国的压力，决定延迟审议上述舰只的出口申请。

第二是欧洲本身的经济情况在 2014 年仍不容乐观，欧俄大打制裁战将令依旧复苏乏力的欧洲经济更是雪上加霜。欧元区经济在 2014 年第一季度微弱增长后，第二季度重新陷入停滞，GDP 折年率增长 0.2%，环比增幅为零。其中德国与意大利均环比下降 0.2%，法国环比下降 0.01%。2014 年 6 月，欧盟与欧元区的失业率分别高达 10.2%

和 11.5%。在加大对俄制裁之后，市场普遍对德国及欧元区的经济增长前景充满忧虑。德国 2014 年 8 月的 ZEW 经济景气指数自 27.1 重挫至 8.6，欧元区 8 月的 ZEW 经济景气指数也自 48.1 大幅下挫至 23.7。欧盟对俄罗斯的经济制裁会造成传统上投资于欧洲的俄罗斯离岸资金流出欧洲。对俄制裁也将使得欧洲的就业形势更加严峻，据称仅德国就有约 30 万个工作岗位直接依赖对俄出口，对俄罗斯的制裁预计将使德国损失 2.5 万个就业岗位，经济下滑 0.5 个百分点。

第三是在能源问题上，欧洲一直严重依赖俄罗斯的能源供给，俄罗斯是欧洲最大的天然气供应国，根据美国能源资料协会（EIA）的统计，2012 年俄罗斯原油的 79% 出口至欧洲，主要是德国、荷兰和波兰等国，天然气的 76% 出口至西欧，主要是德国和意大利等国。有大约四分之一的欧盟国家完全依赖俄罗斯的天然气和原油供应。其中，德国约三分之一的天然气和石油来自俄罗斯，乌克兰约有 60% 的天然气供应来自俄罗斯。如果俄罗斯破釜沉舟，采取能源武器报复欧盟的制裁，欧盟将面临全面"断气"的危险，欧盟地区的生产和生活都将受到重大影响。更加令人担心的是，目前大部分俄罗斯运输到欧洲的天然气仍需要途经乌克兰境内，而无论是乌克兰战事蔓延，或者是基辅方面将对俄制裁措施延伸到俄过境乌克兰的能源管道上，都无疑会令欧盟的天然气供应受到严重干扰。

第四是对欧洲金融业的影响，各类的制裁措施使欧债危机后百废待兴的欧洲金融业损失了一个重要的金主。根据国际清算银行（BIS）提供的数据，截至 2014 年第一季度，俄罗斯约有 74% 的外债来自欧洲。其中法国是最大债主，有 470 亿美元涉及俄罗斯的债权，俄罗斯风险敞口占法国对外放款总额的约 23%，如果俄罗斯未来发生系统性违约，法国金融业也在劫难逃。英国作为国际金融中心之一，一直是俄罗斯企业融资的乐土，伦敦也从中受益匪浅。2004—2012 年，在伦敦 IPO 的俄罗斯企业募资总额为 130 亿英镑。受到制裁战的影响，2014 年上半年，由伦敦金融机构经办的涉及俄罗斯企业的并购业务规模下跌了39%。

最后也是最直接的影响是俄罗斯限制食品进口的反制裁措施对欧洲带来的冲击。其实欧盟经济与农产品出口的关系并不大，2006—2012年，农产品出口占欧盟总出口的份额不足5%，俄罗斯是欧盟食品出口的第二大市场，2013年全年出口额约为122亿欧元，不足欧盟总出口额的1%。但是对一些具体国家来说，情况就不一样了。自2014年8月以来，波兰、立陶宛、荷兰、比利时、西班牙等欧洲农业大国受到俄罗斯反制裁措施的影响相对严重。荷兰媒体曾在8月9日报道，俄罗斯的禁运导致了荷兰食品价格的急剧下降；比利时地方媒体的数据显示，对比2013年的统计数据，2014年比利时受俄罗斯制裁可能造成的损失将达5亿欧元；芬兰媒体在8月8日公布数据显示，芬兰有大约25%的对外出口是销往俄罗斯，因此受制裁造成的损失最为严重；而波兰由于苹果无法卖往俄罗斯，农民们为避免其腐烂而酿制了大量的苹果酒（cider），波兰政府已经号召人们多多消费"爱国酒"了。为了帮助这些受到俄罗斯食品禁运影响的成员国，欧盟层面也已经成立了应急小组，并划拨了4亿欧元的危机基金。

美国

相对于欧洲而言，美国受到对俄制裁战的影响则显得无关痛痒。

首先是美俄两国的经济体量极度不平衡且美国的国内经济增长趋势向好，这是美国不惧制裁战的主要原因。在经济体量上，2013年美国的实际GDP总量为16.8万亿美元，而俄罗斯仅有2.1万亿美元，约为美国的八分之一。从经济增长趋势来看，美国经济在2014年第一季度受到极寒天气的负面冲击后，第二季度强劲反弹，季环比折年率达到4.0%，远高于市场预期。消费、投资与出口"三驾马车"并驾齐驱，拉动美国经济强势复苏，根本不用担心制裁战可能带来的些许负面影响。

其次是美俄贸易的不平衡，这是美国不惧相互制裁的直接原因。美俄相互制裁的直接后果就是双边贸易受损，而从双方的贸易重要性来看，美国是俄罗斯的第四大贸易伙伴，第四大出口市场和第三大进口来源地，而俄罗斯是美国的第十七大贸易伙伴，第十八大出口市场以及第十七大进口来源地，美俄两国在 2013 年的双边贸易额为 438 亿美元，与欧盟对俄超过 3 200 亿欧元的贸易额相去甚远。美国对于俄罗斯能源和军工产品需求甚少，而俄罗斯禁止进口美国食品对美国的影响也基本可以忽略不计。据美国农业部相关人士透露，2013 年美国对俄农产品的出口总额为 12 亿美元，主要是肉类和家禽、坚果、大豆，对俄出口额占美国农产品出口总额的不足 1%。

最后是在金融方面，美国国内的经济体量巨大，金融需求旺盛，纽约远不像伦敦或法兰克福那样依赖包括俄罗斯在内的外国客户。美国在全球金融体系中的霸权地位也使美国毫不惧怕与俄罗斯的制裁战，美元在现行国际货币体系中具有核心的地位，根据 IMF 在 2013 年的报告，当时在全球外汇储备中美元占 60.9%；在国际贸易结算中美元占 2/3；在外汇市场交易中美元占 83%；在国际证券发行中有近 1/2 是用美元标价；金融衍生产品的结算也有 1/2 是用美元。俄罗斯在美元占据主导地位的全球金融市场上完全处于被动，制裁的深入与持续，将使俄罗斯相关银行与能源企业在以美元计价的融资市场以及大宗商品市场上举步维艰。

俄罗斯

受制裁影响最大无疑是俄罗斯。俄罗斯在 2014 年可谓是麻烦不断的多事之秋，乌克兰危机、欧美制裁、油价跳水、卢布大幅贬值。在本章里我们仅先回顾一下 2014 年 8 月时的情况，那时的国际油价虽然也已经从高位开始回落，但还没有达到危机的程度，大多数人只把它看成是一个阶段性的回调。在这个时点俄罗斯面临的困难，主要是由于制裁造成的。而在 2014 年 10 月之后的情况，则越来越多地与油价跳水有关了，这将在后面的章节再进行分析。

即便是在国际能源价格还没有全面崩盘的 8 月，欧美的制裁也已经在短期内使得俄罗斯的经济形势趋于恶化，金融市场动荡加剧，政府与企业融资成本急剧上升，主导产业备受冲击。

第一是经济增长明显放缓。

俄罗斯的国内经济结构较为单一，受全球经济整体低迷的影响，俄罗斯在乌克兰危机爆发前的几年里经济增速已出现大幅放缓的迹象，在 2014 年俄经济形势更加严峻，前两季度经济同比增速仅为 0.9% 和 0.8%。随着乌克兰局势日趋紧张，俄罗斯各项经济指标持续恶化，汇丰（HSBC）预测俄罗斯 2014 年第三、第四季度经济同比增长分别为 -0.2% 和 -0.9%，国际货币基金组织（IMF）在 7 月 24 日将俄罗斯经济 2014 年增速从 1.3% 大幅下调为 0.2%。4~6 月，俄罗斯工业生产环比连续三个月负增长，制造业 PMI 一直处于荣枯线之下，在欧美制裁压力越来越大的情况下，俄企业盈利能力减弱，企业投资与私人消费也将受到影响，未来俄罗斯经济将会更加举步维艰。

第二是俄罗斯的外贸承压，但从 2014 年 8 月的情况来看，还不至于大幅恶化。[①]

据俄经济发展部统计，2014 年上半年俄外贸额达 4 104 亿美元，同比微降 0.7%，其中出口增长 2.1%，进口下降 5.2%，贸易顺差 1 052 亿美元，增长 15.1%。虽然受到了欧美的制裁，但俄罗斯与第一大贸易伙伴中国的进出口量都出现了增长，根据中国海关统计，2014 年上

---

① 这个情况仅仅在 1 个月后，随着油价的跳水，出现了根本性变化，这将在后面一章中重点介绍。

半年中俄贸易额 445.4 亿美元，同比增长 3.3%，其中出口增长 4.6%，进口增长 1.8%。俄罗斯与欧洲的贸易主要是天然气出口，欧盟对俄能源企业的制裁也一直都只涉及石油而没有涉及天然气领域，因此俄罗斯对欧洲能源贸易在美国页岩气真正大量进入欧洲之前不会出现大的滑坡。另外，俄罗斯能源出口中还有很大部分是针对独联体国家的，这部分贸易量也比较稳定。同时，俄罗斯也一直致力于改善其过分依赖能源的出口结构，2014 年上半年俄非原料商品出口增速明显高于整体外贸速度，俄总理梅德韦杰夫要求俄非原料商品出口增长速度每年需不低于 6%，以替代其对能源出口的过度依赖。因此在 2014 年 9 月石油价格大幅跳水以前，俄罗斯的出口并不存在大幅下滑的风险，而各种限制进口的制裁与反制裁措施还使其经常项目顺差在稳步扩大。

第三是制裁导致资本外流严重，汇率下跌，通货膨胀压力不断上升。

欧美对俄制裁，特别是马航 MH17 航班坠毁之后，全球金融市场恐慌情绪急剧升温，CBOE 波动性指数（VIX）在 2014 年 7 月 3 日刚刚创下了自 2008 年国际金融危机以来的最低水平 10.32 点，但在 8 月 1 日就因为俄罗斯与欧美制裁战的升级而冲高到了 17.03 点，一个月内暴涨了 65.02%。自 7 月 16 日至 8 月 15 日以来，俄罗斯 RTSI 指数下跌了 8.86%。

由于乌克兰局势持续动荡，欧美不断加码的制裁使投资者纷纷将资本从俄罗斯抽离。俄罗斯中央银行 7 月 9 日公布的数据显示，2014 年上半年俄罗斯资本净流出额达 746 亿美元，是 2013 年同期的 2.2 倍，已经超过了 2013 年全年的资本净流出总额。世界银行和国际货币基金组织预测，随着乌克兰危机继续发展，2014 年全年逃出俄罗斯的资金规模将超过 1 000 亿美元。另外，外国对俄直接投资也在锐减，2014 年上半年俄非银行部门吸引外国直接投资 172 亿美元，同比减少 60%。在微观层面，2014 年上半年俄罗斯企业在境外发行债券的数量同比减少 3/4，仅发行了 13 笔，募资金额 80 亿美元。另据统计，2014 年上半年西方银行对俄罗斯企业的银团贷款同比减少了 82%，仅为 35 亿美元。在 9 月新一轮制裁出台之后，俄主要银行 30 天以上的融资都无法进行，资金困难的情况更加严重。更有甚者，意大利联合信贷银行、法国外贸银行、德意志银行等一些在俄经营的欧美银行，当时已经在和一些来自非制裁国家的金融机构接触，出售其涉俄资产（贷款）或股份，试图逐步撤离俄罗斯市场。

　　资本的大幅外逃和地缘政治的动荡直接影响到本币的稳定性。卢布对美元的汇率从 2014 年初的 1:32.86 持续贬值，在 3 月初达到最低点 36.9，之后随着乌克兰危机的阶段性缓和而逐步反弹，6 月底达到反弹高点 33.7，7 月中随着欧美制裁加剧和马航飞机坠毁又迅速贬值，截至 8 月 11 日，卢布对美元汇率为 1:35.94，较年初下跌 8.8%[①]。为了维持卢布的稳定，俄罗斯央行不得不动用有限的外汇储备进行干预，而据俄塔斯社消息，截至 2014 年 7 月 1 日，俄罗斯外汇储备为 4 782.5 亿美元，已比年初减少 6%，可供央行使用的子弹也十分有限。

　　俄罗斯的大量产品需要进口，卢布贬值直接造成进口商品的物价上涨，通货膨胀压力上升。2014 年 4 月至 7 月，俄罗斯的 CPI 已连续 4 个月维持在 7% 以上，俄罗斯央行在 2014 年将通胀率控制在 6.0% ~ 6.5% 的目标基本没有可能实现。俄罗斯外贸银行下属的投资银行 VTB Capital 在 8 月上旬预测，对俄罗斯的制裁和反制裁，将导致 2014 年俄通货膨胀率上升 1.5 个百分点。为缓解物价上涨的压力，俄央行截至 2014 年 8 月已在年内 4 度加息，基准利率由年初的 5.5% 提升了 250 个基点至 8%。这也进一步加大了本就受到制裁打压的俄罗斯企业的财务负担。

　　这也就带来了第四个问题，俄国债收益率和企业融资成本持续上行，融资环境恶化，信用风险凸显。

---

　　① 当然，这个贬值幅度和后来在 2014 年 12 月 15 日、16 日两天，卢布瞬间贬值逾 30% 的情形相比，还是小巫见大巫了。

截至 2014 年 8 月 7 日，俄罗斯十年期国债收益率为 5.40%，较年初的 4.57% 上涨 83 个基点。与俄罗斯相比，其他一些国家的借贷成本却在量化宽松的刺激下，正处在历史低点，即便是像西班牙和意大利才经历了欧债危机的国家，其 10 年期国债的收益率水平也已在 3.0% 以下了。据彭博新闻社数据，自 1998 年俄罗斯主权债务违约以来，俄罗斯从国际资本市场获得了至少 6 000 亿美元的债务和股票融资。在 2014 年后的两年内，俄罗斯企业大约有 1 650 亿以美元和欧元计价的债券和超过 1 000 亿美元的离岸银团贷款需要偿还。被制裁的俄罗斯主要银行未来三年将有等值 150 亿美元的美元、欧元和瑞士法郎债券到期。如届时无法安排再融资，所有这些到期负债都将面临一定的违约风险。其实早在 2014 年 3 月欧美制裁之初，普京就曾表示俄应对欧美制裁将采取停止偿还外债的做法，这使人不得不想起了在不久的从前，1998 年俄罗斯的债务违约记录，而这些担心又进一步地推高了俄罗斯国债的收益率水平。

欧美国家将俄罗斯银行业排除在西方资本市场之外的制裁措施，不仅推高了这些俄罗斯银行的融资成本，也压制了它们向俄罗斯企业进行放贷的能力，影响到俄金融体系对实体经济的支持能力。根据中国车企重庆力帆反映的情况，其潜在买家的汽车消费贷款在俄主要零售银行的审批通过率从 2013 年的 90% 下降到了 2014 年中时的不到 60%，180 家与其合作的经销商中，2014 年上半年已经倒闭了 30 家。制裁如果持续，银行的企业客户，特别是中型企业将无法及时获得贷款，面临经营困难、债务违约，甚至破产的风险。同时银行的消费贷款也会萎缩，使企业的销售和经营雪上加霜。

第五是受到欧美制裁的主要行业里，能源行业相对冲击较大，而军工企业受到的影响有限。

欧美在 2014 年 7～9 月出台的最新制裁措施主要瞄准俄罗斯经济和对外贸易的支柱行业——能源和军工。在苏联解体之后的 20 多年间，能源行业为俄罗斯经济发展和地缘政治崛起作出了巨大贡献。俄罗斯在2014年每天的石油产量接近1 050万桶，是全球最重要的石油生产国之一。欧美的制裁措施使俄罗斯石油公司、俄罗斯天然气工业石油公司、诺瓦泰克公司等俄罗斯能源领军企业融资困难，发展面临困境甚至停顿。此外，俄罗斯油气行业开采领域24%的设备、炼化领域35%的设备、LNG领域100%的设备需要进口，欧美对深海、北极、页岩三类设备的禁运，也将打击俄罗斯开发新油气资源的能力，为俄罗斯能源行业未来的长期发展蒙上阴影。

在军工领域，当时已经有8家俄罗斯军工企业被列入了制裁名单。但是俄罗斯的军工产品主要向发展中国家出口，而且其资金支持也主要是依靠政府和俄国有银行，欧美的制裁对其影响有限。除非是在西方的强大压力下，以及由于美元结算等技术问题，俄罗斯军火的进口国在未来不得不放弃从俄采购，欧美对俄军工企业制裁的影响才可能会逐渐显现出来。

最后是俄罗斯对于欧美的反制裁措施，其实也对俄罗斯本身造成了一定的影响。

俄罗斯每年从国外进口大量的食品，2013年数据显示，其40%的进口农产品来自欧盟，4%来自美国，其余56%来自巴西及其他国家。而俄罗斯西部的部分城市对于欧洲农产品的依赖性更强，比如加里宁格勒州有80%的食品来自欧盟。反制裁措施出台之后，俄国内供应和从其他替代国进口均无法在短期内完全满足市场需求，食品价格上涨情况普遍。有经济学家在2014年中预计，2014年全年鱼类和海产品、部分蔬菜和水果、奶酪和奶制品的价格将上涨30%～40%，这也将继续推高已然很高的通货膨胀水平。而在价格上涨的同时，由于缺乏进口商品的竞争，消费者还必须接受食品质量下降的现实。俄罗斯居民的食品支出约占个人收入的40%，食品价格的上涨将会直接影响俄罗斯居民——特别是贫困群体——的家庭预算支出。俄罗斯科学院农产品研究中心主任娜塔莉亚甚至估计未来将会有 30% 的俄罗斯家庭无法保障最低食品需求。

各国国内政治情况分析

当穷人们面对不断上涨的物价而担忧自己下一顿饭着落的时候，当中产阶级们也开始用本地生产的坚硬的奶酪代替意大利产的水牛奶酪（mozzarella）、用莫斯科郊区的小苹果代替来自地中海的各种光鲜的水果之后，当初的激情已然退却，对待整个乌克兰危机、东部冲突、克里米亚、制裁、反制裁的心态也变得慢慢平和与漠然了。越来越多的人认识到，事情恐怕很难在短期内了结。

2014 年夏天，我同一位在摩根（JP Morgan）工作的银行家聊天，他说华尔街很多人都认为奥巴马过于软弱，并以此抨击民主党的政策。在这样的一种情况下，迫于国内舆论和政治压力以及其切身利益，美国在乌克兰问题上的对俄态度很难松动，而且可能会日趋紧逼。奥巴马如果贸然寻求与俄妥协，很可能最终断送 2016 年民主党的选举前程①。

另外，由于页岩气产量快速增加，美国天然气已基本实现自给自足，将液化天然气（LNG）的码头从进口型向出口型的改造工作也陆续完成。但因考虑到美国内能源价格的问题，美境内对是否放开油气禁运、允许能源出口的争论日益激烈。奥巴马政府将以"解放被俄罗斯天然气绑架的欧洲盟友"为理由获得国内对放开能源出口的支持和欧洲巨大的市场，而页岩气的出口又被部分经济学家认为是彻底改变美国外贸收支状况的绝好机会，这也是美国对俄态度强硬的另一个经济原因。

---

① 但是 2016 年民主党的选举前程仍然被断送了，而且据说还是和俄罗斯有关。

如果从阴谋论的角度看，正如我们上文中分析的，俄罗斯与欧洲的经贸往来远远超过美国，制裁战对于欧洲的影响也远远大于对于美国的影响。把欧洲拉到制裁的战车上将延缓欧洲经济复苏，特别是打击德国的经济，从而狙击欧元，使美元"一枝独秀"。无论美国在制裁之初是否有一石二鸟的考虑，但事实上，在乌克兰危机爆发后的两年间，美国的经济恢复速度、美元的走势、美国的失业率等指标，均要好于欧洲。当然，这也是多种因素造成的，比如国际能源价格、叙利亚和难民问题等，可是这些问题不也是或多或少地与乌克兰危机和对俄制裁有关吗？

从 2014 年夏天开始，美国已经越来越明显地把打击目标从乌克兰问题转向了直接针对普京政府——消除或至少削弱在国际问题上对抗美国的重要一极。从这个角度看，所有的事情已经不再是一场偶发的地缘政治危机了，而成为全球大国战略博弈新阶段的开始。

在制裁俄罗斯的问题上，欧洲一直是很矛盾的，而且在欧盟内部对于制裁问题的意见也很不统一。对欧洲来讲，制裁战是两败俱伤的事情，根据《欧洲观察家》分析，2014 年和 2015 年两年，制裁将使俄罗斯损失 1 000 亿欧元，同时也将使欧洲损失 900 亿欧元。但是乌克兰事件的持续升级特别是从阿姆斯特丹起飞的马航客机被疑似击落后，舆论压力、道义诉求和选民因素使欧洲已很难寻求妥协，只能是放弃眼前的经济利益，紧跟美国加大制裁。

俄罗斯方面其实也同样是骑虎难下。普京的政策在一定程度上也已被民意绑架，没有退路。妥协也许可以摆脱欧美制裁，但普京政府的政治生命也可能会就此断送。在政治上，随着乌克兰危机愈演愈烈，普京的支持率也越来越高。在 2014 年的俄议会中，普京领导的统一俄罗斯党杜马席位占比为 52.89%，左翼的共产党 20.44%，右翼自由民主党 12.44%，公正党 14.23%，如果普京在乌克兰问题上示弱，泛民族主义党团很可能借机倒普，使其失去选民支持。虽然俄罗斯主要的经济寡头和其控制的企业遭到了制裁，但在苏联解体时期发迹的一些与普京不合的寡头早已经被处理掉了，现在的寡头，特别是被制裁的寡头们，其发迹大多在普京成为总统之后，因此虽然乌克兰危机与欧美制裁对这些寡头产生了不利影响，但他们不会因目前制裁导致经济利益受损而背叛普京。当时俄民族主义情绪和反美情绪高涨，对美持负面态度的比例达到了空前的 70%。乌克兰政府军对乌克兰东部加大军事打击，大量在乌克兰的俄罗斯族人流离失所，乌克兰东部的俄罗斯族武装人员伤亡，截至 2014 年 8 月，还有 5 名俄罗斯记者在乌克兰东部采访中牺牲，他们在俄都有亲人朋友，政治冲突一定程度上已变成了家庭与民族仇恨，短期内无法缓和。在马航 MH17 班机事件后，民意调查显示 82% 的俄罗斯民众认为这是乌克兰政府军的责任。一些俄罗斯报刊已开始把基辅方面称为"军政府"和"纳粹"。

根据俄罗斯问题专家介绍，俄罗斯在乌克兰问题上的基本政治诉求为：或者要一个统一的，但是亲俄，至少是中立的乌克兰；或者要一个虽然亲欧，但是分裂的、麻烦缠身的乌克兰。但是从乌克兰方面，无论是亲俄、停止欧化进程，还是分裂、放任东部自治，都很难得到选民的支持，都会导致新政府政治破产，因此都无法接受。这看似是一场无解的困局。

那么事件是否会出现转机？未来的局势将向什么方向发展？各类的分析判断在 2014 年秋季时也是五花八门，我们不妨简单记述如下，以回头看看时局预测与其最终结果的差异，检查一下当时的研究中忽视了什么因素或对什么因素过分地看重了。

在 2014 年秋季最为乐观的预测认为，那年欧洲冬季供暖季（天然气需求）开始前，乌克兰政府军会结束在东部地区的大规模武装行动，俄罗斯可以用天然气提价或断供相威胁，促成各方以外交谈判来寻求事件的解决。2014 年 9 月底，俄罗斯、乌克兰、欧盟的天然气供应谈判也果然取得了一些成果，各方基本认可，乌克兰如果在 2014 年底前偿还 31 亿美元欠款给俄罗斯，俄将在当年冬季为乌克兰提供至少 50

亿立方米的天然气，以满足其过冬需要。持这种乐观态度的人还有一个理由，因为乌克兰议会将在 2014 年 10 月底举行大选，选举后基辅所面临的民族主义情绪将有所缓解，这也会有利于乌克兰东部局势的缓和。同时，普京总统和奥巴马都已确认将出席 2014 年 11 月在北京举行的 APEC 领导人会议，乐观主义者认为这将为两人会面和俄美关系缓和创造机会。

　　同时也有一种观点认为会出现另一种极端的情况。天然气也许是俄罗斯手中唯一的"撒手锏"，冬季需要供暖、欧洲供暖需要俄罗斯的天然气，因此俄罗斯必须利用 2014 年冬天尽快解决问题，否则春暖花开之后，欧洲对俄天然气的需求减少，俄罗斯会更为被动。其次，俄对欧美食品限制进口的反制裁措施，当时有不少人认为只能是短期行为，如果长期持续，老百姓的菜篮子出现问题，国内局势可能不稳。而巴西、中国、埃及等的食品进口替代，由于运输成本、食品安全标准、供应量等原因，很难完全替代来自欧洲的食品供应，这也被看作是俄罗斯必须在那个冬季尽快解决问题的原因，只有这样俄罗斯才能恢复其从欧洲必需的食品进口以满足国内需求。持这种观点的人认为，这样的形势下，俄罗斯应该长痛不如短痛，要求乌政府军限期停止在乌东部针对俄族的军事行动，否则立刻出兵东乌克兰，以南奥塞梯方式解决问题。克里米亚已在 3 月公投加入俄罗斯，乌东部也已在 5 月公投宣布自治，俄罗斯需要的就是在 2015 年春季到来之前，以天然气作为筹码，通过或者外交或者军事的手段把这两件事做实。1812 年俄罗斯利用冬季击败了拿破仑，1943 年苏联利用冬季击败了希特勒，2014 年的冬季又要到来了，俄罗斯人应该抓住这个机会。

　　上述的两种分析判断，一种认为事情会通过外交斡旋、协商妥协达成一致，另一种认为事情会闹到兵戎相见、局部战争的地步，但他们都是希望事情可以在短期内尽快解决的。从这个角度看，他们实际上都属于乐观的一派。而在当时更为普遍的观点则会悲观很多。

那些悲观的观点认为乌克兰危机无法在短期内结束。他们认为即便乌克兰东部的大规模武装冲突能够逐渐缓和，但乌东部的分裂武装仍将依托俄乌边境和农村地区进行游击队化的长期斗争，而制裁也会至少在奥巴马的 2 年任期内一直持续（实际上，制裁超过了奥巴马总统的任期）。同时，如果乌克兰危机进一步恶化，也不排除欧美进一步加强对俄制裁的可能。这一方面是制裁名单会继续增加，除了银行、石油、军工行业的龙头企业之外，可能会扩展到其他行业或所有企业，比如俄罗斯的所有银行或所有国有企业等。另一方面是制裁的内容也会更加严厉，比如 SWIFT 被全面掐断而无法使用，全面冻结俄在欧美资产，对俄全面禁运等。而在这种情况下，俄罗斯在其外贸、经济造成毁灭性影响的同时，不排除将采取诸如信用违约、没收欧美在俄资产等更为激烈的方式进行报复，那么局面将很难收拾。

但是上述所有这些所谓乐观和悲观的分析，都无法和历史那种树状的多线索的演进相媲美，正是人算永远不如天算，事态的发展往往会超出人们的线性思维范畴。

很快，一个比制裁对俄罗斯冲击更大的情况出现了，国际原油价格从 2014 年第三季度开始逐步下跌，并在 10 月前后出现跳水。根据标准银行分析，原油价格（每桶）每下跌 10 美元，俄罗斯就大约会减少 250 亿~300 亿美元的收入。而 2014 年的油价差不多是跌了 50 美元，这么算来，俄罗斯的收入锐减了至少 1 200 亿美元以上。对比我们前面分析制裁时所列的数据：俄罗斯 2014 年上半年外贸下降 30 亿美元，资本流出 746 亿美元，2014—2015 年两年预计受制裁影响损失 1 000 亿欧元。油价下跌对俄罗斯经济的打击比制裁更为严重。而且油价下跌只对俄罗斯有负面影响，对于欧美这样的能源进口国，甚至是有利的，这不是比两败俱伤的金融和贸易制裁更有威力的武器吗？以能源作为武器谋求快速解决问题变得困难了，继续加大制裁力度也在一定时期内显得不是那么有必要了。

石油天然气

以石油和天然气为代表的国际能源价格一直都是左右经济和地缘政治的重要因素，每次油价的大幅波动都会对全球能源的生产和消费大国，乃至对国际政治、经济、金融领域带来冲击。

　　国际石油价格在 2009 年初期随着国际金融危机达到低点，之后各国为了应对危机而纷纷出台了扩大投资与量化宽松的刺激政策，油价也随之大幅反弹，并长期维持在 100 美元/桶的水平之上，直到 2014 年。

2014 年下半年的油价

2014 年的国际能源价格完全是一个戏剧性的走势。

在 2013 年底到 2014 年初的冬天，北美遭遇了大雪灾，一位住在加拿大的朋友，因为家里供暖系统完全瘫痪，不得不请假全家外出度假以躲避严寒。这也引发了石油和天然气价格在 2014 年上半年持续上涨。印度尼西亚在 2014 年 1 月还突然公布了出口镍原矿的禁令，带动国际镍价大涨，整个大宗商品行情一片向好，交易商们大都认为这又将是多头们收获的一年。

油价在 2014 年 6 月 20 日创出了年内新高，布伦特原油收报每桶 114.81 美元，较年初上涨 6.52%；美国原油收报每桶 107.26 美元，较年初上涨 12.50%。但随后，石油价格从 7 月开始毫无征兆地下跌，并随之走出了单边向下的行情。

2014 年 10 月，情况急剧恶化。首先是国际货币基金组织（IMF）年内第三次下调全球经济增长预估，使人们对于石油需求疲弱更为担心。同时，美国在 10 月公布的 9 月非农就业岗位增幅大于预期、失业率降至六年低点，美元升至逾四年高位，这令原材料价格对多数进口商而言更为昂贵，引发了一波套利交易。面对已然如此千疮百孔的石油市场，沙特阿拉伯也在 10 月突然跳出来主动降价。沙特阿拉伯在 2012 年的石油出口量大约是 790 万桶/天，而在 2014 年已经降到了大约 650 万桶/天，在这样的情况下，沙特阿拉伯终于决定放弃减产保价的策略，转而采取了破釜沉舟的降价抢市场的策略，这标志着石油输出国组织（OPEC）和美国页岩油的价格战全面爆发，油价从缓慢阴跌变成了加速跳水。

美国能源资料协会（EIA）随后出面推波助澜、落井下石，2014 年

11 月 18 日公布预测报告，认为全球石油供应量大幅超出消费量，这将导致 2014 年第四季度及 2015 年全年的全球石油日均库存增加 40 万桶。报告认为 2014 年以来，西非、欧洲和亚洲市场优质原油供应过剩的状况日益严重，对于供应过剩和需求疲弱的忧虑已经超过了对于地缘政治不稳定因素的担心。在 11 月 26 日的报告中，美国能源资料协会（EIA）又下调了 2014 年和 2015 年全球石油的需求预测，使油市前景更加利空。

以沙特阿拉伯为首的石油输出国组织（OPEC）毫不畏惧，继续针锋相对，在 2014 年 11 月 27 日的会议上决定不减产。OPEC 占全球石油三分之一的产量，单方面减产被认为是进一步把市场份额拱手让给美国页岩油企业的愚蠢行为。虽然多数 OPEC 成员国需要更高的油价以平衡预算，但它们在 2014 年时，还不能也不愿为了应对全球石油供应过剩而减产，这也导致了油价的进一步暴跌。

2014 年 12 月 26 日，圣诞和新年假期前的最后一个交易日，布伦特原油报每桶 59.45 美元，较 6 月的最高点下跌 55.36 美元，半年跌幅约 48.21%；美国原油报每桶 54.73 美元，较 6 月高点下跌 52.53 美元，半年跌幅约 48.97%。

油价为什么突然暴跌

2014 年油价暴跌与欧美对俄罗斯的制裁效果相叠加，形成了错综复杂的共振效应，对于俄罗斯的冲击是巨大的。油价下跌对于俄罗斯经济的打击甚至比制裁本身更为严重。按照瑞士银行（UBS）2014 年 8 月发表的关于俄罗斯和乌克兰的《新兴市场投资报告》中称：欧美的经济制裁让克里姆林宫找到了解释其自 2008 年国际金融危机以来经济一直表现欠佳的原因，这使得普京总统的支持率一路飙升，而俄罗斯未来真正的风险在于石油价格。更有人从阴谋论的角度出发，认为欧美发现对俄制裁效果不甚明显，进而策动了油价和大宗商品价格的暴跌来打击俄罗斯。

但政治经济问题并不是单一线索和线性因果的简单逻辑，造成2014年油价下跌的原因是多方面的，很难说个别国家因为个别地缘政治目的就可以操作。

油价下跌的首要原因是能源产业明显供大于求。

从供给方面看，以沙特阿拉伯为首的传统石油生产国的产能充沛，加之中东地区地缘政治冲突在2014年明显缓和，恢复供给的利比亚和伊拉克石油出口量持续增长。据统计，在2014年9月石油输出国组织（OPEC）国家的日均产量较年初增长了70万桶。而更为重要的，美国在页岩革命的带动下，原油产量屡创历史新高，美国能源信息署（EIA）数据显示，截至2014年11月，美国平均原油产量已达到908万桶/天，这是1983年以来最高的水平。包括美国在内的非OPEC国家的石油及其他液体燃料日均供应量在2013年增加了140万桶，达到5 420万桶的水平，而预计这些非OPEC国家在2014年和2015年的日均供应量仍将分别增加190万桶和90万桶。正是在传统力量与新兴力量的共同作用下，国际原油产量增长步伐显著加快，增速从2007—2010年的年均0.4%上升至2011—2013年的平均1.0%。

与此同时，全球经济增长动力不足又导致石油需求增长持续疲弱。一边是除美国以外的发达经济体普遍复苏进程缓慢，尤其是欧元区和日本。美国能源资料协会公布的统计显示，2005年时发达经济体原油消费量为每日5 000万桶，而到了2014年却只有4 500万桶。2014年，主要受到欧洲和日本消费量下滑的拖累，经合组织国家的石油及其他液体燃料日均消费量预计减少30万桶。法国和日本等国发展核电计划、对新车实行更加严格的节能标准以及对汽车燃油征收惩罚性税项等措施，也都在一定程度上降低了原油的消费。另一边是以中国为代表的新兴市场国家在 2014 年的经济增速普遍回落，也显著抑制了石油需求的增长。发展中经济体在 2005—2014 年的原油日消费量增加了 1 200 万桶，其中在中东以外地区的增幅约为 950 万桶。受经济增速放缓影响，预计在 2014 年和 2015 年两年，非经合组织国家的日均原油消费量将分别仅增加 120 万桶和 100 万桶，明显不及预测机构在几年前的预估。根据国际能源署估计，2014 年原油日需求量为 9 240 万桶，2015 年达 9 420 万桶，2016 年达 9 560 万桶[①]。供需发展失衡使得原油过剩供给在 2014 年达到约 200 万桶/天，在 2015 年第二季度更是上升到 300 万桶/天，创下了 1998 年以来的最高纪录。

除了供需失衡以外，美国货币政策在 2014 年开始的转向使得美元持续走强，以美元标价的大宗商品估值持续下移，这也打压了原油价格。

自 2014 年第二季度，美联储终止资产购买计划的市场预期不断强化，并于 10 月的议息会议上最终落地。在这整个过程中，美元持续走强，全年美元指数上涨约 13%，同期以美元标价的大宗商品承受估值下调压力，价格持续走低，石油作为大宗商品中的重要品种，在经济基本面欠佳的综合作用下，跌幅更为惨烈。

美元的升值也使得大量国际资本追逐美元资产，逃离石油交易或顺势做空油价。国际油价在 2014 年下半年的单边下跌导致市场上一些交易者以"油价区间波动"为假设的投资模型失效，一些对冲基金被迫退出这一策略，这也进一步加剧了油价下跌。当然还有那些投机者顺势做空、大肆炒作、投机套利，放大了原油市场的波动，也成为油价下跌的重要推手。

上述这些供需失衡、美元汇率波动等原因其实从"二战"之后就一直是左右油价的无形之手，而这次原油价格的下跌，却还有一些新

---

① 根据国际能源署 2015 年 8 月报告数据。

的、足以改变世界能源格局的深层次原因存在，这个深层次的原因来源于技术的革命。

长期持续的高油价支撑了页岩技术革命自 2007 年以来快速崛起，这不仅扭转了美国石油产量逐年下跌的颓势，而且有望改写全球能源版图。以美国页岩油气为代表的新能源供给体系已逐步成长起来，正在快速挤占 OPEC 等传统石油生产国的市场份额。2007—2013 年，OPEC 组织石油产量的全球占比从 35.65% 降至 32.68%，俄罗斯的占比从 11.73% 小幅降至 11.44%，同期美国石油产量的占比则从 9.96% 升至 15.37%。OPEC 曾经预测如果不加干预，到 2018 年 OPEC 的市场份额还将再缩减 5 个百分点。凭借页岩油气这一新技术革命，美国在国际能源市场的话语权已经持续增强，以沙特阿拉伯为首的 OPEC 国家和俄罗斯等传统产油国在国际石油市场上的地位正面临前所未有的挑战。

保持市场份额和对油价的相对控制权，是沙特维护其国际权力地位的战略需要。2014 年由于经济金融等原因所导致的油价疲弱实际也为沙特阿拉伯创造了打击竞争对手的良机。OPEC 会议在油价暴跌之后能坚持不削减产量，充分反映了沙特阿拉伯力图扭转当前石油供给体系发展趋势的决心。沙特阿拉伯石油部长欧那密曾公开表示 OPEC 正在同美国进行市场份额争夺战。通过在较长一段时间内压制国际原油价格，沙特阿拉伯希望将高成本的石油供应商挤出市场，从而稳固自身的市场份额。原油价格的大幅下挫，也可以遏制非常规能源和新能源市场投资，打压新能源的发展，这不仅限于页岩油气、深海石油等非常规的油气资源，还包括替代传统能源的可再生能源。

在过去的 40 年中，OPEC 组织对国际油价的话语权经历了先升后降的循环。自 20 世纪 70 年代石油危机后，OPEC 对国际油价的操控能力大幅提升，其通过动态调整石油产量来促使油价在理想区间波动。但在 2000 年以后，受国际资本市场快速发展的影响，石油的金融属性日

趋突出，作为石油标价货币的美元越来越成为操控油价的利器，OPEC
对油价的控制能力也日渐衰弱，而国际投资者的话语权不断增强。为了
扭转这一局势，以沙特阿拉伯为代表的 OPEC 也乐见大量投资者因为油
价暴跌损失惨重而在相当长的时间内不敢再进入国际能源市场兴风作
浪，从而使 OPEC 借机强化自身的定价权。

产油国博弈

　　既然 2014 年开始的油价调整并不只是由于供需和金融原因造成的，
而涉及能源控制权的重新划分，那么未来油价的走势也就更多地取决
于传统产油国与新能源势力之间的博弈情形将会如何。油价下跌的幅
度和时间主要取决于石油供应各方的承受极限，同时也会受到全球经
济复苏进度、美国货币政策走向及国际资本流向等因素的影响。以页岩
油气为代表的新石油供给体系在经过此次油价战争之后，是一败涂地、
偏安一隅，还是正式确立自身在能源帝国中的地位，以及石油替代能源
的发展将成为决定未来油价长期走势的基础。

　　新、旧能源势力的博弈实际上是一个囚徒困境问题。如果没有一方
低头，油价就会继续下跌，两败俱伤；如果有一方先放低姿态、宣布减
产，则会面临两种可能：一是另一方跟随减产，则全球油气总供应量下
降，价格回升，双方共赢；二是另一方借机扩大产能，率先减产的一方
则将自己的市场份额拱手相让。而这样的囚徒困境博弈，结果往往是互
不相让的两败俱伤。围绕油价的斗争很残酷，说明白一些，就是看谁先
挺不住，谁先死。2014 年油价才开始下跌的时候，大家希望 OPEC 可
以按惯例减产，当 OPEC 在 2014 年 11 月会议上明确不减产的政策后，
多头又转而希望美国的页岩油公司快些倒闭。在这样的消耗战中，谁能
坚持得久，谁就可能是最终的胜利者。

OPEC

以 OPEC 为代表的传统产油国和以美国页岩油气生产商为代表的非常规能源势力谁会先在这个囚徒困境的博弈中示弱，从表面上看主要取决于双方的成本承受能力。

OPEC 和俄罗斯的石油开采成本相对更低，但它们对石油出口收入的依赖程度很高，油价下跌使得这些国家的财政压力显著增大。OPEC 和俄罗斯的石油开采边际成本在 30～50 美元/桶，因此理论上说，原油价格在 50 美元/桶以上，传统石油生产国就不会亏本。但是油价持续下跌大幅减少了这些国家的财政收入，导致绝大多数的 OPEC 成员国和俄罗斯都陷入了严重的财政赤字。在这样的情况下，就要比谁的家底殷实了。

不同国家因经济实力存在显著差异，对低油价的承受能力也各自不同。沙特阿拉伯、阿联酋等中东富国得益于充裕的资金储备、较高的国家信用评级、相对低廉的借贷成本，具有较强的低油价承受能力。而委内瑞拉、伊拉克、利比亚等穷国则承受了巨大的财政压力和偿债压力。以委内瑞拉为例，石油占其出口收入的 95%，油价大幅下跌令该国外汇储备快速下降，财政赤字占 GDP 的比例在 2014 年就已超过 14%，处于债务违约的边缘。也正是由于各成员国承受能力存在显著差异，OPEC 内部对于是否减产的态度并不一致，沙特阿拉伯等中东富国仍主导 OPEC 进行不减产的决定，但其他一些穷国则已经越来越支撑不住了。

页岩油和美国

在牌桌的另一方，2014 年底的油价也正在逼近美国页岩油开采商核心产区的成本线。

　　美国不同页岩油产区的开采成本差异显著①，持续走低的油价正在逐步突破边缘产区的盈亏平衡线。摩根士丹利的测算显示，美国页岩油生产商盈亏平衡线的波动区间为 31～98 美元/桶，在 18 个页岩油产区中只有 4 个盈亏平衡线在每桶 51 美元以下。另据美国能源信息署（EIA）分析表明，63 美元/桶的价格可以支撑美国前四大主要的页岩油产区（即 Bakken、Eagle Ford、Niobrara 和 Permian Basin 产区）继续进行石油钻探、扩大新的产能。

　　而在 2014 年底，油价已经降至 60 美元/桶以下，这意味着美国大多数非核心产区的页岩油项目已处于亏损状态。面对这一压力，美国页岩油开采商开始减少新钻井申请并向核心产区转移产能。根据数据机构 DrillingInfo 统计，2014 年 11 月全美页岩油新钻井许可发放量较 10 月大降 40%，能源公司正在加速将钻井从低产区向储量最丰富的核心产区转移，以提升单井产量并缩减开支。一些大型能源公司也纷纷公开表示将削减在页岩油气领域的资本支出计划：世界矿业巨头必和必拓（BHP）在 2015 年 1 月宣布，到 2015 年 6 月将停产 40% 的美国页岩油钻井；投资于俄罗斯亚马尔液化天然气项目的法国石油巨头道达尔（TOTAL）公司也宣称，将关闭其位于美国的页岩油气井。

　　页岩油开采还有一个特点与传统油气生产不同，就是它的高衰减率。传统石油开采属于地下层空腔有油，打井后自然喷发，之后依靠简单的电力运作就能维持出油，整体来讲打井后维护成本较低。但页岩油在打井后，需要依靠压裂技术出油，且一年后出油率会大大降低。根据地质等条件不同，一年后页岩油井的衰减率在 40%～70%，第二年再衰减 30%～40%，3～5 年后甚至不会出油。以美国页岩油公司 Bakken 在 2012 年公布的衰减曲线为例，其油井投产第 1 个月的产量一般为

---

　　①　据银河证券 2015 年的一份研究报告，以 Powder River 产区为例，其盈亏平衡线为 60～70 美元/桶，而前四大产区之一的 Permian Basin 的盈亏平衡线仅为 45～61 美元/桶，差异较大。

400～500 桶/天；一年后的单井产量将衰减 60%～70% 到 150 桶/天，第 2 年再衰减 30%～40% 到 100 桶/天，3～5 年每年再衰减 25%～30%，三年后到 60～70 桶/天，五年后到 30～40 桶/天。

页岩油的开采技术不断发展、日益成熟，衰减率指标也在不断降低，但还不能完全令人满意。资料显示，2012—2013 年，新投产的页岩油井第 1 月的产量一般在 500～600 桶/天，到 2014 年，新投产的部分高产页岩油井第 1 月产量普遍可以超过 900 桶/天。技术的进步更多的是在同样的衰减率下，页岩油井的产油量有所增加，但衰减率本身下降的并不多，这主要是因为衰减率的决定因素往往是不可控制的，比如地质条件、渗透率、地下压力等。

页岩油田的高衰减性决定了它需要持续的资本投入，一个页岩油气井打下去，压裂、出气或者出油后，逐月减少的产量要求它必须进行再次的压裂，而压裂本身是很昂贵的，因此页岩油气企业必须长期高投入，保持一定的资本开支。这也造成了页岩油气企业一般负债率都较高。

标准普尔资本智商（S&P Capital IQ）数据显示，2010 年，美国油气生产公司负债总计为 1 280 亿美元，而在 2014 年底，这个数字已经达到了 1 990 亿美元，大涨了 55%。一些中小型的页岩油公司主要依赖风险投资和垃圾债券作为融资支持，负债累累且融资成本极高，低油价令它们资金链紧绷甚至入不敷出。2015 年 1 月，位于美国得克萨斯州奥斯汀的页岩油开采企业 WBH 能源，由于贷款人拒绝再进行放款，不得不提交了破产申请，当时它的债务总额估计在 5 000 万美元左右。面临油价下跌和华尔街投资偏好变化的双重压力，标准普尔在 2015 年初预测，美国 100 家中小型页岩油企业中，有四分之三会面临破产倒闭的风险。

高开采成本、高衰减性、高负债率，决定了页岩油开采只有在高油价时期才有价值。页岩油气企业抗油价波动风险的能力其实比传统的油气生产商要差，一旦油价长时间低位运行，很多页岩油气企业只能选择关井。

但是页岩油气企业的生产困境在短期内并不会对油价起到明显的支撑作用。在 2014 年 10 月油价跳水之前，已经有大量的页岩油开采投入，这些产量会在 2015 年上半年持续释放并且还不会出现显著的衰减。同时大多数美国成熟的生产商都采取了必要的套期保值措施，因此他们将保持现有的生产率而不会因为油价下跌而被迫减产。因资金链断裂而破产的企业往往是中小型的页岩油气生产商，他们退出市场对于总体的产量影响有限。根据页岩油开采特点，新钻井许可发放量减少要在 2~4 个月后才会出现钻井数量对应减少的情况，加之主要页岩油生产商都在采取向成本最低的核心产区转移产能的策略，因此页岩油产量明显下跌的情况至少在 2015 年上半年还没有发生。

总体来说，非常规能源的发展对于美国提升在国际能源市场的影响力，为经济提供稳定的低价能源具有长期的战略意义。具体地说，油价大跌对美国经济有利有弊，一方面美国仍然是主要的石油进口国，油价下跌会使企业的生产成本与居民的生活成本下降；另一方面，油价下跌造成页岩油气企业的经营困难也会对美国内经济带来负面影响，进而威胁购买了它们债券的华尔街。美国的油气公司，特别是生产页岩油气的中小型公司，在过去几年里发行了大量的高收益债券（垃圾债），在 2014 年第三季度，油气公司债券占到美国高收益债券市场存量的 13%。这些公司如果出现倒闭潮必将严重打击美国债券市场。

另外，美国在石油战争中还有一件武器是 OPEC 和俄罗斯不具备的，那就是以美元为核心的金融武器。随着美国经济持续走强，美国利率政策继续转向，美联储终于在 2015 年 12 月重新开启了加息周期，美元持续升值，国际资本继续追逐相对安全的美元资产，包括石油在内的主要大宗商品价格持续承压。美国独一无二的货币金融武器，足以弥补页岩油气与传统能源相比抵御油价波动能力相对较差的缺陷。这使得新、旧能源势力间的博弈趋于势均力敌。

俄罗斯

俄罗斯虽然也作为传统的油气生产大国之一，但它既没有美国那样通过美元而影响国际金融市场和大宗商品市场的能力，又没有沙特阿拉伯那样庞大的油气产量和通过 OPEC 控制全球油气供给量的能力，因此更多的只是作为油价变化被动的承受者。

俄罗斯的油气出口占其外汇收入的大约 2/3，受油价下跌影响，在 2014 年第三季度，尽管俄罗斯原油出口量增长了 1.7%，但原油出口收入却下降了 8.2%。俄罗斯在制定 2014 年财政预算时，以 100 美元/桶的油价作为其预算平衡线，过低的油价使俄罗斯面临更多的财政赤字，经济开始陷入衰退。为此俄罗斯一方面是持续扩大产量、加大原油出口力度、争取保持自身的市场份额；另一方面是技术性地允许卢布贬值，以使能源出口收入折算到卢布时仍能保持一定的稳定。

根据国际货币基金组织（IMF）在 2016 年报告的数据，从盈亏平衡点来看，俄罗斯石油生产的平均成本大约是 17 美元/桶，这虽然高于海湾国家的水平（科威特 9 美元/桶，沙特阿拉伯 10 美元/桶，伊拉克 11 美元/桶，阿联酋 12 美元/桶，伊朗 13 美元/桶），但比其他的石油生产大国仍然具有一定的优势（委内瑞拉 24 美元/桶，美国 36 美元/桶，加拿大 41 美元/桶，巴西 48 美元/桶）。这样相对的成本优势保证了俄罗斯可以坚持参与 OPEC 和美国页岩油之间的价格战而不被彻底拖垮。同时，俄罗斯的外汇储备实力也远高于其他一些传统产油国，这支持了它以量补价的策略，使其对低油价有较长时间的承受能力。

在 2013 年的原油贸易中，最大的原油净进口国家和地区依次是欧洲（893.29 万桶）、美国（760.66 万桶）、中国（565.66 万桶）、印度（382.52 万桶）和日本（356.58 万桶）；最大的原油净出口国家和地区是中东（1 696 万桶）和俄罗斯与独联体地区（602.29 万桶）。

欧洲市场是中东和俄罗斯原油的主要买家，在地理位置、运输便捷性、贸易关系等方面，双方在欧洲市场基本势均力敌、难分伯仲。

对于亚洲市场，俄罗斯在地理位置上更具优势，但俄罗斯在 2014 年日均出口的 470 万桶石油中，亚洲仅占 26%，欧洲占 72%，亚洲的市场潜力并没有被充分地挖掘。俄罗斯石油的主要产区一直在中部和西部的乌拉尔——波沃尔什热耶、西伯利亚地区，更接近亚洲的远东和东西伯利亚地区的石油开采在近年来才开始不断增长，这对俄罗斯拓展亚洲市场有着重要意义。中东地区对中国和日本等亚洲国家的石油贸易主要是通过海运，陆路运输所需要的油气管线投资大、建设周期长、目的地变化不灵活，这也是俄罗斯对亚太能源贸易中相对中东的一个劣势。俄罗斯未来通过海运对亚洲国家——特别是中、日、韩——出口能源，一个便捷的通道是通过北冰洋，因此包括亚马尔液化天然气项目在内的俄罗斯北极能源项目也越来越成为俄方投资建设和美方制裁遏制的热点。

在美国市场，从地理位置、贸易与政治关系上，俄罗斯都明显不如中东的原油生产商。但是美国自身由于页岩油气革命，进口需求将日趋减少，甚至将从油气净进口国变成未来的油气净出口国。因此在这个市场上的劣势对俄罗斯在整个国际能源贸易中未来的竞争地位影响不大。

上述对于主要能源净进口国家和地区的分析，是俄罗斯可以有效采取扩大产量与增加出口政策的基础。这一政策在 2015 年的执行取得了一定效果，在油价下跌、供需失衡的环境下，为俄罗斯扩大了能源市场的份额。

俄罗斯 2015 年开采原油 5.34 亿吨，同比增长 1.3%；出口 2.43 亿吨（483 万桶/日），同比增长 9.3%。在俄罗斯 2015 年的原油出口中，有 68% 销售到了欧洲市场，31.4% 销售到亚洲市场，其他市场占比 0.6%。在欧洲市场,俄罗斯石油的主要进口国为荷兰、意大利、匈牙利和西班牙;在亚洲市场,主要的进口国包括中国、日本、印度等。

俄罗斯 2015 年天然气生产总量为 6 353 亿立方米,对外出口天然气 1 854 亿立方米(不含 LNG),同比增长 6.43%。其中对欧洲和其他国家地区出口 1 447 亿立方米,独联体国家地区为 407 亿立方米。

俄罗斯能源部部长诺瓦克在 2015 年 11 月明确表示,俄罗斯不打算降低石油开采量。俄能源部向政府提交的俄罗斯 2035 年能源战略方案中建议保持每年 5.25 亿吨的石油产量,摆出了一副誓将石油战争进行到底的样子。

作为世界上第一石油生产大国和仅次于美国的第二天然气生产大国,俄罗斯必须坚持将能源战争进行到底,因为油气产业对于俄罗斯太重要了。

这样一场势均力敌的较量要达到能源供给体系的再平衡将是一个长期的过程,在这个长期过程中,美国、沙特阿拉伯、俄罗斯三国之间在政治、经济、外交与军事各个领域的较量也在不断演变与升级。从 2014 年下半年到 2015 年中这段时间,各方的较量还主要集中在经济领域,通过石油本身打能源战。而从 2015 年 10 月开始,各方的争斗则更多地上升到了政治、外交和军事领域,包括对叙利亚战争的直接介入、伊朗制裁问题的反复、美国总统大选的迷局、以沙特阿拉伯为首的海湾国家和卡塔尔的反目,等等。当然,这些问题的产生可能不因石油作为唯一原因,但也绝不会与石油毫无关系。

低油价对俄罗斯的影响

俄罗斯经济长期依赖能源行业,这个情况从苏联时期就一直存在。

俄罗斯储蓄银行（SBERBANK）在 2014 年 7 月发表了一篇分析油价问题的研究报告，重新提到了发生在 20 世纪 80 年代的石油价格下跌：1973 年第一次石油危机之后，国际油价持续攀升，而勃列日涅夫时代的苏联也是在那个时候明显增加了对欧洲的能源出口并从中获益颇丰；国际油价在 1979 年伊朗伊斯兰革命之后出现暴涨，达到了一个历史高点，苏联也正是在那一年开始出兵阿富汗；但在此之后，整个 20 世纪80 年代，由于沙特阿拉伯的大幅增产，油价急速下跌，直到 1991 年苏联解体。那个时期的油价下跌被认为是苏联解体的经济催化剂，也被认为是西方国家运用能源武器对付北极熊的一个例子。

　　当今的俄罗斯仍然严重依赖能源行业，乌克兰危机之后，欧美对俄制裁也一直将油气行业作为重要目标。俄罗斯 2015 年石油开采量排名前三的生产商分别是：俄罗斯石油公司（占比 35.39%）、卢克石油公司（占比 16.1%）、苏尔古特石油天然气公司（占比11.61%）；天然气生产量排名前三的分别是：天然气工业股份公司（占比 65.7%）、诺瓦泰克（占比 8.2%）、俄罗斯石油公司（占比6.7%）。这些公司全都被欧美列入了制裁名单，被限制进口深海、北极、页岩三类勘采设备，其中俄石油与诺瓦泰克更是被限制了在欧美市场进行中长期的融资。制裁发生之后，这些俄罗斯能源巨头与欧美能源企业的众多合作项目都受到了影响：意大利 SARAS 石油公司推迟了与俄石油在石油炼化与产品销售方面的合资项目、大宗商品交易商维多（VITOL）与欧美银行为从俄罗斯采购石油的约 20 亿美元预付款融资项目也被暂停了。

　　已被制裁打击的俄罗斯油气行业又突然面临油价大幅下跌的冲击，真可谓是屋漏偏逢连夜雨。油价下跌和欧美对部分俄罗斯能源企业的融资限制使得这些俄能源巨头们捉襟见肘，大大打击了他们的投资意愿与能力。根据俄罗斯《消息报》《生意人报》等主流媒体在 2014 年底披露，自 2014 年第三季度以来，俄石油董事长谢钦已向俄罗斯国家福利基金寻求了高达 1 500 亿卢布的资金支持；诺瓦泰克公司也向俄罗斯国家福利基金申请了 1 000 亿卢布资金用于亚马尔 LNG 项目的建设投资。而西方对于更广范围的俄罗斯能源企业实施的关于北极、深海、页岩油气开采领域的设备和技术出口限制，更是战略性地削弱了俄能源企业未来发展的能力，影响恐怕更为深远。

低油价不仅直接影响了俄罗斯油气企业与能源行业，也间接地影响了俄罗斯经济的各个领域。

根据国际货币基金组织（IMF）和穆迪（Moody）统计的数据，俄罗斯的出口 65% 以上依赖于油气行业；俄联邦政府（中央政府）的财政收入有大约 50% 依赖于油气行业；包括地方政府在内的俄罗斯财政总收入有 30% 以上依赖于油气行业；俄罗斯的 GDP 有 17%～25% 来自于油气行业。根据标准银行分析，原油价格每下跌 10 美元，俄罗斯就会减少 250 亿～300 亿美元的收入。更有石油问题专家精确测算称，石油价格每下跌 10 美元，俄罗斯的出口将损失 324 亿美元，该数额占俄罗斯 GDP 的比重约为 1.6%。据此推算，2014 年 7 月开始的油价下跌使俄罗斯 2014 年的 GDP 减少了 6.4%。俄罗斯央行在 2015 年初预测，如果油价 2015 年维持在 60 美元/桶的水平，当年俄罗斯经济将萎缩 4.5%～4.7%。

俄罗斯油气行业投资的停滞和俄财政赤字的攀升，会使俄总体社会投资放缓、消费不足，进而对建筑、原材料、制造业、批发零售等各个行业造成负面影响。而实体经济的问题又会通过信贷需求不足、不良贷款增加，波及金融行业，使得已经在乌克兰危机中被欧美制裁的俄罗斯银行日子更加难过。

油价下跌还会带来另一个影响，就是卢布贬值。

卢布贬值也是俄罗斯应对低油价的一个缓冲手段：一方面卢布贬值可以使以卢布计价的石油价格跌幅收窄，减少以卢布计算的财政赤字；另一方面由于俄罗斯能源企业的成本主要由卢布构成，卢布贬值也可以降低它们的成本，提高其市场竞争力。但是卢布贬值也有很多严重的负面影响，比如输入性通货膨胀、持有美元负债的企业和个人还款成本上升等，大幅度的货币贬值还会带来金融危机。而这一切在 2014 年 12 月都戏剧性地发生了，卢布在两天内跌幅超过 20%，单日振幅达到 35%。关于卢布的问题本书在下一章会专门介绍，这里还是主要讲讲石油和天然气。

能源武器

在俄罗斯谈石油和天然气，总会提到一个词——"能源武器"。俄罗斯的油气、经济、地缘政治，这三者的关系如此紧密，甚至可以说就是一件事情的三个方面。

俄罗斯认为西方曾使用能源武器促成了苏联的解体，而在 2014 年由乌克兰危机和收回克里米亚而引发的欧美制裁中，西方又再次地使用了能源武器，这不仅包括对于俄罗斯油气行业的制裁措施，也包括欧盟对于俄罗斯新建向欧洲供气管道所设置的障碍，甚至还包括美国对于油价下跌可能的推波助澜。

但是欧美也同样在谈"能源武器"，只不过它们认为是俄罗斯对它们使用了这种武器。

俄气与俄石油

在西方国家眼中，俄罗斯政府一个重要的能源武器就是国有的油气公司，其中重中之重的两家企业分别是俄罗斯天然气工业股份公司（以下简称俄气，GAZPROM）和俄罗斯石油公司（以下简称俄石油，Rosneft）。

　　俄气的确是一个十分特殊的公司，它的特殊性首先表现在它的体量和行业地位上。《福布斯》杂志在2015年5月公布的全球上市公司资产排名中，俄气排名第27位，其总资产3 560亿美元，年均获利241亿美元。在2015年俄罗斯6 353亿立方米的天然气生产总量里，俄气以4 172亿立方米占有了65.7%的份额。俄气在2015年完成天然气出口量（含LNG）2 247亿立方米。

　　俄气的另外一个特殊性在于它与欧洲的关系上。2015年俄气对欧洲国家出口天然气总量为1 586亿立方米，其主要的出口目的地国家有：德国453亿立方米、土耳其270亿立方米、意大利244亿立方米、英国111亿立方米、法国97亿立方米、波兰89亿立方米、匈牙利59亿立方米、奥地利44亿立方米、捷克42亿立方米。俄气每年出口到欧洲的天然气占该市场总消费量的四分之一以上，所创造的营业收入占俄气集团总收入的一半以上。也正是因为俄气与欧洲如此紧密的关系，欧洲并没有把俄气囊括在其2014年对俄罗斯能源企业的制裁名单上[①]。

　　俄气还有一个特殊的地方在于它在俄罗斯政治生活中的地位。英国作家安格斯·罗克斯伯勒写的《普京传》（*THE STRONGMAN——Vladimir Putin and the Struggle for Russia*）中提到，有人问俄罗斯前总理卡西亚诺夫（Mikhail Kasyanov），普京是否经常干预政府的日常工作，卡西亚诺夫回答说："90%的时间里都没有，剩余的10%涉及俄罗斯天然气工业股份公司以及几乎所有和它沾边的事。"俄气的前身是苏联时期的天然气工业部，在叶利钦时代的私有化大潮中，俄气也转为了私有企业，但国家仍然持股40%。普京接任俄罗斯总统后，强化了俄气国有控股的地位，并任命了德米特里·梅德韦杰夫（Dmitry Medvedev）作为俄气的董事长，阿列克谢·米勒（Alexei Miller）作为俄气的CEO。

---

　　① 但是美国在限制北极、深海、页岩三类设备出口的制裁名单上包括了俄气。

梅德韦杰夫后来成为了俄罗斯的总理和总统，米勒则一直掌管着俄气至今。

至于俄石油，更不只是一个简单的赚钱的企业，它被西方看成是俄罗斯地缘政治的重要工具。牛津大学能源问题研究专家詹姆斯·汉德森（James Henderson）认为，俄石油一直在努力构建一个强大的基础，对内增强莫斯科政权的巩固性，对外进行扩张。俄石油与埃克森美孚（Exxon Mobil）、英国石油（BP）、意大利埃尼石油（Eni）、挪威国家石油公司（Statoil）都签有战略伙伴关系协议，俄石油还和中石油（CNPC）签有 2 700 亿美元的供货协议。即便在乌克兰危机和油价暴跌之后，俄石油还于 2016 年投资了印度、埃及、印度尼西亚、委内瑞拉等众多海外的能源项目。

俄石油的董事长谢钦（Igor Sechin），列宁格勒人，毕业于列宁格勒大学。谢钦曾经在克格勃和军警系统工作过，被认为是所谓的强人集团（Siloviki）成员。20 世纪 80 年代，谢钦作为军事翻译派驻安哥拉和莫桑比克。20 世纪 90 年代，谢钦和普京一起在圣彼得堡工作，他曾经担任过普京办公室的协调人和圣彼得堡市副市长。普京成为俄罗斯总统之后，谢钦曾担任过普京总统办公室副主任。2004 年，普京任命谢钦为俄石油董事会主席。

谢钦在 2014 年 3 月就被加入到了第一轮的欧美制裁名单之中，这也从一个侧面反映出了他的地位。

还值得一提的是，美国总统特朗普的第一任国务卿，蒂勒森（Rex Tillerson）曾经是埃克森美孚的 CEO，他和谢钦至少从 2003 年就开始打交道了。那年，埃克森美孚和寡头霍多尔科夫斯基（Mikhail Khodorkovsky）谈判收购当时俄罗斯最大的石油公司尤科斯（Yukos）40% 的股份。但随后，霍多尔科夫斯基被逮捕并判处了 10 年徒刑，而尤科斯则在 2004 年被政府解散，其石油资产大多落到了俄石油名下。在 2011 年埃克森美孚与俄石油推动北极合作的时候，谢钦与蒂勒森的关系就已经很密切了。

米勒和谢钦的目标并不只是让俄气和俄石油摆脱乌克兰危机之后的困境，或就事论事地应对低油价带来的危机，他们要为俄罗斯建立像美孚、BP 或壳牌那样的国际能源巨头。对于国有的俄罗斯油气企业来讲，它们可以不追求效益而只追求规模，或者说是追求比经济利益更被看重的国家战略利益，这将有利于他们在 2014 年之后低迷的能源市场上竞争资源和影响力，获得经济之外的成功。而从俄罗斯的米勒、谢钦到美国的蒂勒森，他们的影响力也远远超出了石油行业本身。

俄欧天然气管道

俄罗斯向欧洲出口天然气和石油主要通过管道运输，从俄罗斯通向欧洲各国的天然气和石油管道也被欧美看做是克里姆林宫手中重要的能源武器。管道问题一直是俄罗斯与欧洲各国和独联体各国之间的热点问题，这个问题随着包括乌克兰危机在内的地缘政治变化、随着油价的波动起伏、随着俄罗斯和相关国家经济状况的变化，不断被热议而成为焦点。俄欧天然气和石油管道的问题既是经济问题，又是能源安全问题，更是地缘政治问题。

欧洲国家从俄罗斯进口天然气有超过 40 年的历史。根据俄罗斯联邦法律规定，俄罗斯的天然气管道由天然气工业股份公司独立负责建设运营，所有通过管道出口到欧洲的天然气都由俄气垄断。目前已建成并投入运营的俄罗斯天然气管道有 13 条，其中对欧洲出口的主要有 4 条。

第 1 条是通过乌克兰进入到欧洲市场的乌连戈伊——乌施哥罗德管道，也被习惯性地称为乌克兰管道。这条管道建于 1982—1984 年，总长约 4 451 公里，其中在乌克兰境内的管线长度有 1 160 公里。乌克兰管道的设计运输量为 320 亿立方米/年，一直是从俄罗斯向欧洲供应天然气的主要通道。2014 年乌克兰危机之后，俄乌关系恶化，以前双方累积多年的关于天然气价格和过境费用等问题的纠纷终于爆发，俄罗斯逐步减少了通过该管道对欧洲的供气。

图 1　连接俄罗斯与欧洲的天然气管道

俄罗斯与欧洲之间的第 2 条天然气管道是通过白俄罗斯的亚马尔——欧洲管道，也被习惯性地称为白俄罗斯管道。该管道始建于 1994 年，2006 年建成通气，总长度超过 2 000 公里，管径 1 420 毫米，沿线共设立 14 个泵站，设计运输量为 329 亿立方米/年。白俄罗斯管道经过俄罗斯、白俄罗斯、波兰和德国四个国家，该管道的建成提高了俄罗斯天然气销售到西欧市场的灵活性和可靠性。欧盟把这条天然气管道作为泛欧网络（TEN）框架内优先实施的投资项目。该管道主要是将俄罗斯秋明州北部天然气田的气源输送到欧洲。

俄欧之间的第 3 条天然气管道是穿过波罗的海的北溪管道（Nord Stream），这条管道通过海底直接连接俄罗斯与德国，没有经过第三国，是俄天然气出口到欧洲的一条新线路，可以有效避免地缘政治危机造成的风险，对保障欧洲天然气需求起到了非常重要的作用。北溪管道全长 1 224 公里，总运输量为 550 亿立方米/年。北溪管道是在欧盟与俄罗斯关系的蜜月期间，双方能源领域合作的典范。俄罗斯与德国重要的能源公司都参与了这条管道的运营，北溪管道运营公司（Nord Stream AG）的股东包括：天然气工业股份公司持股 51%，德国最大的油气公司 Wintershall 和德国能源公司 E. ON 各持股 15.5%，荷兰的天然气基础设施与运输公司 Gasunie 和法国的 ENGIE 公司（前苏伊士环能）各持股 9%。欧盟委员会在 2000 年 12 月批准修建这条管道，在 2006 年同意将该管道与欧洲泛欧网络（TEN）进行对接，北溪管道于 2010 年开始修建，2012 年通气。

第 4 条连接俄罗斯到欧洲的天然气管道是蓝溪（Blue Stream），蓝溪管道也绕开了第三国，直接穿过黑海通向土耳其。在 1997 年俄罗斯与土耳其两国政府间合作协议项下，俄罗斯天然气工业股份公司与土耳其国有的油气运输与贸易公司 Botas 签署了为期 25 年的天然气供应协议。在 1999 年俄气又与意大利国有的埃尼石油公司（ENI）成立了合资公司，负责建设和运营蓝溪管道。按双方约定，蓝溪管道在黑海海域的部分归合资公司所有，在大陆的部分归俄气所有。2002 年 5 月，蓝溪管道 396 公里的穿海部分完成建设，2002 年 12 月交付使用，2003 年 2 月实现供气。蓝溪管道全长 1 213 公里，设计最大运输量为 160 亿立方米/年，其位于俄罗斯境内的 60 多公里管线贯穿高地，在海域部分中的管线最深处达到 2 150 米并且处在高腐蚀性的硫化氢环境下。为了提高蓝溪管道的可靠性，建设中使用了很多特殊的技术解决方案，很多的修建技术属于世界首创。

　　除了上述 4 条在乌克兰危机前就已经投入运营的管道之外，还有 3 条拟建中的从俄罗斯通向欧洲的天然气管道。这 3 条管道在整个的乌克兰危机、欧美制裁，乃至后续的叙利亚危机中频频上镜，不断成为各方手中挥动的能源武器。

　　第 1 条拟建中的天然气管道是穿过波罗的海的北溪 2 号线，北溪 2 号线基于北溪管道成功的建设和运营经验而设计，起点是俄罗斯列宁格勒州的乌斯季—卢加（Ust‑Luga），穿过波罗的海，终点与北溪管道一致，在德国的格勒夫斯瓦尔德（Greifswald）地区。北溪 2 号管道设计长度超过 1 200 公里，年运输量预计达到 550 亿立方米，原计划的投产时间为 2019 年底①。按照设计，北溪 2 号线投产之后，通过波罗的海不经第三国直接到欧洲的输气量将达到 1 100 亿立方米/年，可以确保俄罗斯对欧洲的天然气供应不受任何第三国地缘政治的影响。北溪 2 号线也参考北溪管道的运营模式，设立了专门的合资运营公司——Nord Strem‑2 AG，该合资公司的股东包括：俄罗斯天然气工业股份公司持股 50%，德国的巴斯夫能源（BASF）与 Wintershall 联合体、尤尼珀公司（Uniper）、法国 ENGIE 公司（前苏伊士环能）、奥地利石油天然气集团（OMV）、荷兰壳牌石油（Shell）各持股 10%。

　　早在北溪 2 号管线的计划之初，欧洲各国的意见就不统一。德国是

---

① 2019 年 12 月，也正好是乌克兰国家石油天然气公司与俄气签署的天然气中转运输合同到期日。如果北溪 2 号线实施顺利，估计到时俄气就不用与乌克兰人讨论续签合同的问题了。

北溪 2 号线的积极推动者，出于其自身用气安全的考虑，为有效避免从第三国中转的风险，希望项目尽快建成。以乌克兰为首的中东欧国家则一直不赞成北溪 2 号管道建设，因为北溪 2 号线将减少从乌克兰过境到欧洲的天然气运输量，降低过境国的经济收益。2016 年 3 月，波兰总理希德沃表示，包括捷克、匈牙利、波兰、斯洛伐克、拉脱维亚、立陶宛、爱沙尼亚、罗马尼亚和克罗地亚在内的 9 个欧盟成员国已联名致信欧委会主席容克，反对修建北溪 2 号天然气管道，9 国认为北溪 2 号线将危及中东欧的能源安全，要求欧委会就该项目是否符合欧盟法律进行审查。

规划中的第 2 条拟建天然气管道是穿过黑海的南溪管道（South Stream），其名称与穿过波罗的海通向德国的北溪管道相对应。这条管道计划通过俄罗斯南部安娜帕（Anapa）穿过黑海，连接到保加利亚港口瓦尔纳（Varna），然后分两条线路供气到欧洲，一条是穿过希腊到意大利，另一条是穿过巴尔干半岛到奥地利。南溪管道计划 2012 年底开始建设，2015 年完工，设计年运输量为 630 亿立方米，项目总投资预计 160 亿欧元。这条管线如若建成投产将大大增强东南欧国家供气路线的多元化，降低对过境乌克兰管线的依赖。

在 2014 年乌克兰危机爆发之后，4 月 17 日欧盟委员会通过一项决议，建议终止南溪管道的建设，主要原因是欧盟委员会认为南溪管道的建设不符合欧盟《第三次能源改革方案》中的相关要求[①]。2014 年 12 月普京总统在访问土耳其时表示，由于欧盟非建设性的决定，俄罗斯将终止实施南溪管道建设计划。同时，俄罗斯与土耳其签署合作备忘录，决定增加现有的蓝溪管道的供气量，并且合作建设同等运输规模的新

---

① 2009 年欧盟通过了《第三次能源改革方案》，该方案主要针对天然气市场和电力市场建设，其主要目的是加强欧盟电力和天然气市场的自由化程度，允许新的参与方进入市场，提高竞争，降低能源价格。该方案在能源运输网络的所有权和管理权方面存在一些限制：规定位于欧盟范围内主管网的所有人不能是从事天然气生产加工的企业，这些企业应该将管道资产出售给第三方公司，或者将管道的管理权转移给欧盟境内的第三方独立公司。

的天然气管道。

这条拟与土耳其合作建设的新管道就是穿过黑海的土耳其溪，也是第 3 条拟建中的从俄罗斯到欧洲的天然气管线。这条管道的诞生同样饱经磨难，特别是在叙利亚危机升级之后。

土耳其是俄罗斯天然气在欧洲市场的第二大消费国，仅次于德国。近 10 年俄罗斯出口土耳其的天然气增长接近两倍，2015 年出口量达到 270 亿立方米。目前，俄罗斯天然气供应到土耳其市场主要是通过蓝溪管道和巴尔干管道。拟建的土耳其溪管道年运输量预计为 630 亿立方米，从俄罗斯的安娜帕（与规划的南溪管道入海口相同）穿过黑海，在土耳其欧洲部分的基伊科伊（Kiyikoy）登岸，然后一直连接到土耳其与希腊交界的伊帕萨拉（Ipsala）地区。土耳其溪管道的穿海总长 910 公里，其中利用南溪海底走廊 660 公里，新建 250 公里，穿越土耳其的陆上管道长度约为 180 公里。

俄土签署合作备忘录宣布建设土耳其溪还不到一年，土耳其就在 2015 年 11 月 24 日击落了一架在土叙边境执行任务的俄罗斯 SU - 24 战机，造成飞行员丧生。这个事件使得俄土关系降入冰点，俄罗斯对土耳其拒绝道歉、拒绝赔偿的态度做出了强烈的回应，对土耳其进行经济制裁，包括中止土耳其溪管道的建设计划。直到 2016 年 6 月，俄罗斯和土耳其官方宣布，土耳其总统埃尔多安已就 2015 年土方击落俄战机事件向俄总统普京致信道歉，俄土关系才逐渐缓和。2016 年 8 月，俄气公司总裁米勒与土耳其能源和自然资源部部长贝拉特达成了重启土耳其溪天然气管道建设的一致意见。

俄欧石油管道

对于天然气来说，作为管道运输的替代，如果通过航运或者其他形式的陆上运输，只能是采用 Liquefied Natural Gas（LNG），即液化天然气的方式。而将天然气从气态进行液化，需要特殊的装置和设备，已成为液态的天然气，即 LNG，在装载和运输过程中也需要一定的温度和压力，对设备、设施同样有较高的要求。因此天然气的管道运输比起其他的运输方式有着明显的优势，这也是天然气管道的重要性所在。

但石油则不然，其本身就是液态，即使不使用管道，油轮和油罐车的运输也相对比较简单。因此石油管道并没有天然气管道那么重要和具有战略意义。

按照欧洲统计局公布的数据，在欧洲能源进口结构中，有大约 1/3 的石油来自俄罗斯。俄罗斯通向欧洲的石油管道主要是俄罗斯国有的石油运输股份公司（Transneft）负责经营，这个公司在 2014 年乌克兰危机之后也被欧美列入了制裁名单，并且制裁的范围远比俄气（Gazprom）严重[1]，这也说明了欧美对于俄罗斯的石油并不像对于俄罗斯的天然气那样心有忌惮、手下留情。

截至 2015 年，俄罗斯境内的石油管线总长度超过 7 万公里，其中原油管道约 5.3 万公里，石油产品运输管道约 1.7 万公里。俄罗斯对欧洲市场的石油和石油产品供应主要通过一条直接连接到欧洲大陆的管道和三个港口来实现，这三个港口均通过俄境内的石油管道直接与石油主产区相连，并通过油轮将原油或石油产品运输到消费国。

俄欧之间直连的石油管道名叫友谊，友谊石油管道是世界上规模最大的石油运输管网，始建于 1960 年，当时主要是将伏尔加乌拉尔地区的石油运输到匈牙利、捷克斯洛伐克、波兰和东德等东欧社会主义阵营国家。这条管道的运输路线始于萨马拉（Samara），穿过白俄罗斯，

---

　　[1]　在 2014 年的欧美制裁潮中，俄气受到的制裁只是美国针对其禁运三类设备，而俄石油运输公司受到的制裁除了三类设备禁运外，还包括美国对其 90 天以上融资、欧洲对其 30 天以上融资的限制。

图 2　俄罗斯向欧洲输送石油的友谊管道和三个港口

然后分成南北两路，北路到波兰、德国、拉脱维亚和立陶宛，南路到乌克兰、捷克、斯洛伐克、匈牙利和克罗地亚。友谊石油管网拥有近8 900公里的石油管道，其中3 900 公里在俄罗斯境内，管网的沿途还建有46 座泵站、150 万立方米石油储存库，年运油量可达到6 650万吨。

在俄罗斯境内另外一条朝向欧洲的石油主管道是波罗的海管道系统，它连接了位于西西伯利亚、乌拉尔伏尔加地区的主要石油产区与俄罗斯北方的普里摩尔斯克港口（Primorsk）。波罗的海管道的设计年运输能力是 7 400 万吨石油。建设这条管道的主要目的是增加石油出口，通过港口与油轮的运输而降低原有的友谊管网通过第三国运输石油前往西欧的风险。

另一条位于俄罗斯境内的石油主管道是波罗的海 2 号管道，这条管道将友谊石油管网与乌斯季—卢加港口（Ust‑Luga）连接起来，使得原来通过友谊管网经东欧国家向欧洲运输的石油可以改由港口经油轮向欧洲最终消费国出口。该管道总长度 1 300 公里，总运输量规划为 8 000 万吨/年，项目总造价达 20 亿美元。波罗的海 2 号管道建成使用之后，俄政府计划逐渐减少通过友谊管道向欧洲出口原油的数量。

此外还有两条在规划阶段的面向欧洲出口柴油的管道，分别是通过波罗的海沿岸的普里摩尔斯克港口（Primorsk）的北方管道和通过黑海沿岸的新罗西斯克港（Novorossiysk）的南方管道。北方管道设计年运输量为 2 500 万吨，该项目 2011 年开始规划实施，预计 2018 年全部建设完成。南方管道第一期通过伏尔加格勒到新罗西斯克港，管道设计运输量为 600 万吨/年，计划 2018 年完工。南方管道第二期计划通过沃斯克联斯克—萨马拉—伏尔加格勒管道连接俄罗斯石油主管网，供应量将增加到 1 100 万吨/年，预计在 2020 年竣工。

上述通往欧洲的各条天然气与石油管道路径不同，但却有一个大致相同的趋势：在苏联时期兴建的管道一般是经过包括乌克兰、白俄罗斯在内的原苏联各加盟共和国，进而连接东欧诸国；但在最近几年俄罗斯规划修建的油气管道却有一个共同的倾向——绕开乌克兰。

乌克兰是欧洲除俄罗斯外领土面积最大的国家，地理位置十分重要，是欧盟与俄罗斯地缘政治的交叉点。其对于俄罗斯与欧盟之间天然气和石油运输具有非同寻常的意义和影响。在 2014 年乌克兰危机爆发前，俄罗斯提供给欧洲的天然气有一半使用通过乌克兰的管道输送。俄罗斯在与乌克兰过去的一些纠纷中就曾停止过对基辅的天然气供应，但是由于乌克兰的管道通向欧洲，一旦对乌克兰断供，可能会导致欧洲受到牵连，使欧洲的能源价格上涨、能源安全受到威胁。这也就是俄罗斯在油气运输上希望绕开乌克兰的原因。

在 2014 年乌克兰危机爆发之后，通过波罗的海的北溪管道、通过黑海和土耳其的蓝溪管道、通过白俄罗斯的亚马尔—欧洲管道用量都明显增大，而通过乌克兰的输气量持续减小。2015 年乌克兰管线的使用率只有 38%；北溪管道的使用率是 71%；蓝溪管道的使用率达到了 98%，基本处于饱和状态；亚马尔—欧洲管道的使用率也达到了 92%。无奈北溪、蓝溪等管道的设计输气量有限，在总体的对欧输气中无法全面取代乌克兰管线成为主力。这也是俄罗斯希望尽快建设北溪 2 号线、土耳其溪、南溪等新天然气管道的原因。

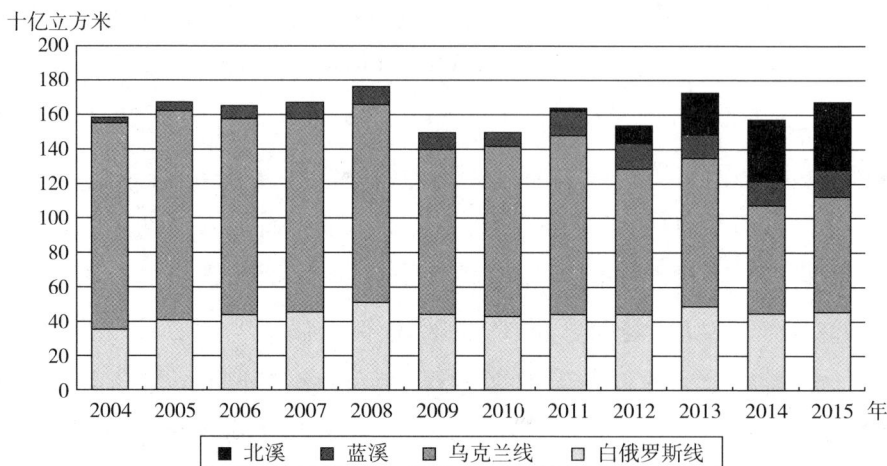

数据来源：汇丰银行（HSBC）2016 年 6 月全球油气研究报告。

基础数据来源：俄罗斯天然气工业集团、北溪管道、乌克兰 Naftogas 的相关报告。

图 3　2004—2015 年俄罗斯天然气工业集团向欧洲输气的主要路径

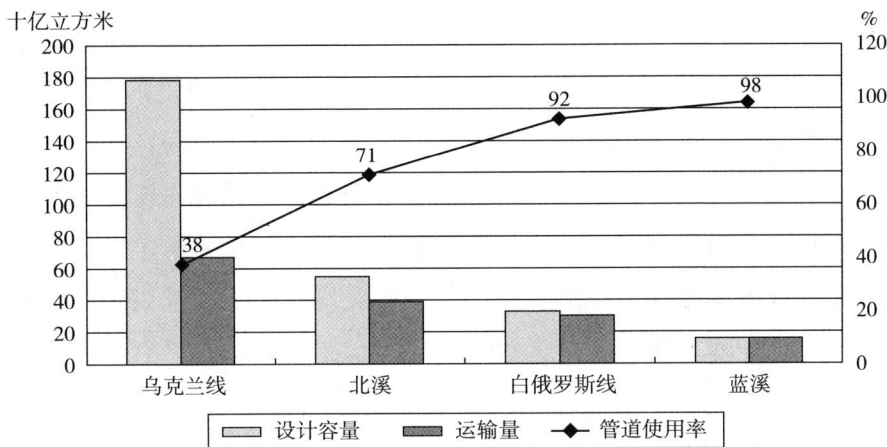

数据来源：汇丰银行（HSBC）2016 年 6 月全球油气研究报告。

基础数据来源：俄罗斯天然气工业集团、北溪管道、乌克兰 Naftogas 的相关报告。

图 4　2015 年俄欧之间各条天然气管道的运输量和使用率

如果俄罗斯向欧洲运输天然气可以完全绕开乌克兰管道，莫斯科切断基辅供气就不再有投鼠忌器的问题，乌克兰在与俄罗斯的纠纷中不得不面对更加巨大的压力。

2017 年美国 CAATSA 法案与俄欧能源问题

在切断乌克兰天然气供应的问题上，欧洲的立场比较矛盾：一方面欧洲在俄乌冲突中站在乌克兰一边，2013 年开始的俄乌矛盾也是由基辅脱离莫斯科全面倒向欧洲造成的；另一方面欧洲又不得不顾及自身的能源安全，希望有一个不受第三国地缘政治影响的稳定的俄罗斯天然气运输通道。

美国在这个问题上则由于事不关己而相对洒脱，可以全无顾忌地阻击俄罗斯在天然气运输管道上绕开乌克兰的企图。2017 年 8 月，美国出台了《以制裁反击美国敌人法案》（*Countering America's Adersaries Through Sanctions Act*，CAATSA 法案），进一步加强了针对俄罗斯等国的制裁。新法案规定，对于俄罗斯能源出口管道提供投资、支持超过 100 万美元或 1 年内超过 500 万美元的个人和企业，即使与美国无关，美国总统仍然可以在和盟国协商之后予以制裁。根据这项规定，开展与俄罗斯能源出口管道开发、维护、更新等业务活动有关的任何欧洲公司都会存在被美国制裁的风险。如果严格按此执行，不仅规划建设中的北溪 2 号线、土耳其溪和南溪无法继续推动，而且现在运营中的蓝溪、北溪、亚马尔—欧洲（白俄罗斯）管道也无法进行投资稍大一些的更新和维护，甚至除天然气管道之外，俄欧之间诸如波罗的海液化天然气（LNG）项目在内的其他能源合作也会面临搁浅。

美国的 CAATSA 法案出台之后，上述规定引起了欧盟部分国家的担忧，认为可能会影响欧洲的能源安全与能源政策独立性。德国、奥地利、法国等欧盟成员国在欧盟总部的代表呼吁欧盟和美国在对俄经济制裁方面密切协调、步调一致，以确保 2015 年 2 月达成的明斯克协议得到全面执行，乌克兰危机得到妥善解决。在 CAATSA 法案由美国总统签署成为法律后，欧盟委员会主席容克（Jean - Claude Juncker）警告说，如果美国的制裁损害了与俄罗斯一同开展石油和天然气项目的欧洲公司，欧盟将采取反制裁措施。另据报道，欧盟也讨论了包括向世界贸易组织投诉等其他措施应对美国的新制裁法案。

当然也不是所有的欧盟成员国都反对美国的 CAATSA 法案。欧洲各国在俄罗斯能源问题上，也如同在对俄制裁问题上、叙利亚难民问题上，甚至欧债危机问题上一样，充满了利益不一和意见分歧。曾有欧洲媒体报道，立陶宛总统达利娅·格里包斯凯特（Dalia Grybauskaite）就明确表示欢迎对俄罗斯在欧洲的能源力量提出挑战的新制裁措施；波兰外交部也公开对美国的 CAATSA 法案表示赞赏。

欧洲能源战略带来的挑战

欧洲其实有它自身清晰的能源战略，并不想永远依赖来自其他国家的化石能源。欧洲一直坚持推进二氧化碳减排和新能源替代政策，这一方面是出于能源自主和能源安全的考虑，另一方面也是出于气候变化和道义上的原因。

从长远看，欧洲不再使用天然气等化石能源，这才是俄罗斯面临的最大挑战。这也是除了页岩油气快速发展之外，2014 年国际能源价格大幅下跌的另一个重要原因。

天然气在欧洲主要的用途有两个：一是发电，二是生活采暖。

按照欧盟制定的二氧化碳减排政策，2050 年欧盟地区的二氧化碳排放要在 1990 年的排放基础上减排 80% ~ 95%。作为二氧化碳排放主要来源的电力行业，到 2050 年的减排指标为 93% ~ 99%。依此推算，欧盟国家电力生产的 80% 以上在 30 多年后将采用新能源、放弃化石能源。

天然气发电已逐渐不再被作为主力电力来源，而只被作为清洁能源发电的高峰电力调配手段。在污染方面，天然气虽然比煤炭好很多，但是天然气发电也不能完全达到减排的要求，也会被征收碳排放税，致使成本高居不下。因此在欧洲替代煤炭发电的过程中，更多的是采用可再生能源发电技术。但是太阳能和风电等可再生能源发电也有自身的问题，主要是受到阳光和风力等自然条件的制约，发电持续性比较差，必须进行峰值调配，目前峰值调配的主要方式就是利用天然气发电。但是随着电力储存和运输技术的不断发展，光伏和风电的峰值调配问题将通过智能电网等新的方案得到解决，这会对天然气发电产生致命性的影响，甚至使天然气发电彻底退出历史舞台。

德国是欧洲最大的俄罗斯天然气使用国，占俄罗斯天然气欧盟使用量的近三分之一。但统计显示，2013 年德国电力生产中天然气的用量同比减少了 21.6%，2014 年继续同比减少 13.8%。意大利、法国等其他欧洲国家，也从 2010 年开始相继出现了电力行业天然气用量逐渐减少的情况。

在德国，随着电力生产中天然气使用量的下降，已有超过 85% 的天然气主要被用于生活采暖。成千上万欧洲居民的生活用气已取代电力生产用气，成为对俄罗斯天然气的主要需求。在生活采暖方面，化石能源被新能源取代的速度虽不像工业领域那样快速，但是也同样面临挑战。

一些冬季采暖耗能巨大的北欧国家，在民用天然气使用方面，也正在积极研究并采取措施，利用替代技术更新传统的民用供热方式。丹麦从 2013 年开始，禁止新建民用建筑继续使用天然气和柴油设备供热。德国在 2000 年的新建民用建筑中，有 76.7% 采用天然气供热设备、13.4% 采用燃料油；而在 2013 年新建的民用建筑中，天然气供热设备的比例已下降到 48.3%、燃料油下降到 0.7%。

欧盟生活采暖中天然气使用量下降的原因仍然是减排政策。按照欧盟的减排目标，民用建筑到 2050 年减排指标要在 1990 年碳排放基础上减少 88%～91%。根据这个要求，新建民用建筑到 2021 年都要求达到零排放标准。同时，欧盟国家从 2014 年开始，每年对不少于 3% 的民用建筑进行技术改造，以便达到零排放标准。欧盟还为此设立了专项基金用来提供改造资金。

根据专门从事能源系统技术研究的法兰克福 IWES 研究所在 2014 年发表的报告——《利用新能源替代天然气的转型》中指出：为了减少碳排放和减低对进口天然气的依赖，德国利用新型替代技术取代天然气是完全可行的。按照德国制定的减排法律，2030 年的目标是对天然气的使用量减少 24%，2050 年减少 42%。

　　欧洲通过减排政策的坚强推进与能源替代，摆脱俄罗斯油气虽非一朝一夕可以实现，但大的趋势已经十分明显了。欧洲新能源的发展再加上美国的页岩能源技术革命，从量变到质变，最终促发了 2014 年开始的国际油气价格基本面变盘。它对俄罗斯乃至全球政治经济格局的影响，甚至比乌克兰危机更为深远。而在中短期内，它又和乌克兰问题、叙利亚问题交织在一起、互相影响，热点不断。

　　俄罗斯长期在油气管网之间讨生活，对于欧洲的能源政策和国际能源市场的历史变化更应该是洞若观火。俄罗斯的国徽是一只双头鹰，这只双头鹰开始更多地看向东方，不只是因为乌克兰危机之后欧美制裁的政治原因，也有欧洲和世界能源版图动荡带来的经济原因。

和东方的能源合作

　　俄罗斯 2014 年出口的石油中，供应到亚洲的占比仅为 26%，远低于供往欧洲的 72%。天然气的情况更明显，俄罗斯在 2014 年 1 月出口天然气 216 亿立方米，其中向亚太地区出口 13.65 亿立方米，占比仅 6.3%。

　　经过 2014 年的乌克兰危机、欧美制裁、油价暴跌，面对地缘政治和能源政治的一系列变化，俄罗斯向东看的政策果断高效且收效明显。汇丰银行在 2014 年 7 月发布的研究报告称未来俄经济复苏的主要动力将来自与中国在能源领域的合作。

　　根据中国海关总署数据，俄罗斯 2015 年对中国出口原油 4 243 万吨，仅次于沙特阿拉伯的 5 055 万吨；但俄罗斯的对华原油出口同比增长了 28%，沙特阿拉伯仅增长了 1.78%。更具象征意义的是，2015 年 5 月、9 月、11 月和 12 月，共 4 个月里俄罗斯已经超越沙特阿拉伯成为中国第一大原油出口国。

在日本市场上，俄罗斯也从沙特阿拉伯手里抢到了份额。日本财务省公布的数据显示，2015 年日本进口石油约 337 万桶/天，同比减少2.3%。其中从中东进口石油占其全部石油进口的 82%，占比下降1.2%，而从俄罗斯进口的石油占比则增至 8.8%。

除了传统的石油贸易之外，俄罗斯向东看的政策在天然气领域也取得了重大突破。中俄两国政府在 2014 年 5 月签署了《中俄东线天然气合作项目备忘录》，俄罗斯天然气工业股份公司与中石油签署了《中俄东线供气购销合同》。这是一份 30 年、年供气 380 亿立方米、总价约4 000 亿美元的大单。除了这份东线大单，中俄西线天然气项目的谈判也一直在进行中。2014 年 11 月，俄气与中石油签署了《关于沿西线管道从俄罗斯向中国供应天然气的框架协议》，根据框架协议描述，西线项目也涵盖 30 年、年供气达 300 亿立方米，规模与东线相当。

所谓的中俄东线与西线天然气工程，路径不同，各有特点和优势。东线从俄罗斯贝加尔湖畔的伊尔库茨克开始、经赤塔，由东北入境中国；西线从俄罗斯克拉斯诺亚尔斯克开始，由新疆入境中国。

东线的气源是俄罗斯远东地区，西线的气源是俄罗斯西西伯利亚地区。由于俄罗斯对西伯利亚的开发较早，西西伯利亚地区已有成规模的天然气气田，因此西线的气源开发需求不大。但东线的气源主要是远东与东西伯利亚的恰扬达、科维克塔气田，很多区块尚未完成商业开发，还需要新增开发投资和一定的建设周期。

在中国西部，现有中亚天然气管道从土库曼斯坦、哈萨克斯坦、乌兹别克斯坦等国向中国运输天然气，拟建的西线管道会与中亚管道相邻，并共同从新疆入境、在境内共同接入国内的西气东输主干网络。由于西气东输管网的运输量有一个技术上限，中俄西线管道并入西气东输管道的天然气如果过多，会影响中亚天然气的并入量。另外，中国的经济重心和能源需求都在东部，但目前东部除了沿海的一些液化天然气（LNG）进口码头之外，还没有成规模的管道天然气进口供应。如果中俄东线管道可以从东北将能源直接运输到东部沿海的经济发达与人口稠密地区，将更好地解决中国的能源供应问题，甚至会缓解中国东部大城市的雾霾污染。

俄罗斯与东方在能源领域的合作，并不只是解决销售问题，也同时要解决融资问题。

其中最直接的方式就是通过在油气贸易领域与中国石油化工企业的合作来解决俄罗斯能源企业的资金需求。俄石油曾经在 2014 年 7 月——欧美开始对其实施融资限制之初——声称，其净外债为 460 亿美元，而当时已从中石油获得了 160 亿美元石油预付款，并且还将陆续得到 540 亿美元，利用中石油的上述预付款，俄石油无须再从欧美融资。

尚未受到欧美融资限制制裁的俄气集团也未雨绸缪，将自己的融资来源从传统的伦敦移到了东方。2014 年 10 月，新加坡政府投资公司（GIC）传出消息，将购买俄罗斯天然气工业公司约 2% 的股份，按当时的股价计算，约合 16 亿美元，GIC 由此成为俄气的最大外国股东，并将有权推选俄气董事会成员。俄气还在 2015 年 6 月，成功获得来自数家中资金融机构的银团贷款，这是俄气第一次在没有欧美银行参与下进行的离岸银团贷款融资。俄气也一直在积极研究于香港发行点心债甚至进行 IPO 的可行性。

能源问题不仅涉及经济金融、地缘政治，还涉及科技革命、环境保护等诸多方面，其复杂性和影响性甚至超出了乌克兰危机和俄罗斯本身，也许乌克兰危机解决的时候，世界能源博弈也远远无法寻找到解决的途径。

还是让我们把对能源问题的讨论告一段落，回到 2014 年俄罗斯的寒冬之中，在乌克兰危机和石油危机之后，又一场新的危机就要袭来，那就是爆发在 2014 年 12 月的卢布危机。

危机

2014—2015年的俄罗斯

卢布危机

苏联时期，卢布的官方汇率曾长期是 1 美元兑 0.6 卢布。1990 年，伴随着戈尔巴乔夫的改革，卢布汇率也进行了一次重估，近 30 年来第一次大幅贬值到 1 美元兑 1.8 卢布的水平。苏联解体之后，卢布更是持续贬值，1994 年卢布兑美元的汇率就已超过了 3 000 卢布兑 1 美元。1998 年俄罗斯实行货币改革，以 1 000:1 的价格将流通中的旧卢布换成新卢布，但也就是在 1998 年，俄罗斯发生了债务违约，卢布再次大幅贬值，从 1998 年 1 月的大约 6 卢布（新卢布）兑 1 美元贬值到了 12 月的 21.55 卢布兑 1 美元。在这之后，卢布的汇率缓慢阴跌并长期在 30 卢布兑 1 美元上下波动，2013 年 12 月达到 32.895 卢布兑 1 美元的水平。随着乌克兰危机的爆发，卢布汇率在 2014 年加速下行，11 月突破了 50 卢布兑 1 美元的大关。

　　正如本书前章所述，俄罗斯经济十分依赖能源产业，俄罗斯主权货币的价值也与能源价格息息相关，每一次的国际油价波动，和地缘政治危机与金融危机一样，都会对脆弱的卢布汇率带来巨大影响。

西伯利亚的冬天

2014 年 12 月 15 日，星期一，我从莫斯科去新西伯利亚出差。冬季的西伯利亚，白雪皑皑，日照时间很短，下午 4 点多下了飞机，天就已经是漆黑一片。在室外行走不过 10 分钟，整个身体就被彻底地冻透了。从机场进城，吃了晚饭，赶到酒店大约晚上 8 点多。我习惯性地打开手机看看主要的市场数据，发现卢布的汇率从 1 美元兑 58 卢布跳水到了 1 美元兑 65 卢布的水平，当日下跌超过 10%，这应该是 1998 年俄罗斯债务违约以来最大的单日跌幅。但在乌克兰危机、制裁、油价等问题都发生了的 2014 年，这好像也没有什么特别的。

第二天，12 月 16 日，星期二，一天的商务会议。从会议室向窗外望去，附近广场上的工人们正在把整块的冰浇筑在一起，准备着迎接新年的冰雕展览。

莫斯科传来消息，俄央行（CBR）将利率从 10.5% 大幅上调到 17%。一次把基准利率上调 650 个基点，我怀疑自己看错了信息，又马上用手机上网看了一下新闻，果真如此。俄罗斯央行希望用这个斩钉截铁的行动表明其想要止住卢布跌势的决心。

但市场并不买账。

欧洲交易开始之前，美元兑卢布被从 66 的低点推高到了 60，央行政策仿佛见效。但在欧洲早盘时段，卢布旋即再次加速下跌，幅度令人瞠目结舌。

伦敦时间上午 7 点，莫斯科时间 10 点，西伯利亚时间 14 点：美元兑卢布一度失守 60 整数关口，但场内买盘承接有力。

伦敦时间 9 点，莫斯科时间 12 点，西伯利亚时间 16 点：美元兑卢布攻克了俄央行加息之前的水平 66。

伦敦时间 11:20，莫斯科时间 14:20，西伯利亚时间 18:20：美元兑卢布突破 70 整数关口。

伦敦时间 11:55，莫斯科时间 14:55，西伯利亚时间 18:55：75 整数关口失守。

伦敦时间 12:10，莫斯科时间 15:10，西伯利亚时间 19:10：美元兑卢布达到当日极值 79。据传俄央行入场干预。

随后美元兑卢布汇率在 70 一线企稳，当日最终收盘在 72 卢布兑 1 美元的水平上。

在那短短的 5 个小时里面，卢布下跌 35%。市场已经恐慌了，每个人都想卖出而没有人在买入。莫斯科的交易员事后告诉我，他眼看着价格呈一条直线在向下，而下方一个买盘都没有，这是一辈子也难以见到的，也是一辈子都无法忘记的景象。也许在一开始，卢布下跌的原因是油价、经济表现以及西方制裁，但在 16 日的盘中，卢布下跌的原因只有一个：因为卢布本身下跌。

12 月 17 日，俄央行支持信贷机构外汇贷款以及俄罗斯财政部出售外汇支持市场等利好消息相继传来，卢布出现大幅反弹，从低点 72 卢布兑 1 美元升值到 60 卢布兑 1 美元，单日最大升幅达到 20%。

12 月 18 日，普京总统召开记者招待会，记者会上卢布汇率问题无疑成为了热点。普京总统用他特有的言辞方式对卢布投机者发出了严正警告，要求俄央行和俄联邦政府采取最坚决的组合措施，打击对卢布进行投机交易的投资者。

一场风暴终于暂且告一段落。

根据学术机构对于所谓货币危机的界定，当某种货币的汇率受到投机性袭击时，该货币出现持续性贬值，迫使当局扩大外汇储备干预，大幅度提高利率，如一国货币六个月内贬值超过 30%，即可称为出现了货币危机。

如此说来，2014 年的俄罗斯在乌克兰危机、油价危机之后，又在年底迎来了名副其实的货币危机。

西伯利亚的冬天是极度寒冷的，但冰冻三尺非一日之寒，卢布危机也不是在 12 月 16 日一天发生的。

2014 年的卢布走势

卢布的汇率自苏联解体以来几度贬值，在乌克兰危机爆发之前的 2013 年贬值幅度为 7.1%。2014 年更是受到诸多外围因素的影响，卢布从年初的 32.66 卢布兑 1 美元跌至 12 月底的 70 卢布兑 1 美元，价格已经被拦腰斩断。

2014 年初，随着乌克兰危机的爆发，卢布汇率曾经从 32.66 卢布兑 1 美元下滑到 36.60 卢布兑 1 美元的阶段低位。地缘政治动荡造成俄罗斯内资金大量流出，俄罗斯居民储蓄意愿普遍较低，2014 年的存款增幅更是明显放缓，第一季度个人储户提款额达 3 935 亿卢布。为了稳定卢布汇率，俄央行从年初就开始大规模干预外汇市场，截至 2014 年 6 月中旬，俄央行已买入 1.1 万亿卢布。

随着 2014 年春夏之交乌克兰危机有所缓和，加之俄央行一些行之有效的措施，卢布汇率在 5 月出现了明显回升，6 月末达到 33.63 卢布兑 1 美元的较高水平。俄罗斯经济发展部也随之将卢布在 2014 年和 2015 年的预测汇率，从年初预计的 36.3 卢布兑 1 美元和 38.4 卢布兑 1 美元，调高到 36 卢布兑 1 美元和 37.9 卢布兑 1 美元。市场情绪颇为乐观。

7 月 17 日，马航 MH17 航班事件发生后，西方对俄罗斯推出了更为严厉的制裁措施，目标直指俄经济命脉的能源和金融行业。欧美陆续对俄主要银行和重要能源企业实施的融资限制，使俄罗斯金融机构和要害部门美元资金告急，融资成本急剧上升，实际上造成了大量的美元市场需求，进一步增加了俄罗斯的外汇短缺，也进一步打击了卢布汇率。

从第三季度开始的油价下跌可谓是屋漏偏逢连夜雨。

卢布的汇率一直与国际原油价格紧密相关。2001 年开始的国际石油价格大幅上涨，助推了俄经济的腾飞；2008 年国际金融危机引发的油价暴跌也致使俄罗斯的经济大幅下滑；历史在 2014 年又再度重演。

卢布之所以和油价同进同退，主要有如下三个原因：

首先，俄罗斯国内经济和金融体系单一、脆弱，结构问题突出，能源企业占整个经济的比重过大，而且大多是国有企业。一旦能源行业出现问题，对政府主权信用市场以及货币市场的影响很大，甚至会造成难以挽回的损失。这就形成了油价—国有能源巨头—国家信用—国家主权货币的多米诺骨牌效应。

其次，作为能源依赖型国家，俄罗斯的出口与财政收入均高度依赖石油产业。石油出口额占俄出口总额的约 2/3；油气收入占俄罗斯联邦政府财政收入的约 1/2。这样的贸易和财政收入结构，使得俄罗斯经济对石油价格的变动极为敏感，油价的任何波动都会让其货币变得脆弱。

最后，俄罗斯政府的政策取向是允许汇率贬值，只是在出现投机性操作造成汇率大幅下跌时进行外汇市场或利率政策干预。在 2014 年的经济形势下，卢布贬值实际上有助于维持政府财政平衡及经常项目盈余。俄罗斯的财政预算是以一定的石油收入为前提的，当油价下跌的时候，只有卢布贬值，才能保证以卢布计算的石油收入不变或者相对缩水较少，从而减少财政赤字甚至实现平衡。卢布贬值也可以抑制进口，促进出口，有助于维持俄罗斯的经常账户盈余和积累外汇储备。

除了乌克兰危机、欧美制裁、油价下跌这些俄罗斯的特殊因素之外，从全球范围来讲，美联储在 2013 年开始逐渐退出量化宽松政策

（QE）也将美元带入了一个新的强势周期。2014年美联储连续多次缩减购买债券的规模，新兴市场货币整体受压，除了俄罗斯卢布之外，阿根廷比索、巴西雷亚尔、印度尼西亚盾等均出现大幅度下跌。

在整个2014年卢布下跌期间，俄罗斯央行一直在努力对抗着市场做空的力量。俄央行一方面频繁进行升息操作，全年一共加息六次；另一方面频繁干预外汇市场，以阻止汇率过度贬值。

在俄罗斯央行持续抛售美元支持卢布汇率的情况下，俄罗斯外汇储备从2014年1月1日的5 105亿美元减少至12月初的4 162亿美元。在12月16日卢布暴跌之前，俄罗斯央行就已然动用了近900亿美元进行外汇干预。根据俄罗斯《每日商务咨询报》的报道，2014年俄国际储备共减少了1 330亿美元，大幅下降超过25%。这显然是无法长期坚持的一种消耗战，会对国家的金融稳定和主权信用带来可能比本币汇率下跌更为严重的后果。

另外，出于对制裁之后地缘政治的考虑，俄罗斯一直认为欧洲比美国与俄的贸易关系更为密切，更容易在制裁中寻求妥协，于是对其外汇储备进行了调整。2013年的外储中，美元占比46.1%、欧元占比39.6%，2014年被分别调整为41.5%和44.8%，美元占比下降了4.6%。而糟糕的是欧元在那段时间里持续对美元贬值，2014年欧元对美元贬值了13%、2015年初又贬值了9%，这在一定程度上也使俄外汇储备中的欧元资产缩水，使俄外汇储备减少约250亿美元。

外汇储备不断缩水，制裁战争任重道远。既然卢布贬值对俄罗斯的贸易与财政平衡利大于弊，那么俄罗斯政府的汇率政策回旋余地就大了很多，完全可以把宝贵的外汇储备用在更需要的地方、用在更需要的时刻。

俄罗斯央行在2014年之前一直采取的是有管理的浮动汇率政策，通过适度扩大浮动区间平抑汇率波动。2014年开始，面对卢布承受

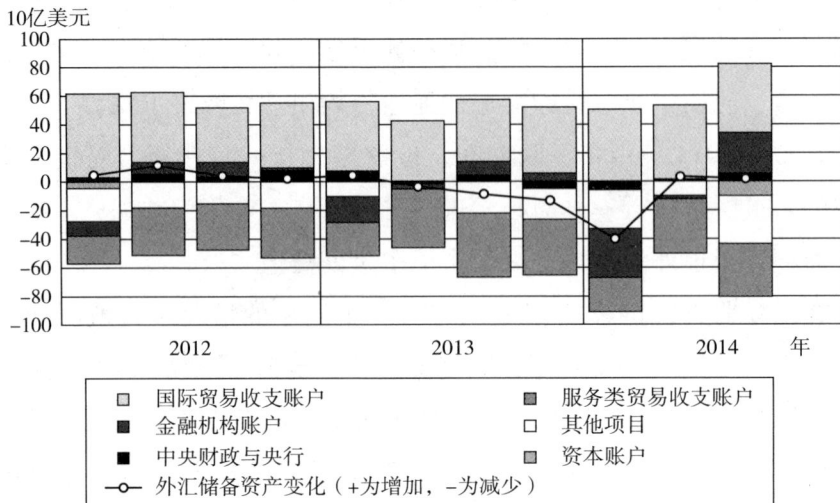

注①：2014 年第三季度的数值为预测值。

②：金融机构账户和外汇储备资产变化的数据，根据俄罗斯央行与商业银行之间外汇互换（FX swaps）交易金额进行了调整。

③：其他项目中也包括净差错和遗漏项。

资料来源：俄罗斯央行 2014 年 11 月发布的《2015—2017 年货币政策指引》。

图 1　2012 年至 2014 年第三季度俄罗斯的外汇收支情况

的种种压力，为了避免被汇率绑架，丧失在货币政策和对抗通胀上的主动权，避免重蹈 1998 年主权债务危机的覆辙，俄央行一直着手准备在汇率压力过大时，从有管理的浮动汇率转变为自由浮动汇率制度。这个改革最初计划在 2015 年实施，但由于制裁与油价情况的加剧恶化、外汇储备的过快消耗、频繁加息对市场流动性和经济的负面影响日益显现，俄央行在 2014 年 11 月 10 日果断决定提前实施了卢布浮动汇率制度。

这个本意为了缓解局势、摆脱羁绊的决定，却成为压倒卢布的最后一根稻草。市场在犹豫和动荡中酝酿了一个多月之后，终于在 12 月 16 日出现了本章最初描述的惊心动魄的一幕。

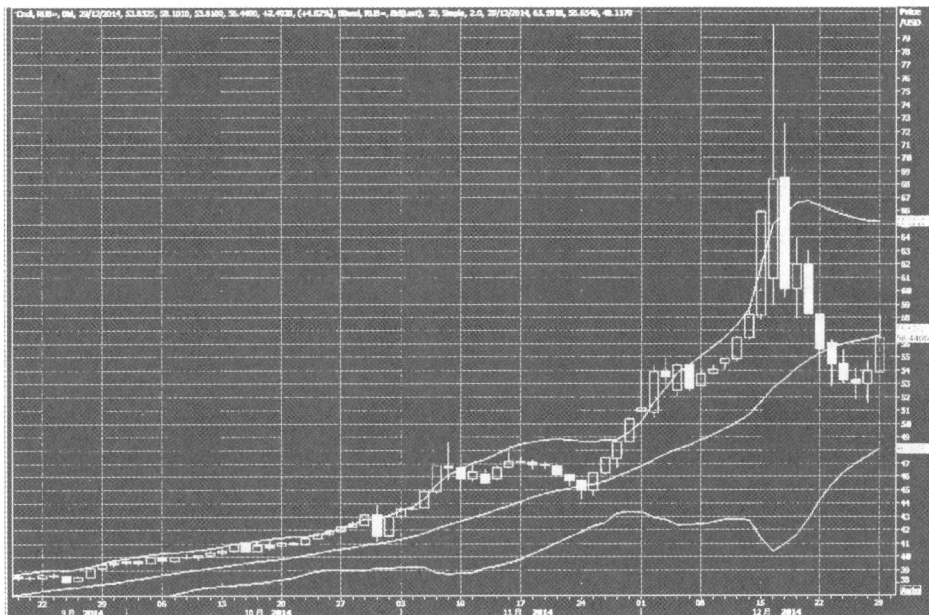

资料来源：汤森路透（Thomson Reuters）。

图 2　2014 年第四季度卢布兑美元的走势

卢布危机带来的影响与风险

卢布危机中的普通人

卢布贬值从苏联解体开始已经发生了若干次，俄罗斯人民已经总结出了一套应对的方法：有钱的人去买房子等不动产，没有那么多钱的人就去买冰箱、电视等耐用消费品。

在 2014 年 12 月卢布暴跌的那几天，莫斯科的大型超市和家用电器商场里人头攒动，几乎所有在库存中尚未来得及调价的商品都被抢购一空。据海尔集团在俄罗斯的人讲，所有库存的海尔冰箱和空调，甚至那些在仓库中已经过季过时的老式样产品，都被买光了。

卢布的价格是在一夜间狂贬的，但是商品价格调整并没有那么快，特别是一些大品牌的商品，一是其内部调价需要一定的程序报批，效率往往比较慢；二是因为竞争，谁都不愿意先于对手涨价而失掉市场；三是很多商品已经处于流通和销售环节，厂家的成本价格已经锁定，从会计角度考虑，在新出厂的产品投放市场之前是没有调价必要的。这就给消费者留下了一个购买便宜货的时间窗口。

抢购目标被锁定在冰箱、彩电等家用电器的原因也很简单，莫斯科这样的超大型城市，外来人口众多，流动性很强，因此对于租房和家电的需求是持续和旺盛的。有钱的人用现价买了房子，再用通货膨胀之后的价格持续出租出去；一般人用现价买了家电，再用根据汇率调价之后的价格打个二手的折扣卖出去，都可以实现大于储蓄存款的本币保值效果。

除了这些以保值为目的抢购之外，其他没有来得及调价的商品也因相对显得便宜的价格遭到了抢购。卢布贬值却带来了零售消费的井喷。

苹果（iPhone）的网店两天后就被迫临时关闭了，它们如果在走完内部调价程序之前再按卢布暴跌之前的价格任凭大家买下去，它们就亏大了。

一位中资企业派驻在俄罗斯的负责人和爱人在那个周末去买菜，他们一边唏嘘一年的工资都还没来得及从卢布换成人民币便遭遇了这样的汇率灾难，一边抱怨莫斯科冬季那永远不化的冰雪与严寒难耐的天气。这时，他们路过了一家宝马汽车的专卖店，便心血来潮地进去看看。发现还有一辆库存中尚未调价的 MINI 品牌汽车没有被人高马大的俄罗斯人买走，便当即把它买了下来。按那时惨不忍睹的卢布汇率合算，大约花费了 15 万人民币，而同型号的 MINI 车在北京要卖到 30 万~40 万元人民币。

还有一些中国旅游团也误打误撞地加入到了买买买的队伍中，在莫斯科著名的古姆商场（GUM）的名牌手表和皮包专卖店前排起了长队。

普通老百姓当然不是天天需要购买汽车和名表、名包，俄罗斯的普通人工资收入是卢布，平常的各种开支也是卢布，卢布币值的变化在理论上并不会对日常生活造成什么影响。但是俄罗斯有众多的食品和轻工产品都要依靠进口，卢布的贬值往往会带来输入性通胀的加剧（因此俄罗斯通过反制裁欧美而限制食品进口的措施不只是报复手段，对稳定国内通胀和缓解汇率压力也有裨益），俄罗斯储蓄银行的研究显示，卢布每下跌 10% 就会带来通货膨胀增加 1%。恶性的通货膨胀比汇率下跌对老百姓生活的影响更大。

普通人担心的另外一个问题是卢布暴跌对他们工作的影响。如果企业因为汇率问题而出现经营困难甚至倒闭潮，会对大家的就业和收入带来重大打击。

不同行业受卢布危机的影响

俄罗斯储蓄银行在 2014 年 2 月有一个关于卢布汇率的分析报告，当时乌克兰危机还没有全面爆发，俄储以 2014 年卢布下跌 10% 作为假设，预测分析了由此对于各主要行业企业经营的影响。

俄储银行的分析报告详细计算了卢布贬值对每一家微观企业的具体影响，在对跨行业和跨市场的复杂影响进行分析时，分析师团队根据三个维度为所有上市（有公开财务数据）的俄罗斯股票建立了 2014 年汇率影响模型。这三个维度是：第一，收入是美元或与美元相关性较强的公司；第二，经营性成本（costs before EBITDA）为美元或与美元相关性较强的公司；第三，在 2013 年底净债务为美元的公司。为了使该模型简单化，俄储银行的分析还基于下面三个假设：第一，所研究的企业在 2014 年损益不发生变化，所变化的因素只有卢布汇率下跌 10%；

第二，除了需用美元支付的利息之外，其他的利息、税收、折旧和摊销成本均按卢布计算；第三，所研究的企业税收成本在 2014 年保持与 2013 年不变。

由于俄储银行的这个分析是在乌克兰危机和卢布危机真正爆发之前进行的研究性分析，其中没有考虑过多的现实政治因素，相对客观一些。我们可以通过这个分析报告充分了解卢布汇率波动对于俄罗斯各行业企业的经营影响。

总体来说，弱势卢布在微观层面对企业所带来的具体影响主要在两个方面：

一是对经营损益的影响，比如以出口为主的企业，收入是以美元计价的，而成本主要在俄罗斯国内，以卢布为主，汇率变化会对此类企业的利润带来显著影响，而且这种影响往往是会长期存在的。

二是汇兑损益本身，比如一个持有美元负债或资产的企业，随着卢布下跌，其资产负债折合卢布的价值重估也会为企业带来一次性损益，但这一般只影响该企业当期的利润表现。

除了上述两个方面之外，理论上说，本币汇率下跌还会带来进口需求的减弱和出口的增加，这也会影响企业的经营表现。

但是在进口方面，真正对俄国企业带来重大影响的其实并不是卢布汇率下跌引发的需求减弱，而是在制裁与石油危机之后俄罗斯再次加速的产业结构调整和进口替代政策。①

在出口方面，由于俄罗斯大多的出口集中在大宗商品领域，卢布的下跌会使能源、金属、矿业企业的用电和劳动力成本以美元计算下降，但在大宗商品价格暴跌的大背景下，这样的成本优势能保住市场份额就已经很好了，实质上并无法增加出口收入。

在经营性损益的影响方面：按照俄储所做的分析，收入中美元等外

---

① 关于进口替代的问题，在后面的章节中会专门讨论。

汇占比较高的主要是油气、贵金属、软件、钢铁、基本金属和煤炭等出口业务较多的行业；经营性成本（costs to EBITDA）中美元等外汇占比较高的主要是油气、钢铁、交通和煤炭等需要进口部分原材料和设备的行业企业；把这两部分的影响轧差，损益中存在美元净敞口的主要是软件、基本金属、化学和贵金属等行业，存在美元负敞口的主要是油田服务、科技服务和零售等行业。

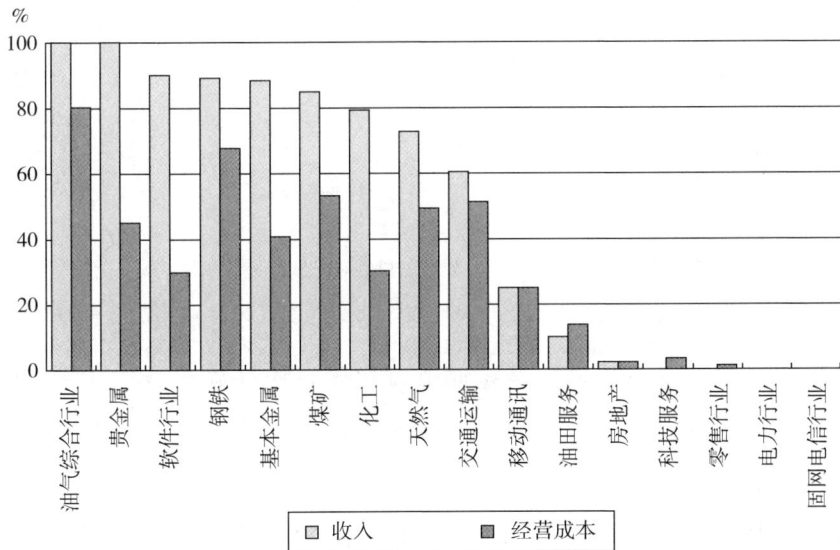

资料来源：俄罗斯储蓄银行 2014 年 2 月发表的投资研究报告。

图3 不同行业企业以美元计价的成本和收入占其总成本收入的比例

（2014 年预测分析值）

根据卢布汇率下跌 10% 的假设，按照俄储分析师团队计算，预计在 2014 年利润和 EBITDA 增加最多的行业将是煤炭、钢铁、软件和贵金属；利润和 EBITDA 减少的行业将主要是零售、房地产、科技服务和电力。

除了上述的经营性损益，在汇兑损益方面：软件、贵金属、化工、钢铁、基础金属和天然气行业债务中美元占比最大，理论上受到汇兑损

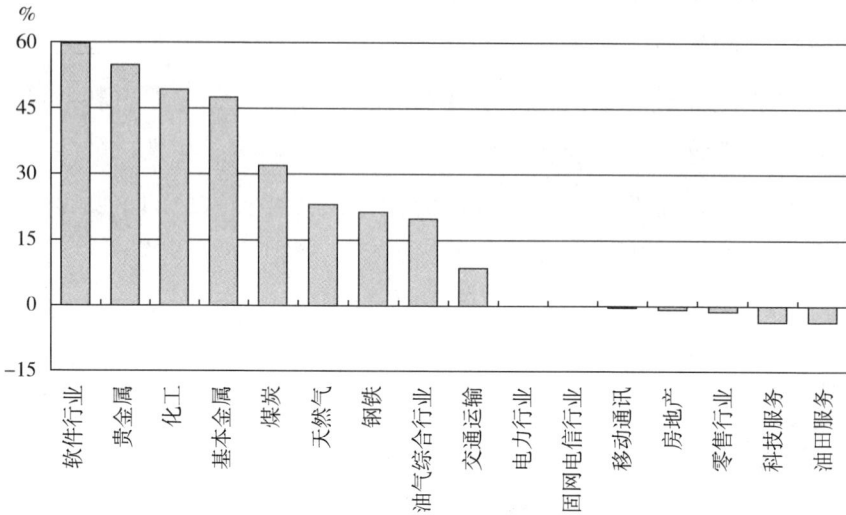

资料来源：俄罗斯储蓄银行 2014 年 2 月发表的投资研究报告。

图 4　不同行业美元收入比例与美元成本比例之差（2014 年预测分析值）

益的影响也会最多。另外，在俄储的分析中，还计算了各行业美元收入占比和美元债务占比之差，这实际是考虑了现金流的币种错配问题。一家企业即使有大量的美元负债，但如果它的收入也是以美元为主，则现金流币种匹配，美元兑卢布的汇率变化不会对其造成显著影响，否则麻烦就会来了。俄储计算发现，美元收入明显大于美元债务的行业主要是煤炭和油气；美元债务明显大于美元收入的行业主要是油田服务、移动通讯和交通运输。

　　对于现金流币种错配的企业，美元收入不够偿还美元贷款，必须通过换汇来解决错配，汇率变化不可避免地为其带来额外的风险和汇兑损失。根据俄储的仔细计算，在卢布下跌 10% 的假设情况下，汇兑损失占净收入比重较大的行业主要有钢铁、化工、贵金属和交通运输，其中钢铁行业的汇兑损失可能会使其净收入下降超过 100%。而软件和科技企业由于手中握有大量的外汇现金，将是仅有的因卢布下跌而获得汇兑收益的行业。

%

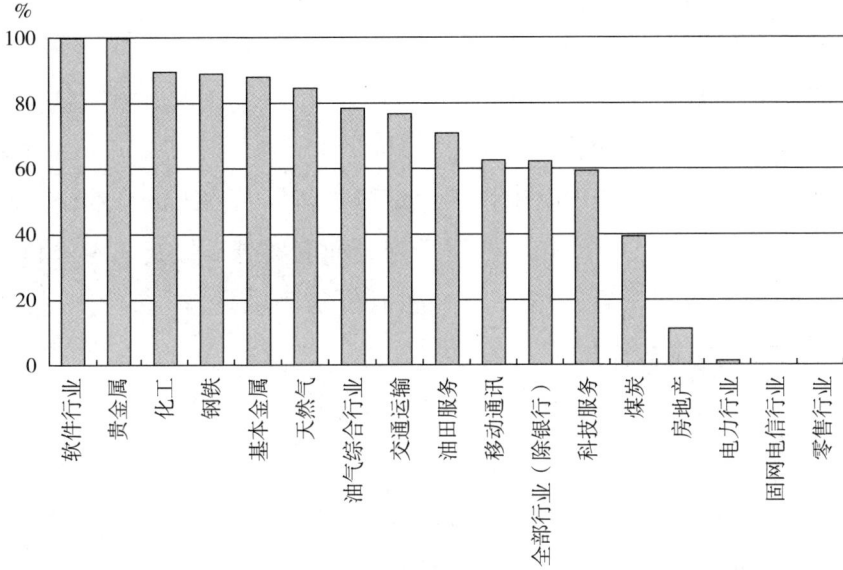

资料来源：俄罗斯储蓄银行 2014 年 2 月发表的投资研究报告。

图 5　各行业企业在 2013 年底的美元净债务占比

%

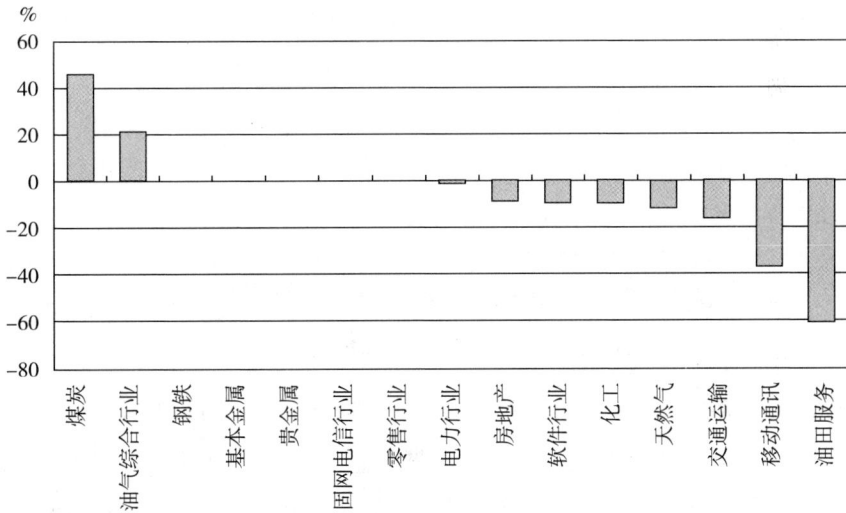

资料来源：俄罗斯储蓄银行 2014 年 2 月发表的投资研究报告。

图 6　各行业美元收入占比与美元债务占比之差

　　如果把上述来自经营性损益和汇兑损益的影响综合起来看：软件、油气和基本金属行业的收入会随卢布下跌而增长，同时受汇兑损益的影响有限，卢布下跌对其净收入的影响总体正面；黄金、铁矿石、天然气和化工行业的收入虽然会随卢布贬值而有所增加，但同时也会承受较多的汇兑损失，总体影响中性甚至负面；在涉及内需的行业中，除了科技服务业因为手中存有较多的美元现金而受益外，银行、零售和贸易行业均会由于卢布下跌所带来的诸如通货膨胀、贷款与应收账款不良率增加等派生影响而使净收入减少。

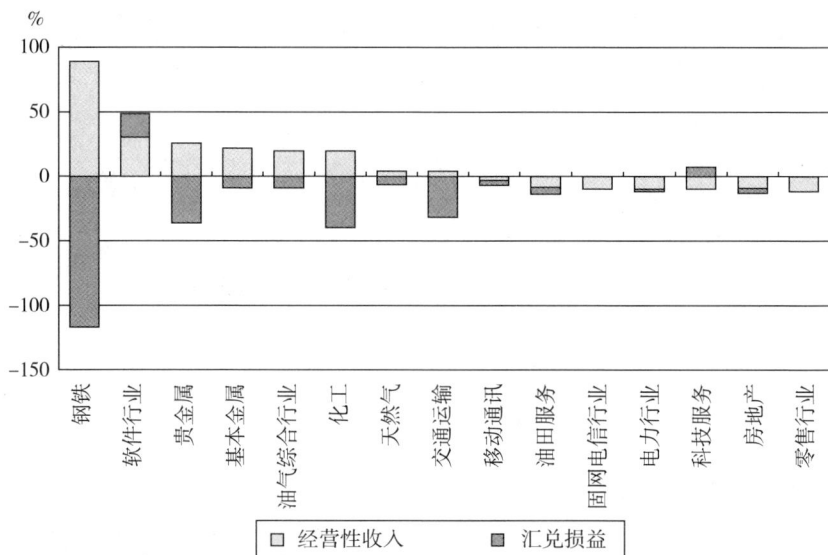

资料来源：俄罗斯储蓄银行2014年2月发表的投资研究报告。

**图 7　卢布下跌 10% 的情景下，各行业 2014 年预测的
汇兑损益和经营收入变化占净收入的比例**

　　按照俄储在 2014 年初设定的卢布下跌 10% 的假设，综合经营和汇兑损益，交通运输行业的净收入将减少近 1/4，而 2014 年最终卢布实际贬值了约 50%，如果按线性关系推算，则 2014 年卢布的暴跌将使交通运输行业出现亏损。而事实也的确如此，这也造成了在 2015 年 10 月，俄罗斯的第二大航空公司洲际航空（TRANSAERO）破产。

俄储在 2014 年初所做的这些分析，不仅对卢布的下跌空间考虑得远远不够，而且更是没有想到会在 2014 年发生另外两个"黑天鹅事件"：一是欧美制裁，二是油价暴跌。如果叠加上这两个因素，任何行业都很难真正从卢布贬值中得到好处。

外资企业的额外风险

俄储上述的汇率影响分析主要针对在莫斯科交易所上市的俄罗斯本地企业。与本地企业相比，在俄经营的外资企业还会面临一些卢布危机带来的有别于本地企业的附加风险和额外问题。

根据俄罗斯的会计核算制度，所有的外币业务发生的收入和成本都必须按照每日央行汇率折算为本位币卢布，不允许保留外币形式的损益。所以外资企业所有的经营损益只能以卢布形式存在，随着卢布汇率的大幅度下跌，这些卢布折算为美元的金额也严重缩水。作为俄罗斯的本地企业，卢布是它们的本币，按照俄储银行的研究分析，汇率波动会使得以卢布计价的利润有增有减。但是外资企业合并到其母公司的报表却是其母国货币的，或美元，或欧元，或人民币等，卢布的贬值将使这些企业的记账货币下的当期利润大幅下降。而更令人沮丧的是这次卢布危机发生在 12 月，很多企业一年辛苦赚的钱盆满钵满地以卢布形式堆在财务报表上，还没来得及换汇、汇回母公司，就在一夜之间被拦腰洗劫。对于那些主要业务集中在俄罗斯的外资企业，这更是直接影响了其本币折算的全年财报，发生在 12 月意味着连补救的机会和时间都没有了。这真是欲哭无泪呀。

除当期利润之外，卢布贬值对外资企业的存量资本也产生了巨大冲击。根据俄罗斯的监管规定，外资企业的注册资本只能以卢布本位币的形式存在，不允许保留外币。兑换成卢布的资本金加上未分配的公积金和利润，都随着卢布汇率的大幅度下跌而减少。有些企业在俄罗斯经营多年，赚到的利润还不够弥补因为汇率下跌而造成的资本金损失。

对冲汇率风险通常利用汇率远期、掉期或期权等衍生工具，但在 2014 年 12 月，市场对于卢布汇率的预期高度一致，俄央行加息到 17% 之后，卢布成为了相对的高息货币，汇率对冲产品的成本变得极其之高，很难实际操作。

总体而言，卢布短期内大幅贬值、市场动荡和恐慌情绪蔓延，对所有外资企业都有不同程度的负面影响，但因行业和商业模式的不同，不同企业所受到的影响也不同，所采取的应对策略也不同。

第一类外资企业是在俄设有子公司，产品在俄销售并采用卢布计价的外资企业，比如中资企业中的北汽福田、海尔、奇瑞汽车等。此类企业在俄罗斯拓展业务的历史一般较长，本地化经营的程度较高，经营活跃，有一定规模的销售额和市场占比。这样的企业主要集中在汽车、石油勘探设备、工程机械等行业，是受卢布贬值影响最大的。它们的市场销售通过在俄罗斯当地的子公司与下游客户签订合同，计价货币为卢布，而且由于经营习惯和成本控制考虑，大多没有对卢布做套期保值，形成了较大的卢布敞口，汇率损失严重。2014 年 12 月底卢布危机爆发之后，个别在俄罗斯市场份额占比较高的中资上市企业，其股价已明显受到影响。

面对突发的卢布危机，这些企业如果将手中的卢布按现价换成美元或人民币，汇回总部，等于是坐实了汇兑损失。大家都期盼着暴跌之后的反弹甚至反转，于是将手中的卢布采用定期、隔夜、理财等方式存放于银行，希望卢布存款的高利息（由于俄央行的大幅加息和买入卢布，市场短期流动性紧缺，部分流动性紧张的中小银行隔夜存款利息的最高报价已超过 15%）能部分弥补汇率的损失，待卢布汇率回升至可接受价位后再兑换汇回母国的总部。还有部分外资企业，干脆计划将滞留在俄境内的卢布资金用于在俄投资，包括建厂和购置汽车 4S 店等，希望未来通过在俄生产基地向欧洲、中东、南美等区域进行出口，将卢布的低汇率变成降低生产成本的积极因素，对冲卢布贬值造成的在俄销售损失。更有甚者，个别经营冒进的中资民营企业，用手中的卢布在俄大肆采购尚未调价的进口高级汽车、木材、矿产等，卖回国内，以类似跨境易货贸易的方式规避汇率风险。

第二类外资企业是一些大品牌的跨国公司，由于其市场地位和区域架构，对俄出口合同采用美元、欧元或人民币进行定价，其中包括中资企业里的联想和华为。此类企业在俄分支机构主要发挥营销前台和售后服务的功能，具体的销售合同由总部或在俄罗斯境外的销售公司与俄罗斯下游客户签订，计价货币采用美元等。采用此种销售模式的企业，卢布汇率暴跌没有造成直接的账面损失，但俄罗斯下游客户经营状况恶化、支付能力变弱等也影响了这些企业的销售量和对客户的赊销政策，面临应收账款成为坏账的风险。这些企业往往试图在汇率不稳定的时候，通过应收账款保理和买方信贷的方式，尽早锁定其尚未到手的销售收入。

还有第三类外资企业，它们在俄罗斯有大额投资、建有生产性的工厂，比如中资企业中的福耀玻璃、长城汽车等。这些企业的生产、销售都在俄罗斯，基本上可以看成是俄罗斯的本地企业，俄储银行针对俄罗斯企业受卢布危机的影响分析基本上可以囊括它们。只有一种比较特殊的情况，有几家中资企业在 2014 年初确定了在俄投资建厂的计划，部分注册资本和投资资金已经到位，但因项目进度而尚未用出，存在银行。它们结合对俄罗斯整体经济形势、卢布汇率走势的判断，聪明地以美元形式持有资金，采用随用随换的方式规避了卢布的暴跌。但这样的企业又面临了一个新问题：卢布下跌之后，它们持有的美元资金折合成卢布，在账面上形成了浮盈。正值岁末，这会使其在尚未投资建厂、生产经营之前就产生额外的税务支出。从总部角度以美元或人民币看，企业的价值并没有任何增加，却要先向莫斯科的税务局缴纳所得税，而且在未来几年的工厂建设期里，投产之前的亏损又是必然的，这实在无法让人理解和接受。

对银行的影响

银行作为经营货币的特殊企业，必然在货币价格暴跌的过程中面临一些不同于其他企业的特殊风险。

首先是流动性风险。

2014 年 12 月卢布大幅贬值之后，俄罗斯出现了挤兑现象。很多经历过 1998 年、2008 年卢布危机的老百姓纷纷从银行提取存款，抢购商品，兑换美元。一些中小银行，甚至是个别大型银行的部分网点，迫于挤兑压力，对居民支取定期存款采取了限时、限量的紧急措施。由于俄央行突然大幅提高卢布基准利率、抛售美元购入卢布以稳定汇率，市场的卢布流动性骤然缩紧。同业拆借市场隔夜利率在 12 月 16 日达到了 26% 以上的水平，流动性风险初现。12 月 18 日普京总统举行记者招待会，卢布汇率有所稳定，市场重拾信心，情况出现好转，流动性紧张也得到一定缓解，12 月 19 日卢布隔夜同业拆借利率下降到了 20% 以下的水平。

存款遭到挤兑、同业市场价格飙升，对于那些用短期负债支持长期资产，通过资产负债期限错配扩大利差收入的银行，必然会造成巨大的流动性压力，甚至是灾难性的后果。在资产端，主要是向客户发放的长期贷款，是无法立刻收回的。而支持这些长期贷款的资金则是通过负债端的存款和同业拆借筹措的，这些存款和拆借基本都是活期和短期的，挤兑和同业市场流动性紧缺，使银行的资金无法接续。如果不顾价格地从同业市场上拆入资金，短期内飙升的同业拆借利率已经大于在卢布危机之前发放的长期贷款的利率，出现了利率倒挂。

银行在卢布危机中面临的第二个风险就是利率风险。

利率风险的主要问题就是资产和负债的错配，除了期限上的错配之外，还有固定与浮动之间的错配。

俄罗斯和很多地方一样，贷款可以采用固定利率或者浮动利率。固定利率就是一个固定的数量，比如5%、10%等。浮动利率则是通过一个市场利率作为基准，在其基础上加减点来确定贷款的价格。在欧美一般用伦敦银行间隔夜拆借利率（LIBOR）作为基准，在俄罗斯则用莫斯科基础贷款利率（Moscow Prime Offered Rate，MOSPRIME）作为卢布市场价格的基准。卢布危机之后，3个月的MOSPRIME在12月17日一举飙升到22.33%，采用浮动利率定价的贷款价格也可以随之调整，与同步上升的同业拆借利率匹配。但是采用固定利率定价的贷款则无法享受MOSPRIME飙升的好处，只能以卢布危机之前确定的极低的价格续存，甚至与从同业市场高价获得的资金形成倒挂，产生损失。如果固定利率贷款的期限长、重新定价的周期长，这种利率倒挂还可能会长期存在。

银行持有的生息资产除贷款外，还有一大部分是债券。债券发行基本都是采用固定利率的方式，卢布危机之后，随着基准利率和市场收益率的上升，在二级市场交易的存量债券价格也大幅下降，给包括银行在内的投资人造成浮亏。而在流动性紧张的背景下，抛售债券以期获得流动性的人远远多于试图入场抄底的人，这进一步打压了债券的市场价格。

卢布危机也增加了银行的信用风险和不良贷款。

俄罗斯央行12月16日将基准利率大幅提高到17%，采用浮动利率的贷款虽然使银行规避了利率风险，但却大幅提高了借款人的财务成本。企业的经营收入无法随着央行基准利率的提升而一夜增加，卢布危机造成的经营困难使一些企业无法负担大幅提高的利率，只能逾期支付利息、造成违约。还有一些企业被量化宽松政策下美元、欧元的低息吸引，借入与经营现金流不相匹配的外汇贷款，造成币种错配。这样的企业在卢布危机下，出现了前文俄储银行研究报告中描述的情况，产生了巨额的汇兑损失，甚至出现亏损，无力偿还银行贷款。不良贷款随着企业经营恶化不断增加，给银行的信用风险控制提出了严峻挑战。

卢布危机还给银行满足监管要求造成麻烦，带来监管风险。

根据俄罗斯央行的监管要求，在俄罗斯经营的银行，资本金只能以卢布形式存在。但是很多银行给客户发放了美元或其他外币的贷款，这些贷款折合成卢布之后的金额会随着卢布贬值而大大增加。这一方面造成美元贷款客户的风险敞口与银行资本金的比例相应增加，甚至超出监管限制的 N6 和 N21 指标[①]；另一方面也会造成银行总的风险加权资产折合卢布大幅增加，影响资本充足率指标 N1。卢布危机使很多银行——特别是持有较多外币资产且总体规模有限的外资银行——上述两个监管指标面临突破监管限额的风险。

为缓解各银行由于汇率大跌造成的监管指标爆表问题，俄央行在 12 月 19 日发出紧急通知，规定各银行在 2015 年 7 月 1 日前，可采用 2014 年 10 月 1 日的卢布汇率（39.3866 卢布兑 1 美元）计算 2014 年底前各项业务的监管指标，这个临时规定的固定汇率比当时市场汇率低了 25% ~ 30%。这项临时监管规定避免了银行业大范围的监管违规风险。

教训：避免错配

经历了这样一次令人难忘的货币危机，有的人安然无恙，有的人九死一生，还有的就此告别了历史舞台。回过头看看，小心驶得万年船，核心的问题就是要避免错配。

在介绍俄储银行分析师团队的汇率影响模型时，我们讨论了币种的错配；在研究卢布危机对银行的影响时，我们又涉及了固定利率与浮动利率的错配、长期资产与短期负债的错配。错配的形式有很多种，包

---

① N6 和 N21 都是单一客户最大风险敞口指标，按照俄央行规定，其不能超过银行资本的 25%。N6 和 N21 的区别是，N6 是针对单一银行的，而 N21 是针对一个金融集团的，包括其下属的各家银行和金融机构。

括现金流币种错配、资产负债计息形式错配、期限错配等，一旦遇到重大的货币危机，这些错配都可能给企业和银行带来灭顶之灾。

不仅企业和银行如此，个人也是如此。

卢布危机爆发之后，一位俄罗斯本地员工找到了我，希望增加她的工资。她的住房按揭使用了美元，主要是当时看美元的按揭贷款利率要明显得低于卢布。但是她的工资收入是卢布，在卢布汇率暴跌近50%之后，她每月的工资几乎全部都要兑换成美元才够偿还外币按揭贷款，生活受到了极大的影响。这就是个人的币种错配风险。

当一个人的卢布收入无法覆盖其美元贷款的还本付息时，除了要求增加工资，就只好逾期还钱了。

从2009年到2015年初的数据显示，包括美元在内的外币按揭贷款逾期率远远高于卢布按揭贷款的逾期率，而且外币贷款的逾期率还在逐年上升，在2015年2月已经达到12.71%，严重恶化。

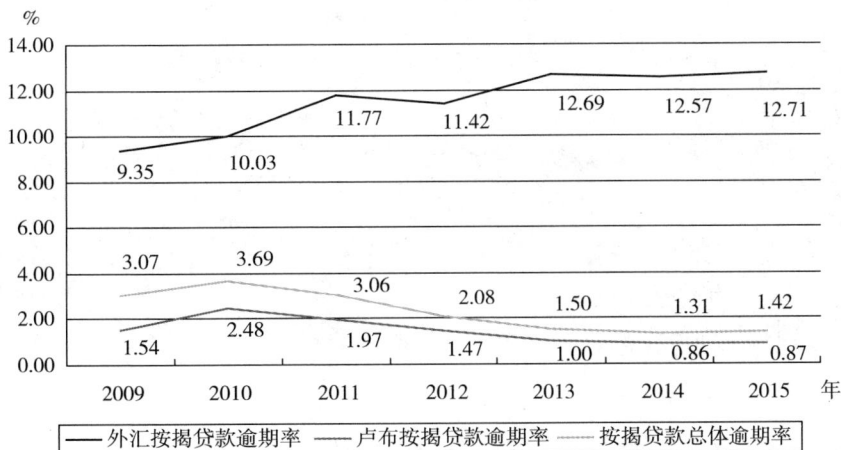

资料来源：穆迪（Moody's）投资2015年4月发布的《俄罗斯银行业2015年度研究报告》。

基础数据来源：俄罗斯央行，住房抵押贷款机构。

图8 不同币种的按揭贷款逾期率比较

根据俄罗斯央行的统计，截至 2015 年 1 月底，俄罗斯按揭贷款中有 4.6% 是外币贷款。其风险虽大，但毕竟占比不高，对于银行的冲击有限。但是对于借款人来说，每一笔外币按揭的违约，就可能是一个家庭的破产、房屋被没收。为此，很多向银行借了美元的老百姓在卢布危机之后，纷纷要求银行将其美元按揭按照一定的优惠汇率转换成卢布贷款，以避免违约破产。一些借款人还在莫斯科红场和银行门口拉出标语进行请愿。

注：标语上写的俄文是"天然气工业银行！请你解决好自己外币借款人的问题"。

图 9　美元借款人在位于莫斯科的俄罗斯天然气工业银行总部门口抗议

（摄于 2015 年 8 月）

其实，错配并不只是俄罗斯才存在的问题，而是一个全球普遍的问题。过度的错配会在任何国家引发金融风险。

自 2008 年国际金融危机以来，欧美等国实施的量化宽松政策造成了一定的流动性过剩，利率水平被人为压低，因此新兴市场国家借入了大量以美元计价的债务。以中国为例，一方面量化宽松使美元利率很低；另一方面，2015 年"8·11"汇率改革以前，人民币仿佛会一直升值下去。借美元贷款，持有人民币资产，利率差、汇率差都可以赚到，这是很多企业和投资者在 2015 年以前惯用的套利模式。根据国际清算银行和金融数据提供商迪罗基（Dealogic）的统计，所有美国以外地区非银行实体在 2008 年到 2014 年发行的美元债中，发展中国家占了近一半。在整个 1.3 万亿美元债务中，中国发行的最多，为 2 137 亿美元，其次是巴西 1 880 亿美元，俄罗斯 1 239 亿美元，墨西哥 1 074 亿美元。

借便宜钱当然是好事，但在借贷宽松期之后的美元升值总会给发展中国家带来重大的危机。20 世纪 80 年代的拉丁美洲金融危机、20 世纪 90 年代的亚洲金融危机、2014 年开始俄罗斯等新兴市场国家爆发的货币危机，都是在美元信贷宽松的情况下，经济发展较快的新兴经济体借机借入便宜的美元贷款在国内使用，国内使用贷款投资项目而产生的现金流却是本币的，或者墨西哥比索，或者泰国泰铢，或者俄罗斯卢布。在突然的美元升值、本币贬值的情况下，本币产生的现金流所兑换的美元无法满足美元借款的还本付息需要，债务违约、金融危机就产生了。而更重要的是，即使是在债务违约还没有实质产生的情况下，随着美元的不断升值，资金开始从新兴经济体回流美国，对本币贬值的预期和潜在违约的预期会加速市场参与者对本币的减持，由此产生的恶性循环会在债务危机实际发生之前就引发货币危机。

造成风险和危机的关键仍然是错配，用美元借款买入和持有卢布或者人民币的资产，当美元升值的时候，负债在升值，但资产是卢布或者人民币的，并没有随着美元的升值而升值，这种情况发展到极端状态就是资不抵债，是负资产。只有存在持续的美元收入，才能避免币种错配带来的风险，只要能够用美元收入偿还美元贷款，任何汇率的波动都不会造成伤筋动骨的影响。对于一个国家来说，持续的美元收入就是经常项下的贸易顺差，就是出口赚到的钱。说句简单的话，借的钱总归是要还的，贪图便宜借了外币，要靠出口同样赚取的外币归还才最保险，靠自己印刷本币去还外债总有不被接受的时候，除非自己印刷的是诸如美元的硬通货。这在有的国家也许可以，但在俄罗斯还不行。

2014 年的俄罗斯就是这样：欧美制裁使美元融资无法持续，油价暴跌使出口收入大幅下降，美国开始退出量化宽松使资金加速流出——几乎所有的不利情况都在一年内集中爆发了。

好在卢布危机已是 2014 年的最后一场危机了，因为毕竟已经是 12 月了。

危机

2014—2015年的俄罗斯

2015 年开始了

充满来自克里米亚回归的荣耀和来自制裁与油价、卢布下跌的艰难，2014年终于过去了；充满不确定性的2015年开始了。

每年都是如此，1月初东正教的圣诞节加上新年，俄罗斯有一个星期左右的长假。2015年的俄罗斯人和往常一样，依旧在这个时候跑到欧洲和北非去旅行，以暂时躲避莫斯科寒冷的冬天、没完没了的大雪和终日不见阳光的郁闷。塞浦路斯、希腊、埃及、土耳其、马耳他、西班牙，都是热门的旅游目的地。莫斯科机场里人头攒动，基本看不出传说中因为卢布贬值而造成出境旅游减少的情况。从换领登机牌、托运行李、过海关、安检，大约要用3个小时的时间。大家仿佛是要赶紧把手中的卢布花出去，以免它在新的一年里再度狂贬。那热闹的机场甚至比2014年1月更加繁荣，令人几乎忘记了乌克兰和2014年所经历的艰难。

新年猜想

但是乌克兰并不是想忘记就可以忘记的，树欲静而风不止。2014年底，乌克兰议会在 12 月 23 日以 303 票赞同、9 票反对的结果，通过法案，决定放弃不结盟地位。这是为加入北约清除其国内法律障碍的关键一步。

投票前，乌克兰外交部长帕夫洛·克利姆金（Pavlo Klimkin）说，放弃中立地位将表明乌克兰向欧洲和西方靠拢的决心，将让乌克兰融入欧洲和大西洋。乌克兰总统波罗申科也曾公开表示，乌克兰寻求加入北约，以置身于西方军事的保护之下。

乌克兰议会通过法案之后，北约发言人 12 月 23 日在布鲁塞尔说："我们的大门敞开着。如果乌克兰提出申请且满足标准以及遵循必要原则，可以成为北约成员。"俄方也立刻发出警告，称乌方的这一做法只会加剧乌东部危机的紧张局势。

在新年会见驻基辅的外国大使时，乌克兰总统波罗申科说："乌克兰为独立、领土完整和主权而进行的斗争已成为我们与全球关系的决定性因素。"东正教圣诞节的假期尚未结束，波罗申科为提升部队士气，在 1 月 7 日亲自将 150 件武器移交给部队。这批武器包括 50 辆 BMP－2 战车、2S7"介子"203 毫米自行榴弹炮、122 毫米 2S1 型自行榴弹炮、2B9 型"矢车菊"82 毫米自动迫击炮、两架米格－29 战斗机、两架苏－27 战斗机。大有是要继续战斗到底的意思。

在俄罗斯中资企业商会的春节活动上，我遇到了一位国内电视台驻俄罗斯记者站的战地记者，和他聊起了乌克兰的情况。他和同事在 2014 年先后跑到乌克兰东部采访 7 次，亲历了战区的情况。按他所说，从现场看，乌克兰东部的事情很难在短期内结束，很有可能"巴勒斯坦化"，成为一个长期不稳定的冲突地区。

春节期间回到北京，得以跳出庐山看庐山。国内的同事和朋友谈起俄罗斯，大多觉得 2015 年的风险和不确定性很大。企业大多持谨慎态度，担心交易对手和借款人的信用风险，而不期望能在 2015 年的俄罗斯赚到钱。同时大家对于油价普遍持谨慎乐观的态度，感觉油价不会一直这样跌下去，将会稳定并出现一定的反弹。

站在 2015 年初的时点，综合当时各方面来的信息，对那新的一年俄罗斯可能发生的情况进行预测，有四个天马行空的猜想，记录下来，也可以大概理解当时的氛围。

第一个猜想：乌克兰危机进一步发展可能再次造成基辅的动荡。

乌克兰东部的冲突如果像巴勒斯坦问题那样长期化，将随时制约着乌克兰彻底向西看的进程。2014 年的广场革命后，乌克兰经济情况一直十分糟糕，为获得欧盟和国际货币基金组织（IMF）175 亿美元的贷款，乌克兰政府必须满足很多苛刻的条件，包括削减养老金、取消天然气补助、降低公共部门工资以控制预算等。根据从基辅采访回来的记者介绍，已有一些乌克兰市民重新上街抗议新政府腐败、经济形势恶化、失业攀升、生活得不到保障。在和俄罗斯一些重要企业的高管接触时，也可以听到关于"新独立广场运动"的论调。一些在莫斯科的激进人士认为，2015 年春天，基辅会发生亲俄的群众运动，就像去年推翻亚努科维奇政府一样推翻波罗申科政府。反正这样的事情在乌克兰已经来来回回发生过很多次了。

第二个猜想：油价稳定将使俄罗斯的经济企稳并保持社会稳定。

俄罗斯是否稳定主要看经济，俄罗斯经济的好坏主要看油价。根据俄罗斯财政部长的分析，2014 年的油价下跌导致俄年损失 900 亿~1 000 亿美元，而同期的欧美经济制裁导致俄年损失约 400 亿美元。因此油价对于俄罗斯经济的打击比欧美制裁严重得多。如果国际油价在 2015 年企稳甚至反弹，俄罗斯的经济情况会好很多，卢布汇率稳定、通胀率、失业率得到控制，俄内部的社会、政治也会稳定。俄经济发展部 2015 年 2 月初以油价 50 美元/桶为假设，对 2015 年俄国经济形势进行了预测：预计俄罗斯经济将负增长 3%，通胀率预计为 12.2%，出口将下降 32%，进口将下降 36%，全年固定资产投资将下降 13.7%，工业生产总值将下降 1.6%，资本净流出预计 1 150 亿美元，商品零售总额将下降 8%，居民实际工资将下降 9.6%，居民实际可支配收入将下降 6.3%。[①]

第三个猜想：如果制裁和油价将俄罗斯逼上绝路，不排除其孤注一掷，以主权违约拖垮欧洲。

根据路透社（Reuters）数据统计计算：俄罗斯在公开市场上交易的债务余额在 2014 年底约 6 200 亿美元，其中 2015 年到期约 1 100 亿美元，主要是企业和银行的债务。俄罗斯的国债占比不高，仅为 GDP 的 14% 左右，其中只有大约 380 亿美元以美元计价，且在 2015 年到期的比例很小。另据富国银行（Wells Fargo）统计：俄罗斯企业有约 1 600亿美元与海外伙伴和子公司之间的企业间债务，俄罗斯银行有约 2 000亿美元的海外债务，其他部门有约 3 000 亿美元海外债务。在卢布贬值和西方国家切断融资渠道的影响下，积累了巨额美元债务的俄罗斯企业和银行危机四伏。

但毕竟俄罗斯的外汇储备在 2015 年初还有近 4 000 亿美元，2014 年贸易顺差 2 109 亿美元，债务违约的实质风险不大。然而从政治上看，债务违约却是俄罗斯打击欧洲制裁的一件武器。早在 2014 年初，普京就曾表示俄罗斯应对欧美制裁将采取停止偿还外债的做法。俄罗斯财政部副部长也在 2015 年初表示，若俄被排除出 SWIFT[②]，偿还外债

---

① 2015 年最终的实际情况是：油价在 2015 年底跌破 35 美元/桶，俄罗斯经济（GDP）萎缩 3.7%，通货膨胀率 12.9%，对外贸易下降 33%，其中出口下降 31%，进口下降 36.4%，固定资产投资下降 8.4%，工业产出降幅约 3.3%，资本净流出 570 亿美元，商品零售总额下降 10%，居民实际工资下降 9.5%，居民实际可支配收入下降 3.2%。

② SWIFT, Society for Worldwide Interbank Financial Telecommunications，环球同业银行金融电讯协会。全球银行业之间进行信息交换和资金汇划的银行间合作组织。

将出现技术困难。若乌克兰局势再次恶化、欧美制裁加剧、俄国内经济政治压力加大，不排除其通过政治性债务违约进行反击的可能。由于俄罗斯最大的债权人是欧洲，债务违约将拖垮尚未从自身债务危机中复苏的欧洲经济。

第四个猜想：如果乌克兰危机继续深化并外溢，事态的扩大可能引发朝鲜半岛局势动荡并影响东北亚局势。

2014 年乌克兰危机之后，俄罗斯与北朝鲜的往来比较频繁，2014 年 11 月朝鲜劳动党中央政治局常委崔龙海作为朝鲜最高领导人金正恩的特使访问俄罗斯，并传出金正恩可能在 2015 年 5 月访俄的消息。如果俄罗斯在西面的局势中长期无法破局，不排除其转头向东，默许北朝鲜采取诸如核试、边界冲突等激化半岛形势的行动，以分散美国处理地缘政治的精力。

今天再回头看看，处于 2015 年 1 月，俄罗斯面临的不确定性风险是明显的。在当时作出的上述四个猜想，已经清楚地感觉到俄罗斯地缘政治风险在 2015 年通过基辅革命、债务违约、半岛局势恶化等方式外溢的可能。但是这些猜想也有两个重要的疏忽：一是只考虑了矛盾被动外溢的可能性，而没有考虑到主动转移矛盾的可能性；二是在俄罗斯的地缘政治版图上，除了欧洲、朝鲜、乌克兰，忽视了另外一个更为重要的火药桶——中东。

主动把矛盾转移到中东，这才是普京把 2015 年这盘死棋重新下活的妙手，其具体棋局将在本书《围魏救赵》一章里详解，现在我们还是先回到 2015 年初说起。

评级降为垃圾

经历了 2014 年 12 月的卢布危机后，在美元走强、油价下跌以及前期恐慌情绪的引导下，卢布在 2015 年伊始延续了贬值趋势。新年的第一场危机也在这时悄然而至。

2015 年 1 月 16 日，国际评级公司穆迪（Moody's）将俄罗斯政府债券的评级从 Baa2 下调到了 Baa3，这是投资级的最低一档。穆迪同时表示后续将评价再次下调俄罗斯主权评级的可能。穆迪下调俄罗斯评级的主要原因是认为油价的持续下跌和汇率波动将会持续损害俄罗斯的经济增长，影响政府财政收入，降低其应对汇率风险的能力。

10 天之后，另一个评级机构标准普尔（Standard & Poor's）也将俄罗斯的主权评级从 BBB－/A－3 下调到了 BB＋/B，也就是从最低一档的投资级下调到了高收益级，或者叫投机级，或者叫垃圾级。卢布汇率闻讯下跌，从 1 月 23 日星期五的 63 卢布兑 1 美元，26 日星期一下跌到 66 卢布兑 1 美元、27 日星期二继续下跌到 68 卢布兑 1 美元，直至 1 月底突破 69 卢布兑 1 美元，一个星期下跌近 9%。

评级公司下调俄罗斯主权评级的主要原因是经济衰退，面对如此严峻的经济压力，俄罗斯央行于 2015 年 1 月 30 日，即标准普尔评级下调的 4 天后，果断决策，将在 2014 年 12 月 16 日卢布危机中一举抬高到 17% 的关键利率，下调 200 个基点，降至 15%。在市场因评级下调的恐慌尚未散去之时，突然降息更加剧了卢布的跌势，卢布快速贬值至年内低点 71.7830，2015 年首月下跌幅度 17.6%。鱼和熊掌不可兼得，货币政策在刺激经济和稳定汇率之间进退两难。

穆迪在 2 月 21 日继续将俄主权债务评级由 1 月才下调到的 Baa3 进一步降为 Ba1，也成为了垃圾级，前景展望为"负面"。但这次并没有像 1 月那样引起市场很大的反应，大家好像已经欣然接受了垃圾评级的现实。

很多人都对俄罗斯在 1998 年的主权债务违约记忆犹新，一位香港金融界的朋友曾经半开玩笑地说，他要感谢俄罗斯，因为俄罗斯在 1998 年的突然违约使国际投机家掉头西去，才放弃了继续围殴身处亚洲金融危机之中的中国香港。2015 年俄罗斯的主权债务评级再次被下调至垃圾级，让一些人开始担心 1998 年债务违约的情况再次出现。但正如前面 2015 年四个新年猜想中分析的，其时俄罗斯主权违约的可能性并不高。如果真要违约，也是出于打击报复欧洲制裁的政治目的，若仅从经济金融情况分析，2015 年的俄罗斯已完全与 1998 年不同了。

俄罗斯 1998 年的金融危机从资金外流、汇率贬值开始，最终造成主权债务违约。1998 年的那场灾难，信心逐步丧失、危机逐步深化的过程大致可分为三个阶段：第一阶段从 1997 年 10 月底至 11 月中，1996—1997 年，外资大量涌入俄罗斯的股市和债市，但 1997 年亚洲金融危机爆发后，受危机传染，外国投资者开始抛售俄罗斯资产；第二阶段是 1998 年 5～6 月，俄罗斯国内政局不稳，频繁更换总理，严重的债务危机和财政危机暴露于世，引发投资者心理恐慌，外资继续外逃；第三阶段在 1998 年 8 月，政府实施新的经济及货币政策，扩大汇率波动区间以阻止卢布贬值，重组政府债务以延迟支付期限，这些政策导致国内居民信心崩溃，挤提存款，汇率大幅贬值，主权危机、货币危机、银行危机、经济危机全面爆发。

1998 年的危机是多种因素综合作用的结果：政局稳定性差、经济持续衰退、油价下跌、贸易条件恶化、不合理的汇率制度及高估的汇率、财政及债务负担沉重、银行投机、资本外逃、外储对外债覆盖度低、通胀造成经济形势恶化、社会不满加剧等。外部冲击加上国内政治、经济、金融方面的脆弱性，造成信心从外部投资者到国内居民的逐步丧失，并最终崩溃。

虽然经历了 2014 年的乌克兰危机、欧美制裁、油价下跌、卢布危机，但俄罗斯主权债务违约和经济危机全面爆发的风险仍然可控，因为俄罗斯在 2015 年初的情况明显与 1998 年不同：

第一是政府的稳定性。1998 年，俄罗斯先后换了四任总理。频繁地更换总理不仅意味着经济政策无法得到延续，更使市场普遍失去了对政府的信心。但在 2015 年，俄罗斯政府执政稳定，欧美的制裁使俄罗斯国内更为团结，普京总统的支持率持续上升。

第二是在经济增长方面。1991—1998 年俄罗斯经济持续衰退，除 1997 年实现小幅增长之外，大多数年份的衰退幅度都超过 -5%。但在 2015 年之前的一个经济周期中，俄罗斯经济除了 2009 年受国际金融危机影响出现衰退外，均保持了 4% 左右的增长，仅是从 2013 年开始才又出现了增速放缓的迹象。

第三是在汇率制度上。1998 年的汇率政策主要是被动应对，俄央行需要在任何时刻都承诺卢布兑美元的汇率保持在特定区间，一旦卢布贬值有超过此区间的危险，俄央行就要动用外储进行干预。随着外汇储备下降，原有的汇率区间无法维系，央行被迫在 1998 年 8 月 17 日将卢布浮动走廊从 5.27 ~ 7.13 扩大到 6.00 ~ 9.50。随着外汇储备在 1998 年 9 月 2 日终于耗光，央行被迫放弃货币走廊，使卢布自由浮动，引发汇率跳水。而在 2014 年的卢布危机中，俄央行采取了更加积极的政策进行应对。2014 年 11 月，外汇储备仍然十分充足的情况下，俄央行就主动将有管理的浮动汇率制度转变为自由浮动汇率制度，避免了 1998 年那种"添油灯"的消耗战。

第四是国际能源市场的情况也有不同。俄罗斯经济是典型的能源主导型，油价下跌对其冲击极大。在 1998 年危机之前，国际原油价格已在 20 美元/桶左右的低位盘整很多年。但 2014 年国际原油价格暴跌之前，则长期处于 100 美元以上的高位。俄罗斯自 2003 年起未雨绸缪，将高油价所产生的石油天然气出口额外收入积累起来，建立了政府稳定基金，在 2008 年又将该基金拆分为储备基金和国家福利基金，储备基金用于补贴财政开支和偿还国家外债，国家福利基金主要用于补贴养老金。俄联邦储备基金在 2015 年初还有超过 800 亿美元的余额，可以有效帮助莫斯科应对油价下跌带来的麻烦。

第五是俄罗斯的财政及债务状况大幅改善。1998 年危机爆发的前几年，俄罗斯财政连年赤字，1997 年的政府债务已占到 GDP 的 55.6%，1998 年危机爆发时，政府债务占 GDP 的比重更是超过了 140%。而在 2015 年之前的若干年，俄罗斯政府债务占 GDP 的比例一直维持在 10%，预算纪律十分严格，财政政策谨慎，除 2009 年国际金融危机期间出现较大赤字之外，均保持了良好的财政平衡。

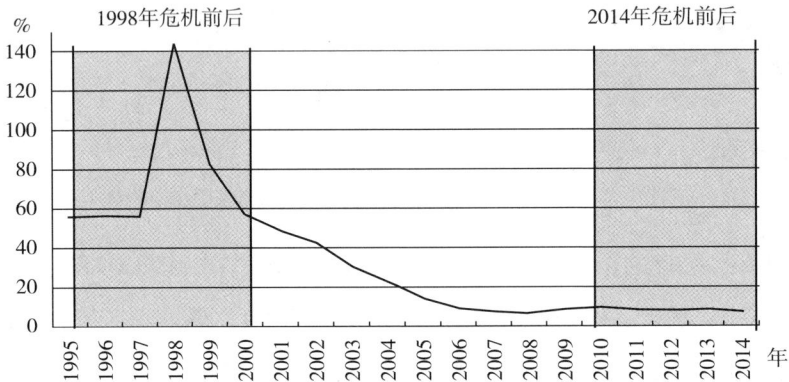

注：2014 年危机前的政府债务远低于 1998 年危机期间的水平。

资料来源：中国工商银行城市金融研究所研究报告。

图 1　1995—2014 年俄罗斯政府债务与 GDP 的比例

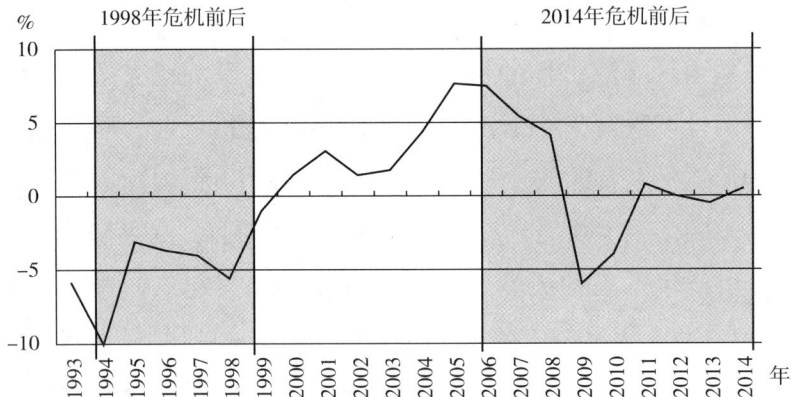

注：2014 年危机前的俄罗斯财政状况明显优于 1998 年危机时。

资料来源：中国工商银行城市金融研究所研究报告。

图 2　1993—2014 年俄罗斯财政盈余/赤字占 GDP 的比例

第六是外汇储备和外债保障程度。俄罗斯在 1991—1999 年期间，外汇储备对外债的覆盖比率常年不足 10%，进口覆盖（外汇储备比月度进口额）不足 3 个月。俄央行在 1998 年不讲章法的汇率干预更是造成外汇储备过早耗尽，其外储在 1998 年 6 月末仅剩下了 88 亿美元，根本无法保障对外部债务的支付。但是在 2014 年乌克兰危机爆发之前的一个经济周期中，俄罗斯外汇储备对外债的覆盖水平长期在 80% 以上，进口覆盖度也维持在 15 个月以上，即便是在 2014 年油价暴跌和卢布危机之后，俄罗斯的外汇储备对外债覆盖率也保持在了 60% 以上，进口覆盖度在 11 个月左右。2015 年初，俄央行手里还有近 4 000 亿美元的国际储备，对外债及进口支付仍具备较强的保障能力。

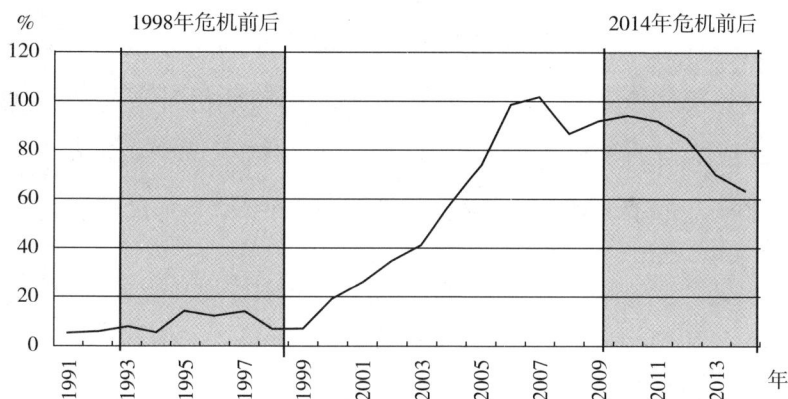

注：2014 年俄罗斯外汇储备对外债的覆盖率水平远高于 1998 年的危机时期。

资料来源：中国工商银行城市金融研究所研究报告。

图 3　1991—2014 年俄罗斯外汇储备与外债的比率

第七是银行系统的脆弱性。1998 年危机初期，因国债收益率大幅上升，银行从外部大量借贷投机于国债，使俄罗斯银行业过度暴露于主权债务危机中，在政府债务重组之后，银行业损失严重，引发金融系统危机。而在 2015 年，俄罗斯银行业的资产负债表要健康很多，

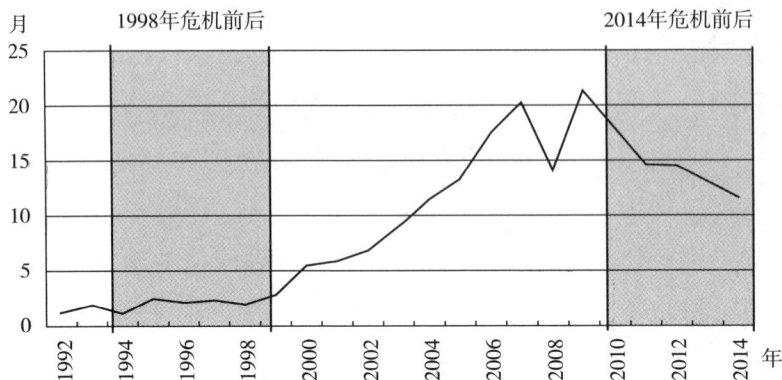

注：2014 年危机前的进口覆盖度远高于 1998 年危机时期的水平。

资料来源：中国工商银行城市金融研究所研究报告。

图 4　1991—2014 年俄罗斯进口覆盖度（外汇储备/月度进口额）

银行系统持有政府债权敞口规模很小，银行业的主要风险来自欧美制裁造成的外部融资困难、经济形势恶化、卢布危机带来的各类风险。

因此俄罗斯的主权评级虽然在 2015 年初被下调到垃圾级，但如果不是莫斯科方面有意为之，发生类似 1998 年那样主权违约的风险并不大。

2015 年的欧盟

在 2015 年 1 月的欧洲，还有远比俄罗斯主权评价下调到垃圾级更为严重的事情发生。

新年伊始的一个月里，欧洲至少出了两件大事：第一件是位于巴黎的《查理周刊》（*Charlie Hebdo*）总部在 1 月 7 日遭到恐怖袭击；第二件是希腊激进左翼联盟（SYRIZA）在 1 月 25 日举行的大选中获胜。这两件事表明欧洲的麻烦除了俄罗斯和乌克兰之外，还有中东以及其自身内部与日俱增的政治、经济和外交冲突。

　　欧盟大部分国家自金融危机和欧债危机之后长期经济低迷，促进了右翼和左翼民粹主义政党的崛起。因为中东冲突的溢出效应，在欧洲越来越多的恐怖袭击和大规模非法移民增加了欧洲老百姓的不安全感，这进一步推动了民粹主义的壮大。在希腊，亚历克西斯·齐普拉斯（Alexis Tsipras）领导的激进左翼联盟在选举中占据领先地位。在西班牙，针对 2015 年 12 月举行的大选所进行的民调中，成立不到 1 年的左翼政党社会民主力量党（PODEMOS）也明显领先。还有欧元区第三大经济体、背负着超过 2 万亿欧元公共债务的意大利，在 2015 年初也出现了新情况，三大主要反对党都开始反对欧元。毕普·格里罗（Beppe Grillo）领导的"五星运动"提出就欧元区成员国地位举行全民公投，反移民的北方联盟（Northern League）主张彻底退出欧元，前总理西尔维奥·贝卢斯科尼（Silvio Berlusconi）领导的右翼意大利力量党（Forza Italia）也抛出了发行与欧元平行货币的主意。欧盟与欧元支持者、意大利当时的总理马泰奥·伦齐（Matteo Renzi），支持率首次跌至50%以下。还有法国、荷兰、奥地利、匈牙利等，或左或右的极端民粹主义势力都开始抬头。从 2015 年到 2017 年的各次投票：英国脱欧，美国大选，德国、法国、意大利、西班牙、荷兰、奥地利等国的选举，民粹主义到底能走多远，在当时还都是令人困扰的谜。

　　有一个很有意思的现象，欧洲各国的极右翼和极左翼党派大都对俄罗斯和普京抱有好感。极右翼欣赏普京的社会保守主义、他对民族国家的注重、他的威权主义以及他对美国和欧盟的敌意；极左翼则一直保留着对莫斯科的传统亲切感。希腊新总理齐普拉斯会见的首位外宾便是俄罗斯大使，希腊随即表明反对欧盟对俄罗斯出台进一步制裁措施。希腊新上任的外长在 2 月 11 日访问莫斯科，这是他上任后访问的第一个非欧盟国家。玛丽娜·勒庞（Marine Le Pen）领导的法国极右翼政党国民阵线（National Front）也和俄罗斯持续加强联系。还有西班牙左翼政党社会民主力量党（PODEMOS）、匈牙利占据议会 20% 席位的极右翼政党"更好的匈牙利运动"（JOBBIK），也都明确表示支持和同情俄罗斯。

如果这样的趋势继续下去，预计在 2015 年夏天欧盟对俄制裁到期的时候，28 个欧盟成员国在是否延续对俄制裁的问题上会产生较大分歧。俄罗斯完全有可能借助欧盟内部的政治极端主义解除自己被欧洲制裁的不利地位，这在客观上可能使欧盟的团结进一步瓦解。

但欧盟团结在 2015 年初的最大威胁肯定不是来自俄罗斯，而是来自其内部。

德国是欧盟的火车头，德国总理安格拉·默克尔（Angela Merkel）领导的政府使德国的经济形势相当有利，失业率维持低位，能够以极低的利率获得借款。相比之下，欧盟其他大国的社会和经济情况欠佳，2015 年初，除了已出现债务危机的希腊之外，西班牙、意大利、法国的失业率也盘踞在两位数高位，也已或多或少地出现了针对经济紧缩政策和欧盟的类似希腊式的反抗。德国国内认为希腊等南欧国家坐享其成、没有财政约束、寅吃卯粮，要求默克尔对它们采取强硬态度。但南欧人民的观点却和德国相反，他们认为是德国通过欧盟单一市场的便利，向南欧国家出口了大量的工业产品并造就了自身经济的繁荣，当南欧国家陷入债务危机时，德国应该倾囊相助，把通过向南欧出口赚取的钱吐出来。这种观念上的巨大差异也许是欧洲的基础性矛盾，但为了欧盟和欧元区的延续，各个国家又必须达成某种妥协。

还有中东，2015 年初的叙利亚和利比亚都处于濒临崩溃的状态，也门和伊拉克的形势也十分暗淡。

总而言之，2015 年的欧盟，值得操心的事实在不少。

在如此内外交困、扑朔迷离，充满了复杂和不确定性的情况下，欧盟如果抛开所谓的道义原则，仅从实用主义角度出发，改善与俄罗斯的关系无疑在短期内利大于弊。欧洲对俄罗斯的依赖不仅是天然气，还有核材料，同时欧洲的农产品更是很大程度依赖对俄罗斯的出口，欧盟对俄制裁不仅使欧洲经济雪上加霜，还造成了欧盟内部农业大国、金融大国、工业大国之间的龃龉。

也许正因为如此，欧盟对俄罗斯的态度在 2015 年初仿佛出现了温和的征兆。

除了普京总统邀请德国总理默克尔和法国总统奥朗德访问莫斯科之外，最明显的变化莫过于在 2015 年 1 月 6 日，欧盟实质性地放松了对俄罗斯银行的制裁。欧美将制裁名单中的俄罗斯储蓄银行、俄外贸银行、俄天然气工业银行、俄外经银行、俄农业银行、莫斯科银行在欧盟成立的法人实体和股权超过 50% 的子行排除在了制裁之外，允许向这些子机构提供 30 天以上的贷款。上述被制裁了半年的俄罗斯金融机构若能有效灵活地利用这一政策，完全可以通过其在欧洲的子行开始变相获得来自欧盟的资金。这对俄罗斯进一步应对油价下跌和卢布危机都会有所帮助。

美国肯定不会希望乌克兰危机和对俄制裁就这样不了了之，其任何的战略目的都还没有实现。2015 年 2 月初，美国突然提出了对乌克兰提供致命武器的建议。俄罗斯立刻明确表示会将此行为视同于宣战。欧洲国家也大多对美国的这个建议表示出了不满，德国作为对制裁俄罗斯表面上最为坚定的国家之一，也明确反对美国提出的向乌克兰提供武器的建议。美欧在对俄政策上的分歧初现。

第二次明斯克协议

正是在这样的背景下，新的明斯克协议签署了。

经过 2015 年 2 月 11 日晚到 12 日凌晨一整夜的磋商，德国、法国、乌克兰和俄罗斯四国领导人在白俄罗斯首都明斯克终于就结束已夺走逾 5 000 人生命的乌克兰东部武装冲突，达成停火协议。2 月 12 日早上，俄罗斯总统普京在明斯克向记者宣布，经过 16 个小时的磋商之后，乌克兰和东部民间武装的代表已签署协议，将采取一系列举措，执行在 2014 年 9 月达成而未能得以实施的停火协议。普京向记者们表示，新一轮停火将从 2 月 14 日午夜开始生效。乌克兰总统波罗申科、德国总理默克尔、法国总统奥朗德将很快发表一份声明，支持这一停火程序。按照普京总统对记者们的表述，这份停火协议中包含了政治解决乌克兰危机、处理边界问题及人道主义问题的一系列计划。

在具体的谈判过程中，由于乌克兰总统波罗申科拒绝与"分裂分子"当面会谈，于是采取了一种并行的方式，乌克兰东部民间武装的代表在主会场之外的另一座建筑里会见了乌克兰政府、俄罗斯政府和欧洲安全与合作组织（OSCE）的代表。

第二次明斯克协议的内容主要包括在乌克兰东部创建一个非军事区；交换战俘；宽恕所有犯下战争罪行的人；恢复基辅和顿巴斯（Donbas）纷争地区的经济联系，包括顿涅茨克（Donetsk）和卢甘斯克（Lugansk），以及实现宪法分权以提高顿巴斯地区政治自治程度等。

按照协议约定，将创建一条非军事化走廊，把乌克兰部队和东部的民间武装势力隔开至多 140 公里，以实现脱离接触和停止冲突。乌克兰政府军被允许安全地从被包围在顿涅茨克的杰巴利采韦（Debaltseve）地区撤军，这当然也会使东部武装能够有效地控制该地区。

在 2014 年 9 月签署的第一次明斯克协议里规定，乌克兰政府将立即完全恢复对其国界的控制。但新的明斯克协议将顿巴斯边界的控制权移交延迟至 2015 年末，而且即便到了那时也必须先达成宪法和解。西方一直指责这条被乌克兰东部民间武装控制的边界使得俄方的重型武器和军事人员可以不受阻拦地随时越境进入乌克兰，但俄罗斯从未承认该国部队进入了乌克兰领土。

第二次明斯克协议还勾勒出一套全面政治解决乌克兰问题的轮廓。

按照该协议，基辅将向亲俄的顿涅茨克和卢甘斯克地区下放权力，顿涅茨克和卢甘斯克将有自己的警察和司法制度。另外，本次明斯克协议授权的所有宪法修改也必须经过东部民间武装的同意。

虽然"下放权力"这个措辞比民间武装和莫斯科最初要求的"联邦化"要弱一些，但仍有欧美媒体认为，这些在 2014 年第一次明斯克协议中没有的规定，实质上基本确立了乌克兰东部顿巴斯等地的独立地位，将使"分裂主义分子"获得乌克兰东部约 500 平方公里土地的实质控制权。唯一令西方欣慰的是东部武装不对乌克兰的外交和国防政策拥有否决权，这意味着如果基辅最终加入欧盟甚至北约，东部武装不能因为亲克里姆林宫而从中作梗。

乐观主义者把这个新的停火协议看成是"戴维营协议"（Camp David Accords），认为代表着两大死敌实现和解的重大突破。

但从具体内容上看，协议总体对乌克兰东部民间武装和俄罗斯更有利，一个半自治的、乌克兰政令在此行不通的"冻结冲突"区域将在乌克兰东部建立，克里米亚问题在协议中甚至根本没有提及。因此有人认为这个协议是欧洲对俄罗斯的妥协，甚至把这个协议和第二次世界大战之初的"慕尼黑协定"（Munich Agreement）相提并论，看成是绥靖政策的产物。认为这只不过是历史上出现过多次的、欧洲列强与俄罗斯瓜分和牺牲作为矛盾缓冲的弱者乌克兰的又一次典型重复。

既然是一个更有利于乌克兰东部民间武装和俄罗斯的协议，欧洲签署它是希望尽快改善与俄罗斯的关系，以更好地处理其内部的麻烦，但是乌克兰的波罗申科为什么要在这样的妥协书上签字呢？

因为波罗申科不得不做。如果他拒绝明斯克协议中的条款，驻扎在杰巴利采韦地区的已经被包围的乌克兰军队或许会被全歼。不仅俄罗斯，欧洲人也会指责波罗申科不懂得做出妥协，是和平的敌人。还不止如此，国际货币基金组织（IMF）总裁拉加德（Christine Lagarde）在 2015 年 2 月初宣布将对乌克兰提供 175 亿美元的中期贷款安排，但是有一个条件：如果不签署明斯克协议，就拿不到 IMF 的贷款。

当然，还有更多的人认为这个新的明斯克协议只不过是又一叠新的废纸。俄罗斯和乌克兰都不打算实现长久的和平，乌克兰不打算让自己的领土遭到分割，俄罗斯也不打算让乌克兰毫发无损地融入欧洲。既然 2014 年 9 月签署的第一次明斯克协议很快就崩溃了，那么对于第二次明斯克协议也没有必要持更加乐观的态度。

还有美国，这个在包括乌克兰问题在内的几乎所有世界冲突中都会存在的超级大国，却并没有出现在明斯克的谈判桌上。一个没有美国参与的协议价值如何，确实值得商榷。

美国人应该不会在 2015 年初就希望向普京领导下的俄罗斯寻求妥协。向乌克兰提供武器装备的问题虽被欧洲很多国家反对，但在美国国会中支持这个提案的议员人数却大幅增加，其中既包括共和党的鹰派人物参议员约翰·麦凯恩（John McCain），也包括奉行自由主义立场的美国参议院少数党领袖民主党人哈里·里德（Harry Reid），还有当时刚刚被美国总统奥巴马提名、即将上任的美国国防部长阿什顿·卡特（Ashton Carter）。有媒体不失时机地曝出消息：据传在 2014 年乌克兰危机爆发之初，美国曾和乌克兰临时政府就以 250 亿美元换取在乌克兰部署导弹的计划进行过讨论。

第二次明斯克协议达成以后，美国国务卿克里（John Kerry）抵达欧洲访问，在其最坚定的盟友英国（也没有参与明斯克谈判），克里表示针对俄罗斯的更多制裁仍在议事日程中。白宫网站也在 2015 年 3 月 4 日发布消息，称美国总统奥巴马宣布将对俄罗斯的制裁延长一年。

虽然达成了第二次明斯克协议，欧洲也可能的确希望尽快息事宁人，但既然俄美矛盾尚无缓和迹象，这场地缘政治危机也仍然难以彻底解决。

涅姆佐夫被刺事件

2015 年春节是阳历 2 月 19 日，春节前几天，莫斯科出现了在冬日难得一见的持续晴天。早晨出门上班，天就已经亮了，路边的积雪也开始融化，一片光彩清新的感觉。虽然春天完全回到俄罗斯还尚需时日，正如乌克兰危机的完全解决还尚需时日，但毕竟明斯克达成了停火协议。再加上卢布汇率自 1 月底之后的持续稳定，让人充满了对和平、温暖、充满生机的春天的美好向往。

然而在莫斯科的生活是永远不会只有和平、温暖与充满生机的。

北京的春节假期刚刚结束，2 月 27 日晚，俄罗斯的反对派政治家鲍里斯·涅姆佐夫（Boris Ncmtsov）在红场附近跨越莫斯科河的大石桥上遇刺身亡。

涅姆佐夫和他的女伴，23 岁的乌克兰模特安娜·杜丽茨卡娅刚刚一起吃完晚饭，步行回家，杀手从一辆白色汽车里向涅姆佐夫开枪，将其射杀。据警察称，杀手共射出 7 发子弹，4 发击中了涅姆佐夫。他的女伴杜丽茨卡娅毫发无损。

2 月 28 日，一个在香港投资银行工作的朋友来莫斯科旅游，我请他在红场附近吃晚饭。晚饭之后，坐车经过涅姆佐夫遇害的那座桥时，天色已经很晚了，桥上依旧聚集着很多的人，桥栏杆上摆放着鲜花和蜡烛，还有一些记者和摄像机也在人群之中。①

3 月 1 日是一个星期日，反对派在莫斯科举行了大规模的纪念涅姆佐夫的游行。游行的组织者宣布参加游行的有 7 万人，现场采访的媒体估计参加游行的有 2 万~3 万人。这次纪念涅姆佐夫的游行规模如此之

---

① 据在莫斯科的朋友说，一直到 2017 年我写下这些文字的时候，在这座由克里姆林宫通向凯宾斯基酒店的大石桥上，还能看到纪念涅姆佐夫的鲜花和蜡烛。

大，也反映了莫斯科民众在当时不满情绪的增加。根据俄罗斯"社会
舆论"基金在 2015 年 2 月的民意调查，当时对商品价格上涨不满的民
众比例已经上升到了 65%，同比增加 21%。涅姆佐夫被害正好给大家
一个机会以宣泄心中的不满。

3 月 3 日，涅姆佐夫的遗体告别仪式在萨哈罗夫中心举行。安德
烈·德米特里耶维奇·萨哈罗夫（Sakharov），1921 年出生，1989 年去
世。他是核聚变、宇宙射线和基本粒子等领域的专家，曾主导苏联第一
枚氢弹的研发，被称为"苏联氢弹之父"。而萨哈罗夫更著名的是作为
苏联人权运动的领袖、公民自由的拥护者，在 1975 年获得诺贝尔和平
奖。直到今天，以萨哈罗夫的名字命名的人权奖仍然是欧洲最高人权
奖，被认为是捍卫人权领域中最具有荣誉的一项奖励。萨哈罗夫中心，
最早是萨哈罗夫"和平、进步、人权"中心，是他的朋友和同事在他
去世之后，以非官方的形式在 1990 年建立的，为了保留萨哈罗夫院士
的遗产并纪念他。在萨哈罗夫中心举办涅姆佐夫的遗体告别仪式，其目
的和意义不言而喻。

3 月 3 日清晨，在去单位的路上，车行驶过萨哈罗夫中心，在这栋
小房子边上的空地，已经聚集了很多人，空地的外面有一个入口通向城
市道路，警察守卫着这个入口，一些好像是记者的人也拥在这个入口的
地方，还有几辆警车在附近路边停靠着。

纪念也好、游行也好，都无法解答一个问题，到底是谁杀害了涅姆
佐夫？为什么要暗杀涅姆佐夫？

鲍里斯·涅姆佐夫（Boris Nemtsov）1959 年出生在与克里米亚半
岛隔黑海相望的索契。涅姆佐夫在 1997—1998 年曾出任叶利钦时代的
俄政府副总理①，普京时代逐渐成为了反对派政治家，但在 2015 年，涅
姆佐夫已经不再是反对党的正式领袖了。他虽然对政府言辞激烈，在乌

---

① 普京在 1999 年 8 月被任命为俄罗斯总理，12 月成为代总统。

克兰危机爆发之后，明确反对普京收回克里米亚半岛，认为是普京的政策造成了乌克兰东部的混乱和分裂局势，但是在俄罗斯的内部政治斗争中，涅姆佐夫曾经在 1996 年与叶利钦和 2007 年与普京的对阵中，两次于总统选举的重要时刻退出了竞争，因此总体上是一位可以沟通、识大体、顾大局的反对派人物，刺杀他对普京有百害而无一利，得不偿失。政府若以如此愚蠢的方式对付并不具备实质威胁的一名反对派，从而引发群众的大规模游行，实在让人难以相信。

莫斯科警方在 3 月 9 日宣布，在其所抓捕的 5 名杀害涅姆佐夫的嫌疑犯中，达达耶夫承认自己是杀人凶手。达达耶夫是伊斯兰教徒，曾担任俄内务部队的分队副指挥官，多次参加车臣共和国境内的反恐行动。据说，他声称自己射杀涅姆佐夫的原因是不能容忍后者多次对伊斯兰教进行的诋毁。真相若果然如此，仿佛也太过简单。

还有一种观点认为，这次刺杀事件是俄极右翼民族主义组织的恐怖行为。这些右翼组织支持俄罗斯政府在乌克兰危机中的政策，激情澎湃地反对一切不利于这一政策的人和事。但他们过于激进，帮忙变成了添乱，而政府为了保护自己的铁杆支持者，不得不帮其掩盖。

但也有俄罗斯人认为美国是该事件的幕后黑手。那个出事时和涅姆佐夫在一起却毫发无损的乌克兰女模特也被认为十分可疑。有俄罗斯媒体的记者揭露，反对派计划以涅姆佐夫被杀为契机，与美欧联合在俄罗斯掀起"春天革命"。今日俄罗斯（RT）电视频道还在自己对 3 月 1 日莫斯科大游行的报道录像中圈出了用于支持上述观点的"可疑对象"。

纵观整个的乌克兰危机演变过程，这个带有阴谋论色彩的观点也有其自身的逻辑性。在 2014 年春夏之际，乌克兰局势呈现僵局，俄罗斯与西方的关系也有缓和迹象，但突然在 7 月就出现了马航航班被击落的事件，使得俄罗斯与欧洲的关系骤然紧张。经过艰苦的谈判和欧盟的斡旋，2014 年 9 月签署了旨在促成乌克兰东部停火的第一次明斯克协议，但紧接着美国就拉着欧盟加重了对俄制裁措施，使乌克兰危机再趋复杂。而在 2015 年 2 月第二次明斯克协议刚刚达成之际，又突然出现了涅姆佐夫被刺事件。这不得不让人怀疑，有人在背后不希望乌克兰事件顺利解决、不希望俄罗斯与西方关系恢复正常、不希望普京政府在此次危机中软着陆。

涅姆佐夫被刺事件发生之后，在莫斯科的感觉有些微妙，空气中弥散着一些紧张的味道。北京的同事把电话打到俄罗斯的手机上沟通工作，提到一些敏感词汇的时候，便会出现杂音或断音的现象。

稳定与动荡

在危机到来的时候，政府加强对社会经济生活各个方面的管控就有了充分的理由，在实施这种管控的过程中，国家控股的企业和金融机构无疑发挥着重要的作用。

俄政府总理梅德韦杰夫在 2014 年底签署命令，要求俄罗斯天然气工业公司、俄罗斯石油公司、阿尔罗萨金刚石公司等国有出口企业在 2015 年 3 月 1 日前出售其外汇收入，使它们的外汇库存回落至 2014 年 10 月 1 日前的规模，并保持不得超过这一规模。根据俄罗斯有关媒体估算，按照这个命令，各有关企业需出售的外汇总计为 400 亿～500 亿美元，在 2015 年前两个月里，日均需售汇约 10 亿美元。这无疑有助于卢布汇率在 2015 年初的稳定。

2015 年 3 月底，中东局势恶化，沙特阿拉伯飞机轰炸也门境内的反政府武装，国际原油价格受此影响反弹，也带动了卢布走高。美元兑卢布的汇率一举击穿 60 整数位，3 月 27 日达到 56.4271，6 个月的美元卢布远期在 63 左右。卢布汇率上扬且预期乐观、稳定。

2015 年上半年，美联储货币政策会议传递出偏松信号，货币政策会议宣布维持联邦基金利率目标区间在 0～0.25% 不变，同时下调了美国经济增长预期，美联储的声明打破了市场对 2015 年 6 月启动加息的预期，美元指数整体走软，也带动国际油价进一步走高。这促使卢布汇率的涨势一直延续到了 2015 年 5 月，并在 5 月中旬达到了 50 卢布兑 1 美元的高位。如果从 2015 年 1 月末的低位 71 卢布兑 1 美元算起，3 个多月卢布的累积涨幅近 30%，成为了 2015 年当期全球表现最好的主要货币。

如此强劲的走势让手持卢布的普通群众迎来了一个快乐的春天，并且带来了普遍的乐观情绪。据俄报纸网 2015 年 6 月 15 日报道，全俄社会舆论研究中心在 5 月底，对全俄 46 个地区 130 个居民点 1 600 名居民进行的调查显示，自 2015 年初至 5 月，认为经济危机"已经过去"的民众比例从 11% 升至 33%，认为主要困难"仍未到来"的民众比例从 50% 降至 31%。

但是专家们对于俄罗斯未来的经济走势判断则有较大差异。俄罗斯储蓄银行行长格尔曼·格列夫（German Gref）在 2015 年 5 月底对媒体表示，2015—2016 年度俄罗斯仍将承受经济危机的压力，预计 2015 年 GDP 将下降 4%，近 2 到 3 年内俄经济不会有大的起色，将长期处于危机状态。而几乎在同一天，俄经济发展部通过塔斯社发布预测，称俄罗斯 2015 年 GDP 将负增长 2.8%，并在 2016 年实现正增长 2.3%。俄罗斯储蓄银行和俄罗斯经济发展部对于 2015 年俄罗斯 GDP 的预测相差 1.2 个百分点。

专家们在经济预测上的分歧来自太多的不确定性，油价、乌克兰、制裁、汇率，虽然遇到了风光旖旎的小阳春，但问题并没有得到根本性的解决，不知道会向何方发展。

果然，从 2015 年 5 月底开始，各方面的形势都开始发生变化。

首先是随着油价的企稳，美国页岩油的产能快速恢复，在 2015 年 6 月大幅增长。石油输出国组织（OPEC）也不想丧失自己的市场份额，高盛集团（Goldman Sachs）预计，OPEC 最大的成员国沙特阿拉伯将持续增产，旨在向美国页岩油施压。油价的稳定使国际原油供应持续井喷，国际能源署（IEA）数据显示，全球油市在 2014 年到 2015 年中一直处于供大于求的情况。短期内需求的增加无法跟上原油供应的增长，供应持续过剩给油价带来巨大压力。受此影响卢布的反弹也戛然而止，汇率从 2015 年 5 月底开始下跌。

除了油价之外，在 2015 年中卢布下跌的另一个推手来自俄罗斯央行。

俄央行在 2015 年 6 月 1 日突然宣布，取消既定的年度外汇竞拍活动，停止对汇率的干预。业内人士对此举动大多解读为俄央行有意力挺美元汇率，遏制卢布的上涨势头。有媒体分析，2015 年上半年一直延续的卢布强势对于俄罗斯正在实施的进口替代计划有一定负面影响，不利于俄经济应对衰退。此外，俄央行此前已在合适的汇率窗口期大量购进外汇，足以应对 2015 年底的一轮外债偿还高峰期，维持卢布强势对于外汇平衡的意义也已不大。更有消息称，为了缓解高利率形势下的流动性紧张，刺激经济，俄央行可能会重启外汇回购行动。卢布汇率被俄央行的举动一下子从 5 月底的 50 卢布兑 1 美元打到 56 卢布兑 1 美元，下跌逾 10%。

俄央行政策的变化还没有被市场完全消化，2015 年 6 月初又传来乌克兰东部重新发生冲突的消息。乌克兰再次紧张的形势使得欧盟在 6 月末跟随美国，决定将对俄罗斯的经济制裁进行延长，新的制裁期限至 2016 年 1 月 31 日。

短短一个月的时间里，世界能源市场、乌克兰局势、欧洲对俄制裁的态度、俄国内货币政策导向都发生了重大变化，多重负面因素交织，造成了卢布巨大的波动。

2015 年上半年，卢布对美元汇率日间最大波动幅度达到约 8%，日间平均波动幅度超过 3%，其中单日波动超过 3% 的交易天数达 54 天，占比 42%。如此波动频繁、上蹿下跳的汇率市场，对于交易员是个好消息，但对于实体经济就不好了，预算、成本、采购、合同、贷款、投资，一切都建立在不确定的汇率假设基础之上。不确定性使短期投机蠢蠢欲动，但长期投资则偃旗息鼓。

利率、汇率、资本流动

俄罗斯实体经济在 2015 年除了面对汇率的挑战之外，高昂的利率也为其带来了巨大的财务成本，成为压在他们身上的另一座大山。

2014 年 12 月，为应对卢布危机，避免卢布崩盘，俄央行一举将关键指导利率上调 6.5 个百分点至 17%。这虽然对稳定卢布起到了重要作用，但高企的利率也对俄罗斯经济的复苏带来了负面影响。

面对国内巨大的经济压力和国际评级机构下调主权评级至垃圾级所带来的冲击，俄央行在 2015 年 1 月底宣布将指导利率从施行了一个半月的 17% 降低到 15%。

在俄央行 2015 年第一次降息之后的一段时间里，作为卢布货币市场价格基准的莫斯科基础贷款利率（Moscow Prime Offered Rate，MOSPRIME）成功地稳定在 17%～18%，远低于 2014 年底卢布危机之后曾经达到的高位 22.33%。卢布 1 年期浮动利率到固定利率的掉期一度在 16% 以下，低于 MOSPRIME，表明市场对卢布利率进一步下调仍有较强预期。在这样的氛围下，存贷款市场的量价也开始稳定，向常态回归。银行间同业的短期卢布存款价格稳定在 14% 以上，且交易对手比 2014 年 12 月活跃了很多，流动性明显得到改善。甚至有一家强势的中资企业，在和银行洽谈内保外贷业务时[①]，要求将 1 年期卢布贷款的

---

① 内保外贷业务，中资企业在中国境内实力强大的总部出具反担保，中国国内的银行基于此反担保对境外的银行出具保函，境外银行根据保函向中资企业境外的机构发放贷款。境外银行所面对的最终风险在一定程度上可以认为是境内出具保函的那家银行，因此在定价上可以较少地考虑中资企业境外机构的风险溢价，而更多地参考同业资金价格。这种信贷安排对于刚开始海外拓展，境外机构实力较弱但中国境内总部实力较强的企业十分普遍。

固定利率控制在 12%。市场情绪的乐观可见一斑。

　　值得庆幸的是，2015 年上半年外围的形势也的确给力：第二次明斯克协议顺利达成且总体对俄有利，国际油价显著反弹。借此利好，卢布在利率下调的情况下，汇率不跌反升，这给了俄央行进一步降息的空间。

　　卢布由此在 2015 年上半年进入了一条降息通道，俄央行从 1 月底到 7 月底，半年连续 5 次降低关键指导利率，累计降幅 600 个基点至11%，2014 年 12 月一次性加息 650 个基点的影响已被基本消除。货币市场同业拆借的基准利率（MOSPRIME）也随着央行指导利率的下调而持续从高位下行，三个月 MOSPRIME 的价格在 6 月末已降到 12%，比年初的高位低了 50%。社会融资成本明显降低、流动性得以改善，这对俄罗斯经济在多重危机打击之下的缓慢复苏提供了难得的动力。

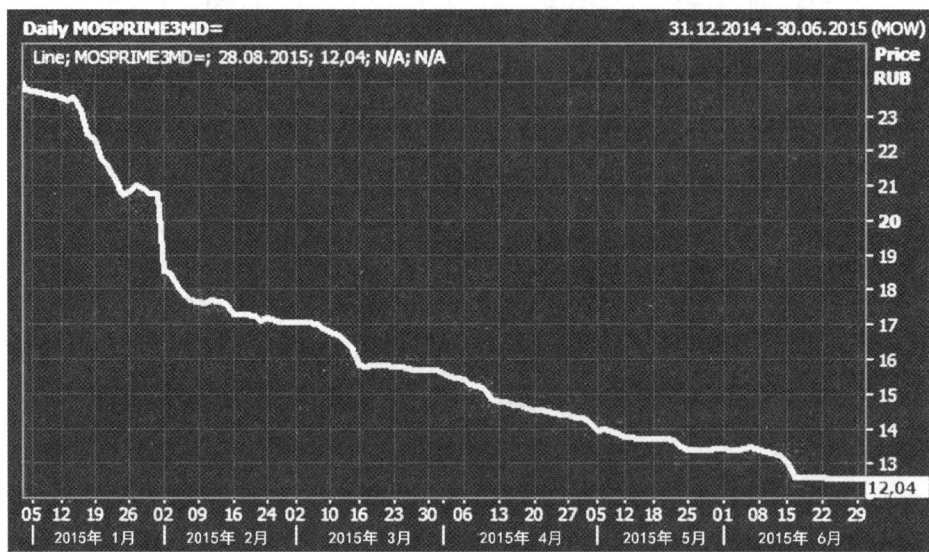

资料来源：汤森路透（Thomson Reuters）。

图 5　2015 年上半年卢布同业拆借利率走势（3 个月的

MOSPRIME 每日报价）

　　货币政策的选择可能会考虑很多的目的：稳定汇率、刺激经济、控制通货膨胀等，但这些目的很难同时达成。俄央行在 2015 年的货币政策选择也是在控制通胀与刺激经济之间左右为难。

　　2015 年初持续的降息，主要是因为俄罗斯经济陷入了严重的衰退。根据俄罗斯联邦统计局公布的数据显示，2015 年第一季度俄 GDP 同比收缩 2.2%，第二季度同比收缩 4.6%，情况持续恶化。衰退的经济迫使俄罗斯央行实行宽松的货币政策以促进经济回升。

　　与此同时，俄罗斯的通货膨胀情况也十分严峻。2014 年的通货膨胀率达到 11.4%，2015 年前三个月的通货膨胀环比又分别达到 3.9%、2.2%、1.2%，第一季度末通货膨胀按年率计算达到 16.9% 的高位。从第二季度开始，通货膨胀率虽然缓慢下降，但仍一直保持在按年率计算 15% 以上。

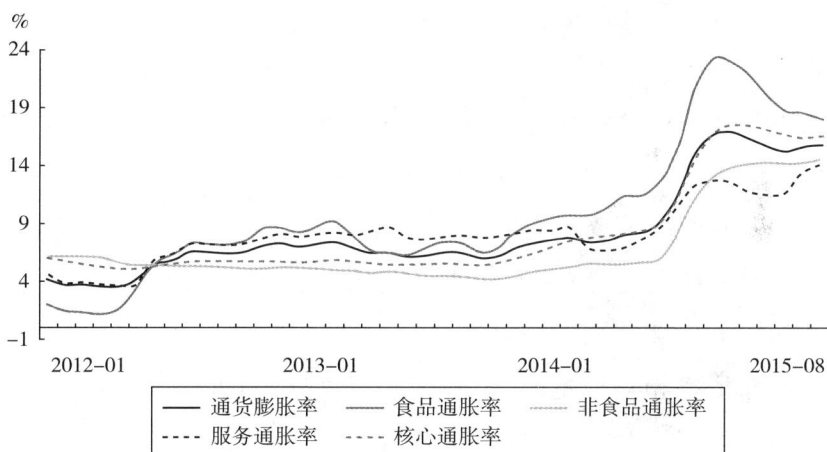

资料来源：世界银行 2015 年 9 月发布的《俄罗斯经济发展报告》。

基础数据来源：俄罗斯统计局，哈弗分析（Harvard Analytics）。

图 6　俄罗斯 2012 年到 2015 年 8 月期间的通货膨胀率（年同比）

　　另外，从结构上分析，通货膨胀率虽然从 2015 年初的峰值逐步回落，但这主要是由于食品通胀率持续走低，食品价格的稳定在很大程度上依赖于反制裁措施大量减少了从欧美输入的进口食品，这减轻了卢布贬值带来的输入性通胀。可是除食品之外，服务和非食品的通货膨胀率一直居高不下，甚至在 2015 年 6 月后出现明显反弹。因此，从总体上有效控制通货膨胀的压力仍然很大。

货币政策在刺激经济和控制通胀之间的选择，其实也是在汇率方向上的选择。宽松的货币政策会使得卢布汇率承压，而卢布汇率的下跌对于扩大出口、刺激经济相对有利，但同时低汇率也会带来输入性通胀，特别是很多日用轻工业产品都需要进口的俄罗斯，这个问题就更加突出。反之，紧缩的货币政策有助于货币强势，坚挺的卢布对于压低进口商品价格、控制通货膨胀有利，但却不利于出口与经济复苏。

正是鉴于通货膨胀风险和卢布贬值的影响，特别是从 2015 年 6 月开始的新一轮油价下跌使卢布汇率面临重大压力，尽管经济疲弱问题仍然存在，但俄央行还是从 2015 年 8 月开始停止了它的宽松政策，此后关键指导利率长期维持在 11% 保持不变，一直坚持到 2016 年 6 月。

在评估各类风险的时候，俄央行显然更担心恶性通胀的影响。控制通货膨胀才是俄罗斯央行货币政策的第一要务。

造成卢布汇率承受压力的另一个重要原因是持续的资本外流。资本外流也会造成国内的流动性紧张，货币市场价格高企，因此也与利率有关。2015 年上半年俄罗斯获得了一个难得的窗口期，可以持续降息并保持卢布汇率相对稳定，这其中一个重要的原因就是有效地控制了资本外流。

根据俄央行统计数据显示，2015 年上半年俄银行及企业资本净流出总额为 525 亿美元，其中第二季度资本净流出 200 亿美元，较第一季度下降 38.5%。同时，2015 年上半年经常账户顺差达 481 亿美元，较 2014 年同期增长 26.9%，国际收支情况良好。截至 2015 年 6 月 5 日，俄国际储备达 3 616 亿美元，比年初下降 200 多亿美元，比起 2014 年全年下降 1 300 多亿美元的情况，已有显著改善。这都有效地支撑了卢布上半年的汇率。

在流出的资本中，有很大一部分被用于偿还外债，而不是盲目的资本外逃。根据俄新网 2015 年 6 月 20 日引用俄罗斯总统经济顾问安德烈·别拉乌索夫（Andre Belousov）的分析称，2015 年第一季度外流的 300 多亿美元资本中，有大约 240 亿美元用于偿还企业外债，只有 100 亿美元左右是真正意义上的资本外流。另据俄央行数据显示，截至 2015 年 7 月 1 日，俄外债总额为 5 562 亿美元，较 1 月 1 日的 5 990 亿美元下降了 7.2%，其中国债降至 428.6 亿美元。

俄罗斯在 2015 年采取的降低外债去杠杆政策，和当时面对债务危机的南欧各国颇有一些相似。一方面举债投资可以刺激经济；另一方面国家负债率过高会造成国际投资者的担心，使得融资成本，也就是利率上升。在国际评级已被下调到垃圾级的情况下，过高的负债率显然是危险的。俄罗斯 2015 年上半年去杠杆的措施使其国家财政显得更为健康，这也是典型的以德国为首的北欧国家稳健的政策偏好。那些对俄罗斯债务违约的担心显得越来越没有必要，现在的俄罗斯已经显然不是 1998 年的俄罗斯了，至少在国际经济金融领域不会再贸然"耍流氓"了。这当然不是什么道义的提升，一方面是俄罗斯在战略上依然希望拉拢欧盟，不想撕破脸皮；另一方面是在当今越来越全球化的世界里，谁都离不开国际金融市场，必须按它的规则去行事。正如俄罗斯经济发展部部长阿列克谢·乌柳卡耶夫（Alexei Ulyukayev）在 2015 年 6 月所说，俄主权外债负债率降低使其能够到国外市场举债。这才是俄罗斯去杠杆的根本目的。

偿还外债的资本流出符合去杠杆的政策导向，对经济的长远稳定有利，但是其他纯粹的资本外流则需要有效控制，以防止国内的汇率承压和流动性吃紧。有效控制资本外流的手段，并不只是稳定的汇率和有吸引力的高利率，还有必要的资本管制措施。

俄罗斯长期实施的是有管理的外汇自由流动制度。在俄罗斯境内换取各种外汇，包括外汇现钞，原则上是不受任何限制的。但是在资金跨境流动上，则一直通过实行外汇交易证制度进行管理。

按照外汇交易证制度，需要通过商业银行进行跨境资金结算的企业，必须将支持资金跨境交易的文件，包括投资批复、注册资金批复、股东决议、对外贸易合同等，递交给银行，由银行的外汇管理人员进行审核，根据这些支持文件所载明的业务金额，为企业核发外汇交易证。在该外汇交易证所规定的金额和事项下，企业可以自由进行跨境资金结算和交易。如果有新的投资和新的进出口业务，则需要再办理新的外汇交易证。这些外汇管理人员虽然是商业银行的雇员，但却直接向俄央行负责，需要取得央行的资格审查，实质上是在替央行履行外汇管理职责。

2015 年，面对新的资金流失压力，为了控制资本流出，俄罗斯监管部门又陆续出台了一些新的加强外汇管理的政策。比如在 2015 年 7 月，俄罗斯税务局出台新的规定，所有金融机构存放在关联人名下的外币，利息必须在伦敦同业拆借利率（London Interbank Offered Rate，LIBOR）加 4%～7% 的水平上，如果低于 4%，则被认为有利益输送的嫌疑，税务局仍将按照 4% 收取利息收入所得税。这项规定，是防止俄罗斯的银行把从俄境内吸纳到的存款等外币资金，通过存放、拆放的方式拿到境外去使用。

在当时的情况下，由于担心卢布再次大幅贬值，很多俄罗斯居民和企业手里都留存了大量的外汇资金，并将其存入银行，特别是在俄罗斯的外资银行。俄罗斯外资银行吸收的外汇资金很难在俄境内使用，一是由于俄国内经济衰退造成投资放缓，信贷有效需求不足；二是企业经营困难，信用风险增加，银行放贷日趋谨慎；三是很多大型优质的俄罗斯银行和企业已被欧美制裁，将外汇资金长期拆借或贷款给他们，会面临潜在的制裁风险。因此，当时外资银行普遍将账面上剩余的外汇资金跨境存放于它们在纽约、伦敦、香港等地的兄弟机构，作为流动性缓冲。

而且按照俄央行风险资产计算的规则，存放在欧美发达国家金融机构的资产，风险权重低，占用资本少。对于在俄罗斯只能以子银行形式经营的外资银行，由于卢布贬值造成资本充足率承受极大压力，减少资本消耗也是其将资金存放境外的原因之一。

欧洲在 2015 年实行的是货币宽松政策，在欧洲央行存放的欧元存款甚至是负利率。因此至少是欧元，在俄罗斯境外根本不可能获得 LI-BOR +4% 的利率。税务局的这项政策迫使在俄经营的外资银行为避免额外的税务支出，只能把外汇资金留在俄罗斯境内寻求出路。资本跨境流动被有效控制。

按照美国经济学家保罗·克鲁格曼（Krugman）在 1999 年亚洲金融危机之后提出的三元悖论理论（The Impossible Trinity），在开放经济条件下，本国货币政策的独立性、汇率稳定、资本的自由流动不能同时实现，只能满足其中的两个目标，而放弃另一个目标。但是在实践中，很难完全清晰地三选二，更多的操作是在两难中争取实现三个 2/3，而不是两个 1 和一个 0。那就是不完全的货币政策独立、不十分稳定的汇率和不彻底的资本自由流动。

用两个锅盖去盖住三口锅，俄罗斯央行竭尽所能。回顾从 2014 年到 2015 年应对各种危机的措施，俄央行的策略可圈可点。

俄央行应对危机策略回顾

强化监管与临时豁免

所有的政策，包括监管政策、货币政策、财政政策，乃至微观层面一家企业的具体经营策略，都存在短期目标和长期目标平衡的问题。俄央行在 2014 年和 2015 年的监管政策取向上也同样面临这个问题：既存在强化监管和向国际监管标准看齐的长期目标，也存在应对卢布突然贬值和经济下行压力的短期目标。

在 2014 年乌克兰危机、欧美制裁、油价下跌、卢布危机接踵而来之前，俄罗斯央行正在稳步推进其既定的监管强化目标，以使俄罗斯金融体系的风险防控实践更接近于国际标准。这些举措以一种更加积极主动的方式加强对俄罗斯金融行业的监管，在银行面临经营环境恶化、资产质量与盈利压力时，对保证俄罗斯金融行业健康发展是有利的。这些新的监管措施将使俄罗斯银行对它们从前的运营模式进行重大调整，在借款人集中度、关联方贷款、消费贷款等方面，对俄罗斯金融行业的行为规则与市场结构会产生较大影响。但这些新监管措施拟定的实施时间正好遇到了乌克兰危机和卢布危机全面爆发，因此大部分政策被迫多次推迟执行。

不仅这些新的强化监管措施，一些原有的日常监管规定也由于2014—2015 年的特殊情况，进行了调整。俄央行根据欧美制裁、卢布危机带来的新情况、新风险，对一些监管指标进行了临时的豁免。

2014 年 12 月，为应对卢布汇率的突然大幅下跌，俄央行推出了一揽子政策，放宽了对银行业的部分监管要求，监管要求的放宽避免了众多银行因卢布大幅贬值和市场剧烈波动而被动触碰监管红线、被动违规。这些监管临时豁免措施也是对俄央行强化监管政策的一个对冲，暂缓了部分中小型银行在资产质量等方面风险的集中爆发。

上述一揽子监管临时豁免措施主要包括：

在证券估价方面：俄央行临时暂停了对证券价格下跌所引起的估值变动进行公允价值计量的要求，以降低市场剧烈波动对金融机构的巨大影响。

在贷款拨备计提方面：俄央行监管法律中有一项条款，允许在诸如灾害、战争等极端情况下，对贷款分类和贷款损失准备进行较灵活的处理。那些受乌克兰冲突影响的贷款符合这项条款的规定。乌克兰危机全面爆发之后，俄央行针对受影响的贷款，将该条款的适用期从 1 年延长至 3 年。此外，俄央行还针对因制裁发生劣变的贷款、因制裁造成的经济形势恶化发生劣变的贷款、截至 2014 年 12 月 1 日进行了重组的贷款，进行临时豁免，允许银行在上述贷款的分类和损失准备方面采取较为灵活的处理方式。

在外汇汇率估值方面：俄央行规定金融机构对 2015 年 1 月 2 日以前续存的以外币计价的资产和负债，可以使用一个固定汇率进行转换计算，以降低汇率大幅贬值对最大风险敞口等谨慎性监管指标的巨大影响。

按照俄央行 2014 年 12 月的规定，各金融机构可以用 2014 年 10 月 1 日的卢布汇率，即 39 卢布兑 1 美元和 50 卢布兑 1 欧元，作为固定汇率进行监管指标计算时的外汇汇率估值转换，这个价格比当时的市场汇率低了 25%～30%。根据俄央行的规定，这个临时措施的实施期限到 2015 年 7 月 1 日。2015 年 5 月，俄央行又把这一政策的实施期限延长到了 2015 年 10 月 1 日，并规定了新的固定汇率计算价格，即 45 卢布兑 1 美元和 52 卢布兑 1 欧元，这个汇率水平比当期末的市场汇率低大约 30%。随后在 2015 年 9 月这个政策又再次被延长至 2016 年 1 月 1 日，俄央行这次采取了 55 卢布兑 1 美元和 64 卢布兑 1 欧元的固定汇率计算价格，此价格仍然低于当期末市场汇率 20%～25%。2016 年 1 月俄央行继续延长此项政策，并将固定汇率升至 73 卢布兑 1 美元和 80 卢布兑 1 欧元。但到 2016 年 4 月的时候，卢布的市场价格已低于这一固定汇率水平，因此银行在 2016 年第一季度末计算监管指标时已没有必要再采用这个固定汇率换算其外汇资产和负债了。

俄央行采取了循序渐进的策略，将卢布汇率一夜暴跌的影响，分阶段地逐步反映到其监管指标上，给了银行 1 年多的时间去消化卢布危机带来的监管冲击。将长期强化监管的目标和短期应对危机的目标通过临时监管豁免调和起来。

资本流出与反洗钱

20 世纪 80 年代的拉美债务危机和 20 世纪 90 年代的亚洲金融危机之后，新兴经济体为了避免重蹈覆辙，逐渐摸索出了三个防范金融风险的关键要素：一是大规模的外汇储备缓冲；二是避免大规模的经常账户赤字；三是较低的外债和私人债务水平。

回顾 2014 年前俄罗斯的情况，从各个标准来说都相当优秀，并没有出现任何风险警示信号。俄罗斯的外汇储备在 2014 年初超过 5 100 亿美元，已持续多年实现经常账户盈余，2013 年公共部门外债总额仅占 GDP 的 3.8%，私人部门外债总额占 GDP 比重也在 30.2% 的合理水平。根据俄罗斯央行的数据显示，2013 年底俄罗斯的外国资产总额已达到 1.4 万亿美元，超过其外债总额 1.2 万亿美元的水平。由此看来，防范金融风险的三个要素均具备齐全，但是卢布危机仍然还是发生了，这是为什么呢？

国际清算银行（BIS）的经济学家博里奥（Claudio Borio）和申铉松（Hyun Song Shin）曾在一篇报告里分析：一个国家金融资产余额所通常反映的只是其位于海外的离岸金融中介的情况，这些离岸金融中介机构形成了一个使大规模资本得以外流并在境外循环的体系。这一现象在俄罗斯尤其突出，外汇资产虽然数额巨大，但无法被轻易调动和使用。从微观角度看，俄罗斯的公司用它们在海外获得的资金来积累财富，但它们并没有将钱真正汇回俄罗斯国内。在此情况下，即便拥有大规模的外汇储备和经常账户盈余，但在需要支付外汇的时候，这些公司会迅速将外汇储备耗尽，而不去动用它们在海外的资产。

资本流动——实质上是只流出不流入——使得外汇储备与贸易顺差形同虚设。这样的资本流动经常会损害一个国家的金融稳定。

在第一次世界大战爆发之前，德国和法国紧密的外交关系促进了大规模的资本流动，但随着欧洲紧张局势的出现，比如在 1911 年法国和德国为争夺摩洛哥而引发的战争危机中，越来越多的投机分子利用资本流动来冲击德国金融体系的稳定，这也加重了德国的孤立。

21 世纪初，俄罗斯和欧洲的密切关系也促进了大规模的资本流动，但随着 2014 年乌克兰危机和地缘政治突然趋向紧张，资本的自由流动也冲击了俄罗斯的金融稳定，投机分子火中取栗，更加重了俄罗斯的货币危机和经济困难，并最终加重了北极熊的孤立。

——历史总是有惊人的相似之处。

美国在 2013 年开始逐步退出量化宽松政策，引发了"量化宽松削减恐慌"（Taper Tantrum），带来了新兴市场国家普遍的资本流出热潮。欧洲的新兴市场国家主要集中在包括俄罗斯和土耳其在内的中东欧地区，这些国家在 2014—2015 年也普遍面临着资本流出的问题。欧洲债务危机之后西欧商业银行持续的去杠杆化更是加重了中东欧国家的资本流出。2015 年下半年，部分由于地缘政治紧张情况加剧，部分由于欧洲政治经济不确定性加剧，全球投资组合策略中从中东欧流出的资金持续增加，其中债券投资的流出主要发生在俄罗斯和土耳其。而俄罗斯相

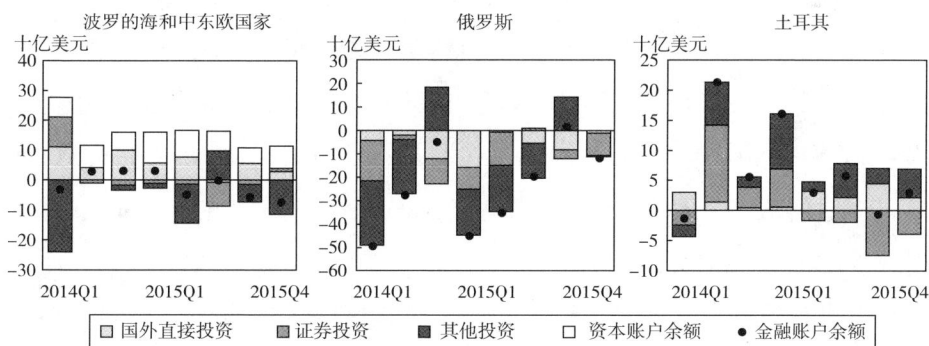

资料来源：国际货币基金组织（IMF）2016 年 5 月的地区经济研究报告。

图 7　2014—2015 年波罗的海和中东欧国家、俄罗斯、土耳其的国际收支资本流动分析

比土耳其和其他中东欧国家，情况则更严重，它是 2014—2015 年国外直接投资（FDI）唯一净流出的国家，资本外流形势最为严峻。

俄罗斯存在如此严重的资本流出问题，与俄罗斯银行业的特点有很大关系。在俄罗斯成立银行是一件比较容易的事情，从苏联解体开始，几乎所有的寡头都先后成立了自己的银行，为自己的商业经营和各种目的服务，包括将资金通过各种合法与非法的手段转移到境外。根据美国洗钱监控机构全球金融诚信组织（Global Financial Integrity）统计，从 1994 年至 2012 年，在俄罗斯超过 1.3 万亿美元的资本非法外逃中，有 90% 是通过虚开贸易发票的方式进行的。在通过外汇交易证制度进行外汇管理的俄罗斯，没有银行的配合，这种操作肯定是很难进行的。

因此，为了保持金融稳定，必须打击盲目的资本流出，否则外汇储备和贸易顺差也无法起到有效应对危机的作用；而为了高效打击有组织的资本外逃，最好的办法就是切断使资本得以大规模外流的渠道，惩罚帮助资本非法外逃、涉嫌洗钱的金融机构。

为此，俄罗斯央行采取了严厉的措施。俄央行的女行长纳比乌琳娜（Elvira Nabiullina）2013 年 6 月上任以来，吊销了很多存在可疑交易和财务问题的银行与其他金融机构的牌照。乌克兰危机爆发之后，2014 年有 72 家银行和 13 家非银行信贷机构被吊销牌照，2015 年又有 93 家银行和 102 家保险公司被吊销牌照。它们大多是在俄罗斯银行业排名 100 位之外的中小型金融机构，很多是那些大大小小的寡头们成立的，专门为他们服务，将资金通过各种方式——包括洗钱的方式——弄到国外去的家族式银行。

俄央行反洗钱局在 2015 年习惯性地通过信函、面谈、会议、检查等多种方式，提醒众多金融机构重视造成资金外流的客户洗钱行为，严格加强管理。如此强势的监管使银行在日常经营中反洗钱合规压力越来越大，大量拒绝不熟悉的客户开户和办理外汇业务。举一个例子，我在 2015 年 10 月 23 日这一天时间里，就签出了 10 封婉拒企业客户开户的信函。这些被认为有洗钱嫌疑而被婉拒的企业客户所具有的标志性特征包括：单一股东；极少的注册资本；往往没有单独的财务负责人，企业的财务负责人和 CEO 是同一个人；是刚刚注册的新公司；作为公司注册地址的办公室往往是一个被几十家公司作为注册地址的地方。这些涉嫌洗钱的客户典型的交易模式，往往是进口某种商品，在签订了合同几个工作日之后就将 100% 的货款以预付款的方式支付到境外，但是货物的交付日期则是在 6 个月，甚至 1 年以后。这样的交易结构很可能就是一个虚假贸易，从而将资金从俄罗斯境内非法转移到境外。

俄央行通过高压态势，使得银行，特别是在俄罗斯经营的外资银行和寡头控股的私人银行，宁可牺牲业务也不敢冒险为可疑的客户提供跨境资金汇划服务，从源头上阻断了资本外流的渠道。这在卢布危机中为稳定本币汇率起到了重要的作用。

另外，银行对于反洗钱问题格外小心翼翼、如履薄冰，还有一个特别的原因。在当前复杂的国际政治经济关系和全球化的金融体系下，反洗钱问题通常已不再是简单的反洗钱问题了，反洗钱问题往往被政治化，与大国之间的利益博弈捆绑在一起。在被欧美制裁的俄罗斯经营的银行，更是面临这样的问题，对它们进行反洗钱审查的不只是俄罗斯人，还有美国人。

德意志银行是欧洲大陆最大的银行，也曾经是全世界总资产最大的商业银行。2015 年 10 月，美国司法部（DOJ）和纽约金融服务局（DFS）对德意志银行在俄罗斯的经营活动是否存在违反制裁的情况，进行大范围的洗钱调查。这是 2014 年乌克兰危机之后，美国首例针对全球大型金融机构进行的涉嫌违反西方对俄制裁的调查。

根据《金融时报》（*The Financial Times*）报道，该项调查所涉及的德意志银行在俄客户包括受到美国制裁的罗滕贝格兄弟，他们是普京总统的亲密助手和柔道运动中的伙伴。美国监管机构对德意志银行的初步调查发现，德意志银行涉嫌通过一系列所谓的"镜像交易"

（Mirror Trades）帮助客户进行规避制裁的洗钱活动。其具体的交易模式是：俄罗斯客户用卢布从德意志银行的莫斯科机构购买证券，然后用外币出售相同的证券给德意志银行在伦敦的机构，以此换取大量外币并将其转移出境。据知情人士透露，美国司法部和纽约金融服务局的调查涉及价值约 60 亿美元的交易，其中的一些交易涉及使用美元清算，另外还有一名美国籍的德意志银行前雇员也涉嫌参与了上述交易。

按照美国对俄罗斯采取的限制性制裁（SSI）措施，严禁美国人或通过美国，对被制裁的俄罗斯企业和个人提供一定天数之上的融资服务（by a U. S. Person or within the United States are prohibited）。按照这个规定，德意志银行的交易中使用美元和有美国籍雇员参与都会给自己造成麻烦。

美国监管部门对德意志银行的调查还包括德意志银行内部是否有涉及对俄制裁问题的完善的内控合规流程，是否向监管机构提供了准确的信息。

也许是对德意志银行在配合美国调查中过分合作的态度表示愤慨，也许是对寡头涉嫌资金外逃的关切，当然，也许是纯粹的巧合，2015年 12 月，俄罗斯央行以德意志银行在俄子银行违反了内部控制规则，对德意志银行进行调查并罚款 30 万卢布。

根据彭博社 2015 年 12 月 15 日的消息，俄央行重点调查了德意志银行俄罗斯机构在 2014 年 4 月至 2015 年 5 月期间总计 8.5 亿美元的交易，这个时间段正好和美国监管机构调查的德意志银行在莫斯科与伦敦之间进行的所谓"镜像交易"所涉及的时间段一致。

据报告称，俄央行的检查并没有发现德意志银行存在可能涉及洗钱交易的实质性违规行为，相关的处罚只是因为德意志银行存在程序上的技术缺陷，比如文件条款的缺陷、相关业务具体操作人员的签名不齐全等。

全球遍布网点的国际化银行，在大国政治经济博弈的夹缝之间谨慎经营，以反洗钱名义进行的处罚随时可能因为各种原因降临到它们的头上。

危机中的政策总结

经历了自苏联解体之后多次危机的洗礼，俄罗斯应对各类危机的经验已经十分丰富。纵观在 2014 年和 2015 年面对乌克兰危机、欧美制裁、油价危机、卢布危机而出台的各项政策，可以概括性地作出如下总结：

在俄罗斯国内经济受到油价下跌和制裁的双重打击之下，实施了较为有效的政策反应。

2014 年至 2015 年油价总体下跌了大约 45%，国际金融市场也因为制裁持续向俄罗斯银行和企业关闭，使俄罗斯经济陷入低迷。但是通过强硬的对外政策和一揽子经济政策，这次经济衰退对俄罗斯所造成的负面影响比以往俄罗斯经历的历次衰退要小很多。为应对这次经济衰退，莫斯科采取的一揽子经济政策包括：灵活的汇率机制、对于银行业的资本和流动性支持、有限的财政刺激、对部分监管要求的临时豁免、有效防控资金外逃。这些政策缓冲了经济震荡，稳定了金融体系并帮助市场逐渐恢复了信心。

2014 年底推出的反危机措施，随着内外部经济情况的变化，2015 年开始被及时调整，逐步取消，恢复常态。

随着经济形势的变化、短期情况常态化、财政与外汇储备资源的不断消耗，反危机政策也被灵活调整。2015 年支持了俄罗斯经济复苏的财政刺激政策大多是临时的和有限的，可被随时调整；政府的资本支持计划在 2015 年基本结束；对银行监管政策的临时豁免也多数被取消；2014 年 12 月为救市而紧急加息 650 个基点后，随着市场信心的恢复和通胀率的变化，货币政策在 2015 年逐渐回归正常；俄央行也在 2015 年中开始逐步提高了外汇借贷的成本。

对外收支调整果断迅速，避免了危机的交叉传染。

尽管油价下跌，但由于进口收缩、服务业贸易赤字减少，2015 年的经常账户收支情况得到改善。在较低水平下实现的贸易平衡很大程度得益于卢布汇率的变化，非能源领域的出口提升仍然仅体现在军工等少数几个行业中。同时，部分由于制裁引发的外部去杠杆化使得俄罗斯企业的外部债务在 2014 年和 2015 年两年减少了约 1 760 亿美元。资本外流的情况在 2015 年也终于得到控制，流出量下降到 2014 年的一半，这反映了信心的回归和卢布汇率压力的缓解。

持续的阻力延缓了俄罗斯的经济复苏，不确定性造成各类风险将长期存在。

俄罗斯经济在 2015 年中出现了一些明显改善的迹象，但随着 2015 年下半年国际油价的再度下跌、欧美对俄制裁的延续，俄国内经济复苏再次遭遇阻力。俄联邦政府为此在 2016 年预算中制定了新的削减开支计划，俄央行也因卢布的再度贬值于 2015 年 8 月起停止了货币宽松政策。鉴于经济形势和地缘政治的巨大不确定性，尽管俄罗斯的金融稳定有所加强，但企业和银行的总体表现仍然疲弱，各类危机再次加重的风险犹存。

这些在 2014—2015 年实施的各项政策措施，只是在乌克兰危机、欧美制裁、油价危机、卢布危机接连发生的情况下，为了救急而采取的短期政策。从长期看，俄罗斯只有进行经济结构调整，采取系统性长期性的经济政策和产业政策，解决对能源产业的过度依赖，解决贸易结构失衡，才能从根本上避免类似危机的不断出现。

上述长期政策的方向一直是明确的：增加非能源行业在经济和对外贸易中的比重，增加非能源行业的市场竞争力，实现进口替代策略。但是在油气价格高涨，大家的日子都过得舒服的时候，这样伤筋动骨的结构调整就被一次又一次地搁置了下来。2014—2015 年，制裁、油价、卢布汇率的一系列打击使得产业结构调整的长期策略又再一次被重视了起来。

进口替代中的行业冷暖

每一朵乌云都有自己闪亮的银边，或者说事物都有它的两个方面，虽然制裁和危机给俄罗斯带来了诸多的困难，但也有人认为这是俄罗斯一个难得的推动经济结构转型的好机会。

普京总统在 2015 年 4 月 16 日的一次电视直播中称：西方制裁带有明显的政治特点，是在阻止俄经济发展，现在俄不会指望取消制裁。对于企业家而言，经济问题本质不是制裁，而是在于俄国内，如何寻找办法摆脱制裁，一切取决于自身。要善于利用西方的经济制裁，改变经济发展方式，实现进口替代，矫正现有的经济政策，为未来经济健康发展创造条件。普京总统还强调，俄不同于伊朗，有广阔的领土和多样化的经济部门，可以抵制西方的经济制裁。

进口替代政策，是俄罗斯长期致力于调整自身经济结构、改变自身经济发展方式的战略举措。在 2014 年乌克兰危机之后，欧美的制裁、石油价格和卢布汇率的下跌，推动俄罗斯加快实行经济结构调整转型。这个经济结构调整转型，简而言之，一是去除对西方的依赖，二是去除对能源的依赖。

由于各个行业在俄罗斯的资源禀赋不同、发展基础不同、对外贸易环境不同，在 2014—2015 年危机期间的生存境况也大大不同，实施进口替代政策的效果也很不同。下面就一些重点行业分别讨论介绍。

制造业

俄罗斯在乌克兰危机之后的进口替代政策，一方面是自身经济结构调整的要求，另一方面也是欧美制裁的结果。

2014年欧美若干次制裁措施实施之后，不少西方制造业巨头都先后放弃了与俄罗斯的贸易合作。德国莱茵金属公司（Rheinmetall）终止向俄罗斯供应设备，德国西门子公司宣布严格执行对俄制裁措施，瑞典沃尔沃集团、法国雷诺卡车防务公司、意大利芬坎蒂尼（Fican-tieri）造船公司暂停与俄罗斯涉及军事常规装备的合作项目，美国通用公司拒绝向俄罗斯厂商提供芯片组生产设备，美国微软、思科等IT企业终止与受欧美制裁的俄罗斯银行与能源公司合作。俄工业和制造业者联合会首席经济学家拉尔夫在2014年底对俄罗斯媒体称，俄罗斯曾是德国第四大机械产品出口市场，但制裁极大地抑制了俄市场对德国机械产品的需求，预测2014年德国向俄罗斯的机械产品出口额将减少35%。

俄罗斯与西方国家关系的恶化使制造业相关领域、机械、工程、交通、通讯等产品的进口大幅下降，促进了进口替代的实施，与此相配合的一些主动政策调整更是加快了替代的落地速度。

俄罗斯工业贸易部在2014年9月宣布，将采取措施，逐步限制和缩减进口车床在俄军工企业中的使用，争取2020年前把国产军工用车床的市场份额从10%提升至60%，从而彻底改变进口车床垄断俄罗斯市场的局面。俄罗斯是全球第二大军售国，2014年的武器及军用技术出口合同总金额132亿美元，全球市场占比27%。但是在军工企业中，进口军工用车床的使用占比在90%以上。通过政策限制，使俄罗斯庞大的军工行业更多地采购国产车床，将制造出一个巨大的内需市场，大大促进制造业实现进口替代。

俄罗斯在与国外企业进行的大型基础设施项目合作中，也特别关注相关设备和产品的国产化率要求，以投资合作拉动进口替代。俄罗斯地域辽阔，铁路等交通基础设施建设的需求很大，中国高铁技术世界一流，中俄陆上边界相连，两国高速铁路项目合作潜力巨大。俄罗斯铁路公司与中国合作伙伴进行的高铁项目谈判中，一直坚持高国产化率的要求。在 2015 年 9 月底进行的中俄高铁合作企业工作组第四次会议中，中俄合作双方研究了莫斯科—喀山高速铁路项目的实施细节，包括项目的设计、项目的实施组织、项目主体的法律模式、项目的投资和融资计划等。在这次会议上，工作组也商定将制定高铁所需的产品清单，并确定哪些产品可以在俄罗斯境内生产。按照俄罗斯铁路公司相关人士透露，莫斯科—喀山高铁项目将实行高度的国产化，预计 80% 的材料将为俄制产品，现代化高速列车的生产同样也计划在俄罗斯进行。这意味着俄罗斯制造业企业将获得巨大订单，实现一次对进口产品替代的大提升。

俄罗斯的制造业进口替代不仅是在大型机械、车床和交通设备上，也包括日用家电产品。从苏联时期开始，俄罗斯的强项就是重工业，居民消费产品的生产一直严重依赖进口。对耐用消费品制造业实施进口替代的一条便捷之路就是吸引那些已有品牌、营销和供应链优势的国际企业来本地投资设厂，海尔集团位于喀山的冰箱厂就是一个比较具有代表性的项目。

俄罗斯海尔电冰箱厂位于喀山的卡马河畔切尔尼市，2014 年开工建设，2016 年投产，总投资约 5 000 万美元。冰箱和其他家电一样，具有较长的产业链，如果仅开办了冰箱工厂，没有其他配套产业，仍然需要从俄罗斯境外用美元进口大量的零部件和原材料，无法充分享受卢布弱势和进口替代政策的红利。为此，海尔集团在冰箱厂建成投产之后，又考虑将继续在由当地政府提供土地的工业区内，修建一座面积达

124 公顷的配套家电产业园，带动中方配套企业前来投资设厂。除了供应链之外，产业工人更是制造业不可缺少的。俄罗斯的移民与工作签证限制十分严格，从中国带工人来喀山是不可能的。2015 年初，海尔家电与列宁的母校，喀山联邦大学合作成立了培训教室，一方面让喀山大学进行空调制冷原理方面的教学实践；另一方面也为海尔在当地的冰箱工厂培养了本地的技术工人。如此，投资拉动新的投资、本地化带动新的本地化、培训产业工人创造人力资源优势，进口替代就形成了一个良性的循环。

汽车

汽车行业一直是工业制造和消费的龙头，汽车行业的进口替代和国产化率提高一直是各个大国实现工业梦的期许。但是由于技术的复杂性，汽车国产化的第一步往往是通过本地组装实现的，俄罗斯也是如此。通过在俄境内组装而规避高额的整车进口关税，是 2014 年乌克兰危机之前众多世界大牌车企在俄罗斯的市场策略。

然而实施本地组装代替整车进口的策略在通常情况下也会面临一些问题，主要是一个国家境内的组装厂往往只针对这一个国家的市场，生产和销售规模远不及面向全球的整车生产基地。俄罗斯国家杜马工业委员会所属的专家委员会在 2013 年曾经做过一项研究，认为在俄生产汽车的外国组装厂大多产能过低，无法在规模上与欧洲同业竞争。据计算，在没有补贴的情况下，俄本地组装厂年产 5 万辆汽车以上时，每辆汽车可比进口车节约 60 欧元；但年产下降到 1 万 ~2.5 万辆汽车时，本地化组装的汽车每辆价格将提高 500 ~1 300 欧元，因此小批量的国内组装基本无利可图。

解决上述问题的途径主要有三个：一是随着整车进口关税的降低，

本地组装将被整车进口彻底击败；二是增加投资、扩大组装厂规模，以规模效应提高本地组装的成本优势；三是成功实现零部件本地化，降低进口来料比例，完成进口替代转型。

在乌克兰危机爆发之前，很多行业专家都认为俄罗斯汽车行业将会沿着第一条途径发生变化。这主要是因为按照世贸组织的要求，俄罗斯的整车关税将在 2019 年降低至 15%，而在 2013 年时，该关税的平均水平还是 25%。俄罗斯国家杜马工业委员会专家委员会 2013 年的研究指出，随着俄罗斯进口关税逐步降低，进口车本地化组装在 2017 年以后将不再有存在的必要。按该委员会专家的估算，随着本地组装模式的减少，本地化组装进口汽车的市场占比将会从 2013 年的 52%（130 万辆）下降到 2017 年的 26%（60 万辆），而进口整车的市场占比将相应地从 29% 增加到 67%。

但是在乌克兰危机之后，特别是随着卢布的大幅贬值，以外汇进行整车进口的成本明显升高，其对本地组装的商业模式已不再构成主要威胁。而更加彻底的进口替代策略——无论是从规模上，还是从国产化率上——都成了新情况下的必然选择。

在这样的背景下，俄罗斯政府适时出台很多支持政策，有力促进了俄国内汽车行业的发展。2014 年 11 月，俄罗斯工贸部副部长格列布·尼基京称，卢布贬值使得俄汽车业发展或面临巨大风险。2014 年前 10 个月，俄轻型商用及乘用车销量 199 万辆，同比下降 12.7%。但尼基京也同时表示，虽然短期不被看好，但俄工贸部已将希望寄托在远期发展上，远期看，上述危机因素将促进俄罗斯汽车工业国产化水平和进口替代的提高。俄罗斯塔斯社报道，俄总理梅德韦杰夫签署的俄政府反危机计划中，政府将拨付 58 亿卢布专项支持汽车工业发展。这笔政府拨款将用于补偿汽车工业的生产损失、实施汽车租赁优惠政策、取消对每位租赁者的补贴金额限制等。租赁优惠政策的实施预计将促进约 6 400 辆汽车的销售，为俄罗斯汽车企业扩大产能和维持行业就业规模提供保障。梅德韦杰夫总理在 2015 年 3 月还表示，为支持俄罗斯汽车行业进行的财政拨款，将把鞑靼斯坦、阿尔泰边疆区、萨马拉州和特维尔州等地区的卡玛斯汽车厂（KAMAZ）、伏尔加汽车厂（AutoVAZ）、特维尔机车厂（TVER）、阿尔泰机车厂（ALTAY）作为重点的扶持对象，下拨的资金将主要通过职业培训等途径扩大就业。俄政府网站也在 2015 年 3 月底公布消息称，政府计划增拨 100 亿卢布国家预算用于采购 5 711 辆汽车，对国家车队进行更新，这项政府采购措施将帮助稳定俄国内汽车工业形势，也是俄政府抵制危机计划的一部分。2015 年底，俄政府面对汽车行业仍难以摆脱的困境，再次拨款 10 亿卢布用于补贴车企 2015 年投资项目的贷款利息。获得这项补贴的条件是贷款金额高于 300 亿卢布，因此更有利于大型车企。共有 19 家汽车生产商和 29 家汽车零配件生产商获得上述补贴。俄罗斯副总理德沃尔科维奇在 2016 年初表示，俄政府在 2015 年全年共对汽车工业拨款 430 亿卢布，将汽车工业下滑的幅度由预期的 50% 控制至 30%，2015 年俄罗斯市场销售的 160 万辆汽车中有 56 万辆是在政府出台的激励机制下售出的。德沃尔科维奇副总理还宣布俄国家扶持汽车工业的资金将在 2016 年增至 500 亿卢布，俄政府在 2016 年会继续采取购车贷款补贴、以旧换新补贴、汽车租赁、支持出口等措施扶持汽车工业的发展，继续推进产品现代化和进口替代项目。

　　在上述这些政策组合拳的综合作用下，俄罗斯汽车企业终于经受住了乌克兰危机之后，欧美制裁、卢布下跌、经济困难的一系列冲击。2014 年度俄轻型车市场销售 230 万辆，同比下降 11%，销售总额 2.3 万亿卢布，约合 383 亿美元，基本与 2013 年持平。

　　与得益于进口替代政策，逆境扩大市场份额的俄罗斯本地车企不同，2014—2015 年，外国汽车企业在俄业务普遍损失惨重。安永公司（EY）研究分析，在俄经营的外国车企进口整车或零部件以外汇计价，车辆销售以卢布计价，而车价上升幅度远远赶不上卢布贬值幅度，因此导致大幅亏损。根据俄罗斯报纸网报道，在俄经营的外国车企 2014 年财务报告显示，卢布贬值和经济困难令奔驰、大众、宝马、福特、尼桑、通用等公司遭受了约 3 亿美元的损失。2015 年 3 月，美国通用汽车由于市场前景不明，决定旗下的雪佛兰和欧宝于 2015 年底前退出俄罗斯市场。通用汽车总裁表示，通用汽车位于列宁格勒州的工厂在 2014 年汽车产量同比下降高达 45.3%。

根据欧洲商业协会的数据，2014 年上半年俄罗斯市场中各品牌轿车和轻型商用车销量降幅比较：福特、雪铁龙、标致、雪佛兰、欧宝、大众和中国力帆，分别下跌了 56%、40%、37%、31%、29%、19% 和 30%，而同期俄罗斯的国产品牌拉达（LADA）销量仅下跌了 10%。另据俄联邦海关署数据显示，2014 年上半年，俄轿车进口量同比下降 16.5%，但同期俄轿车的出口量反而逆势增长 6.7%。在货车方面，据俄罗斯经济新闻通讯社（Prime）报道，2014 年俄罗斯国内货车销量同比下降接近 20%，而俄国内货车销量第一的本土品牌卡玛斯（KA-MAZ），销量同比下降不到 15%，跑赢大市。2015 年俄罗斯的车市也基本延续了 2014 年的行业竞争态势，俄汽车统计咨询公司数据显示，俄罗斯在 2015 年前三季度进口汽车同比下滑 53.1%，而同期欧洲商业协会统计的数据显示，俄本土最大的汽车制造商——伏尔加汽车公司（AutoVAZ）销量仅同比下滑约 18%。伏尔加汽车公司的报告显示，按国际财务准则，其 2015 年上半年亏损 33.16 亿卢布，比 2014 年同期减少 32%，经营情况有所改善。所有这些数据都表明了俄罗斯进口替代政策在汽车行业取得的显著成效。

在这样一个明显的政策引导下，外资汽车企业如果不想承受巨额亏损，只能是或者放弃俄罗斯市场，臣服于进口替代的力量；或者更加本土化，彻底成为俄罗斯本地企业，充分享受进口替代政策的红利。而选择更加本土化的方案就是大规模地在俄罗斯投资设厂，不仅仅是在本地代工组装，而是在本地实实在在地进行生产经营。来自中国的长城汽车就选择了这样一条道路。

2014 年之前，还并没有中国汽车企业在俄罗斯投资兴建整车工厂。根据中国汽车制造商协会统计数据，受俄罗斯经济下滑和卢布贬值影响，中国对俄汽车出口在 2014 年减少了 30%。根据某中资民营车企在俄罗斯的负责人测算，如果按卢布汇率的变化，在俄代工组装汽车的售价需上涨 60%，纯进口车的售价需上涨 80%，才能保持原有的利润水平，但截至 2014 年底，中国车企平均涨价仅 10%，它们不得不在盈利和保持市场份额之间进行艰难的选择，在俄经营基本都处于亏损状态。为此，中国车企也必须在整车进口和来料组装之外探索新的在俄发展模式，大规模地投资设厂成为一个有效选项。2014 年 5 月，长城汽车和图拉州①政府签署了建厂协议，在位于图拉州的乌兹洛瓦亚购置了 216 公顷的土地用于建厂，该汽车厂预计投资 5 亿美元，将是一个完整的生产链，而不只是组装已经做好的来自中国的汽车组件。长城汽车图拉工厂设计产能为 15 万辆/年，计划 2017 年开始第一阶段生产，2020 年达到设计生产能力。长城汽车计划通过这个建立在俄罗斯本地的工厂降低自己跨界旅行车（CUV）的成本，巩固其在俄罗斯的市场地位。俄罗斯汽车专家在莫斯科 2015 年车展上对媒体表示，长城汽车适时地进入俄罗斯市场，借助本地化生产，将获得价格优势，在俄罗斯当地生产的哈弗（HAVAL）品牌跨界旅行车（CUV）和运动型多用途汽车（SUV）将有效抵御传统的外资汽车组装厂所面对的进口组件汇率风险，从而在任何市场环境下都会具备竞争力。

从这个案例上看，进口替代政策不仅支持了俄罗斯的本国工业，还带来了海外投资，获得了宝贵的美元流入。

----

①　图拉州位于莫斯科以南约 200 公里，是俄罗斯大文豪列夫·托尔斯泰的故居。

房地产与建筑业

住房由于不动产的属性，无法通过对外贸易进行进出口交易，但房屋虽不能流动，购买房屋的资金却是可以自由流动的。卢布危机之后，随着俄央行对于跨境洗钱的严打，大量规避汇率风险同时又无法转移到境外的资金流入俄罗斯本地的房地产市场，使其成为乌克兰危机之后表现最好的行业之一。根据俄罗斯国家统计局公布的数据，2015 年前三季度俄罗斯全国投入使用新住宅 69.41 万套，建筑总面积共 5 200万平方米，同比增长 7%。

为了使经济摆脱衰退，俄政府制定了应对危机的政策，加大公共设施建设投资也是其中的措施之一。2015 年全年，莫斯科市新增不动产面积达 900 万平方米，除了 350 万平方米的住宅之外，莫斯科还建成了包括 13 个医疗机构、25 家孤儿院、19 所学校和 10 座运动场馆在内的诸多社会公共设施。政府投资的增加和住宅的消费繁荣一样推动了建筑业的增长。

进口替代政策维持了俄罗斯当地企业在危机之中的经营并且在一定程度上推动了外资企业的本土化，这也在一定程度上刺激了俄罗斯工业和商业房地产的需求。根据房地产中介机构世邦魏理仕（CBRE）的统计，2015 年第二季度莫斯科新成交的写字楼面积为 18.7 万平方米，比第一季度增加 30%，比 2014 年同期增加 120%；续租和重新谈判的交易为 13.95 万平方米，比第一季度增加 60%；空置率 16.9%，与第一季度的 17% 基本持平。

卢布大幅贬值之后，俄罗斯房地产价格的基准发生了一定混乱。如果按照本币卢布计算，莫斯科的房价基本持平甚至发生了上涨，但若折合成美元，房价则明显下降了。莫斯科的核心商务区金融城（Moscow

City）的 A 级写字楼，美元租金在 2015 年第二季度平均下降了 12%。我们曾在 2015 年初看过一栋位于莫斯科金融城的写字楼，其租金报价 700 美元/平方米/年，2015 年 7 月再次向世邦魏理仕询问同一位置写字楼的租金，最新的成交价已降到了 400 美元/平方米/年，半年之内跌幅 50% 左右。这个个案虽然和金融城在 2014 年前后庞大的建设量与供应量有关，但也反映了莫斯科写字楼市场的总体气氛。

房地产行业的特点是上下游产业链很长，房地产行业对钢铁、玻璃、化工、纺织、家电等相关行业的带动作用都很明显。同时，无论是在投资建设环节，还是消费流转环节，房地产也与金融行业关系密切，大多需要银行的信贷支持。

按揭贷款几乎在所有国家都是银行相对优质的信贷资产，收益率高、不良率低。2015 年上半年，受经济衰退影响，逾期的按揭贷款增长了 14.7%，但不良率仍然只有 0.96%，远低于俄罗斯银行业平均 7%~8% 的不良率水平。俄罗斯央行在 2014 年 12 月大幅加息对抗卢布危机，卢布资金价格普遍水涨船高，对于按揭这样的优质资产，银行也不得不大幅提高利率。这使得俄金融体系在 2015 年上半年发放的按揭贷款出现了同比 30% 左右的下降。为防止高利率导致的贷款需求下降，俄财政部从预算中专门拨款 200 亿卢布，用于按揭住房信贷的贴息，贴息之后的政策性优惠利率将保持在 12% 左右，明显低于 2014 年底银行按揭贷款平均利率 13.17% 的水平。政府通过搞活房地产市场刺激经济的意图十分强烈。

航空

航空业也是在 2014—2015 年危机中受到影响巨大的行业。俄罗斯的航空公司在乌克兰危机之后所面临的情况十分复杂：油价下跌对控制成本有利；但飞机主要是欧美生产的，航空公司的贷款和飞机租赁往往以美元计价，卢布汇率暴跌造成航空公司的负担加重；在与外航的价格竞争中，境内航线以卢布报价、境外航线以美元报价，价格策略的制定十分复杂，市场份额与利润，鱼和熊掌不可兼得。

俄罗斯航空公司（Aeroflot）2015 年中期报告显示，该公司 2015 年上半年客运量增长 14%，市场份额增长 5.8%，但净亏损 35.41 亿卢布，同比增长了 86%。这基本反映了俄罗斯航空业在危机之中的经营状况。

还有个别航空企业因为克里米亚问题而直接遭到了西方制裁。2014年 7 月，俄航旗下运营塞瓦斯托波尔航线的子公司 Dobrolet 航空，被欧盟以"便利克里米亚并入俄罗斯"为由进行了制裁。在该制裁影响下，注册在爱尔兰的 SMBC 资本公司拒绝向 Dobrolet 航空继续出租客机，德国汉莎技术公司拒绝向 Dobrolet 航空提供技术服务，这直接引起了该公司的飞行安全问题。如此一来，Dobrolet 航空不得不暂停运营、以致面临倒闭。

洲际航空之破产

2015 年俄罗斯航空业最引人注目的事件是全国第二大航空公司，也是最大的民营航空公司，洲际航空（Transaero）戏剧性的破产。

俄罗斯洲际航空（Transaero），也有中文翻译成全禄航空，由亚力山大·普列沙科夫（Alexander Pleshakov）创建于 1990 年。公司创始人亚历山大的父亲，彼得·普列沙科夫将军是苏联工业通信部部长，1987年去世；亚历山大的母亲塔基杨娜·阿诺金娜，曾担任国际航空协会主席。截至 2013 年底，洲际航空共拥有 103 架飞机，全年运输乘客 1 250万人次，按旅客周转量计算，在俄罗斯排名第 2 位、欧洲排名第 10 位、世界排名第 35 位。

洲际航空曾经在 2015 年 5 月，也就是破产前的 5 个月，一举让很多中国人都知道了它的名字。

2015 年 5 月 28 日凌晨 1 点 20 分左右，洲际航空从北京飞往莫斯科的 UN8888 航班自北京首都机场 18 右跑道起飞，在向南 200 度航向飞行一段时间后，据说由于航班机长搞错了飞行方向，使飞机偏离航线，直接向西，朝着北京市区飞了过去，一直从东三环中路进入三环，在靠近二环东南角的地方，才被塔台制止住，转头向东，进而向北飞离了北京。有报道称在当天夜里，位于东便门和国贸附近的许多居民都听到了较大的飞机发动机响声。有航空爱好者事后在网站查阅了该航班的飞行资料并引述在网站上，数据显示：该架飞机在三环内的时候显示高度 5 000 多英尺，换算后约 1 500 米，在改航向往东飞的时候，显示爬升率曾达到过 2 688 英尺／分钟。面对俄罗斯飞机误闯二环，很多中国网友作了调侃，有网友说，"起飞前肯定没喝伏特加，喝了就找着道了"；还有网友说，"乘坐俄罗斯航空公司的航班，有个传统节目，飞机降落后，全体乘客要热烈鼓掌，感谢机长的不杀之恩"；还有好事的网友总结了关于俄罗斯航班的三个常识：一是不管出发晚点多少，都能准点到达；二是起飞时很少滑行，猛的抖动一下就起来了，降落也是这样；三是劫机犯无一幸存，这些议论充分反映了部分中国乘客对俄罗斯航空业的大致印象。这个事件也在一定程度上反映了洲际航空公司的管理水平与人员的专业素质。

洲际航空的财务困难在 2014 年乌克兰危机爆发之初就已有所显现，以至于俄罗斯经济发展部不得不在 2014 年底对其提供政府担保予以支持。

2014 年 12 月，我和洲际航空的首席财务官进行了会谈，洲际航空表示出寻找中方投资者出让部分股份的愿望。按照当时洲际航空的信用风险，已经很难对其提供贷款支持了，但股权并购方面的投行服务还是很吸引人的。国际航线是十分宝贵的资源，两个国家之间的民航往往通过对等交换获得在对方国境内的航线航权，而这种交换无疑会更多地偏向于大型航空公司。对于中国国内的中小型航空企业，如果可以通过取得洲际航空的部分股权而得到洲际航空在俄罗斯与欧洲境内宝贵的航线资源，应该是很好的买卖。

为了取得在中国帮助洲际航空寻找潜在买家的授权，我们和它签署了卖方顾问协议。而洲际航空在和我们接触之后立刻发布了相关的消息，并将卖方顾问协议含混地描述成了全面合作的伙伴协议。这个新闻一经在媒体上公布，就有俄罗斯银行的朋友打来电话，热心地提醒我们一定小心、注意风险。

2015 年 6 月，也就是洲际航空的飞机误闯北京二环之后不久，洲际航空的创始人、大股东兼董事长亚历山大·普列沙科夫（Alexander Pleshakov）邀请我前往他的办公室见面。银行通常情况下和企业的财务总监联系较多，董事长直接邀请见面的情况并不多见。我们仔细分析了这次约见的目的，觉得一种可能是洲际航空渴求银行信贷支持，希望来自中国的金融机构施以援手，另一种可能是洲际航空得知了当时我们正在寻找写字楼，而希望将自己在莫斯科中心的办公大楼出售以获得急需的资金。

在做了充足的准备之后，我在 6 月 3 日到访了普列沙科夫董事长的办公室。但令人颇感意外的是，这次会面只是进行了一些礼节性的寒暄，洽谈了帮助他们在北京、上海等国内城市开立账户、结算票款、汇划资金的服务。普列沙科夫没有提出任何融资或出售资产方面的要求，还热情地邀请我参加他们在年底交付飞机的首航仪式。

但这个首航仪式却无法如期举行了。

2015 年 9 月初，洲际航空的财务困难和现金流紧张已严重到无法正常支付航空燃油费用的程度。在此危机时刻，俄罗斯第一大航空公司——政府控股 51% 的俄罗斯航空（Aeroflot）出现了。9 月 7 日，俄航与洲际航空双方签署协议，洲际航空以象征性的 1 卢布将自己的运营控制权交给了计划购买该公司股权的俄罗斯航空，俄航全面接手洲际航空的飞行运营，负责给洲际航空的飞机加油，以保证它们的正常飞行。同时，俄航董事会也通过了决议，同意收购洲际航空75%加1股的股份，并承接其大约2 500亿卢布，合40亿美元左右的债务。这些债务包括约1 500亿卢布的飞机租赁欠款、约200亿卢布对机场和燃料油公司的欠款、还有约800亿卢布的银行贷款。

事情如果就此结束，绝对够不上戏剧性。

2015年9月末，俄航在它的网站上发表声明称，俄航董事会再次开会，拒绝了购买洲际航空的提议，因为洲际航空的控制人并没有按照9月初商定的期限，按时提供有关向俄航出售75%股权的详细交易建议。据消息人士称，洲际航空由于股权集中度不够，实际控制人没能筹集到足够的股票与俄航进行拟定中的交易，而俄航也拒绝为其延长继续筹集股票的时间。在同一份声明中，俄航董事会也要求俄航管理层全力保证原洲际航空乘客的行程要求。

据悉，俄航在9月期间，已为支持洲际航空花费了超过50亿卢布的资金。按照俄罗斯商业媒体RBC的报道，俄航决定在9月30日停止继续无偿给洲际航空的飞机加油，但俄罗斯第一副总理伊戈尔·舒瓦洛夫（Igor Shuvalov）出面协调，要求俄航把停油的时间推迟到10月2日午夜。

这也成为了决定洲际航空命运的最后时刻。

塔斯社在2015年10月1日发布新闻称，俄罗斯联邦总理梅德韦杰夫在前一天晚间召开了特别会议，讨论洲际航空的问题并最终决定对其启动破产程序。根据俄罗斯国际文传电讯社报道，关于洲际航空未来命运问题进行谈判的所有代表都承认，破产是当前唯一可能的出路。按国际文传电讯社援引消息人士的话称，洲际航空只能选择破产的原因主要有三点：

第一，洲际航空的控制人没有能够从全体股东那里筹集到足够的

股票以完成将公司出售给俄航的交易，也就是俄航要求购入的 75% 加 1
股股份；

第二，公司的债权人拒绝了负责牵头处理债务问题的俄罗斯储蓄
银行提出的债务重组建议；

第三，洲际航空无法避免破产的最终原因，是俄财政部不愿按照早
前的承诺，为洲际航空的重组出具 850 亿卢布，约合 13 亿美元的国家
担保。

在讨论洲际航空破产时，据悉政府主要担心两方面的问题：第一是
谁将承接洲际航空的债务和洲际到底有多少债务；第二是公司的破产
会对它的小型债权人、乘客和员工有什么影响。俄罗斯副总理舒瓦洛夫
承诺，俄政府将出面帮助大约 1 万名面临失业的洲际航空员工以及那些
已经预先购买了洲际航空飞机机票的乘客。

俄罗斯航空 CEO 萨维列夫（Saveliev）表示，俄航将承担对洲际航
空公司乘客的全部责任，将保证旅客的飞行，对被迫取消的航班也会保
证旅客可以正常退票。俄航将继续承担其从 9 月就开始支付的，与洲际
航空运营相关的日常经营费用。但是萨维列夫也特别强调，俄航并没有
责任支付洲际航空旧有的任何相关债务。

俄罗斯经济发展部部长阿列克谢·乌柳卡耶夫（Alexei Ulyukaev）
不得不承认，2014 年底政府对洲际航空提供的担保并没有达到预期的
目的，没有解决洲际航空公司的问题，而只是延长了公司无效的管理
时间。

洲际航空的飞机大多是从俄储蓄银行、俄外贸银行、俄外经银行通
过融资租赁方式获得的。在俄罗斯当时的经济形势与航空业经营状况
下，将这些飞机重新租赁给其他航空公司十分困难。这些债务银行也排
除了和洲际航空进行债转股安排的可能性。在克里姆林宫同意让洲际
航空破产之后，俄外贸银行行长安德烈·科斯金（Andrei Kostin）表
示，不仅是俄航，任何人都不会去接手洲际航空的烂摊子。外贸银行与

洲际航空签有 21 架飞机的租赁合同，洲际航空欠外贸银行大约 400 亿卢布的飞机租赁款和 120 亿卢布的其他贷款。科斯金的表态基本代表了银行在洲际航空破产案中的态度，债权人谅解并接纳了俄罗斯航空公司的所作所为。

洲际航空破产之后，各家租赁公司都急忙从世界各地的机场找回自己出租给洲际的飞机，以避免损失。但在这个过程中他们遇到了麻烦。洲际航空为了降低维护成本，将从 A 租赁公司飞机上更换的零件，重新安装到了 B 租赁公司名下的飞机上，这种做法在航空租赁业内被称为"蚕食"（cannibalization）。据初步排查，洲际航空机队中存在此类问题的飞机有 20 架左右。拥有飞机的租赁公司如果想解除合同，将存在此类问题的飞机转租给其他航空公司，必须大费周折地把自己飞机上所有的备件从其他不知道在哪里的飞机上找回来。从这也看出了洲际航空的管理确实混乱，其走到破产这一步也并非毫无原因。

但是就这样用 1 卢布把全国第二大航空公司所有的航线和乘客资源拿到手，而且不用承担任何债务，如此便宜的好事，也太令人垂涎与嫉妒了。

果然有人坐不住了。

塔斯社 2015 年 10 月 20 日传出消息，俄罗斯西伯利亚航空公司（S7）总裁弗拉季斯拉夫·费列夫（Vladislav Filev）将从洲际航空大股东亚历山大·普列沙科夫那里收购公司 51% 的股权。该交易的细节没有被公开，但交易双方均表示对交易价格满意并笑称其"远高于 1 卢布"。

洲际航空董事长普列沙科夫说："我决定进行这个交易，因为我想防止俄罗斯航空业陷入垄断，我希望旅客和从业人员保留选择的可能。除此之外，我们的目标还有避免我们的长期合作伙伴和债权人遭受损失，如果我们的航空公司破产，他们将不可避免地承受损失"。西伯利亚航空总裁费列夫说，洲际航空公司的利益相关者"有与公司债权人解决相关问题的计划"，但他拒绝透露这个计划的细节。费列夫同时保证洲际航空的新股东将尽最大努力避免公司的破产。

对洲际航空感兴趣的还有外国投资者。马来西亚政府旗下的投资基金也在 2015 年 10 月派出代表，与俄罗斯交通部和洲际航空的债权人举行了两次会议研究相关问题。马来西亚政府旗下的这只基金曾经参与过马来西亚航空公司和亚洲航空公司的重组（提起马航，不禁让人想起了 2014 年 7 月 17 日在乌克兰东部坠毁的那架飞机），对航空业十分熟悉。

但是俄罗斯航空肯定不想让别人染指自己已经放入口中的蛋糕。

一波三折的洲际航空破产案在 2015 年 11 月 2 日又传出新消息，据俄新社报道，西伯利亚航空决定放弃收购洲际航空 51% 股权的计划。西伯利亚航空告诉俄新社，放弃收购的原因是洲际航空的现有股东并没有 51% 的可支配股权来进行计划中的交易，洲际航空的大量股权都存在法律问题，被第三方通过司法程序进行冻结或申诉权益。另有消息称，西伯利亚航空收购洲际航空的动议并没有得到俄罗斯交通部的审核批准，交通部在 10 月 25 日便吊销了洲际航空的航运执照。

故事至此，终于告一段落，洲际航空的命运在劫难逃。仔细分析这个案例，实质就是一个国有航空公司在政府有关部门（至少是财政部）的支持下，在国有大型银行的配合下，以几乎零成本获得最大民营航空公司全部航权与客户，同时逃废一切债务的成功的空手套白狼的鲸吞案例。和 2008 年发生的国际金融危机一样，每一次的经济金融动荡往往会有弱肉强食的机会。

2016 年初俄新社消息，俄罗斯航空公司在 2015 年客运量达到 2 610 万人次，同比增长 10%。其中国内航线客运量增长 34%。俄罗斯航空公司承担了已破产的洲际航空公司所属旅客的运输任务，并百分之百完成。

洲际航空破产以后，亚历山大·普列沙科夫和他的妻子奥列加·普列沙科娃长期居住在法国。

农牧渔业

在 2014—2015 年这次危机中，俄罗斯最受益的行业（没有之一）应该是农业。俄罗斯对欧美限制食品进口的反制裁措施，不仅仅是对西方国家的惩罚，也是本国经济结构调整、实施进口替代战略政策的组成部分。

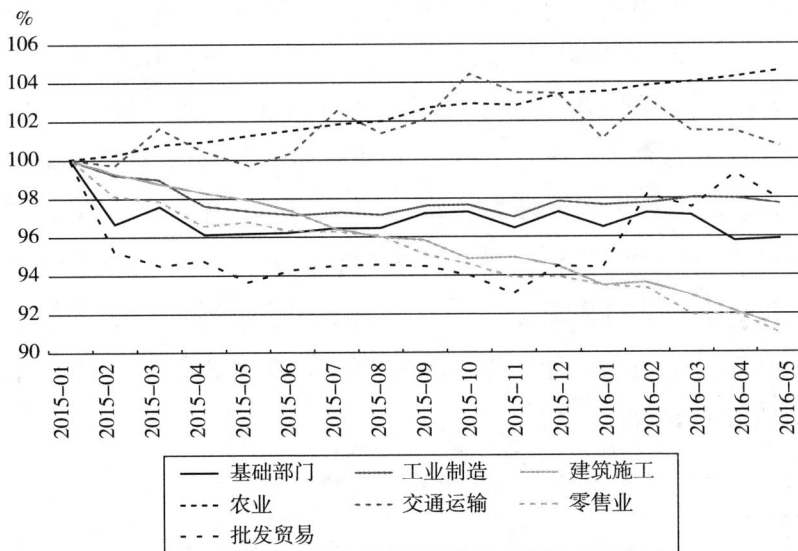

数据来源：俄罗斯国家统计局，俄罗斯储蓄银行投资银行分析报告。

图 1　2015 年至 2016 年 5 月俄罗斯主要行业产出表现（以 2015 年 1 月为 100）

一个国家的货币贬值 50% 以上，经济衰退，实际工资收入下降，因为制裁很多企业无法对外融资，由于反制裁很多进口食品无法买到，但在这种情况下，社会却保持了出奇的稳定。究其原因，主要有三个方面：

一是爱国主义高涨，宁要克里米亚半岛，不要进口黄油奶酪（Crimea，rather than Cream）；

二是自苏联解体之后的几次危机，使得人们有了心理准备和在危机中生存的经验；

三是人民群众的生活水平虽然下降了，但一些基本的生活需求都得到了满足，总体上不至于饿死人。

俄罗斯人对待食品替代物的想象力和忍耐力是惊人的，苏联解体的那段时期，黑作坊做的劣质酒和假酒流行，造成了很多人的死亡。但是 2014—2015 年，俄罗斯食品供应的情况已今非昔比、大为改善。根据俄罗斯联邦统计局和经济部公布的数据，2015 年，俄罗斯肉类产品的总供应量（本国生产＋进口－出口）为 296 万吨，仅比 2014 年略微下降－0.3%；牛奶及奶制品的总供应量为 558 万吨，比 2014 年略微下降－0.7%；鱼类的总供应量为 252 万吨，比 2014 年下降－7.9%；家禽的总供应量为 450 万吨，比 2014 年还增加了 3.9%；奶酪的总供应量为 74 万吨，比 2014 年下降－1.5%。危机期间，俄罗斯各类主要食品的供应基本保持稳定，俄罗斯本土农牧渔业在进口替代政策下的发展功不可没。从表 1 可以看出，2012—2015 年，俄罗斯各类主要食品的本土产量都保持稳定甚至持续增长，其中肉类和禽类的产出增幅更是高达两位数上下。

表 1　　　　　　　　　　　　**食品产量年度增幅**

年份	2012	2013	2014	2015
肉类（牛肉和猪肉）	9.8%	27.5%	15.6%	13.5%
家禽	12.5%	6.0%	10.2%	8.6%
加工和腌制的鱼类产品	1.3%	2.7%	－1.7%	2.5%
奶制品	5.6%	2.1%	－0.6%	1.4%
面包和烘焙食品	－1.7%	－2.2%	－0.7%	－1.5%

注：2012—2015 年，俄罗斯各类食品产量均保持了稳定增长。

数据来源：俄罗斯统计局。

在进口替代政策作用下，俄罗斯本地食品行业异军突起，虽然在质量上恐怕还无法完全与进口货匹敌，但在数量上已经占据了大量原来由进口货把持的货架。2013—2014 年度俄罗斯进口食品的金额有 450 亿美元，但 2015 年只有大约 250 亿美元。据俄罗斯报纸网站称，在俄经营的大型零售商，如马格尼特（Magnit）、欧尚（Auchan）等，2015 年纷纷缩减了直接进口商品的数量，与 2014 年相比，其进口商品金额下降了 28.9%，进口商品规模下降了 14%。俄罗斯各大零售商进口食品占全部销售食品的比例也持续下降，从 2014 年底的超过 35% 降至 2016 年第一季度的不到 25%。

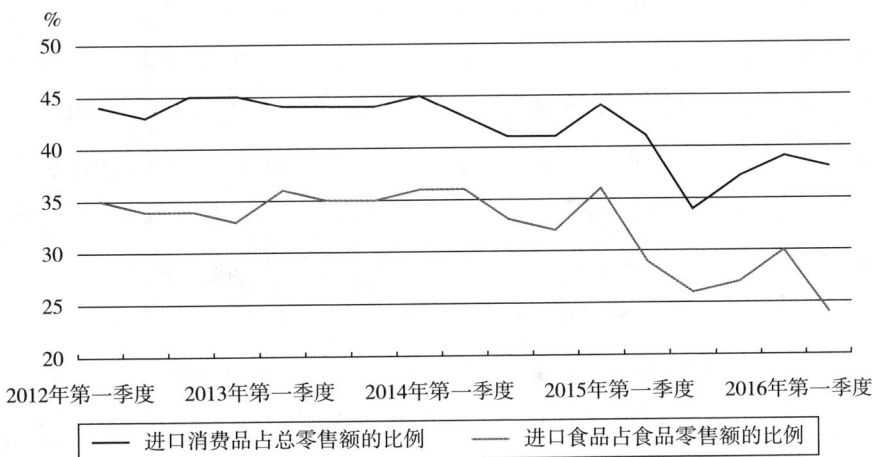

注：进口商品在零售市场中所占的比重明显下降。

数据来源：俄罗斯统计局。

图 2　2012 年第一季度至 2016 年第一季度进口商品与食品在俄罗斯零售市场中的份额变化

俄罗斯政府在食品进口替代战略实施过程中的作用十分重要，其采取了很多措施以增加货架上国产食品的比例，比如对所谓非法进口农产品的无情打击。俄新社 2015 年 8 月报道，俄罗斯动植物检验检疫局宣布，根据销毁禁运食品的规定，在莫斯科近郊的列乌托夫贸易基地，有大约 1.5 吨从丹麦、爱尔兰、英国、西班牙、波兰等国进入俄罗斯境内的肉制品将被销毁。圣彼得堡动植物检验检疫局也在 2015 年 8 月将 40 多吨从摩洛哥经白俄罗斯入境俄罗斯的鲜桃销毁，原因是这些桃子没有合格的植物检验检疫证书。

在解决国内人民群众吃饭问题之余，俄罗斯的农业也在 2014 年油价大幅下跌之际，贡献了难得的出口额。据俄农业部发言人称，在 2014 农业年度（2013 年 7 月至 2014 年 6 月）俄罗斯粮食出口量达 2 537.2 万吨，同比大幅增加 61.8%，其中小麦出口 1 829.7 万吨、大麦出口 270.5 万吨、玉米出口 405.2 万吨、其他农作物出口 31.8 万吨。这在一定程度上填补了石油出口创汇大幅下降带来的外贸缺口。

可惜天公不作美，在俄罗斯农业沿着进口替代政策大踏步前行的时候，偏偏在 2015 年春夏之际，伏尔加格勒州、伊尔库茨克州、后贝加尔边疆区等 19 个地区遭遇了严重旱灾，其中有 10 个地区宣布进入紧急状态。据初步统计，受旱灾影响的面积达 190 万公顷，受灾农户 2 680 个，预计带来损失约 76 亿卢布。因为旱灾，俄罗斯在 2015 年第三季度前共收获粮食 8 720 万吨、平均每公顷产粮 2 460 公斤，比 2014 年同期的 8 860 万吨和平均每公顷 2 620 公斤略有下降。2015 年全年，俄粮食产量 1.043 亿吨，同比下降约 1%。

为了抵御自然灾害、促进进口替代政策的实现，俄罗斯联邦政府对农业进行了大量投资。普京总统在 2015 年 9 月底出席俄罗斯—哈萨克斯坦地方间合作会议时表示，俄政府已拨款 2 650 亿卢布（约合 40 亿美元）用于发展农业进口替代项目。普京称，发展农业领域进口替代有利于提高俄罗斯农产品在国际市场的竞争力，并减少对西方国家的依赖。俄罗斯农业部长特卡乔夫（Tkachov）称，如果按照自然增长，俄实现进口食品完全替代需要 10 年；但如果成功运用额外的储备资金，包括财政资金进行投资，俄罗斯会将实现进口替代的时间缩短在 5 年之内。

持续的财政投入，特别是 2014 年乌克兰危机之后一系列进口替代政策的扶持，使俄罗斯农业在旱灾之后迅速恢复了增长，2016 农业年度（2015 年 7 月至 2016 年 6 月）的粮食出口额达 3 280 万吨，农产品出口收入 150 亿美元，较 10 年前增长了 4 倍。据俄罗斯农业部称，在未来 5 年内，俄罗斯将增加粮食出口 500 万 ~ 1 000 万吨，成为世界粮食市场上最大的小麦出口国。

终于在油气资源和军火之外，俄罗斯又找到了自己在全球贸易版图中的新增长点。

进口替代政策的效果与挑战

进口替代政策使很多原来需要进口的商品转成由国内生产，促进了俄罗斯国内各个产业的繁荣，使俄罗斯的进口额大幅下降，支撑了国际收支平衡，节约了宝贵的外汇储备。欧洲复兴开发银行（EBRD）在 2015 年 11 月的一则研究报告中指出，俄罗斯进口额大幅下降避免了 2015 年 GDP 的进一步下跌，并由此调高了对俄罗斯经济在 2015 年和 2016 年两年的增速预期。

俄罗斯在 2014—2015 年遇到的危机中，宏观经济、企业生产、居民消费都出现了下滑，但是进口替代政策使得进口下滑远远领先于其他经济指标的下滑速度，这就形成了一个进口与生产、消费、GDP 等其他指标之间的"剪刀差"。这个进口与其他指标的"剪刀差"表明俄罗斯人购买了更多本国生产的产品，可以认为是进口替代政策为经济下行期的经济增长（或延缓衰退）所贡献的政策红利。

用俄罗斯生产的商品替代进口商品，扩大了很多行业的需求，那些在整个危机期间表现相对较好的行业也正是受进口替代政策影响较大的行业。比如在非能源的大宗商品领域中，农业、化工产品、橡胶和塑

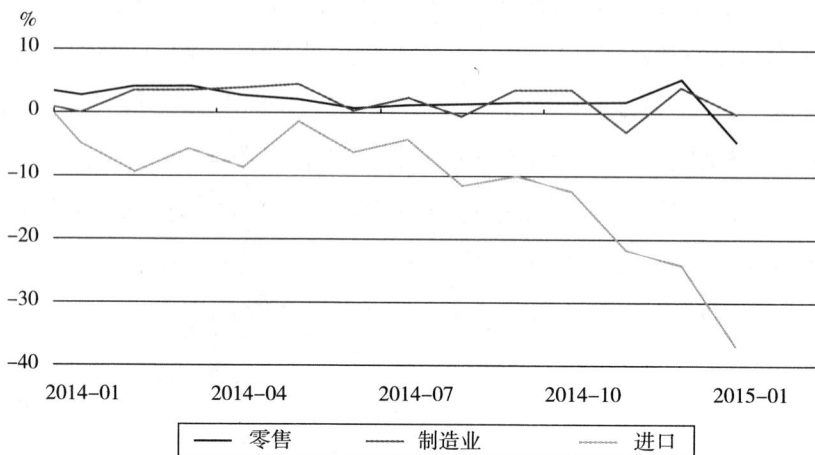

注：从三者的分化走势可以看出，俄罗斯人正在买入更多的本地生产的商品。

数据来源：俄罗斯统计局。

图 3　2014 年至 2015 年 1 月俄罗斯零售、制造业、
进口数据增（减）速变化（年同比）

料等行业表现得最为出色，总体来看，这些行业在俄罗斯境内商品与服务销售额的跌幅要小于其境内需求的跌幅，这说明进口替代政策起到了作用，这些产品在俄罗斯国内的供给结构发生了变化。更有一些行业——比如农业和化工——在进口替代措施的帮助下，不仅在俄罗斯国内的销售情况表现出色，出口额也在 2014—2015 年不降反升，这种情况在俄罗斯以前所经历的历次危机期间是没有出现过的。

俄罗斯总理德米特里·梅德韦杰夫 2015 年底表示，当年俄罗斯的油气收入数年来首次低于俄预算总收入的一半。油气占比的下降无疑是进口替代和经济结构调整取得的初步效果。但是梅德韦杰夫总理也强调，未来如何巩固这种多元化的趋势更加重要。否则这个受益于"较低原料价格、灵活汇率政策"的成效将无法延续。

毕竟俄罗斯能源行业一枝独大的问题已经长期存在、积重难返。调整经济结构的问题很早之前就已提出，但由于国际油价持续上涨，过于容易的挣钱使人们丧失了进行痛苦改革的勇气和动力。在 2014 年之前，中国经济飞速增长对能源的旺盛需求、欧洲对于俄罗斯石油天然气的完全依赖、美国限制天然气出口等政策以及在中东造成的不断冲突，这些因素叠加在一起，使俄罗斯错失了至少十年结构调整的宝贵时间。

2014—2015 年的进口替代和结构调整能否持续并从根本上改变俄罗斯的经济面貌，仍然面临重大挑战，如果处理不好，这次的进口替代又会成为宿命的昙花一现。

俄罗斯进口替代和经济结构调整面对的第一个挑战来自传统的油气能源行业。2015 年开始石油价格企稳，能源巨头的日子又开始好过了。以俄罗斯天然气工业石油公司为例，按照俄罗斯会计标准，该公司在 2015 年上半年，销售收入为 6 269 亿卢布（约 100 亿美元），同比仅增长 2%，但利润达 713 亿卢布（约 11.4 亿美元），同比猛增约 50%。再比如第一批就受到了欧美制裁的诺瓦泰克公司，得益于液化气（LNG）销量和以卢布计算平均价格的上升，根据国际财务准则，该公司 2015 年上半年销售收入同比增长 27.6%，净利润达 730 亿卢布（约 12 亿美元），同比增长 30%。仿佛又可以回到躺在能源宝藏上吃喝不愁的舒服日子了，进口替代还会咬牙坚持下去吗？

俄罗斯长期坚持进口替代政策的另外一个挑战是它的人口问题。从苏联解体之后，俄罗斯人口一直是负增长，直到 2013 年情况才有所好转。为解决人口和生育问题，俄政府出台了包括母亲可以享受 3 年产假等一系列政策并提供了大量财政资金支持。但即使是普京总统在他的 2015 年国情咨文中也承认，"我们的努力尚不足以减轻过去俄罗斯人口数量锐减这一问题"。生育率低造成了人口老龄化，人口老龄化又造成劳动力不足和消费不足。美银美林独联体地区首席经济学家欧萨科夫斯基（Vladimir Osakovskiy）在 2016 年的一份研究报告中指出，俄罗斯在 2006 年达到适龄就业人口的峰值之后，劳动力市场的规模以平均每年 50 万人的速度持续递减。这对进口替代与经济发展都不是好消息。

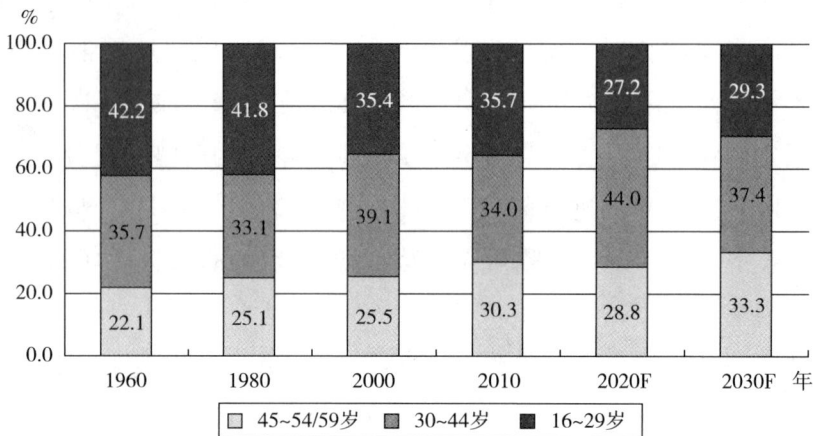

注：俄罗斯人口老龄化和劳动力不足趋势严重。

资料来源：穆迪（Moody's）投资 2014 年 4 月研究报告。

原始数据来源：俄罗斯高等经济学院，俄罗斯统计局。

图 4　20 世纪 60 年代至 21 世纪 30 年代俄罗斯劳动力的年龄构成

　　为了解决国内劳动力的不足，俄罗斯引入了很多来自国外，特别是前独联体国家的人来俄就业。莫斯科卡内基中心经济政策项目高级研究员安德烈·莫夫强（Andrey Movchan）在 2017 年的一份报告中指出，在俄罗斯定居和工作的外籍人士超过 1 100 万人，占俄全国劳动力市场的 15%。但是外国人抢走本国人工作的争论在很多国家都存在，特别是在经济困难时期，俄罗斯也不例外。面对危机中不断增加的失业压力，俄罗斯政府在 2015 年 10 月公布的 2016 年外国公民暂住许可额度为 12.59 万份，比 2015 年缩减了 2.53 万份。在这些暂住许可配额中，远东获得 8 880 份、克里米亚获得 1 900 份，莫斯科和圣彼得堡分别获得 2 000 份和 1 500 份。

　　另外，俄罗斯制造业在进口替代过程中还面临着产能严重老化所带来的挑战。俄罗斯有些工厂目前使用的甚至还是从苏联时代继承过来的厂房设备，长期的投资不足使产能更新缓慢，欧美制裁影响了国际金融市场向俄罗斯的开放，卢布贬值又影响了资金的跨境流动。在落后产能条件下的进口替代注定只能是低效和初级的进口替代，最多只能是数量上的，而无法实现质量上的进口替代。

综上所述，我们分析了 2014 年乌克兰危机之后，在进口替代政策作用下，俄罗斯一些国民经济行业的运行情况。实体经济离不开金融的支持，上述这些行业企业的发展、进口替代政策的有效实施，都需要俄罗斯银行业的支持，而俄罗斯的大型银行也是乌克兰危机之后欧美制裁的主要目标之一。在那个危机时代，俄罗斯的银行们如何面对制裁，如何服务实体经济、服务进口替代，我们将在下一章专门讨论。

危机中的金融业

金融行业，特别是银行，在一个国家国民经济中发挥着举足轻重的作用。银行业的健康发展，可以为其他行业的发展提供有力的资金支持，无论是经济持续增长，还是实施进口替代、结构转型，都离不开银行的重要作用。因此打蛇打七寸，欧美对俄罗斯的制裁，除了打击其过分倚重的能源巨头之外，就是打击俄罗斯的银行们，又准又狠。

银行业

俄罗斯银行业的特点

俄罗斯的银行业始自苏联，脱胎于长期的计划经济时代，又经历了解体之后一段无序的市场化过程，有很多不同于东西方同业的特点。为了更好地理解乌克兰危机期间俄罗斯银行的情况与作为，有必要先了解一下它们从苏联和苏联解体时期就遗传下来的这些特点。

俄罗斯银行业一个突出的特点是集中程度极高，几家从苏联时期就存在的国有银行一枝独大，无数在转型期间诞生的银行资本少、资产小、业务与客户单一、管理水平较差。

在俄罗斯的银行体系中，排名第一的俄罗斯储蓄银行（Sberbank）市场占比接近50%，是名副其实的俄罗斯第一大银行。俄罗斯排名前10位的银行市场占比接近70%，排名前100位的银行市场占比高达93%，集中化程度很高。俄罗斯在2006年总共有1 189家银行，随着强者恒强，市场与客户逐渐向少数几家大型银行集中，不少成立于苏联解体之后经济转型期的中小型银行逐步退出市场。2009年金融危机期间，俄罗斯的银行数量已减少到1 000家左右，截至2014年底仅剩834家。

俄罗斯除了国有大型银行和数量众多的中小型民营银行之外，还有很多外资银行，其中主要来自欧洲。与中东欧其他国家相比，俄罗斯人口多、市场大，并且卢布作为高息货币，息差较高，根据穆迪（Moody's）的研究，在2012年俄罗斯银行业的平均净息差 NIM 为4.9%，远高于同期土耳其（4.2%）、波兰（3.3%）、南非（3%）、捷克（2.9%）等其他新兴市场国家的水平，正因为如此，很多欧洲银行都长期在俄罗斯投资且发展很好。在俄经营规模和市场占比较高的欧洲银行包括意大利裕信银行（UniCredit）、法国兴业银行［Societe Ge-nerale，在俄罗斯以罗斯银行（RosBank）的品牌经营］、奥地利中央合作银行（Raiffeisen）等。欧洲银行在俄罗斯的经营历史可以追溯到沙皇时期，在苏联时期中断，苏联解体之后又重新开始。2009 年金融危机之后，外资银行在俄罗斯银行业总资产的占比一直维持在 23% ~ 25%，2014 年乌克兰危机爆发后，外资银行的占比跌至 14%，俄罗斯国有和民营银行的占比则分别达到 62% 和 24%。

俄罗斯银行业另外的一个特点是资本充足率较低。

与中东欧其他国家和新兴市场国家相比，俄罗斯银行业的资本充足率水平处于中下位置。以 2013 年上半年的数据举例比较：俄罗斯银行业平均一级资本充足率为 11%，匈牙利、捷克、波兰、土耳其和南非等国银行业同期的一级资本充足率则分别达到 14.9%、14.5%、13.8%、13% 和 12.4%，均高于俄罗斯同业的水平。

寻求资本补充一直是俄罗斯银行所面临的重大挑战。乌克兰危机之后，欧洲复兴发展银行（EBRD）等机构停止了向俄罗斯民营银行注资的计划，更加剧了俄罗斯金融业资本的短缺。进口替代和经济转型发展，需要俄罗斯银行为俄罗斯企业提供更多的信贷支持，但较低的资本充足率是俄罗斯银行支持上述战略落地的一个掣肘。

制约俄罗斯银行信贷资产持续增长的另外一个原因，也是俄罗斯银行业的另一个特点，是其极高的贷存比。

由于在苏联解体之后的几次卢布大幅贬值和长期的高通胀，使俄罗斯居民的储蓄意愿极低，俄罗斯银行业储蓄存款等稳定资金的来源严重不足，贷存比一直高于其他国家银行业的平均水平。2009 年国际金融危机之后，俄罗斯银行业信贷资产快速增长，其贷存比更是持续攀升，从 2010 年的 90% 到 2013 年突破 100%，2014 年达到 103%。

即便是市场占有率几近 50% 的俄罗斯储蓄银行，其贷存比也高达100%，其他大型国有银行，如天然气工业银行（Gazprombank）、外贸银行（VTB）等的贷存比也都在 110% ~ 120%，俄罗斯农业银行（Rosselkhozbank）的贷存比更是超过170%。而同期中国银行业的平均贷存比仅在70%以下，印度银行业在85%左右，这个指标唯一高于俄罗斯的主要新兴市场国家只有巴西（约140%）。

除了资本充足率较低和贷存比较高之外，俄罗斯银行业还普遍面临比较大的流动性压力。

2013—2014 年，俄罗斯银行业的流动性资产占比在17%左右，这些所谓的流动性资产包括现金、央行存款和银行间拆放。俄罗斯的银行把大量的资金摆布在流动性较差的长期贷款上，这虽然对支持企业投资和增加银行盈利有好处，但是也造成了银行抗风险能力减弱。在新兴市场国家银行业流动性指标的对比中，俄罗斯明显弱于他国，只有一个国家比俄罗斯更差，就是巴西（和贷存比指标一样）。

较差的流动性比率说明俄罗斯银行发放了大量的长期贷款，除了这个"贷长"的特点之外，俄罗斯银行信贷资产的摆布还有一个特点，就是"贷集中"。

贷款客户集中度极高，这不仅是俄罗斯，也是苏联国家银行体系的一个共同特点。如果用银行前20 大贷款客户融资余额与银行股东权益之比作为评价银行贷款集中度的指标，独联体国家中哈萨克斯坦和乌克兰的比值最高，均超过270%，俄罗斯约为230%，而其他新兴市场国家中，印度的这个指标大约只有180%，匈牙利接近150%，捷克和菲律宾约为125%，中国还不到50%。

贷款过度集中于少数几个客户的情况和不少俄罗斯中小型民营银行作为其股东寡头的提款工具有关，这不仅使银行无法起到服务社会经济的作用，也会增加金融体系的风险，少数几个大型借款人的违约就会对银行带来极大的和实质性的负面影响。

期限长、集中度高、关联贷款多的信贷文化，使得俄罗斯银行业的不良贷款率一直居高不下，这也是俄罗斯银行业的又一个突出特点。俄罗斯银行业的不良贷款率在 2009 年国际金融危机期间超过 13%，之后逐年下降，在乌克兰危机之前的 2012—2013 年一直保持在 7% 左右，明显高于中国（约 1%）、巴西（约 3.4%）、印度（约 3.6%）等其他新兴市场国家的同期水平。

俄罗斯银行信贷资产中风险最大的是占比约 15% 的中小企业贷款。中小企业抵御经济环境恶化的能力较弱，从 2008 年国际金融危机之后，中小企业的逾期贷款快速增长，一直保持在 7%~9%，长期得不到改善。俄罗斯银行的总贷款中还有 17% 是无担保无抵押的消费贷款，消费贷款的质量总体好于中小企业贷款，但逾期率也长期维持在 4% 以上。2014 年之后的经济衰退带来个人收入减少，大大增加了这部分贷款的风险。俄罗斯银行的另一个信贷风险点是外币贷款。外币贷款占俄银行总贷款的比例约 17%，借款人主要是大型企业，卢布汇率下跌对外币贷款的资产质量带来重大负面影响，特别是对那些并没有外汇收入来源的企业。

乌克兰危机之后，俄罗斯银行所持有的乌克兰敞口也成为了一个新的风险点。俄罗斯银行手里直接涉及乌克兰的贷款并不是很多，据估计，俄银行业受乌克兰危机风险影响的贷款总额约 300 亿美元，其中约有 174 亿美元是通过俄罗斯银行在乌克兰当地的机构发放的贷款。乌克兰的金融形势长期糟糕，即使是在 2013 年底，乌克兰的问题贷款比例就已经高达 35%，乌克兰危机之后，俄罗斯银行在乌克兰的附属机构更是面临诸多问题和巨大风险。

危机中的俄罗斯银行

针对俄罗斯国内银行业的上述特点，为了防范金融体系的系统性风险，俄央行一直在强化着对银行的监管。

在乌克兰危机前后，俄央行出台了一系列新的监管措施，以使俄罗斯金融体系的风险防控实践更接近于国际标准。这些举措以一种更加积极主动的监管方式，力图解决俄罗斯银行业所存在的诸多问题，保证俄罗斯金融行业的健康发展、使其可以更好地服务进口替代战略。这些新的监管措施中比较重要的包括：

第一，增强对于借款人集中度的管理。按照新的监管规定，从2015年1月1日开始，俄央行通过扩大"关联借款人群体"定义的涵盖范围，加强了对于借款人集中度的监管，以更好地发现实质性信用风险。根据这个新的关联借款人定义，很多银行，特别是中小型信贷机构，将很难满足集中度监管指标。他们需要调整客户结构和产品组合，以分散其信贷风险敞口。

第二，强化对于关联方借款的监管。根据俄央行原拟于2015年1月1日开始实施的新规定，银行对其关联方的风险敞口不能超过银行资本金的20%。那些专注为其股东提供金融服务的私有银行会面临巨大冲击，他们不得不减少给自己股东的贷款或者增加资本。那些持有银行股份的企业集团和寡头们也不得不改变他们关联借贷的行为、想办法拓展他们的融资渠道。

第三，增强对于消费信贷的风险防控水平。为了给俄罗斯过热的消费信贷市场降温，防止信贷风险累积，俄央行颁布了新的监管规定并定于2014年7月1日生效。新的更为严格的监管要求对专业从事消费信贷的金融机构带来巨大挑战，相比之下，国有银行由于在资金成本方面的优势将在新监管环境下占据较为有利的地位，而这些国有银行往往规模较大、管理较为规范、风险防控能力较强。

上述三个监管强化措施中的前两项主要解决的是一个问题——贷款过度集中在银行的股东和关联方，银行成为了少数控制人的提款机。只为少数关联方服务，不仅给银行带来潜在风险，也使银行服务其他客户、服务实体经济的效果大打折扣。对"关联借款人"的严格定义，将使银行调整其资产组合，降低风险，减少客户集中度，扩大所服务的客户范围，更好地实现金融支持进口替代政策。

面对不断贬值的货币，持有负债比持有资产更为明智，俄罗斯的普通老百姓从苏联解体时期寡头的发迹史中学到了这些，他们不仅不愿意存款，还乐于举债消费。这是俄罗斯个人贷款快速增长的社会心理原因。乌克兰危机之前的几年，消费贷款在 2012 年增长 53%，2013 年增长 31%。危机带来的经济衰退增加了这些贷款的风险。强化对消费贷款的监管措施正是针对上述情况而出台的。

贷款过度集中和大量关联方贷款的问题主要存在于俄罗斯的中小型银行，特别是中小型民营银行，俄央行监管强化措施总体上对大型国有银行有利。俄罗斯商业咨询网在 2015 年 8 月通过对俄各上市银行季报的分析发现，2015 年上半年，俄 30 家银行共裁员 35 391 人、招聘 10 369 人，在新招聘的雇员中有 91.5% 进入了俄罗斯的第一大银行——国有的俄罗斯储蓄银行。这也反映了乌克兰危机之后，俄罗斯银行业发展此消彼长、进一步集中化的一个趋势。

在资金筹措方面，受制于较高的贷存比和持续的流动性压力，俄罗斯银行业长期依赖来自海外的资金支持。在乌克兰危机之后，由于制裁和评级下调等原因，俄罗斯银行在境外的筹资越来越难以继续。

美国的银行与俄储蓄银行、俄外贸银行等被制裁银行的合作在 2014 年就已基本停止。限制 30 天以上融资的制裁政策实施之后，美国主要的银行中只有 JP 摩根（JP Morgan）曾参与了俄罗斯储蓄银行在欧洲发行的一笔 28 天的短期融资票据（ECP），且不进行包销。

欧洲银行与俄被制裁银行的中长期融资也在乌克兰危机之后基本停止。但是在欧盟制裁令第 5 条第 3 款 ［Council Regulation（EU）N 960/2014 dd 8 sept 2014 Article 5］ 中规定：专门为欧盟和俄罗斯之间的，针对不被禁止的货物贸易和非金融服务所提供的融资仍然是可以进行的[①]。因

---

① 欧盟制裁第 5 条第三款原文：It shall be prohibited to directly or indirectly make or be part of any arrangement to make new loans or credit with a maturity exceeding 30 days to any legal person, entity or body referred to in paragraph 1 or 2, after 12 September 2014 except for loans or credit that have a specific and documented objective to provide financing for non – prohibited imports or exports of goods and non – financial services between the Union and Russia.

此欧洲主要银行仍然根据上述条款与俄被制裁银行开展贸易融资业务，包括信用证业务和出口后融资业务（post‑financing）① 等。2015 年 1 月，欧盟解除了对俄罗斯银行在欧盟成立的子银行的制裁，允许对这些在欧洲境内的俄罗斯银行下属机构提供 30 天以上的融资支持，这在一定程度上恢复了俄罗斯金融机构从欧洲获得资金的能力。

欧美之外其他地区的银行在 2014 年乌克兰危机之后保持了与俄罗斯主要银行之间的贸易融资等业务合作，但业务量明显下降，长期融资也基本停止。新加坡的银行曾为俄罗斯储蓄银行发行了 30 天以内的短期融资票据，其主要投资者来自中国香港、新加坡、泰国、中国台湾等亚洲地区。阿联酋迪拜金融中心也有两家银行参与了俄罗斯储蓄银行 30 天内短期融资票据的发行工作。印度和韩国的银行仍然与俄罗斯外贸银行就俄印之间和俄韩之间的贸易融资业务进行合作，韩国的银行在欧美制裁之下，还特别与俄罗斯银行开发了港元计价的信用证贴现业务。

在与中资银行的融资合作方面，最大的亮点是中国国家开发银行、中国进出口银行与俄罗斯储蓄银行、俄外贸银行、俄外经银行（VEB）进行的人民币融资。2014 年 10 月第十九次中俄总理定期会晤期间，在两国总理的见证下，中国进出口银行分别与俄罗斯外经银行、俄外贸银行和俄农业银行签署了授信框架协议。2014 年 11 月在北京举行的亚太经合组织（APEC）工商领导人峰会期间，中国进出口银行又与俄罗斯储蓄银行签署了涉及 20 亿美元的信贷额度框架协议和涉及 31 亿元人民币的买方信贷合作协议。该系列协议项下的首笔人民币提款在 2015 年

---

① 　出口后融资（post‑financing）：出口商赊账销售商品，融资行在进口商银行的要求下，支付货款给出口商（受益人），并承担进口商银行的同业风险。在账期结束之后，进口商支付货款给进口商银行，进口商银行再支付给融资行。在实际操作上，进口商银行往往在收到进口商付款后再占用一段时间资金（3 个月甚至 1 年以上），然后才偿付融资行并支付相应的利息，这实质上也成为了进口商银行自身进行短期融资的一个工具。

2 月底调入俄储蓄银行在中国境内开立的账户，并通过上海自贸区划入俄罗斯境内。2015 年 5 月，国家主席习近平访问俄罗斯期间，国家开发银行也在两国元首的见证下，分别与俄罗斯储蓄银行、俄外贸银行、俄外经银行签署了金融合作协议，以支持中俄双方的经贸合作项目。据新华网报道，国开行与俄储蓄银行签署的人民币信用额度协议涉及金额为 60 亿元人民币。

但毕竟欧美的传统资源不复存在，来自亚太的新资源还在逐渐培养，为了服务国内经济进口替代的战略落地，俄罗斯银行本身在资金来源上也需要实现进口替代，来自俄罗斯境内客户的存款越来越成为俄罗斯银行筹资的主要来源。截至 2014 年中，境内的公司存款和个人储蓄在俄罗斯银行负债中的占比分别为 33% 和 24%，来自境外的批发性融资只占 10% 左右，比危机和制裁之前明显下降。

俄罗斯个人客户由于卢布汇率长期不稳而不愿意储蓄，乌克兰危机之后，俄罗斯银行吸引存款的主要目标还是企业客户，俄罗斯政府相关部门也为此出台了一些具有针对性的支持政策。

路透社在 2014 年 7 月的一篇报道中引述了俄罗斯财政部副部长阿列克谢·莫西耶夫（Alexei Moiseev）的讲话，称俄罗斯政府正在研究出台一项措施，要求作为俄罗斯经济支柱的国有企业，只能在资本金不少于 100 亿卢布的大型银行或国有银行开立存款账户。按俄财政部的解释，这个政策的目的是保护在经济下行和欧美制裁中的大型俄罗斯企业，使其作为存款人免受银行被吊销牌照或遭遇流动性风险等极端事件的影响。但大型企业并不买账，有分析人士称，这项政策将严重损害俄罗斯的投资环境，将遭到大型企业的反对。实际上，这个政策的最大受益者是俄罗斯的大型国有银行，它们得到了最大限度的政府支持，可以吸收更多来自俄罗斯大型企业的存款资金。

根据这个账户和存款限制政策，俄罗斯的支柱企业，包括大型能源、天然气、交通运输公司和大型金融机构，它们开立账户的银行必须具备以下三个条件中至少一个：一是资本超过 100 亿卢布；二是政府直接或间接控股；三是在一些特殊情况下，政府也可以根据战略企业的要求而扩大合作银行名单。媒体分析，俄罗斯符合上述条件的银行大约有 100 多家，来自大型企业的存款资金将向这些国有大型银行集中。无法满足这些条件的中小型银行和外资银行将不得不面对存款流失，其贷存比和流动性指标也将更加恶化。这个政策效果与俄罗斯央行在乌克兰危机后进行的清理金融系统和打击洗钱活动也相吻合。

在脆弱的金融环境之下，面对来自境外的制裁和冲击，俄罗斯央行无疑是保证银行业流动性安全的关键。乌克兰危机后，在依靠境内资源的过程中，俄罗斯金融系统越来越寻求来自俄央行的资金支持。通过央行拆借获得的资金在俄罗斯银行业总负债中的比例，2013 年中仅占约 5%，到 2014 年底已经增长到超过 13%。对央行资金的依赖，也是在 2008 年国际金融危机之后，全球很多国家在量化宽松与央行放水政策下的共性问题。

俄罗斯金融行业在苏联解体之后一直得到国际多边组织的资金支持，包括国际货币基金组织（IMF）、欧洲复兴发展银行（EBRD）等。但是在 2014 年乌克兰危机之后，受欧美主导的很多国际金融机构都追随了对俄制裁的政策，欧洲复兴发展银行明确停止了涉俄项目。也正是在此时，一些新的国际多边金融机构诞生了，俄罗斯对新成立的金砖国家新开发银行、亚洲基础设施投资银行十分关注，希望能够以这些新的机构替代传统的由西方主导的国际货币基金组织、世界银行和欧洲复兴发展银行。

2015 年 5 月，普京总统批准了向金砖新开发银行注资的法案。同年 7 月，俄罗斯直接投资基金（RDIF）总裁德米特里耶夫在金砖国家实业家理事会会议中宣布，俄直投基金将为金砖新开发银行提供股份融资安排。2016 年 10 月，金砖国家新开发银行投资建设的首个项目在

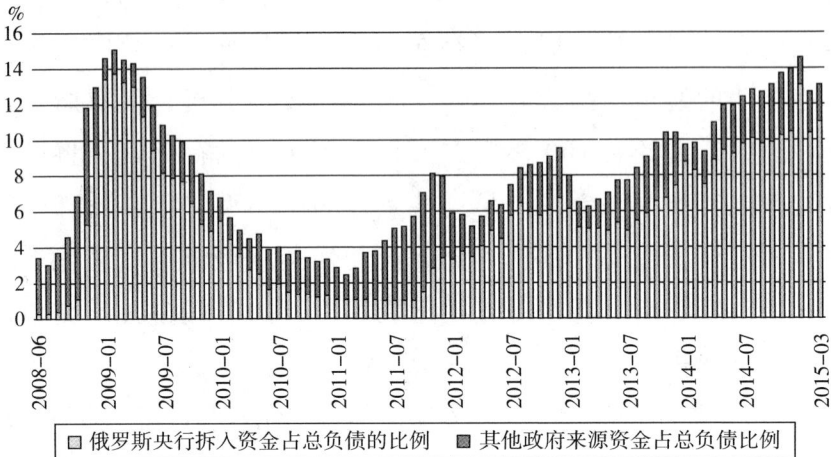

资料来源：穆迪（Moody's）投资 2014 年 10 月发布的《俄罗斯银行体系展望》报告。

原始数据来源：俄罗斯央行。

图1 俄罗斯银行业从央行和政府部门拆入资金占总负债的比例变化情况

俄罗斯西北部的卡累利阿共和国启动，这个水电站项目标志着金砖国家成员国在金砖框架内的务实合作取得了实质性成效，也拓展了俄罗斯在危机之后的融资渠道。俄罗斯媒体信心满满地称金砖新开发银行能够为俄罗斯的进口替代与经济转型发展提供 4 000 亿美元的融资支持。

俄罗斯自 2014 年 11 月开始对加入亚洲基础设施投资银行的协议条款进行审议，俄罗斯副总理舒瓦洛夫在 2015 年 3 月博鳌亚洲论坛上正式宣布加入亚投行。俄罗斯与中国、印度成为亚投行的三大股东，将有利于其吸引对远东和西伯利亚项目的投资，巩固与亚太国家的经济合作关系。

支持实体经济、支持进口替代

俄罗斯通过各种渠道充实自己在危机之后的资金来源，目的就是支持在危机之中的实体经济发展，支持各行业的进口替代和经济转型。

2014 年底，俄罗斯银行业的贷款有 60% 投向大型企业，12% 服务于中小企业，其余的 28% 是包括住房按揭和消费信贷在内的个人零售贷款。与很多国家一样，中小企业往往是解决就业的主要社会力量，为了抵御危机、减少失业、维护社会稳定，俄罗斯政府在 2015 年 7 月通过法律草案，将银行对个体经营者和法人小额贷款的最大额度从 100 万卢布提高至 300 万卢布。此举将增加中小企业的融资能力，帮助其增强在进口替代战略中的市场竞争力。

在俄罗斯银行的所有企业贷款中，商贸与零售行业融资余额最大，2014 年底占整个俄罗斯银行业信贷资产余额的 26%。疲弱的需求和卢布贬值严重影响了俄罗斯的零售企业，损害它们提供赊销服务的能力，银行的信贷支持可谓雪中送炭，使它们在进口替代战略实施初期，有一定的资源对俄罗斯的自产商品进行扶持。但其行业总体风险的加大也增加了银行在该行业贷款的不良余额。

俄银行业贷款余额占比第二的行业是制造业，2014 年底融资余额占比 18%。制造业无疑是进口替代与产业结构调整的中坚力量，那些非出口导向的制造业企业受弱势卢布的负面影响较大，急需银行在关键时刻的信贷支持。

此外还有融资余额占比 6% 的房地产行业，房地产虽然没有对进口的直接替代效应，但该行业的上游产业链丰富，在经济下行期，金融对房地产行业的支持，一方面对其上游的钢铁、玻璃、橡胶等行业都有裨益，另一方面也增加了国内的有效投资渠道，为限制出逃的资金提供了投资出路。

施工行业在银行体系的融资余额 2014 年底占比 5%。2014—2015 年，索契冬奥会的施工热潮已经结束，俄罗斯世界杯的建设热潮尚未开始，议论中的能源和铁路项目，又由于和来自中国或德国的技术提供方在关税与国产率等问题的谈判还未达成一致而无法启动，因此大量施工企业的经营情况不佳，银行贷款帮助施工企业在最困难的时期维持了资金的正常周转。

乌克兰危机后，在进口替代战略指导下，俄罗斯银行业为企业发放的贷款，总体信用风险可控。其原因一方面是抗风险能力较强的大型公司贷款占比高；另一方面是贷款行业分布均衡，除了受危机影响严重的能源行业外，还有更多的贷款投向了受益于卢布贬值与进口替代战略的农业和制造业。从截至 2016 年第一季度的不良率变化看，卢布本币贷款中，施工行业和零售行业的不良率增长较快；外币贷款中，房地产行业与采矿业的不良率增长较突出。

俄罗斯银行在进口替代和经济结构转型中的作用越来越重要，也有一个不得不如此的被动原因，就是受乌克兰事件之后欧美制裁的影响，外国银行对俄罗斯企业的支持明显减弱，国际对俄融资断崖式下降，这使俄罗斯自己的银行责无旁贷地担当起了支持进口替代战略实施的金融重任。

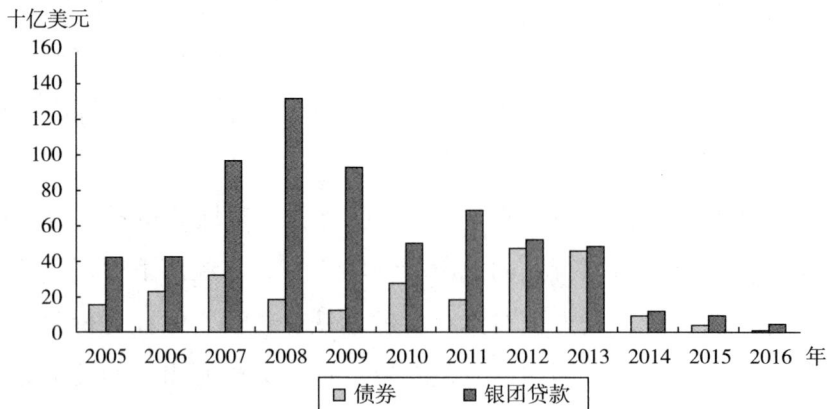

注：境外融资受到制裁影响，在 2014 年之后出现了大幅下降。

资料来源：国际货币基金组织（IMF）2016 年 7 月发表的国别研究报告 No. 16/229。

图 2　俄罗斯企业海外融资金额（2005—2016 年）

2015 年 4 月，乌拉尔钾肥筹组了一笔国际银团，据说这是乌克兰危机之后俄罗斯企业获得的第一笔国际银团贷款。

乌拉尔钾肥是全球最大的钾肥生产商，氯化钾生产量全球第一，它的钾肥业务覆盖从矿石开采、加工到成品运输和销售的整条产业链，产品销售区域覆盖全球 40 多个国家和地区，主要的市场包括巴西、印度、中国、东南亚、美国和欧洲。中国投资有限公司（CIC）在 2014—2015 年还是乌拉尔钾肥的股东。

乌钾在 2015 年春天筹组的银团由荷兰国际集团（ING）牵头，参加的银行包括法国外贸银行（Natixis）、法国兴业银行（Société Générale）和其在俄罗斯控股的罗斯银行（RosBank）、北欧联合银行（Nordea）、德国商业银行（Commerz Bank）、德国工业银行（IKB）、中国工商银行俄罗斯子行、中国建设银行俄罗斯子行和中国银行匈牙利子行。这笔银团贷款期限 4 年，金额 5.3 亿美元[①]，价格为 LIBOR 加 330 个基点，另有前端费 150 个基点。

乌克兰危机之前，乌钾曾于 2013 年募集过一个 12 亿美元的 5 年期银团贷款，由法国巴黎国民银行（BNP Paribas）、美国银行（BOA）、日本三井住友银行（SMBC）、意大利联合信贷银行（UniCredit）等机构牵头，当时的贷款价格为 LIBOR 加 215 个基点，前端费 100 个基点。

乌拉尔钾肥的银团筹组成功之后，有一家媒体刊登了一幅漫画，题目叫做"春天里的第一个俄国人"。乌拉尔钾肥在 2015 年春天成功筹组了乌克兰危机和欧美制裁之后俄罗斯企业的第一笔国际银团，但其从贷款条件和参加银行上都与 2 年前发生了很大变化，俄罗斯经济的春天真的会随着 2015 年的春天一起到来吗？

---

① 乌拉尔钾肥银团 4 月发放时总金额是 5.3 亿美元，但银团条款有一条约定，允许其他银行可在后续随时加入，直到银团总额达到 8 亿美元为止。中国银行匈牙利子行就是在 4 月之后又根据该条款参与的该银团贷款。

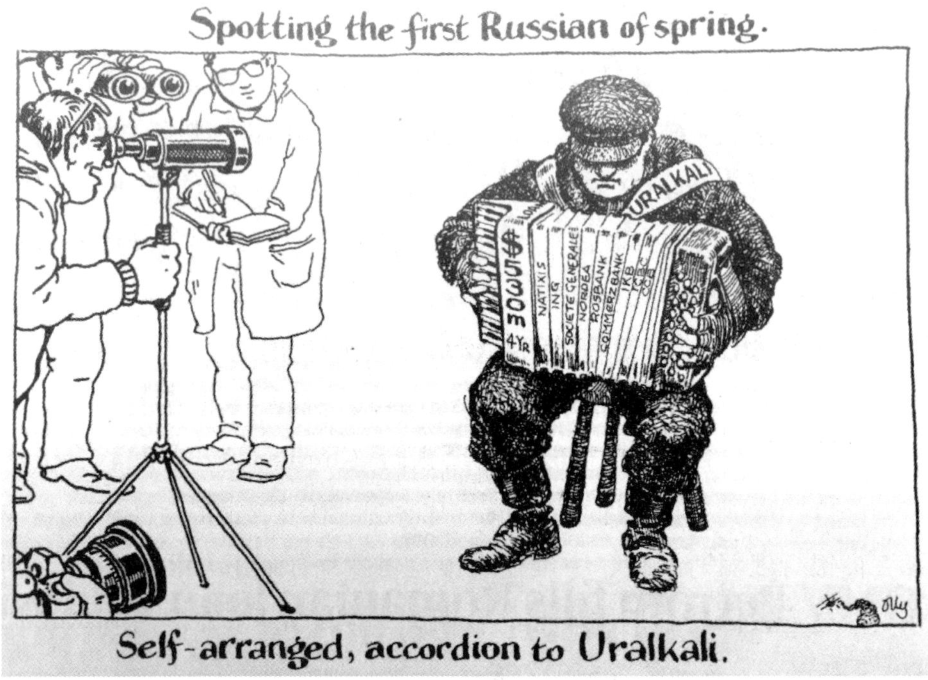

注：漫画的上标题为"春天里的第一个俄国人"，下标题为"为乌拉尔钾肥自编自导的手风琴演奏"，漫画中手风琴手肩上的琴带上写着"乌拉尔钾肥"，而手风琴上则写着这笔银团的金额、年限、主要参加银行的名字。

图3   乌拉尔钾肥5.3亿美元的银团贷款完成之后，报纸上刊登的一幅漫画

结算、支付与其他金融服务

金融对于实体经济的意义，并不只是融资的功能，资金汇划和基本结算功能在某种意义上讲应该更重要。

并没有被制裁的结算

欧美对俄罗斯的制裁主要是限制对名单内的俄罗斯企业和银行提供中长期融资，被称为限制性制裁（SSI），只是在 2014 年初对罗斯亚银行（Rossiya Bank）和 SMP 银行的制裁才是涉及限制结算和资金汇划的全面制裁（SDN）。相比之下，美国对伊朗的制裁基本上都是全面制裁（SDN），包括对银行结算和资金汇划的限制。

即便如此，但仍有很多的国际性银行在乌克兰危机与欧美对俄制裁之后，不愿意为俄罗斯的企业提供并不被限制性制裁所禁止的结算类服务。俄罗斯天然气工业集团（俄气，GAZPROM）被欧美限制购买深海、北极、页岩三类石油勘探设备，但并没有任何涉及融资和结算方面的制裁限制。可是在 2014 年之后，俄气原来通过汇丰银行、法国兴业银行等欧美金融机构进行的全球现金管理和结算业务效率越来越低，很多的资金汇划被退回、扣押和反复要求补充材料。为此，俄气位于荷兰的资金中心找到了中资银行在欧洲的机构，希望可以将现金管理业务转移到非欧美的金融机构进行。但遗憾的是，经过咨询欧洲当地的监管机构和合规部门，相关的合作并没有顺利开展。

一个并没有被制裁限制的结算和资金汇划业务，为什么银行如此忌惮而避而远之呢？

因为欧美的制裁虽然只是限制融资、不限制结算，但是结算中的资金是什么来源呢？会不会是融资得来的资金呢？欧美限制俄气等公司购买深海、北极、页岩等三类石油设备，如果银行的结算资金涉及这三类设备的交易怎么办？因此，处于欧美的金融机构，面对各种可能性和潜在风险，最为保险的策略还是什么都不碰，包括结算。

一些虽然受到制裁但制裁内容并不涉及资金汇划的企业，甚至还有一些根本没有在制裁名单上的企业，它们正常采购和销售的结算即便最终没有被银行拒绝，但也往往被延误，资金汇划的效率大大降低。出现这种情况其实和银行的业务操作方式也有一定关系。

在当今的世界里，个人、企业、金融机构的资金汇划，每秒钟都超过亿笔，如此大量的操作只能是依靠系统自动处理。但是为了防止一些非法的资金混在其中，这些系统都会有一个可疑交易的筛查和"黑名单"的控制，把那些涉嫌洗钱、恐怖、毒品等的资金交易过滤出来。俄罗斯被欧美制裁之后，虽然大多的制裁仅仅涉及特定天数的融资，但清算过程里的资金是否和融资有关也很难说清，因此一些风险意识较强的银行以防万一，就直接在系统里将那些被制裁的俄罗斯企业和银行放入了"黑名单"之中。更倒霉的是一些在名字里存在和被制裁机构有相同单词的无辜企业，由于"黑名单"的工作机制往往是关键字扫描，因此有部分单词与被制裁者重复的人也经常被敏感的系统误中。曾经有一个半是真实半是笑话的逸闻，据说由于俄罗斯农业银行被放在了一些制裁"黑名单"之中，有的银行将俄罗斯所有农业企业的资金往来都拦截了。虽然被系统拦截的资金交易经过人工检查，如果并不涉及被制裁的事项，或者只是因名字相似而误中，最终还是会被放行的，但人工干预的过程必然造成结算效率的下降。更有甚者，金融机构的美元和欧元清算中心往往设在美国和欧洲，与俄罗斯存在时差，如果碰巧遇到非工作时间，系统无法自动进行的资金汇划，要等好久才能被人工放行。也正是因为这样的原因，俄罗斯受到欧美制裁之后，很多企业的结算，特别是美元和欧元的结算，都受到了影响。

欧美的制裁主要是限制与欧美有关的机构和欧美的公民从事被禁止的业务。所谓与欧美有关的理解，可以广义，也可以狭义，按较为广义的理解，欧元和美元作为欧美的货币也是与欧美有关的。在现实的国际金融世界中，所有的国际贸易结算和全球现金管理主要都使用美元或欧元。为了摆脱受制裁影响而出现的结算效率低下甚至被拒绝的情况，一个显而易见的办法就是以其他货币替换美元或欧元在结算与资金汇划中的使用。

2015 年 4 月，俄罗斯联邦安全会议常务委员会建议俄政府在国际贸易中扩大卢布结算，降低对外汇的使用。俄罗斯第一副总理舒瓦洛夫也在那个月的保障金融稳定委员会会议上，主持讨论了以卢布替代外汇结算的问题。俄媒体和对外贸易专家分析，俄政府可能要求国有企业优先考虑使用卢布结算，并要求俄经济发展部研究落实相关问题，而最有可能首先推广使用卢布结算的就是武器出口贸易。

个人支付与卡组织

贸易结算主要是服务于企业，对于个人消费者，在支付领域使用最多的是信用卡，而信用卡的支付体系也几乎被欧美机构牢牢垄断。

俄罗斯和欧洲很多国家一样，现金使用量相对较少，使用信用卡的习惯比较普遍。然而，俄罗斯在 2014 年时还并没有类似中国银联这类的本土卡组织，还更没有类似支付宝那样可以替代银行卡的快捷支付手段，因此在大众支付领域普遍依赖维萨（VISA）和万事达（Master Card）这两个来自西方的公司，受制于人。

2014 年春天，因为受到欧美制裁的影响，维萨和万事达两公司先后宣布停止为受西方制裁的部分俄罗斯银行及其客户提供银行卡支付服务。这个政策先后使罗斯亚银行（Russiya Bank）、SMP 银行、资本投资银行、SOBIN 银行等 7 家金融机构受到波及。虽然被停止服务的银行规模都比较小，很多也实质性地受到了包括结算在内的全面制裁（SDN），但那些大型的俄罗斯银行和在当时还仅是受到限制性制裁（SSI）的银行仍然备受惊吓。

为了避免在极端情况下，罗斯亚银行、SMP 银行等被暂停银行卡服务的情况在俄金融体系内大范围发生，使俄罗斯整个个人支付与清算功能瘫痪，引发社会恐慌和动荡，俄央行等监管部门和俄罗斯大型银行在 2014 年欧美制裁之后纷纷采取补救行动，试图提前化解这个支付领域的潜在风险。俄最大的银行——俄罗斯储蓄银行（SBERBANK）联合其他几家本土商业银行，未雨绸缪，另辟蹊径，开始大量发行俄罗斯自己的普罗 100 银行卡以代替维萨和万事达卡。同时，来自中国的银联也正好在此时大显身手，在俄罗斯成功发行了银联卡，这也使俄罗斯成为银联在中国之外第一个实现发卡业务的国家。

但这种新的卡组织发行的新卡，从零售端对个人客户逐一推广，效率低、见效慢，也不可能让所有正在使用维萨和万事达卡的人在很短的时间内改为使用普罗 100 或银联。为了对庞大的使用维萨和万事达卡的存量人群也尽可能地保护，俄罗斯决定将这些西方卡组织在俄境内的业务纳入俄本地的支付清算体系之中加强监管。2014 年 7 月 1 日，俄罗斯紧急通过建立本国支付系统法律，规定所有国际银行卡应在 2015 年 3 月 31 日前并入俄本国的统一支付系统。该法案的实施因巨大的技术困难而有所推迟，2015 年 4 月，俄罗斯所有通过万事达卡组织交易的银行终于过渡至俄国家统一支付卡系统，5 月所有通过维萨卡组织交易的银行也全部过渡至该系统。这实际是以批发的方式，强迫西方卡组织将其涉及俄罗斯的支付活动与俄罗斯自己的支付系统对接，把西方卡组织原来在俄境外进行的离岸清算，强制性地转移到俄政府控制的在岸支付系统中进行，或者至少是把这些离岸清算数据强制性地于在岸系统中再走一遍。这样一来，如果出现极端情况，维萨和万事达等西方卡组织停止对俄罗斯的支付清算服务，至少其数据还在俄罗斯本地的国家统一支付卡系统中存在，理论上可以实现切换，以避免出现银行卡全面瘫痪的混乱。

另外一个几乎被西方完全垄断的金融服务领域是信用评级。俄罗斯一直对标准普尔（Standard & Poor's）、穆迪（Moody's）等西方评级公司将其主权评级下调至垃圾级（非投资级）耿耿于怀。2015 年 7 月，普京总统签署在俄评级机构管理法，规范评级活动的基本概念、在俄存在的条件并确定了评级机构注册的具体办法。据说该法的制定就是为了限制国际评级机构毫无根据和政治化的评价行为。

人民币

面对欧美制裁，俄罗斯加速了自己去美元化的进程，而其去美元化的途径之一就是加强与中国在人民币方面的合作，这与当时如火如荼的人民币国际化进程也相吻合。

2014 年 5 月，中俄两国发表的《中俄关于全面战略协作伙伴关系新阶段的联合声明》中就明确指出，中俄两国将推进财金领域的紧密协作，包括在中俄贸易、投资和借贷中扩大中俄本币直接结算的规模。

本币互换

2014 年 10 月，中俄两国央行签署了为期 3 年，规模为 1 500 亿元人民币和 8 150 亿卢布的双边本币互换协议。互换协议旨在便利中俄双边贸易及直接投资，减少外部金融市场不稳定对彼此经贸发展的影响。

双边货币互换协议可以看做是两个央行之间的对等授信，在协议需要按约定执行的时候，双方以约定的协议汇率进行本金的互换，就好像 A 国用自己的货币 a 作为存款质押给 B 国，同时从 B 国借入了 B 国的货币 b。在这样的一个互换续存期内，双方还要定期以约定的利率进行利息的互换，就如同是借入货币 b 的 A 国定期向 B 国支付 b 的利息 b′，同时，B 国也要定期向 A 国支付其质押存款 a 的利息 a′。等到双方的互换交易到期，双方再以原来协定的汇率把各自的本金换回来，即 A 国把借款 b 还给 B 国，B 国同时把质押存款 a 也还给 A 国。这样的一个本币互换安排并不涉及按照市场汇率进行真正的货币兑换交易，因此对参与国不会造成汇率风险。

俄罗斯 Finam 投资控股公司分析师铁木尔·尼格马图林（Timur Nigmatullin）在中俄本币互换协议签署之后，发表分析文章认为，当所有市场参与者预测事态会向最坏情况发展的时候，这份协议能减少因卢布贬值造成的狂热投机。他说，这份互换协议可以提高市场参与者对卢布的信任，协议表明中国将提供获取外汇流动性的可能途径，这能够缓解市场的恐慌情绪，让卢布汇率接近基于布伦特石油价格和经济增速而确定的合理水平。由此可见，俄罗斯不仅把这个本币互换协议当做扩大卢布和人民币在两国贸易结算中使用的机会，也将其看成了能够在紧急情况下吸引外部流动性资金、确保自身金融稳定的额外工具。

在中国方面，本币互换协议签署之后，人民银行已数次运用该协议，从俄罗斯央行获得卢布资金，并将这些卢布资金以国债回购的方式借给中资银行，用于支持中资银行及其客户的在俄投资和对俄贸易。对于中资银行，一方面需要卢布资金在俄罗斯发展业务、满足客户需求，另一方面又要考虑卢布贬值可能带来的汇率风险。如果把自己手中的美元或者人民币换成卢布进行业务发展，经营的收益可能会完全被汇兑损失侵蚀干净，甚至经营收益都无法覆盖汇兑损失。但是从人民银行通过两国本币互换方式获得卢布在俄罗斯发展业务，银行的负债端和资产端都是卢布，不存在币种的错配，因此也就规避了汇率波动可能带来的风险。

人民币清算行

人民币国际化发展在 21 世纪前 10 年的主要热点。从在岸讲，是中国境内市场对外资的有序开放；从离岸讲，主要有两个推动力量，一个是人民银行与其他国家央行的本币互换机制，另一个就是人民币清算行的设立与运行。

2015 年 8 月，俄罗斯央行致信中国人民银行，提出了莫斯科成为人民币离岸中心和设立人民币清算银行的要求，在全球 20 个国家设立了人民币清算行之后，俄罗斯央行也终于正式提出了在俄设立人民币清算银行的动议。2015 年 10 月，圣彼得堡召开了中俄总理定期会晤机制下的中俄金融分委会第十六次会议，俄罗斯方面在这次会议上显示出了对人民币业务的浓厚兴趣。同月 15 日，俄罗斯央行、莫斯科交易所等机构在北京访问了中国人民银行和几个主要的商业银行，期间又再次向人民银行提出了在俄设立人民币清算行的要求。

2016 年 6 月，在俄罗斯总统普京访华期间，中国人民银行与俄罗斯中央银行正式签署了在俄建立人民币清算安排的合作备忘录。

2016 年 9 月，中国人民银行在两天之内，先后宣布了位于美国和俄罗斯的全球第 21 家和第 22 家人民币清算行。其中俄罗斯的人民币业务清算行被授权给了中国工商银行莫斯科股份有限公司担任。

2017 年 3 月，中国工商银行在莫斯科宣布正式启动人民币清算行服务。俄罗斯中央银行副行长德米特里·斯科别尔金（Dmitry Skobel-kin）高度评价了俄罗斯人民币清算行的启动，称为"一个标志性事件"。

人民币清算行在俄罗斯的设立，一是使在俄罗斯进行的人民币汇划可以通过位于莫斯科的清算行直接进行资金清算，而不用取道北京或绕道第三国，避免了时差的影响，提高了清算效率；二是人民币清算行可以直接得到人民银行的流动性支持，为俄罗斯市场提供必要的人民币流动性，保证有钱可用；三是对人民币感兴趣的俄罗斯机构也可以通过人民币清算行直接投资中国在岸的人民币市场，丰富了俄罗斯人对于人民币产品的选择渠道。俄罗斯人民币清算行将为人民币在俄跨境使用创造有利的条件，进一步便于人民币在中俄经贸与投资中的运用。

结算和交易

　　货币的属性有很多，包括结算、交易、投资、财富储备等，而其中结算和交易的功能可以说与居民和企业日常生活和生产关系最为密切，这个问题我们在前一节讨论俄罗斯在欧美制裁之后的结算、支付问题时已经说过了。人民币国际化的过程也是人民币在全球范围内作为结算、交易、投资、储备货币占比越来越重要的过程。

　　早在 2010 年，卢布和人民币就已实现了直接兑换。乌克兰危机爆发之后，为了解决由于制裁造成的美元和欧元结算效率下降问题，俄罗斯大力推广使用卢布、人民币等非美欧货币。这也是俄罗斯方面终于热心推进本币互换和人民币清算行的原因之一。

　　人民币使用的增加大大促进了货币兑换等各类金融市场交易。按照莫斯科交易所统计，2014 年在莫交所卢布兑人民币的交易增长了 8 倍，达到 3 000 亿卢布。俄罗斯外贸银行（VTB）副行长奥谢耶夫斯基在 2015 年 5 月对记者称，乌克兰危机之后，俄罗斯和中国企业一直在积极使用卢布和人民币进行本币结算，按外贸银行统计，2015 年第一季度与 2014 年第四季度相比，卢布兑人民币的交易额上涨了 83%。截至 2015 年 9 月，在莫斯科交易所卢布兑人民币的交易量又同比增长了 2 倍，达到 6 000 亿卢布。其中在 2015 年 9 月 7 日，还创下了单日成交 20 亿元人民币的新历史纪录。

　　但是在中俄贸易和投资中大量使用卢布和人民币也存在着一个比较突出的障碍——卢布的汇率波动太大。进出口贸易从签订合同到最终结算需要一个周期，投资的回收周期则更长。等到贸易结算和投资回收的时候，卢布的汇率可能已经与签订合同与立项可研时相差了十万八千里，汇率风险甚至会把整个利润侵蚀掉。

　　与此同时，中国在 2015 年进行的"8·11 汇改"也让俄罗斯人对人民币的稳定性突然产生了疑惑。2015 年 8 月 11 日，中国人民银行宣布，将进一步完善人民币兑美元汇率中间价报价，当日人民币中间价下调逾 1 000 个基点，跌幅 1.82%，创历史纪录，离岸人民币更是大跌超过 2%。随后的两天中，人民币累计跌幅超过 3%，从 6.3306 左右一直到最低点的 6.455。这突如其来的变化令包括俄罗斯人在内的很多外国人都看不懂了。

为了增加卢布和人民币使用者的信心，帮助他们有效控制汇率风险，莫斯科交易所自乌克兰危机之后，一直在积极推动人民币兑卢布远期、掉期等衍生产品的发展。对那些使用人民币和卢布进行贸易、投资、储备的企业和机构来说，必要的汇率对冲工具对其商业决策与风险控制具有决定性的意义。

2014 年 5 月，俄罗斯天然气工业集团与中石油签署了为期 30 年、总价值 4 000 亿美元的供气合同。随后，俄气方面明确表示准备与中国用人民币和卢布进行该合同项下的贸易结算。在世界支付货币中，人民币的市场份额在 2015 年 8 月曾达到 2.8% 的最高值，随后逐步下降，2017 年底的占比约为 1.9%，为世界第五大支付货币。如果中俄之间的天然气贸易能够采用人民币支付结算，将大大提高人民币在世界支付货币中的市场地位。很难依靠服装、机械和众多的小额贸易去改变世界货币格局，真正能够改变世界货币格局的——至少在目前看——还是能源等大宗商品贸易。

人民币融资发债

除了支付结算功能之外，货币的另一个功能就是投融资与财富储备。

2008 年国际金融危机之后，欧美开始了量化宽松的政策，美元和欧元的利率长期处在比较低的位置，人民币融资的成本，也就是人民币的利率，比美元和欧元要高，这对借款人选择人民币作为融资货币带来了一定困难。这个情况在 2015 年开始发生了变化，一方面是人民币在 2015 年 8 月以后开始了一轮贬值，以弱势货币进行负债有一定的财务吸引力；另一方面随着美元开始进入新的加息周期，人民币融资利率的比较优势开始显现。当然，对俄罗斯来讲，还有欧美制裁，使得很多俄罗斯的机构都需要考虑寻找替代欧美融资的新渠道。而俄罗斯央行在 2014 年 12 月大幅提高卢布的基准利率，也让人民币贷款相对卢布贷款显得便宜。

2015 年底，俄罗斯诺里尔斯克镍业集团（俄镍），委托中资银行在俄罗斯市场上组建了第一个人民币备用银团。俄镍是全球最大的镍和钯的生产企业，从苏联时期就是有色金属行业的龙头企业。这次俄镍的人民币备用银团总金额约 50 亿元人民币，是俄罗斯市场上的第一笔大额人民币银团贷款，具有里程碑意义，其不仅推动了跨境人民币业务在俄罗斯的发展，更为俄罗斯企业的融资币种多样化选择提供了新的可能。

在公开市场发债融资方面，俄罗斯企业很早就开始试水在香港发行以离岸人民币计价的点心债。乌克兰危机发生之前，截至 2013 年底，已先后有俄罗斯外贸银行（VTB）、俄罗斯农业银行（Rosselkhozbank）、俄罗斯天然气工业银行（GAZPROMBANK）在香港发行过点心债。2014 年乌克兰危机之后，俄罗斯天然气工业银行和俄罗斯外经银行（VEB）也分别计划在 8 月和 10 月发行点心债，甚至已经选择好了承销商。但不幸这两家银行在 2014 年 7 月被欧美列入了制裁名单，其点心债发行计划也被搁置了。

2015 年"8·11 汇改"之后，一方面离岸人民币的流动性时常相对紧张，另一方面人民银行不断加大中国境内在岸人民币市场的开放力度，在一段时间内，在岸的熊猫债比离岸的点心债得到了更大的发展。俄罗斯企业也紧跟形势，全球铝业巨头俄罗斯铝业联合公司（俄铝）在 2017 年初，于上海证券交易所注册发行了 100 亿元的人民币熊猫债，期限 7 年①。俄铝这次的熊猫债发行，是主营业务在海外的外资发行人在交易所发行的第一笔熊猫债，是人民币国际化结合"一带一路"倡议、上海合作组织国家金融合作、俄罗斯企业扩大融资渠道等一系列题材的集中诠释。为了配合此次债券发行，俄铝还在 2016 年 6 月获得了中诚信授予的 AA＋级企业信用评级，这也是对西方评级公司垄断的一种打破。

2015 年 12 月，国际货币基金组织（IMF）正式宣布人民币将自 2016 年 10 月 1 日加入特别提款权（SDR），人民币成为与美元、欧元、英镑和日元并列的第五种 SDR 篮子货币，这是人民币作为国际储备货币迈出的重要一步。俄罗斯央行也随即在 2015 年末，宣布将人民币纳入俄罗斯的国家外汇储备，使人民币成为正式被俄罗斯官方认可的储备货币。

其实早在 2015 年夏天，俄罗斯财政部就开始探讨发行人民币计价国债的可行性，并委托莫斯科交易所、俄罗斯天然气工业银行等机构组建了专门的项目团队。

在 2015 年夏日莫斯科清爽的微风中，阳光把树叶的影子斑驳地投射在白色的餐桌上。当俄罗斯天然气工业银行投资银行总经理丹尼尔·舒拉科夫第一次把这个想法提出来的时候，大家都觉得很有意思。

"我们可以叫它北极熊债。"我对丹尼尔说。

"噢，不"，丹尼尔回答，"我们会找到一个更好的名字"。

是呀，我突然发现，熊并不是市场上受欢迎的动物。

最后，俄罗斯人给这个拟在莫斯科发行的人民币债券取名为"贝加尔债"。

2015 年到 2017 年，俄罗斯财政部、俄罗斯央行、莫斯科交易所、

---

① 俄铝在发行本次熊猫债的仅一年多之后，美国就在 2018 年 4 月 6 日将它和它的董事会主席奥列格·杰里帕斯卡（Oleg Deripaska）纳入了全面制裁（SDN）名单。

俄罗斯天然气工业银行等机构为俄罗斯人民币国债的项目多次到访北京、上海、香港，与中国财政部、人民银行、上海证券交易所、几家大型中资金融机构频频接触，举办投资者推介活动和路演，探讨俄罗斯财政部以及俄罗斯银行和企业在莫斯科交易所发行人民币计价债券的可行性。根据 2016 年底媒体公布的消息，俄财政部拟议中的人民币国债计划发行额度为 60 亿元人民币，将分不同期限进行发行。

比起在中国发行熊猫债，俄罗斯人更希望在莫斯科交易所发行人民币离岸债券——贝加尔债。这也许是受到了英国财政部在 2014 年 10 月于伦敦发行的 30 亿元人民币英国国债的启发。在莫斯科发行多期限的离岸人民币国债，主要是希望以此建立一个莫斯科人民币市场的定价基准，并吸引离岸人民币资金向俄罗斯流动。从某种意义上说，建立位于莫斯科的离岸人民币融资中心，比俄罗斯财政部通过这笔债券的发行进行融资更为重要，这也才是俄罗斯下大力气研究和推动这次发行的主要目的。

为了人民币国债项目，莫斯科交易所曾任命凯德罗斯资本公司（Caderus Capital）作为自己在中国的官方代表，以推动相关工作。凯德罗斯的合伙人安德烈·阿科皮扬（Andrei Akopian）表示，已经有多家俄罗斯企业计划在莫斯科交易所发行人民币计价的债券，以更好地建立贝加尔债券市场。由此可见，第一笔国债发行的主要作用就是为这个市场打头炮，确立定价基准，进行宣传并吸引资金。

另外，俄罗斯在推进与人民币相关的其他工作中，也有很多是从战术上为离岸人民币国债发行进行准备的。比如最先提出和推动人民币清算行工作的是俄罗斯央行市场司的人，而不是支付结算司的人。俄央行市场司是在央行层面负责俄罗斯人民币国债项目的，也是他们跟随俄罗斯财政部和莫斯科交易所多次来到中国进行访问和路演，并在此期间代表俄罗斯央行向中国人民银行提出了在俄设立人民币清算银行的要求。

中资银行与俄罗斯的合作

乌克兰危机发生之前，俄罗斯的大型企业主要选择欧美银行或者俄罗斯本土主流银行提供金融服务。欧美制裁的发生、与西方关系的恶化以及和中国政治、经济关系的加强，使俄罗斯政府和民间都发出向东看的呼吁。俄罗斯大型企业也重新考虑银行合作伙伴的选择，纷纷将账户和资金转到非西方控制的地区以及银行，以规避或有风险。

在这样的背景下，俄罗斯经济命脉行业的龙头企业，也是全球相关行业的龙头企业，如俄罗斯天然气工业集团（俄气）、俄罗斯诺里尔斯克镍业（俄镍）、俄罗斯铝业（俄铝）、乌拉尔钾肥、俄罗斯 MMK 钢铁集团（马钢）、Megaphone 电信（俄罗斯排名第二的移动通讯公司）、莫斯科机场、俄罗斯金属投资集团等，以及俄罗斯储蓄银行、俄罗斯外贸银行、俄罗斯外经银行等多家俄罗斯大型银行，从 2014 年 3 月开始，都纷纷在中资金融机构开立了账户。

这些俄罗斯企业和银行在中资金融机构开立的账户包括美元、欧元、港元、新加坡元、卢布、人民币等多个币种。而且，其不仅在中资银行位于俄罗斯的子银行开立账户，也在很多中资银行位于中国的总部或分行，以及位于欧洲、美洲、亚洲等其他地区的分支机构申请开立了账户。

在大力拓展亚洲融资市场的过程中，俄罗斯人对香港市场和港元发生了特别的兴趣。一些俄罗斯大型企业将越来越多的资金转向了东方的金融中心。据悉全俄第二大电信运营商 Megaphone 在 2014 年就已将自己近 40% 的现金储备兑换成港元并存放在中资银行。俄罗斯人将目光投向香港的主要原因，一是港元盯住美元的联系汇率制度使其币值相对稳定；二是香港作为中国特别行政区的特殊地位使其政治稳定；三是香港作为国际金融中心的市场成熟度与规模可以满足各类大型融资的需求。俄罗斯资金的大幅涌入甚至造成了港元的升值压力。2014
年 7 月 1 日至 8 月 15 日，香港金管局前后 24 次在公开市场上购入美
元，注入港元超过 750 亿，以调节不断飙升的港元汇率。资金的大幅流
入也推动香港恒生指数在 2014 年 8 月创下了自 2008 年 5 月以来的
新高。

　　中俄之间在经贸和投资领域长期保持着良好的合作关系，包括国
家开发银行和中国进出口银行在内的中国政策性金融机构，在乌克兰
危机之前，就有上百亿针对俄罗斯的贷款项目。2014 年之后，两家政
策性银行又先后参与了中俄天然气管道项目、亚马尔天然气项目、中俄
高铁项目、俄罗斯储蓄银行和俄外贸银行、俄外经银行人民币贷款等众
多融资。几家大型的中资商业银行是中国金融行业国际化发展的排头
兵，在包括俄罗斯在内的很多国家都早已设有机构，它们主要是通过在
俄罗斯的子银行为俄罗斯的企业客户、金融机构客户，乃至个人零售客
户提供全面的金融服务，助力中俄投资与经贸发展。而国际化发展相对
滞后的中国中小型城市商业银行，也将与俄罗斯企业和金融机构的合
作看作其国际化发展的一次重要机遇，因此显得特别积极。2015 年 10
月，在第二届中国俄罗斯博览会上，哈尔滨银行与俄罗斯储蓄银行联合
建立的中俄金融联盟正式宣布成立。该联盟的初始成员有 35 家，包括
中方的哈尔滨银行、包商银行、重庆银行、朝阳银行、阜新银行、吉林
银行、内蒙古银行、天津银行、威海市商业银行等，以及俄方的全国性
银行俄罗斯储蓄银行、工业通讯银行，位于俄远东地区的亚太银行、兴
盛银行、滨海社会银行、滨海边疆区商业银行等。俄罗斯银行与中国中
小型城市商业银行建立的这个金融联盟，是在 2014—2015 年危机期间，
中俄银行间合作机制的一次全新尝试。

"三驾马车"与宏观经济政策

我们在前两章分别讨论了在乌克兰危机、欧美制裁、进口替代政策下俄罗斯实体经济各行业，特别是金融业的具体情况。在本章里，我们再跳出微观层面的行业，从宏观层面讨论一下面对种种危机，俄罗斯经济的总体状况以及相关的宏观经济政策选择。

宏观经济是由净出口、消费、投资这"三驾马车"共同拉动的，进口替代及相关产业政策对俄罗斯经济在危机之中的带动作用到底如何，还需要跳出微观的具体行业，在一个更宏观的框架下分析研究。同样，进口替代和一系列反制裁措施的落地实施，除了需要具体的产业政策配套外，更需要国家从宏观层面上，利用财政政策和货币政策进行有效引导。

对外贸易

2014—2015 年，俄罗斯对外贸易主要呈现了三个特点：一是对外贸易额大幅下降；二是进口降幅快于出口降幅，贸易保持顺差，经常账户盈余；三是对外贸易结构发生显著变化，非能源产业出口比重增加。

对外贸易大幅下降

俄罗斯传统的对外贸易模式是一手出口油气资源、一手进口各类食品和生活必需品，两者的主要贸易对手都是欧洲。2014 年之后，油价危机造成俄罗斯油气资源的出口额大减；对欧美食品进行的反制裁措施又造成进口大幅下降，整个对外贸易额出现了断崖式下跌。2015 年上半年，俄进出口贸易总额 2 707 亿美元，同比下降 32.6%；其中，出口 1 830 亿美元，同比下降 28.8%；进口 877 亿美元，同比下降 39.5%。

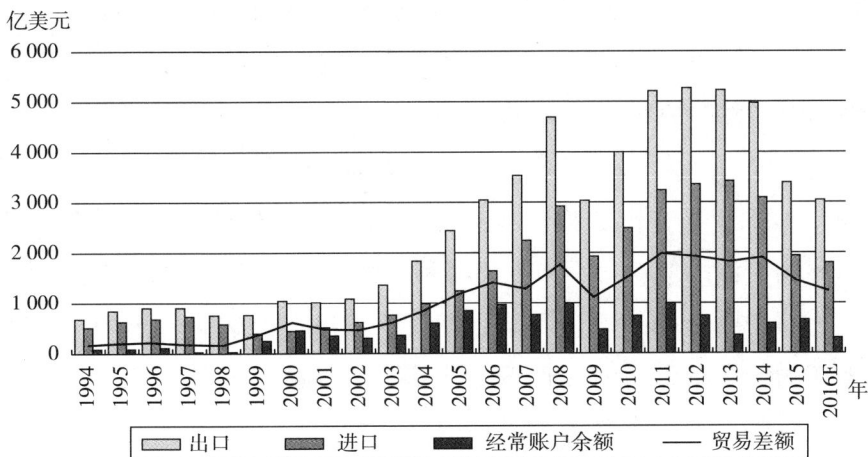

数据来源：俄罗斯央行，俄罗斯储蓄银行投资研究报告。

图 1　1994—2016 年俄罗斯进出口变化趋势

在危机之前的 2013 年，以区域计，俄罗斯最大的贸易伙伴是欧盟，欧盟在俄贸易总额中所占比重接近 50%。以单一国家计，俄罗斯贸易伙伴中排名第一的是中国，全年贸易额 668 亿欧元；排名第二的是荷兰，全年贸易额 571 亿欧元；德国排名第三，563 亿欧元；意大利排名第四，405 亿欧元；乌克兰排名第五，298 亿欧元。

2014 年之后，俄罗斯与欧盟、中国、独联体等几乎所有主要贸易伙伴的贸易额均出现了下降。俄罗斯海关公布的统计数据显示，2015 年全年，俄罗斯与欧盟双边进出口贸易额大约 2 300 亿美元，同比下降超过 40%。另据中国海关统计，2015 年中俄进出口贸易额 680.6 亿美元，同比下降 28.6%，在中国的主要贸易伙伴中，俄罗斯从 2014 年的第 9 位下降至 2015 年的第 16 位。俄罗斯和中国贸易下降的原因主要是油价下跌和卢布贬值，与欧洲国家贸易下降的原因除此之外还有制裁。

进口降幅大于出口，保持贸易顺差

货币贬值、资本外流压力加大，这个时候的贸易顺差显得尤为重要。俄罗斯在危机之年促进出口、抵制进口、保持经常项目盈余的方法有很多，主动的、被动的、半推半就的，包括卢布贬值、反制裁措施、进口替代政策、降低出口关税等。

欧洲复兴开发银行（EBRD）总经理马蒂亚·罗玛尼（Mattia Romani）2015 年底在伦敦称，与其他国家相比，俄罗斯对于油价下跌作出了最为灵活的应对。卢布贬值有利于俄出口增长，可以使俄商品更具竞争力。2015 年第一季度和第二季度，俄出口量均有大约 5% 的增幅，这对于遭受多重危机打击的国家来说实在难能可贵，也为下滑中的俄罗斯经济带来了一丝曙光。

关于反制裁措施和进口替代政策，本书有关制裁和进口替代的章节中都已专门介绍，这里就不再重复了。这两项政策对俄罗斯在危机中保持经常账户盈余也起到了至关重要的作用。

俄罗斯 2011 年 12 月加入世界贸易组织（WTO）时曾经承诺降低部分关税，包括非合金镍、阴极铜等金属材料的出口关税以及汽车等进口关税。在 2014 年遭遇欧美制裁之初，俄罗斯果断地履行了自己降低出口关税的大多数承诺。除此之外，俄罗斯还在 2015 年下调了石油出口关税，以让渡部分政府财政收入的方式支持其国有能源企业，继续与石油输出国组织（OPEC）和美国页岩油企业之间的能源战争。

根据俄塔斯社报道，俄罗斯从 2015 年 8 月 1 日起将石油出口关税从 143.1 美元/吨下调至 133.1 美元/吨。产自东西伯利亚、里海油田和普里拉兹洛姆油田等欠发达地区的石油出口关税仍维持为零。此外，从 2015 年 8 月 1 日起，俄罗斯透明油品和润滑油出口关税也从 68.6 美元/吨下调至 63.8 美元/吨；深色油品出口关税从 108.7 美元/吨下调至 101.1 美元/吨；汽油出口关税从 111.6 美元/吨下调至 103.8 美元/吨；石油焦的出口关税从 9.3 美元/吨下调至 8.6 美元/吨；超稠油的出口关税从 18.3 美元/吨下调至 17 美元/吨；液化气出口关税仍维持为零。

油价下跌，使得各种油气产品的出口税收相应下降，影响财政收入。此时进一步降低税率，让利于企业，让它们扩大出口、渡过难关。这可谓是拉弗曲线①在俄罗斯油气领域的灵活运用。

构成经济"三驾马车"之一的是净出口，即出口与进口之差。俄罗斯在 2014 年乌克兰危机之后，虽然总体贸易额显著下降，但毕竟仍然维持了一定数量的净出口，在一个较低的水平上实现了对外贸易盈余，这对俄罗斯在危机之年的经济起到了难得的支撑作用，也在一定程度上稳定了市场信心。

---

① 拉弗曲线（Laffer Curve），因美国供给学派经济学家拉弗（Arthur B Laffer）而得名。拉弗曲线描绘了政府的税收收入与税率之间的关系，当税率在一定的限度以下时，提高税率能增加政府税收收入，但超过这一限度时，较高的税率将抑制经济的增长，使税基减小，税收收入下降。反之，减税可以刺激经济增长，扩大税基，税收收入增加。

对外贸易的去能源努力

2014—2015 年，俄罗斯外贸领域对经济发展意义更大的并不是它的量，而是它的质，也就是贸易结构的调整。俄罗斯在此期间的外贸策略可以用"两去"来概括，一是"去西方"，二是"去能源"。

我们以 2015 年第一季度的数据为例了解一下俄罗斯总体的贸易结构：在俄罗斯的出口总额中，燃料能源商品占比高达 67.6%，金属及其制品占比 9.7%，化学工业产品占比 6.7%，机器及其制品占比 4.8%，食品及其生产运料占比 3.4%，木材以及纸浆和纸制品占比 2.5%；在俄罗斯进口总额中，机器及其制品占比 47.7%，化工产品占比 18.1%，食品占比 13.7%，金属机器制品占比 5.6%。

进口替代政策主要是减少对国外产品的依赖，属于"去西方"的范畴。而"去能源"则主要是减少出口产品中能源，特别是油气产品的占比。

对俄罗斯来讲，没有能源行业是万万不能的，但是能源行业也不是万能的，页岩油气行业在北美的异军突起、欧洲减排和对绿色能源的趋之若鹜，都对俄罗斯的能源经济带来了重大隐患，其具体内容我们在"石油天然气"一章中已有分析，因此俄国在经济结构调整和转型中去除对能源行业的过度依赖与进口替代同样重要。

俄罗斯幅员辽阔，地大物博，劳动力素质较高，科研创新能力较强，从苏联时代留下了颇为雄厚的重工业基础。因此俄罗斯发展门类更加齐全、加工程度更高、附加值更高的产业具有得天独厚的条件。但长期以来，俄罗斯形成了以能源工业为主导的经济结构，生活消费品部门相对薄弱。油价在 2014 年开始暴跌之后，加之欧美各国对俄制裁的影响，能源行业的出口创汇能力大幅下降。据俄海关数据，2015 年第一季度，俄罗斯出口燃料能源商品总额 589 亿美元，同比下降 33.6%。

其中，出口石油总额 227 亿美元，同比下降 41.5%；出口天然气总额115 亿美元，同比下降 35%。调整外贸结构迫在眉睫。

为了调整以自然资源出口为主导的经济模式，危机之中的俄罗斯在推进进口替代战略的同时，也致力于摆脱充当西方原料输出国的角色，大力发展非能源产业的对外出口。在"去能源"的过程中，俄政府要求非原料商品出口增长速度每年不低于 6%，以替代对能源出口的过度依赖。2014—2015 年，在此政策的引导和推动下，俄罗斯粮食、军工等部门的出口增长明显。

在粮食方面：来自俄罗斯农业部的数据显示，2014 农业年度（2013 年 7 月 1 日至 2014 年 6 月 30 日），俄粮食出口 2 537.2 万吨，同比增加 61.8%。2014 年俄农产品出口额达到了创纪录的 189 亿美元，同比增长 16.5%，同时进口 397 亿美元，同比下降 8%。在 2015 农业年度（2014 年 7 月 1 日至 2015 年 6 月 30 日），俄粮食出口 2 875 万吨，再次同比增长超过 13%。其中小麦出口量从 2014 农业年度的 1 780 万吨增至 2 049 万吨，大麦由 243 万吨升至 511 万吨，仅玉米由 381.1 万吨下降至 268.9 万吨。

在军工方面：普京总统 2014 年 7 月曾亲自对外表示，2014 年上半年俄军品出口总额实现 56 亿美元，同期军品出口订单总额为 500亿美元。而在 2013 年全年俄军品出口订单为 350 亿美元，仅从订单上说，2014 年增幅明显。俄罗斯在 2014 年全年实现武器及军技出口合同总金额 132 亿美元，继续保持全球第二大军售国，全球市场占比 27%。

通过政策扶持与相关部门的工作推动，在 2014—2015 年危机期间，俄罗斯"去能源"的努力取得了一定效果，对外贸易结构得到了一定程度的改善。截至 2016 年 4 月，俄罗斯对独联体国家出口中燃料与能源占比从 2015 年的 39.5% 小幅下降到了 38.9%，对非独联体国家出口中燃料与能源占比从 2015 年的 66.4% 下降到了 60.7%。

表1 俄罗斯进出口产品类别占比变化

出口	2015 年		2016 年 1～4 月	
	独联体国家	其他国家	独联体国家	其他国家
燃料及能源类大宗商品	39.5%	66.4%	38.9%	60.7%
金属矿业	10.7%	9.4%	10.4%	10.0%
化工	13.4%	6.5%	16.0%	6.9%
机械设备	16.4%	6.0%	12.4%	5.8%
食品	9.4%	4.0%	10.7%	5.4%
木材及木材制品	3.8%	2.7%	4.2%	3.6%
其他	6.8%	5.0%	7.4%	7.6%
总计（亿美元）	450	2 990	110	730

进口	2015 年		2016 年 1～4 月	
	独联体国家	其他国家	独联体国家	其他国家
机械设备	20.2%	48.0%	25.2%	46.6%
食品	20.6%	13.7%	21.8%	14.5%
燃料及能源类大宗商品	10.2%	0.5%	4.8%	0.5%
化工	14.9%	19.1%	14.9%	19.9%
服装鞋帽	5.6%	6.0%	7.8%	6.3%
金属矿业	12.5%	5.6%	11.5%	5.4%
其他	16.0%	7.1%	14.0%	6.8%
总计（亿美元）	210	1 620	50	450

数据来源：俄罗斯海关。

消费

俄罗斯有 1.47 亿人口，是欧洲人口最多的国家，和其他欧洲国家相比，俄罗斯最有条件实现内需与外需相对均衡发展的经济增长模式，使消费成为其经济增长的重要一极。但实际情况却并非如此，从苏联时代，甚至从沙皇时代，俄罗斯就有牺牲消费者利益而发展重工业、军事工业的经济习惯。

2014 年 12 月的卢布暴跌，带动了一波凶猛的抢购潮，特别是对家用电器等耐用消费品的抢购，其中的盛况在本书关于卢布危机的一章中已有描述。但这波抢购潮只是昙花一现，卢布暴跌之前的库存商品清仓之后，随着价格上调，消费也戛然而止。根据全球五大市场研究公司之一，德国 GFK 研究公司数据表明，2015 年上半年俄罗斯家用电器市场价格上涨 38%，销量下降 26%。

实际收入下降与贫困上升

2014—2015 年危机期间，影响俄罗斯消费的最主要原因是居民收入水平的下降。

据俄国家统计局数据，以名义价值计，2015 年 6 月俄罗斯人均收入 29 800 卢布、平均名义工资 35 900 卢布；按当时的汇率计算，分别约合 540 美元和 650 美元；按年率分别增长了 8.2% 和 7%。但根据俄罗斯外贸银行零售银行（VTB – 24）总裁扎多尔诺夫分析，由于俄国家拨款单位和私营经济领域工作人员工资收入的涨幅均显著低于通货膨胀率，俄罗斯居民实际收入在 2015 年将明显下降。俄国家统计局数据表明，2015 年上半年俄居民实际收入减少了 3.1%，俄居民实际平均工资下降了 8.5%。与之相比，在 2014 年俄罗斯居民的实际收入仅下降了 0.8%，2013 年则是增长了 4%。

俄罗斯经济发展部在 2015 年 10 月公布的 2016—2018 年宏观经济展望中预测，高通胀和限制社会支出增长将导致俄居民收入水平在预测期内下降至 2014 年的水平，公职人员收入及退休人员养老金将低于通胀水平。

实际收入下降不可避免地影响到了居民消费。彭博社在 2015 年 7 月的一篇报道中称，截至当年 6 月，俄罗斯居民实际收入已连续 8 个月下滑，这是近十五年来首次出现的情况，俄居民收入下滑导致零售贸易额下降，俄罗斯已发生了"消费经济崩溃"。

俄罗斯居民的储蓄率低，并没有什么应对度过经济寒冬的额外储备，收入下降直接导致了俄贫困人口数量的迅速增加。俄《共青团真理报》2015 年 7 月引述俄罗斯政府副总理戈罗杰茨的讲话称，全国贫困人口数量已增至 2 200 万人。戈罗杰茨副总理表示，俄政府为解贫推出了包括提高用药保障补贴等一系列方案。另据报道，俄罗斯 2015 年第一季度的贫困水平已由 2014 年同期的 13.8% 攀升至 15.9%，这还不包括刚刚加入俄罗斯联邦的克里米亚和塞瓦斯托波尔的数据。俄罗斯《生意人报》在 2015 年底对俄政府分析中心、俄罗斯科学院、世界银行等机构的多名专家进行的调查问卷结果显示，专家普遍认为，鉴于俄居民实际收入和退休金下降、不完全就业比例上升等原因，2016 年俄官方贫困人口比例将达 16%，创 2005 年以来的最高值。

一个下雪的冬夜，我在加加林广场附近的一家面包店买明天早餐用的面包。面包店的门被推开了，一个弯着腰的老妇裹着漫天风雪进到了店中。她仿佛是一个熟客，并不多言语，将手中一个纸杯中的零钱倒在了柜台上，便转身坐在了面包店角落靠近暖气的一个座位上。看着她那仍然沾着雪花的头巾和虽然破旧但还算干净的大衣，我认出来了，她就是在加加林广场前面，那个过街通道里乞讨的老人，我刚才来面包店的路上还从她的身边走过，那个纸杯就是她面前请人施舍的钱箱，而柜台上的一堆零钱也就是她这半天或一天的所得，并将兑换成她今天的晚饭。面包店的服务员把一杯热茶和一个盛放了两个面包的盘子摆在了老妇的桌子上。老妇脸色苍白干净，她对服务员说了声"谢谢"，目光并不看店里其他的人，平静从容地喝着热茶、吃着面包。我选好了自己要买的东西，裹紧帽子、围巾、羽绒服，走进了寒夜的风雪之中。广场上加加林的雕塑高高地耸入黑暗的空中，他是第一位飞上宇宙的人类。

16%的贫困人口比率，受到影响的不只是靠退休金度日的老人、失业的工人、偏远地区的游民，在首都莫斯科写字楼里的白领，甚至是金融行业的从业人员也会受到影响。

2015年5月，我们办公室里的一些俄罗斯本地同事开始出现了缺钱的情况。有一个部门的负责人，受美元低息的吸引，前几年借入了美元的住房按揭，卢布贬值后，她个人的现金流极度恶化，工资基本上全部都用来偿还按揭和消费贷款。那个月，她丈夫的工作出了些问题，家里的周转就不灵了，还住房按揭贷款的钱不够了。为了避免自己的房子被收回而流浪街头，她提出了休假。按照俄罗斯的劳动薪酬制度，每半个月发放工资一次，而休假期间的工资是休假前一次性提前发放的。这一次性发放的休假工资正好可以用来补足偿还按揭的缺口，以解燃眉之急。她告诉我，她申请的按揭退税预计下个月可以到账，就不会再出现这样的情况了。

还有一个财务会计部的普通同事，她的母亲生病了，要做手术，没有钱。这个资金缺口更大，短期的休假已经无法解决了，经过和人力资源部仔细研究计算，应对的方案是她申请辞职，然后再在当天重新入职。按照俄罗斯的劳动法规和惯例，所有雇员，无论职位和资历，每年都有30天的带薪假期，如果今年没有休息，则会累积到下一年，一直延续到辞职离开的那一天，或者用作抵消离职的通知期，或者在清算工资时一并计算进行货币补偿。这位同事先行辞职，就可以清算其剩余的约 30 天假期，她用这笔钱去给母亲看病、动手术。

在金融动荡、经济萧条的危机之中，普通人就如同汪洋中的一叶扁舟，生活的艰辛不言而喻，生命也显得无比脆弱。和贫困相伴而来的就是恐怖的、也是解脱的死亡。

从苏联解体开始，人们生活水平的下降总是会直接导致死亡率的大幅攀升。根据俄罗斯统计局的数据，苏联解体之后，俄罗斯男性的平均寿命从 1990 年的 65 岁曾最低下降到 1995 年的 58 岁，女性的平均寿命也从 1990 年的 74 岁下降到 1994 年最低的 71 岁，这之后才开始稳定。死亡率（每 1 000 人）也在 1994 年达到了 15.7 的峰值，比 1990 年的 11.2 增长了 4.5 人，增幅 40%。苏联解体之后，俄罗斯人口的负增长直到 2013 年才得到扭转。

莫斯科市经济政策与发展司在 2015 年 10 月援引俄联邦统计局数据称，2015 年前三个季度，莫斯科市死亡人口达 90 629 人，同比增长 3.9%；莫斯科同期出生人口 105 569 人，同比增长 2.9%；人口自然增长 14 940 人，同比下降 3%。

在严酷的经济环境与自然环境之中，人口无法持续增长永远是悬在俄罗斯头顶上的一把利剑，长期威胁其国内市场的消费能力，威胁其经济的潜在增长能力。

居民部门去杠杆

与发达国家相比，俄罗斯居民部门的金融渗透率并不高，相对的负债率远低于其他国家。根据俄罗斯央行和经合组织概况（OECD Fact Book）中的统计数据比较分析，2012 年俄罗斯居民贷款占可支配收入的比例只有不到 30%，而发达国家中，荷兰、英国、美国的这一比例分别超过了300%、150%、110%，匈牙利和波兰的这一比例也在60%以上。

俄罗斯居民的贷款在贷款结构上还有一个特点，高利率的消费贷款比重明显大于其他国家。

包括中国在内的很多国家，居民贷款主要是住房按揭贷款，利率相对消费贷款要低，贷款的期限也比较长。2012年的数据显示，经济合作与发展组织（OECD）国家的居民住房按揭贷款占居民贷款总额的比例平均超过80%，瑞士住房按揭贷款占居民贷款的比例是99.8%，加拿大是96.9%，意大利是70.7%，美国是69.9%，而俄罗斯只有不到35%。

俄罗斯的居民贷款中主要是消费贷款，这些消费贷款一方面利率十分高，通常在20%以上；另一方面时间很短，通常只有2～3年。这表明其每期需要偿付的金额相对会非常之高。

而同时，俄罗斯居民的实际收入不高，而且储蓄率极低。还是比较俄罗斯央行和经合组织概况中的统计数据，2012年经购买力平价（PPP）调整之后的居民可支配收入，美国为39 531美元、德国为30 721美元、英国为25 828美元，经合组织国家平均水平为23 938美元，而俄罗斯仅有17 230美元。俄罗斯居民经过购买力平价调整之后的平均净可支配收入远低于经合组织国家的水平。

综合以上各组数据的分析，与经合组织国家相比，俄罗斯居民的借款虽然好像不多，但由于相对较高的分期还款压力和相对较低的可支配收入，因此俄罗斯居民的实际杠杆率水平还是很高的。

这样实际上的高杠杆率对于银行业来说，就是潜在的信用风险，因此在俄罗斯央行2014年出台的强化监管系列政策之中，就有一条是专门针对增强消费信贷风险防控问题的。这种情况在本书讨论金融业的一章里已有详细介绍了。

2014年底，俄央行为应对卢布危机，把关键利率提高到17%之后，很多俄罗斯本地的商业银行纷纷将汽车消费贷款利率从原来的15%～

18%，提高到了 20% 以上，甚至还有的接近 30%。俄罗斯第一大银行，俄罗斯储蓄银行更是直接暂停了购车和购房等部分抵押贷款业务的申请。对此，俄媒体分析认为，上述行为是银行面对流动性压力和不良贷款激增的无奈之举，但后续效应必将直接影响俄民众贷款购车购房的积极性。

　　消费信贷的监管强化，银行的加息和停贷，再加之不断恶化的经济情况和持续下降的居民实际收入，直接引发的结果就是居民部门明显的去杠杆趋势。数据显示，从 2012 年中开始，俄罗斯居民消费贷款的增速就开始出现下降，但在初期，这主要还是政策降温的结果，2014 年乌克兰危机之后，政策调控与危机相互叠加，居民消费贷款自 2015 年开始出现了负增长。

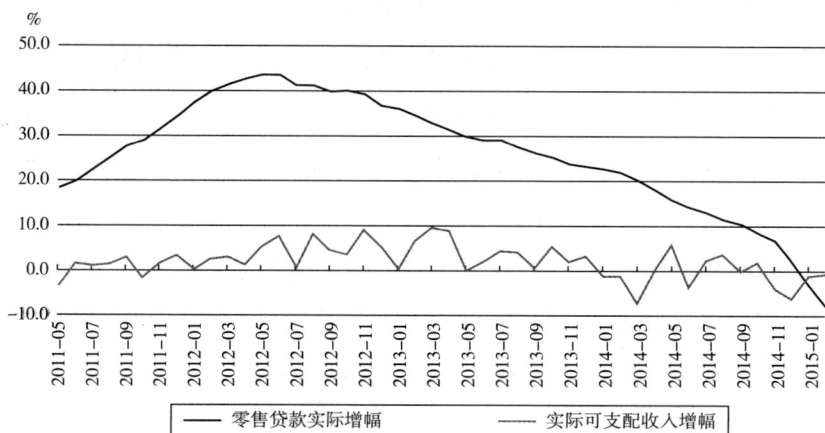

资料来源：穆迪（Moody's）投资 2015 年 4 月发布的《俄罗斯银行业 2015 年度研究报告》。

原始数据来源：俄罗斯央行，俄罗斯统计局。

图 2　2011 年 5 月至 2015 年 1 月俄罗斯居民收入与
消费贷款实际变化趋势（年同比）

　　居民部门在危机之中的去杠杆过程，既是危机造成的被动结果，也是为了防范经济动荡派生金融风险的主动行为。但无论何种原因，去杠杆本身进一步加剧了普通人可用于消费资金的减少。收入下降，没有储蓄存款接续，又难以从银行借钱，还能用什么来消费呢？

被牺牲掉的消费

引起消费不振最明显的原因也许是居民实际收入下降，但居民收入的下降在俄罗斯并不是消费萎靡的唯一原因。

表 2　　　　　　　　　居民消费指数变化（年同比）

	1998 年	1999 年	2008 年	2009 年	2015 年	2016 年第一季度
社会商品零售总额	− 3.1%	− 5.5%	13.7%	− 5.2%	− 10.0%	− 5.4%
其中：食品	− 0.8%	− 6.1%	11.7%	− 1.3%	− 8.9%	− 4.5%
其中：非食品	− 5.0%	− 5.0%	15.3%	− 8.2%	− 11.0%	− 6.2%
居民实际收入	− 16.3%	− 14.2%	2.4%	3.0%	− 4.0%	− 3.9%
居民实际工资	− 13.0%	− 22.0%	11.5%	− 3.5%	− 9.5%	− 0.5%
养老金实际收入	− 4.8%	− 39.4%	18.1%	10.7%	− 3.8%	− 4.1%
家政服务	− 1.2%	6.6%	4.8%	− 4.2%	− 2.1%	− 1.4%

注：三次危机期间，俄罗斯社会商品零售额、居民实际收入等指标的变化比较。

数据来源：俄罗斯统计局。

1998 年俄罗斯主权违约、2008 年国际金融危机，再加上这次由乌克兰问题引发的危机，三次危机比较，本次危机中居民实际工资与收入下降的幅度不是最大的，但消费下降的幅度却是最大的。这个现象和本次危机中存在的一些特殊情况——包括限制部分食品进口的反制裁措施和大力推行的进口替代政策——有直接关系。

从 2016 年开始，实际工资下降的情况有所缓解。一是由于 2016 年油价的企稳反弹；二是由于通货膨胀在俄央行的政策下得到有效控制；

三是由于进口替代等结构调整政策发挥了作用，俄经济下跌趋势得到初步遏制。但是 2016 年初消费反弹的幅度明显低于实际工资反弹的幅度，而在此前，比如 2008—2009 年的金融危机中，这两个指标的变化基本是同步的。这也说明了此次消费疲弱除工资收入因素之外，还有其他原因与特点。在进口替代政策实施并初步见效之后，输入性通胀得到控制，企业经营状况也开始好转，这使得居民实际工资出现反弹。但同时，进口替代也降低了俄罗斯市场总体消费的平均水平，消费额随着本地土产代替进口洋货而维持在了低位。

如果进一步深入分析，居民实际收入下降虽然是消费不振的表面原因，但在它背后，还有更深层次地涉及俄罗斯经济结构调整的根本原因，正是这个根本原因使得消费成为了"三驾马车"之中的一个"牺牲品"。

2014—2015 年，正是俄罗斯政府灵活的卢布汇率政策和严格的收入政策，造成了居民实际工资的下降。实际工资的下降虽然不利于消费，但却有利于企业在危机之中控制成本、维持持续的经营。这一方面提高了核心企业应对西方制裁和实施进口替代战略的能力；另一方面也尽可能地保证了居民就业。

俄劳动和社会保障部部长马克西姆·托皮林（Maksim Topilin）在 2015 年 11 月召开的政府工作会议上称，俄罗斯居民实际工资在当年下降了 8%～9%。但同时，俄不充分就业人数仅为 25 万人，而在上一次危机（2008—2009 年国际金融危机）时，不充分就业人数曾高达 150 万人。从失业率数据上看，本轮危机中的社会失业率得到了比较成功的控制，基本稳定在 6%，而在 2008—2009 年国际金融危机中，失业率曾一举超过 8%。同时，俄罗斯统计局 2015 年第二季度的数据显示，俄失业率最高的地区依次为印古什共和国（30.6%）、图瓦共和国（19.9%）和车臣共和国（17.3%），这些都不是制造业的核心地区，而是位于高加索的冲突地区或位于西伯利亚的边疆地区。而失业率最低的地区则为莫斯科市（1.8%）、圣彼得堡市（2.5%）和莫斯科州（3.5%）等地区，这才是俄罗斯经济的引擎。

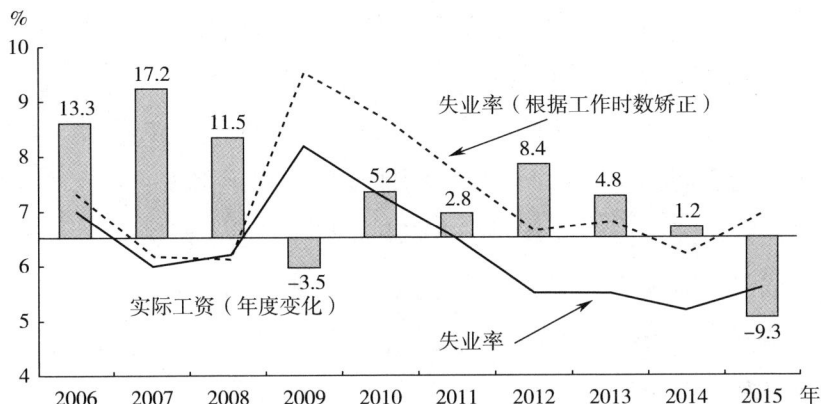

资料来源：国际货币基金组织（IMF）2016年7月发表的俄罗斯国别研究报告 No. 16/229。

图3　俄罗斯2006—2015年失业率与实际工资变化

就业的数据从一个方面反映了企业的经营状况。从某种程度上说，实际工资的下降实质上就是对国民收入的一次再平衡，使其更有利于企业，而不是有利于消费者。彭博社在2015年7月的一篇报道中指出，俄罗斯的经济正在以牺牲消费者利益为代价重建国防军事工业，这种转变将对消费需求和零售贸易产生负面影响。彭博社将俄罗斯的抱负仅局限在国防军事工业也许略显偏颇，是对苏联经济批评的简单延续。在进口替代一章中我们看到，至少包括农业、食品、化工等很多其他的行业也在这次经济转型中受益。但牺牲消费的判断应该并不是危言耸听，这也的确是从苏联时期，甚至沙皇俄国时期就继承来的一种做法。

投资与基础设施

俄罗斯地域辽阔，资金和人员则相对有限，这自然造成了其长期以来基础设施投资建设的不足。即使在苏联时期，以牺牲轻工业为代价进行计划经济的大规模投资建设阶段，也有投资在地域和行业分布上极不均衡的问题，与民生而非军事相关的基础设施和固定资产投资欠账极多。这对俄罗斯长期的经济可持续发展形成了掣肘。

2014—2015 年危机期间，俄罗斯的投资出现了大幅下滑，2014 年固定资产投资同比下降 4.3%，工程建设量同比下降 4.5%；2015 年情况更加糟糕，固定资产投资同比下降 8.4%，工程建设量同比下降 7%。

根据俄罗斯国家统计局公布的数据和俄罗斯储蓄银行研究分析，在行业结构上，2015 年固定资产投资下降幅度最大的行业分别是非金属矿业开采（-41.6%），电力、天然气与自来水市政运输（-29.9%），交通和交通设备制造（-21%），医疗保健（-20.2%）。另外，也有一些逆势投资增长的行业，比如化工（14%）、电力设备制造（12.2%）和能源开采（10.7%）。

投资不振的原因

在这次危机之中，造成"三驾马车"之一的投资无法有效拉动俄罗斯经济的原因有多个方面。

第一是俄罗斯的金融机构由于遭受欧美制裁等原因而自身难保、力不从心，无法为固定资产投资提供应有的资金支持。根据俄罗斯储蓄银行的分析，在 2014 年以前，俄罗斯固定资产投资的资金来源中有超过 10% 来自银行贷款，2014 年这个数值是 10.6%，而在 2015 年来自银行贷款的资金下降到了 7.8%。

第二是财政的支持也力不从心，伴随着大宗商品价格下跌，俄罗斯财政支出捉襟见肘。按照俄罗斯联邦公路署此前批准的 2010—2020 年俄罗斯交通发展规划，在 2016 年财政应该拨款 1 400 亿卢布用于公路建设投资，但由于财政紧张，公路署在 2015 年发布消息称将把 2016 年的新建公路投资缩减 430 亿卢布，减少 30.7%。在俄罗斯固定资产投资中，来自财政预算的资金比例在 2013 年是 19%，2014 年下降到 17%，2015 年又进一步下降到 16.5%。

第三是卢布大幅贬值使得海外热钱流出俄罗斯。2015 年随着大宗商品价格下降、美元加息周期临近等因素的共同作用，外国直接投资（FDI）下降是包括中国在内的几乎所有新兴市场国家面临的共同问题。根据英国《金融时报》旗下的数据服务机构，FDI Markets 统计分析，2015 年上半年主要新兴市场国家吸引外国直接投资，中国下降了 26.18%，巴西下降 65.1%，俄罗斯下降 46.1%，只有印度增长了 149%。在绝对额上，俄罗斯 2015 年上半年吸引外国直接投资仅为 28.06 亿美元，这一数字只略高于哈萨克斯坦（25.09 亿美元），甚至低于波斯尼亚和黑塞哥维那（28.34 亿美元）。按照俄罗斯央行自己的联邦收支分析数据显示，2015 年上半年外国对俄非金融类直接投资为 67 亿美元，与 2014 年同期的 211 亿美元相比大幅下滑近 70%。

第四个造成投资低迷的原因是实体经济情况不好，企业可用于投资的自由现金流严重不足。天然气行业一直是俄罗斯的印钞机行业（cash cow），俄罗斯天然气工业集团（GAZPROM）也一直是俄罗斯最有钱的企业，但即便是这样的有钱人在危机之中也难以独善其身。在 2015 年推进俄各地区实现"天然气化"的专题会议上，俄气公司总裁米勒表示，截至当年 5 月 1 日，俄气已经被拖欠了 1 632 亿卢布的天然气费用，比年初增长近 30%，这将严重影响俄气集团确定发展"天然气化"的投资规模。

投资大幅下滑，很多资金在 2014 年乌克兰危机之初逃离俄罗斯，流向海外。后续在俄央行强力打击洗钱与资金非法外逃的情况下，那些无法离境的资金又开始流入房地产市场和股票市场。2015 年俄罗斯房地产市场的交易量明显增加，这方面的情况我们在讨论进口替代政策的章节中已有介绍。2015 年俄罗斯股市的表现也十分抢眼，莫斯科综合指数从年初的 1 396 点到年底的 1 762 点，涨幅26.22%，在全球主要股市中排名第一①。

2015 年 10 月，俄罗斯外贸银行的投资银行机构（VTB Capital）在莫斯科举办了大型的投资论坛。论坛会上很多俄罗斯专家认为，制裁和卢布贬值造就了在俄进行实业投资的绝好机会。农业、汽车、科技等领域的企业也都在会上介绍这两年自己企业的发展、开始实施或规划实施的出口战略，把俄罗斯从能源强国变成工业强国的决心，扩大非油气产品出口的成绩。很多的中国企业也应邀参加了这次论坛，一家总部在上海的大型国际化民营企业俄罗斯负责人告诉我，他们在 2015 年当年开始投资俄罗斯的股票和债券市场，那时已经取得了约 40% 的年化收益率。"这里确实是一个好市场！"，他兴奋地说。

铁路和大型项目

实施积极的财政政策，加大基础设施投资，是凯恩斯主义应对经济下滑的惯用手段之一，俄罗斯在 2014—2015 年危机期间也努力通过一些大型的投资项目重振自己的经济。铁路行业通常是基础设施投资的龙头之一，克里姆林宫面对百废待兴的投资下滑，也将注意力特别投向了俄罗斯铁路。

首先，俄罗斯积极寻求和中国在高铁方面的合作，希望可以通过来自中国的技术、资金，拉动俄罗斯的铁路投资。俄罗斯科学院远东研究所副所长安德烈·奥斯特罗夫斯基（Andre Ostrovsky）在 2014 年表示，俄中双边仅仅是简单的商品交流，贸易额很少，要依靠例如高铁、刻赤海峡大桥这样的大型基础设施项目大幅提高俄中贸易和投资额。

2014 年 10 月，俄罗斯交通部、俄罗斯铁路公司、中国国家发展和

---

① 2015 年，全世界主要股市涨幅，俄罗斯排名第一，德国法兰克福指数上涨 10.25% 排名第二，中国上证指数上涨 9.43% 排名第三，排名最差的是巴西圣保罗指数，下跌 10.64%。

改革委员会、中国铁路总公司签署了中俄高铁领域合作备忘录。根据该备忘录，中俄双方将研究莫斯科—北京欧亚高速运输走廊，包括其中的首个高铁项目——莫斯科到喀山的高铁项目。随后，中国国家发改委、铁路总公司、国开行、北车集团等与俄方成立了中俄高铁项目工作组。中俄高铁工作组在 2014 年底和 2015 年密集地举行了多次会议，确定了将总造价估计为 1.068 万亿卢布的莫斯科到喀山高铁项目作为中俄双方高铁合作的第一单，并为此项目进行了设计招标。俄罗斯在高铁项目谈判中，除了投资问题之外，还特别关注相关设备的国产化率，这也是与其进口替代战略方向一致的。

俄罗斯铁路公司（Russia Railway）成立于 1992 年，前身是苏联铁道部，为俄罗斯国有企业。俄铁属下的铁路横跨 11 个时区，总长约 9 万公里，世界排名第三[①]，俄铁有超过 95 万名员工，是世界上规模最大的公司之一。危机期间，俄罗斯政府在财政十分紧张的情况下，仍然于 2015 年 6 月对俄铁增加了 642.81 亿卢布的资本金（按当时汇率约合 12 亿美元）。该部分注资将被用于支持莫斯科地区铁路网建设、莫斯科—喀山高铁项目规划、贝加尔—阿穆尔和跨西伯利亚铁路现代化改造等项目。此次危机之中增加俄铁资本金的举措充分显示了俄罗斯铁路公司在国家固定资产投资和经济建设中的重要性。

几乎在增资的同时，俄政府也对俄铁公司的管理层进行了重大调整。

2015 年 6 月，俄罗斯政府副总理阿尔卡季·德沃尔科维奇（Arkady Dvorkovych）进入俄铁董事会，并当选为俄铁公司董事长。在同一个月，梅德韦杰夫总理颁布命令，任命俄罗斯交通部第一副部长奥列格·别洛泽罗夫（Belozerov）为俄罗斯铁路公司的新总裁，替代原来的总裁亚库宁。

弗拉基米尔·亚库宁（Vladimir Yakunin），苏联时期曾工作于克格

[①]　根据 2017 年数据，中国的铁路以超过 12 万公里排名第二，美国的铁路以约 22 万公里排名世界第一。美国的铁路总长度虽然世界第一，但是被约 10 家铁路公司所有，集中度不高。

勃系统，1985—1991 年担任苏联驻联合国大使，苏联解体后在圣彼得堡经商。亚库宁在 2000 年被任命为俄罗斯运输部副部长，2001 年被任命为俄罗斯铁路公司总裁。2014 年 3 月，在欧美发起的对俄第一轮制裁中就被列入了制裁名单。据说亚库宁被替换的主要原因是他的儿子安德烈·亚库宁在伦敦开设的公司存在严重的腐败行为，而且安德烈还申请了英国的护照。在 2014 年乌克兰危机爆发之前，曾经有一位中国投行界大佬旗下的私募基金找到我们，讨论投资安德烈·亚库宁的连锁酒店公司，该公司的酒店都位于俄罗斯各主要城市的火车站边上。一个不了了之的项目。

俄铁新总裁别洛泽罗夫上任伊始就表示，将与俄罗斯铁路公司全体人员一起，集中精力提高公司运作效率，包括梅德韦杰夫总理曾特别提出过的，在社会服务方面、货物运输和提高运行速度方面的效率。

俄铁在 2015 年前 7 个月，路网货物平均运送速度是 345 公里/天，同比增长 16.6%。其中货物班列运输速度最高达 521 公里/天，同比增长 17.6%。在俄铁的所有线路中，远东铁路货运速度最高，为 437 公里/天，东西伯利亚铁路次之，为 420 公里/天。横贯广阔亚欧大陆的铁路动脉，在对抗白军和外国武装干涉时期、卫国战争时期、冷战时期，直到乌克兰危机时期，总是在以自己钢铁的脊梁默默支撑着俄罗斯这台庞大机器的正常运营。

俄罗斯在 2014—2015 年危机期间试图突破的另一个投资热点是远东。这既有其政治的必然，也有其经济的必然。从政治上说，面对欧美的制裁，双头鹰转向东方符合逻辑；从经济上说，远东比邻全球经济高速增长的亚太地区，若能融入和分享中日韩经贸发展的红利，将大大带动俄边疆地区的发展。

为促进远东地区的发展，俄罗斯早在 2012 年就专门成立了远东发展部，负责协调俄国家计划的实施，管理俄联邦在远东地区的国有财产，监督远东 9 个行政区政府对俄罗斯中央政府转授权事项的实施情况。根据普京总统的任命，远东发展部长同时也是俄罗斯总统驻远东联邦区全权代表，形成了条块管理在人员上的统一。

俄政府在 2014—2015 年危机期间，采用了通过远东和后贝加尔斯克边疆区发展基金带动民间资金投资远东项目的模式，并确定了政府优先支持的具体投资项目，希望以点带面、招商引资。该基金在 2014 年圈定的第一批支持项目共有 10 个，其中重点的三个项目分别是位于犹太自治州的中俄同江—下列宁斯阔耶跨境铁路大桥建设项目、勘察加半岛的金矿开采项目和萨哈林州的城市固体废物现代处理设施项目。

中俄同江铁路大桥位于黑龙江佳木斯同江市与俄罗斯下列宁斯阔耶之间，大桥主桥长 2 215 米，中国境内长 1 886 米，俄方境内长 329 米，设计年过货能力 2 100 万吨。同江中俄铁路特大桥由中铁大桥局建设施工，2014 年 2 月开工，预计 2018 年全面竣工。同江大桥的建设可将中国东北铁路网直接与俄罗斯西伯利亚铁路相连通，形成一条新的中俄国际运输通道。这对改善中俄两国既有的国际铁路运输格局，推动俄罗斯远东地区和中国东北地区的互利合作，促进中俄双边经贸发展，加快东北亚经济圈建设，促进跨国文化交流和旅游业发展都具有重要的意义。

在扩大与中国合作的同时，俄罗斯在远东开发过程中也特别注意加强与日本和韩国的合作。这一方面是扩大投资来源与经贸合作的多元化，另一方面也是在西方制裁的大背景下，争取在美国传统的亚太盟友身上寻求一些突破。

2015 年 9 月，俄罗斯和日本在莫斯科举行了第 11 次俄日政府间经济贸易问题委员会会议，日本时任外相岸田文雄与俄罗斯第一副总理舒瓦洛夫共同出席了该会议。会议重点讨论了俄日在远东交通运输、基础设施和农业领域合作方面的问题。舒瓦洛夫副总理在会议上呼吁日本企业积极参与远东农业生产和加工方面的投资项目。双方企业代表还就能源、医药和城市环境发展等一些具体项目的投资前景进行了详细探讨。另据塔斯社报道，俄经济发展部副部长斯坦尼斯拉夫·沃斯克列先斯基（Stanislav Voskresenskiy）对媒体表示，为促进俄日货物贸易，简化海关通关程序，俄罗斯与日本正在商谈建立海关绿色通道。沃斯克列先斯基副部长称，日本方面乐于加强与俄罗斯的经贸合作，日本投资者有兴趣在电力、电站、风能发电等领域与俄远东地区开展合作。

2015 年 10 月，俄罗斯与韩国在俄远东城市符拉迪沃斯托克举行了经济科技合作双边委员会会议。会议期间，韩国企业代表宣布将申请入驻符拉迪沃斯托克自由港。对此，俄罗斯副总理兼总统驻远东联邦区全权代表尤里·特鲁特涅夫（Yury Trutnev）表示欢迎。特鲁特涅夫副总理称，符拉迪沃斯托克自由港入驻门槛低，有关税收与行业特惠措施待配套法规完善后将陆续出台实施，当前正是外资企业签约进场的最佳时间。他同时还透露，自由港配有游乐区，将允许博彩业等特殊行业入驻。

财政政策

与投资密切相关，也要专门讨论一下在 2014—2015 年危机期间俄罗斯财政的一些情况和其应对危机采取的一些涉及财政方面的政策。

俄罗斯在 2009 年国际金融危机之前，受益于大宗商品市场的繁荣，一直保持着预算盈余。国际金融危机造成财政收入大幅下降，俄罗斯在 2009 年出现了较大的财政赤字。之后的几年情况略有好转，2011—2014 年基本上保持了财政收支平衡。乌克兰危机之后，随着油价和卢布暴跌、欧美制裁，俄罗斯再次出现了比较严重的财政赤字。根据俄联邦国库数据，2015 年俄联邦统一预算实现收入 134 530 亿卢布，支出 155 000 亿卢布，赤字 20 480 亿卢布（按 2016 年初的汇率 1 美元兑 80 卢布计算，约 256 亿美元），而在 2014 年同期则实现了 6 666 亿卢布的预算盈余。

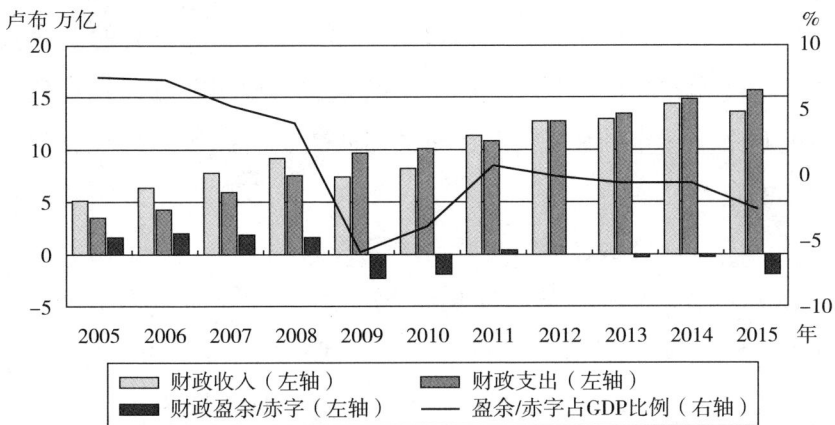

资料来源：乌拉西伯银行（Uralsib）2016 年 6 月发表的俄罗斯宏观经济研究报告。

原始数据来源：俄罗斯财政部，俄罗斯统计局。

图 4　俄罗斯 2005—2015 年财政收入、支出、盈余（赤字）的情况

税收

2014 年乌克兰危机爆发之后，为了应对财政赤字压力和欧美制裁带来的融资困难，俄罗斯开始在财税政策上研究进行一些调整。

首先，俄罗斯国家杜马的一个工作组一直在研究和起草关于支持累进式个税征收的法律草案，以改变"一刀切"的税收方式，增加富人的纳税。按原来的个税征收方式，俄个人所得税税率统一为 13%，新的草案拟将年收入 1 200 万 ~ 3 000 万卢布的个税税率提高至 30%，将年收入 3 000 万卢布以上的个税税率提高至 50%。新的税收收入计划用来支持远东和克里米亚地区的发展投资。

另外，俄政府也在乌克兰危机之后开始讨论允许地方政府重新征收最高税率为 3% 的销售税的计划。危机之后，俄罗斯地方政府由于税收减少、融资困难，很多都需要求助于中央才能偿还债务，因此中央政府不得不增加对地方的预算拨款。根据俄罗斯储蓄银行宏观经济研究中心的研究报告，2015 年俄地方各联邦主体接受来自中央的财政拨款约为 260 亿美元，同比增长了一倍。允许地方政府重新征收销售税，将为地方财政带来每年约 2 000 亿卢布的新收入，有助于缓解地方政府在危机时期的财政压力。

2014 年 7 月，普京总统责令政府研究提高增值税税率的可行性，计划从 2018 年将增值税税率从 18% 提至 20%，增加的增值税预计每年可提高财政收入约 5 000 亿卢布。2017 年 3 月，俄罗斯财政部部长安东·西卢阿诺夫（Anton Siluanov）在参加一个税务论坛时又进一步表示，俄政府考虑将增值税税率从 18% 提高到 22%，同时将企业的保险缴费率从 30% 降至 22%。西卢阿诺夫称，这一举措符合税收中性原则，可将企业负担的社会保障成本降低。而在 2008 年 2 月，国际金融危机和乌克兰危机都还没有到来的美好日子里，普京总统曾在国务委员会上允诺最大限度地降低增值税税率，当时俄总统专家局长德沃尔科维奇称，俄增值税税率将下调至 12% ~ 13%。

从上面这几个筹划和实施的税改措施可以看出，俄罗斯增加财税收入、应对财政赤字的要求十分迫切，个税、销售税、增值税都已然被其纳入了增收所考虑的范畴。企业的负担也许可以通过限制工资增长、降低社保负担而部分抵消，但居民家庭则没有明显的政策对冲，这些税收的增加一方面会限制居民消费；另一方面又会加剧通胀预期，对经济产生不利影响，甚至出现竭泽而渔的风险。

经济发展永远是第一要务，没有经济基础，税率再高，也没有税基，没有税源。俄罗斯在 2014 年乌克兰危机之后的经济发展战略主线十分清晰：结构调整、进口替代。财政政策不仅要考虑预算平衡的问题，还要为总体的经济政策服务。

在油气价格暴跌、卢布疯狂贬值的背景下，俄罗斯下调了部分原材料的出口关税。俄总理梅德韦杰夫在 2015 年 8 月签署政府决定，为履行"入世"承诺，俄从当年9月1日起，降低部分海产品、种子、矿产品、未加工的皮张、木材及其制品、宝石和半宝石、金属和黑色金属废物、精炼铜、铜锭、镍及其制品、铝及其制品、贱金属制品及其废物等的出口关税。出口关税的降低将保持俄罗斯产品国际竞争力、在危机之中增加出口、保持外贸顺差、推动进口替代政策落地、缓解经济下滑压力、进而稳定俄罗斯的经济和金融秩序。

在税收政策调整的一系列措施综合作用下，2015年上半年，俄税务部门征收税款7万亿卢布（按当时汇率约合1 162亿美元），同比增长12.9%。其中，上缴俄联邦预算3.6万亿卢布，同比增长15.1%，这包括增值税同比增长12.1%，盈利税同比增长29.8%，个人所得税同比增长3.9%，矿产开采税同比增长11.9%，财产税同比增长10.6%。

同时，在收入结构上，受到能源价格下跌和进口替代作用影响，俄罗斯财政收入的非油气占比明显提高，这也是在总量衰退中，在质量上取得的难得成绩。

其他缓解财政压力的措施

除了开源之外，还有节流。在经济不景气的时期，增加税收总存在一定的局限，勒紧腰带过紧日子也是必需的。

俄罗斯预算开支在2015年下降约10%的基础上，2016年度预计继续削减约7 000亿卢布，下降约13%。一些刚性的开支，如公职人员工资和军人津贴，将无法被纳入开支削减的范畴。还有2018年世界杯足球赛，按俄罗斯财政部长安东·西卢阿诺夫的承诺，尽管外部环境不利，这项重大赛事的预算支出也不会被削减。俄罗斯财政支出的另外一个大头是军费，特别是在2015年9月全面介入叙利亚军事冲突之后，俄军费开支压力极大，但从总体上看，按照2017年世界主要国家公布的国防预算进行比较分析，俄罗斯以 491 亿美元的军费排在美国、中国、印度和沙特阿拉伯之后，已滑落到了世界第五。

俄罗斯除了财政收入之外，在大宗商品价格高高在上的黄金时期，还建立了两个基金，国家储备基金和国家福利基金，用于调节能源价格波动对财政收支的影响。2014—2015 年的危机，也是它们发挥作用的时候了。

2015 年 5 月，俄罗斯储备基金的余额约 776 亿美元，国家福利基金余额约 773 亿美元，分别同比增长了 2.3% 和 1.8%。到了 10 月，俄储备基金下降到约 705 亿美元，国家福利基金下降到约 737 亿美元，在 5 个月内，分别下降了约 9% 和 5%。俄财政部当时预测，如果国际油价一直处于 50 美元以下的低位，储备基金和国家福利基金将在 2016 年初减少一半以上，在 2016 年末有可能全部耗尽。

财政支出有一个巨大的项目是养老金。几乎所有国家都或多或少、或明或暗、或已然发生或预计难免地存在养老金缺口。俄罗斯在 2015 年时，养老金体系的缺口就已经达到了其资金量的 50%，随着危机的延续，这个缺口还在继续扩大。几乎是所有面临老龄化的国家，都把延迟退休年龄作为解决养老金缺口的方法之一，俄罗斯也不例外。俄前财长库德林在 2015 年 10 月莫斯科交易所论坛上表示，俄罗斯或许会在 2018 年总统选举后提高退休年龄。库德林认为退休年龄的提高不仅是解决退休金体系平衡的办法，也是应对俄罗斯未来劳动人口下降、增长潜力不足所必须进行的结构性改革措施。

国债

解决财政赤字的一个手段是发行国债，但是在乌克兰危机之后，由于油价暴跌和卢布贬值，加之欧美制裁，整个俄罗斯对外都处在一个去杠杆的状态，这也进一步增加了俄罗斯实现财政平衡的难度。

俄央行数据显示，截至 2015 年第三季度，俄外债总额为 5 216 亿美元，环比减少 6.1%；其中非银行部门外债总额 3 400 亿美元，较年初减少 9.4%；银行业外债总额 1 386 亿美元，较年初减少 19.2%；国家管理机构（央行）外债总额 321 亿美元，较年初减少 22.8%。2014年 7 月，俄外债总量曾达创纪录的 7 328 亿美元，而在 2015 年 9 月，其外债总量已大幅减少了超过 2 100 亿美元，处于近 5 年的最低值。

俄罗斯财政部 2015 年 7 月在其网站上公布了未来三年国家预算政策的主要方向，文件中称，俄罗斯的国家债务总额将保持在安全水平上，不会超过 GDP 的 15% ~ 20%，俄罗斯债务压力在允许的范围内，国家完全能够履行偿还债务的义务。按照俄财政部这份文件中描述的规划，俄罗斯 2016 年净债务总额将达 9 308 亿卢布（约合 168 亿美元），2017 年达 8 844 亿卢布（约合 159 亿美元），2018 年达 7 654 亿卢布（约合 138 亿美元）。在债务结构上，2016 年俄国家净内债预计为6 088亿卢布，净外债为 3 221 亿卢布；2017 年的净内债和净外债预计分别为 6 773 亿卢布和 2 071 亿卢布；2018 年预计分别为 6 393 亿卢布和 1 261 亿卢布。三年的内外债占比分别为 65%∶35%、77%∶23%、84%∶16%。以国内债务替代和压缩外债的意图明显。

外债通常是以美元和欧元等硬通货在境外发行，一方面，卢布汇率随着国际能源价格低迷而持续走弱，外汇负债与境内以卢布计价的财政收入形成错配，存在潜在风险；另一方面，欧美的制裁和俄罗斯主权评级下调为垃圾级，也为其通过境外市场发债筹资提高了成本、带来了困难。

在这样的情况下，以国内发行的卢布债券替代外债是较好且较为可行的选择。但是卢布贬值与高通胀的预期使卢布计价的债券票息极高，大大增加了俄财政部通过内债融资的成本。

为了解决上述问题，解除投资者对未来通货膨胀飞涨造成固定收益投资折本的担心，俄罗斯财政部在 2015 年 7 月创新性地发行了通胀挂钩债券。这次发行的通胀挂钩债券总金额 1 500 亿卢布，期限 8 年，利率 2.5%（coupon），发行招标价格按面值的 87% ~ 91% 进行折让，综合计算利率在 3.7% ~ 4.4% 的水平。这只债券的最大特点是到期偿付本金的时候，本金将按通货膨胀率进行还原计算。因此这只债券的发行价格明显低于当时在市场上同等期限的没有和通胀率挂钩的俄罗斯国债（一般在 10% ~ 11% 的水平）。

这类债券的发行在俄罗斯属于第一次，它表明了俄政府对控制未来通货膨胀率的信心。俄罗斯 2014 年的通胀率是 7.8%，债券发行前夕（2015 年 6 月），经济合作与发展组织对俄 2015 年的通胀率预测是 16.3%、2016 年通胀率预测是 7%。如果按照这样的通胀计算，这笔通胀挂钩债券的实际付息率将在年均 14% ~ 15%，明显高于当时市场现存的国债收益水平。如果俄罗斯财政部希望通过发行这种通胀挂钩债券和控制未来通胀率而达到降低实际融资成本的目的，其通胀率的控制目标应该在 7% 以下。

货币政策

俄罗斯在 2014—2015 年的货币政策总体上可以分为两个阶段，一是在卢布 2014 年 12 月暴跌之前，俄央行货币政策比较偏重于解决国内的流动性危机；二是在卢布危机之后，俄央行的货币政策在控制通货膨胀与帮助经济走出低谷间进退两难。

流动性紧张

乌克兰危机爆发之后，地缘政治的动荡造成俄国内资金大量流出，俄罗斯居民储蓄意愿本来就普遍较低，2014 年的存款增幅更是明显放缓，第一季度个人储户提款额达 3 935 亿卢布，给金融机构带来了一定的流动性压力。同时，为了稳定卢布汇率，俄央行从 2014 年初就开始大规模干预外汇市场，截至 2014 年 6 月，俄央行已买入 1.1 万亿卢布，这也减少了市场的流动性。

为了对冲卖出美元、买入卢布造成的本币流动性不足，俄罗斯央行加大了公开市场操作力度。央行再贷款占商业银行负债比重快速上升，2014 年 4 月是 6.7%，6 月时就已经增加到了 8.4%。俄央行行长纳比乌琳娜表示，这个水平已经仅次于 2008 年国际金融危机之后的情况了。

俄罗斯央行再贷款的增长与欧美的量化宽松政策不同，一方面欧美宽松的货币政策将政策利率控制在了接近 0 的极低水平，而俄央行在 2014 年多次上调关键利率，12 月卢布危机之前的利率就已经达到了 10.5%，12 月又一举将利率上调到 17%。另一方面俄央行再贷款投放的资金并没有停留在系统内而大量流失，因此系统内流动性持续供应不足，这样的再贷款政策无法起到刺激经济的作用。

流动性压力的极端情况出现在 2014 年 12 月 16 日卢布跳水之后，那堪称戏剧性的场面在本书介绍卢布危机的章节中已有描述。在此之后，17% 的关键利率如同一剂猛药，再加上强硬打击资金外逃的政策，终于在一定程度上避免了资金的进一步流失和卢布的持续无序贬值。

但如此之高的利率对经济的负面影响显而易见，进口替代政策的实施也无法在短期内改善因卢布大幅贬值带来的输入性恶性通胀，俄央行的货币政策不得不在控制通胀与刺激经济间进行两难的选择。

鱼和熊掌

俄罗斯央行在 2014 年底发布了 2015—2017 年货币政策白皮书，白皮书中明确表示，俄罗斯货币政策的主要目标是确保物价稳定，也就是要实现可持续的低通胀。俄央行认为，要提高和保持俄罗斯公民的生活水平，就必须有稳定的物价，这是国家经济政策的最终目的。根据白皮书的描述，俄罗斯货币政策的目标是将通货膨胀率在 2017 年降低到 4% 以下，并持续保持在这个水平附近。

2015 年上半年，随着国际能源价格企稳，俄央行把关键利率从 2014 年底的 17% 陆续下调到了 2015 年 7 月底的 11%，但从 2015 年 8 月开始，央行就停止了它的宽松政策。一直到 11 个月后，2016 年 6 月和 9 月，俄央行才又分两次下调关键利率各 50 个基点，将其从 11% 降到 10%，并将 10% 的关键利率再次坚持了半年，一直到 2017 年 3 月。

而俄罗斯官方公布的通货膨胀数据，从 2016 年第二季度开始，就出现了明显的改善。通货膨胀率下降，一方面受益于卢布汇率随着油气价格而逐渐稳定；另一方面也受益于进口替代政策的初见成效。

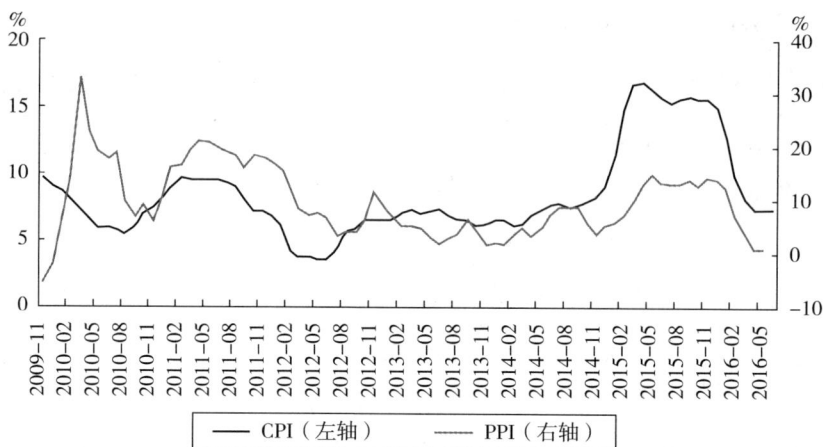

资料来源：乌拉西伯银行（Uralsib）2016 年 6 月发表的俄罗斯宏观经济研究报告。

原始数据来源：俄罗斯统计局。

图 5　俄罗斯 2009 年 11 月至 2016 年 5 月的
CPI 和 PPI 水平（年同比）

通货膨胀在 2016 年初得到基本控制之后，俄央行仍然坚持不肯降息，这和当时欧美甚至其他一些新兴市场国家的货币宽松政策形成了鲜明的对比。这样的货币政策无疑是谨慎的，在低油价叠加美元加息周期到来的时候，偏紧的货币政策对卢布汇率和俄罗斯总体的金融市场稳定起到了重要作用，但同时，如此偏紧的货币政策使得居民和企业的实际借贷利率居高不下，对于刺激被制裁与油价打到谷底的俄罗斯经济，则显得效力明显不足。

从 2016 年下半年开始，对于俄央行利率政策方面的评判越来越多，当时俄罗斯金融界的主流观点也开始质疑央行去通胀的政策带来了新的一系列风险，严重影响着俄政府各项反危机、反制裁经济政策实施的有效性，对本就表现不佳的俄罗斯经济在 2015 年和 2016 年进一步造成了负面影响，使其雪上加霜。

俄罗斯储蓄银行在 2016 年 7 月的宏观经济研究报告中指出，在名义利率下降比通货膨胀慢的情形下，实际利率上升，增加了借款人的风险。如果这种情况持续很长时间，居高不下的实际利率开始抑制市场主体的经济活动，也会随之增加银行体系的风险。根据俄罗斯储蓄银行的分析，如果用 6 个月的移动平均月通胀率年化，来计算实际利率，俄居民家庭的借贷实际利率在 2016 年 6 月已接近 11%，企业的实际利率在 6% 左右。然而，以 6 个月移动平均月通胀率年化得到的年通货膨胀率水平，在当年 7 月和 8 月进一步下跌，从 6 月底的 6.8% 降到了 8 月底的 4.5%。这样的趋势表明，名义利率虽然在以大约每月平均 0.2% 的速度下降，但明显没有通胀率下降得迅速，因此实际利率仍在继续增长。根据俄罗斯储蓄银行估计，实际利率在 2016 年 7 月已经达到了对个人约 13% 和对企业约 8% 的水平。

在上述的分析中，对企业借贷利率的计算既包括了大型企业也包括了中小型企业。其中大型企业的实际利率平均在 7% ~ 8% 的水平，而中小企业面临的实际利率则明显更高，已经超过了 10%。

在这样的市场情况下，中小型企业必然谨慎借贷。事实上，俄罗斯中小企业在企业贷款总额中所占的比例从 2015 年 1 月的 18.6% 下降到了 2016 年 6 月的 14.8%。同样，即使是对于大型企业来说，7% ~ 8% 的实际利率也太高了。由于俄罗斯经济在危机之后持续停滞不前，很难找到能以 7% ~ 8% 的实际速度增长的生意，而企业实际收入的增长无法跟上实际信贷利率的增长，借款人的风险是很高的。借款人似乎也很清楚这一点，因此在 2015—2016 年企业信贷没有增长，个人信贷更是持续萎缩。

信贷利率如此之高的原因之一就是俄央行关键利率的居高不下，关键利率决定了货币市场利率的区间位置，而如果关键利率和货币市场利率高高在上，信贷的名义利率也没有可能下降。虽然一些优质的借款人能够以接近关键利率的价格获得贷款，但这只是极少数的个别案例。

俄央行声称自己打算保持一个适度从紧的货币政策，但俄罗斯储蓄银行的经济学家认为，按照国际标准，低于 3% 的实际政策利率才可称为"适度从紧"，通货膨胀率的快速下降已经抬高了俄罗斯真实的关键利率和信贷利率，使其远高于 3% 的水平。如果用 2016 年终 4% 的同比通货膨胀率计算，俄罗斯当时的实际关键利率已高达 6%，已明显不是"适度从紧"，而是"过紧"了。

另根据俄罗斯储蓄银行投资研究中心计算，全球其他主要国家 2016 年的政策利率经通货膨胀率调整后，英国接近零，美国、欧洲均为负数，新兴市场经济体中，巴西和印度尼西亚比较高，但也在 5.5% 以下。与之相比，俄罗斯 2016 年 6% 的实际政策利率水平的确较高。

高利率肯定对控制通货膨胀有积极的作用，但对俄罗斯经济更快地走出危机显然不利，鱼和熊掌不可兼得。

在 2015 年之后那段时期还有一个现象，就是真正的信贷投放与 M_2 的增长形成了反差。俄罗斯的银行业一方面面对由于实际利率过高而造成的贷款有效需求不足；另一方面也面对制裁和危机造成的资本紧张，因此并没有扩张资产负债表的意愿和需要。但同时，打击资金外流、稳定卢布汇率、较高的利率，又造成了各项存款的增长。银行在这样的情况下，开始用来自家庭和企业的存款替代在 2014 年迅猛增长的来自俄央行的负债。按照俄罗斯储蓄银行的分析，这对货币数据产生了影响，使得包含储蓄和企业存款的 M_2 增长超过了作为银行资产的贷款增长。同时，一直较为温和的信贷增长也解释了为什么几乎是两位数的 M_2 增长并没有在 2016 年重新引发过高的通货膨胀。

后续

在纳比乌琳娜（Elvira Nabiullina）领导下的俄罗斯央行的政策是坚决的，他们将 10% 的关键利率一直维持到了 2017 年 3 月，才再次下调了 25 个基点至 9.75%。而这时，俄罗斯的恶性通货膨胀也已经被彻底控制住了，通胀率在 2017 年 11 月甚至触及到了苏联解体以来的新低 2.5%。

这好像是在吃药，两次药下去，症状就得到了缓解，如此就把难以下咽的药停了，是最让人愉悦的，若就此病也不再复发，则成全了一代名医，但若病再复发，恐怕就要用更猛的药剂了。当然还有另一种选择，症状缓解之后仍然坚持服药，良药苦口利于病，把一个疗程的药彻底吃完，这虽然让味蕾和胃肠提出种种抗议与质疑，但至少保证病症得到了根治，短期内不会复发。俄罗斯央行显然选择了把药彻底吃完。

通货膨胀被控制住之后，俄央行降息的步伐也同样是坚决和迅速的。在整个 2017 年中，俄央行六次降息，到 2017 年 12 月关键利率已下调至 7.75% 的水平，其幅度和频率均超出了市场分析师的预测。全年 225 个基点的大幅降息也如同是一针强心剂，终于把经过进口替代与结构转型之后的俄罗斯经济带出了自 2014 年开始的衰退。截至 2017 年底，俄罗斯经济已连续 4 个季度实现正增长，2017 年第二季度 GDP 增速 2.5%，第三季度 GDP 增速 2.2%，第四季度 GDP 增速 0.9%，2017

年全年俄罗斯 GDP 增速 1.5% 。国际货币基金组织（IMF）在当年 10
月的《全球经济展望》报告中，也把俄罗斯经济在 2018 年的增长预期
从之前的 1.4% 提高至 1.6% 。

　　当然，这些都是后话了。还是让我们继续回到 2015 年，那也许是
黎明前最黑暗的日子。

危机

2014—2015年的俄罗斯

围魏救赵

在"2015年开始了"那一章里，我从时间轴线上把这次危机的演进情况讲到了大约2015年中的时候。接着的几章我转而主要讨论了经济方面的问题，包括俄罗斯的进口替代政策、金融行业和宏观经济情况等。在这章里我再回到地缘政治与时间轴线之中。

乌克兰危机之后，西方国家纷纷对俄实施经济制裁和外交孤立。而俄罗斯除了在内部进行经济结构调整以应对经济危机之外，也多面出击，试图打破其外交孤立的困局。

"二战" 胜利 70 周年

2015 年 5 月恰逢第二次世界大战胜利 70 周年，这是俄罗斯在外交上有所作为、打破孤立的一个难得机会。

5 月 9 日，莫斯科红场举行了纪念第二次世界大战胜利 70 周年的盛大阅兵仪式，参加阅兵的人数接近 1.6 万人，有 194 台地面作战装备亮相，143 架各型作战飞机参加空中分列式，来自国际组织和外国政府的约 30 位领导人观看了阅兵式。阅兵中，除了俄罗斯本国的受阅部队之外，还有来自中国、印度、蒙古、土库曼斯坦、哈萨克斯坦等国的 10 支阅兵队伍参与。

中国国家主席习近平也在此期间访问了俄罗斯。在这次访问过程中，中俄双方签署了一系列新的经贸合作协议，包括莫斯科—喀山高铁项目合作协议，俄气和中石油的合作备忘录，中国国家开发银行对俄罗斯储蓄银行的授信协议，中国建设银行与中俄基金的合作意向书，俄罗斯直接投资基金（俄直投）和中信国通合作成立投资银行的协议，中俄基金与陕西省在陕西西咸俄中工业园成立俄罗斯 SSJ 飞机租赁公司的合作备忘录，三峡集团和俄罗斯水电的水电项目合作备忘录等。全部合作协议涉及超过 32 个项目，金额总计约 250 亿美元。

借助反法西斯战争胜利 70 周年的题目，俄罗斯与欧美的外交接触也开始尝试恢复。

2015 年 5 月 10 日，在红场大阅兵的次日，德国总理默克尔到访俄罗斯，与普京一起祭扫无名烈士墓。德国一方面作为"二战"的发动者面对在欧洲战场牺牲最大的"二战"受害国俄罗斯；另一方面又作为当今欧盟的领导者面对重又被欧盟制裁的新俄罗斯，其地位和处境在反法西斯战争胜利 70 周年的日子里显得十分微妙和尴尬。默克尔总理选择在红场阅兵的正式纪念仪式之后第二天访俄，既避免了参加克里姆林宫高调的宣传活动，又展现了德国一贯对"二战"负责任的态度。有理有利有节。

2015 年 5 月 12 日，美国国务卿克里访问俄罗斯的索契，与普京总统和俄外长拉夫罗夫各进行了四个多小时的会谈。这是乌克兰危机后，作为第二次世界大战期间重要反法西斯盟友的美国，访问俄罗斯的最高级别官员。根据俄罗斯《消息报》报道，普京总统和克里讨论了乌克兰、伊朗、叙利亚、也门等一系列问题。克里与拉夫罗夫外长在会谈后举行了联合新闻发布会。克里表示如果乌克兰停火协议得到全面执行，美欧将取消对俄的制裁。克里在 5 月 13 日离开俄罗斯，到土耳其出席北约会议，他在土耳其表示北约成员国致力于促使各方遵守在 2015 年 2 月达成的第二次明斯克停火协议，所有北约成员国都认为这是俄罗斯做出实际行动和乌克兰民间武装执行停火协议的关键时刻。克里在土耳其还表示，美俄已达成理解，认为有必要避免在各个领域对双边关系造成长期损害的行为。

情况在 2015 年的春天里看似有所好转。乌克兰东部的局势在第二次明斯克协议之后趋于缓和，被乌克兰危机和乌东武装冲突影响的普通人，也开始了自己新的生活。

乌克兰东部的俄罗斯族人，为了躲避冲突与混乱，纷纷背井离乡，举家迁移到俄罗斯的境内。我们单位的清洁工就是家乡在乌克兰东部的俄族人，她一直自己在莫斯科打工，家人仍生活在乌克兰东部。2015 年 4 月她依依不舍地辞职离开了单位。俄罗斯本地的人力资源部经理告诉我，她的家人从乌克兰东部迁居到了俄罗斯境内的某个城市居住，俄政府会给他们分配土地和住房，但相关的分配政策与家庭人口和居住时间等因素有关，因此她也要离开莫斯科，和全家一起搬到那个为他们分配了土地的城市去居住。

乌克兰首都基辅的情况也看似完全恢复如初。联想集团负责独联体地区业务的周总在 2015 年 5 月去乌克兰出差，回程时经停莫斯科，与我会面寒暄，介绍了当时基辅的情况。春夏之交，人们和往年一样在第聂伯河的岸边烧烤聚会，根本看不出那个国家发生的危机和在东部存在着武装冲突。乌克兰货币格里夫纳贬值、消费疲弱，很多中国人在基辅的画廊里淘购。一切都仿佛恢复到了常态，第聂伯河畔的烧烤、继续交易的画廊，当然，还有依旧的管理低效、经济衰退、寻租腐败。

制裁延续与伊核协议

可惜俄罗斯与西方关系的改善好景不长，并没有延续下去，看似一切逐渐恢复常态的趋势伴随着"二战"胜利纪念日的结束和夏天的来临戛然而止。

2015 年 5 月底就陆续传出在乌克兰东部又有武装冲突的消息，欧盟讨论对俄罗斯制裁问题的会议也进行了延期。局势仿佛有再度紧张的可能。

俄罗斯天然气集团（Gazprom）当时正在筹组一个约 15 亿美元的银团贷款，各家银行的审批进度不同，一些速度较快的已经审批通过，一些效率不高的还在流程中。2015 年 6 月 5 日，俄气集团正式通知所有银行，将不再等待仍未审批通过该银团的机构，6 月中旬正式与其他已完成该银团贷款审批流程的约 5 家银行签订贷款协议。这恐怕也是因为其感觉到了局势的变化，害怕夜长梦多。

果然，欧盟委员会在 6 月 22 日正式宣布，将继续延长对俄罗斯的各项制裁直至 2016 年 1 月底。

在这段时间的俄欧关系中，有一个有意思的国家需要多提两句，那就是希腊。任何的链条都可能有薄弱环节，2015 年初夏，欧盟的薄弱环节就是希腊。

欧元区国家领导人计划在 2015 年 7 月召开的峰会上，讨论欧元区各国财长向各国元首提交的关于解决希腊问题的建议，决定是继续向希腊贷款还是让希腊暂时退出欧元区。在这次峰会召开之前，与欧元区并不沾边的俄罗斯频频向希腊伸出了橄榄枝。先是普京总统在 7 月初与希腊总理齐普拉斯举行电话会谈，就希腊公投的结果、发展俄希关系的一些问题进行讨论，普京总统在电话中表示将支持希腊人民走出当时的困境。接着，在 7 月中旬，欧元区国家领导人峰会召开前，俄能源部长诺瓦克又向媒体表示，俄拟通过扩大与希腊在能源领域的合作，即直接向希腊供给能源，帮助希腊恢复经济。诺瓦克表示，俄正在研究近期向希腊直接提供能源的可能性，并希望在几周内达成协议。俄媒体宣称，虽然关于所谓协议的细节，比如提供能源的额度、种类以及资金来源尚没有明确，但俄能源部长的这个声明会成为峰会期间欧元区各国采取决定时需要考虑的重要因素，也会成为希腊政府与债权人谈判时一项支持自己观点的理由。

在与欧洲继续周旋的同时，俄罗斯也积极参与并树立其在新型多边国际组织中的形象和地位。作为轮值主席国，2015 年 7 月在俄罗斯乌法召开的金砖国家和上海合作组织两大峰会为俄罗斯提供了新的平台。

按俄罗斯官方媒体报道，金砖国家和上合组织成员国在乌法峰会上的讨论内容涉及政治协同、全球治理、保障稳定发展和扩大合作途径等诸多问题。金砖国家元首峰会还讨论了扩大该组织框架内的合作途径，以及金砖国家开发银行和外汇储备库的前景等问题。上合组织成员国元首理事会讨论了今后该组织发展和加强其在国际舞台上作用的问题，确定了该区域组织 2025 年前的发展战略。在乌法峰会期间，俄罗斯还特别建议对金砖国家投资合作的"路线图"进行了讨论，俄罗斯总统助理乌沙科夫向媒体表示："我们认为，随着金砖开发银行和外汇储备库的建立，将出现共同的机制，这些机制能够在世界经济出现危机的情况下有效稳定本国资本市场，能够共同为各种投资项目提供信贷支持，进一步扩大经贸联系。"

2015 年 7 月还发生了一件在国际政治与外交领域十分重大的事情——7 月 14 日，伊朗宣布与伊核问题六国已就伊核问题达成了协议。

根据协议，伊朗承诺限制核项目的发展，以换取消除国际制裁。伊朗的承诺包括在 2025 年前移除三分之二的新型离心机，放弃 98% 库存的浓缩铀，在 2030 年前不再兴建新的铀浓缩设施，允许国际原子能机构（IAEA）对其核供应链建立严密的监控等。作为交换，欧盟承诺逐步解除对伊朗的经济制裁，允许其重新动用 1978 年伊斯兰革命后被冻结在海外的上百亿美元资产，恢复伊朗原油对美国以外地区的出口，美国虽然会继续坚持对伊朗弹道导弹的制裁措施，但也承诺不会在 2025 年前追加新的制裁条款。

在伊朗核问题上，自 2006 年六国与伊朗谈判开始，美国一直保持强硬态度，伊核协议的消息传出之后，仍然有很多美国国内的保守派对其表示反对。美众议院共和党议长约翰·博纳说，协议只会"助长"伊朗，他说，"该协议不仅没有阻止中东的核武器扩散，反而很可能刺激全世界核武器竞赛"。拟参加 2016 年美国总统大选的共和党参议员格莱厄姆更是称这个协议是"让事情变恶化的糟糕协议"。美国的长期盟友，以色列总理内塔尼亚胡也谴责这项协议是重大的历史错误。但是白宫方面不顾这些反对之声，在 2015 年的这个时点突然力主促成了伊核协议的达成，此中原因颇耐人寻味。

伊核协议达成的第一个直接后果是对能源价格的打压。相关消息公布后，油价应声下跌，纽约商品交易所（NYMEX）原油期货跌幅超过 1%，至 51.35 美元/桶，西得克萨斯轻质原油（WTI）跌 2%，布伦特原油（Brent）跌破 57 美元至 56.94 美元/桶，日内跌幅近 2%。油价下跌，一方面可以使俄罗斯、巴西等依靠能源出口的新兴市场经济体货币继续走低，推动资金持续回流美国；另一方面也可以向欧洲和日本输出通货紧缩，使其抗通缩的战役越发艰难，延缓其经济复苏的步伐。而这两点无疑都是有利于美国经济增长和支持其缩表政策落地的。俄罗斯和欧洲等国，即便明白在这个时点达成伊核协议对自身经济可能造成的负面影响，也由于一直支持伊核问题妥善解决的态度，而无法在当时对伊核协议的达成设置新的障碍。

伊核协议造成的国际油价下跌立刻影响到了卢布汇率，使后者彻底结束了 2015 年上半年持续升值的态势，连创 2015 年第二季度以来的新低。伊核协议达成 10 天之后，7 月 24 日，莫斯科证券交易所卢布汇率报收 57.45 卢布兑 1 美元，已跌回到了 4 月的水平。卢布下跌直接引发通货膨胀反弹，2015 年 7 月，俄通货膨胀率达到 0.8%，同比增长 15.6%，一改此前数月通胀率已开始逐渐下降的态势①，并将俄罗斯 2015 年当年的通货膨胀率推高到了 9.4% 的水平。面对通胀反弹和外围不利因素的增加，俄央行也果断停止了自 2015 年 1 月开始的降息步伐。一个危机中经济企稳的小阳春也就此戛然而止。

这份伊核协议维持了不到 3 年，2018 年 5 月 8 日，接替奥巴马成为美国总统的特朗普宣布退出伊朗核协议，并重启因伊核协议而豁免的对伊制裁，此后美国还要求第三国在 180 天内停止从伊朗进口原油。美国退出伊核协议，是特朗普政府对所有被认为对美不利的对外协议进行重新审视的内容之一，也是对伊朗在叙利亚和也门武装冲突中深刻介入的惩戒。美国退出伊核协议使中东的局势更为复杂，进而继续增加欧洲的难民压力，威胁欧洲的安全、稳定与经济复苏，而诸如道达尔（TOTAL）、巴斯夫（BASF）等一批在伊核协议之后重新投资伊朗的欧洲企业更是面临窘境。同时，无论是打击什叶派的伊朗还是抬高油价，都是作为逊尼派的沙特阿拉伯所欢迎的，这也在一定程度上对冲了美国将其驻以色列大使馆迁址到耶路撒冷对美阿关系的损害。2018 年中

---

① 俄罗斯 2015 年 6 月通货膨胀率为 0.2%，5 月为 0.4%，4 月为 0.5%，3 月为 1.2%，2 月为 2.2%，1 月为 3.9%。

的国际油价已从 2015 年 7 月的每桶 50 美元恢复到了 70 美元左右，此时限制伊朗的石油出口对油价虽不是雪中送炭，但高油价对一直谋求其国有石油公司沙特阿美（ARAMCO）高估值上市的利雅得政府仍十分重要。美国总统特朗普在中东一系列新政策的最大支持者无疑是以色列，而如此倾向犹太人的政策选择又仿佛是美国国内选举政治在海外的延续。

伊核协议，无论是它在 2015 年被戏剧性的突然达成，还是在 2018 年被美国又闹剧般的退出，都说明一个问题：在国际政治和经济的博弈上，充分体现了"事物是普遍联系的"这个辩证法原则。

独联体国家经济外交

俄罗斯在 2015 年谋求在国际政治和经济方面有所突破的另一个着力点是对独联体国家的争取。

俄罗斯与白俄罗斯、哈萨克斯坦在 2014 年 5 月签署了《欧亚经济联盟条约》，宣布在 2015 年 1 月 1 日正式启动该联盟。后续，又有亚美尼亚、吉尔吉斯斯坦等其他独联体国家加入了欧亚经济联盟。该联盟的目标是实现商品、服务、资本和劳动力的自由流动，并最终建立一个统一市场。俄罗斯一方面不断加深联盟内成员国的经贸合作；另一方面也希望不断吸引更多的其他独联体国家加入该联盟。

欧亚经济联盟大力提倡在区域内的贸易中进行本币结算。据统计，俄罗斯与哈萨克斯坦之间 2014 年贸易采用卢布结算的金额约合 140 亿美元，采用坚戈结算的金额约合 5 亿美元。据俄罗斯经济学家估计，在欧亚经济联盟成立前，联盟成员国相互贸易中本币结算的占比不到 1%，而 2015 年这一数字达到了约 4%。

欧亚经济联盟还致力于建立共同市场。俄罗斯能源部副部长阿纳托利·雅诺夫斯基在 2015 年 10 月，欧亚开发银行举办的第十届欧亚经济一体化国际会议上宣称，欧亚经济联盟成员国计划在 2018 年签署设立共同能源市场的国际条约，在 2019 年设立能源共同市场。根据欧亚经济委员会能源和基础设施委员曼苏洛夫向俄新社记者作的介绍，欧亚经济联盟建立统一的电力市场将使联盟成员国 GDP 每年额外增长 70 亿~75 亿美元；建立统一的天然气市场将为联盟成员国每年带来的直接经济效益达 10 亿美元，如果考虑其乘数效应，将达 30 亿~40 亿美元；建立统一的石油和石油产品市场每年将带来的经济效应达 10 亿~16 亿美元。

　　欧亚经济联盟不断宣传其成员国入盟的好处，以吸引更多国家参与。据塔斯社 2015 年 10 月报道，欧亚经济委员会一体化和宏观经济委员瓦罗娃娅称，在世界银行公布的 2015 年营商环境排名中，吉尔吉斯斯坦从 2014 年的第 102 位飙升至第 67 位，主要得益于其加入了欧亚经济联盟。受到各方鼓动，阿塞拜疆经济和工业部副部长贾萨诺娃也在 2015 年 10 月向媒体表示，阿塞拜疆会权衡利弊，详细评价得失，考虑加入欧亚经济联盟的可能。

　　乌克兰危机是一个案例，俄罗斯据此总结经验教训，希望强化独联体国家的聚合力，欧亚经济联盟就是一剂黏合剂。但是西方也并未在乌克兰之后偃旗息鼓，横跨欧亚大陆的统一战线工作无时不在。

　　在乌克兰危机中的得益者并不多，但白俄罗斯应该算是一个。两次明斯克协议的签署，使得白俄罗斯作为乌克兰危机各方都认可的调解人，在地缘政治中扮演了一个十分重要和正面的形象。

　　2015 年是白俄罗斯的大选年，明斯克政府在 8 月释放了 6 位在押的政治犯，大大改善了自身的形象。时年 61 岁、已在位 21 年的亚历山大·卢卡申科（Alexander Lukashenko）总统，在 2015 年 10 月的白俄罗斯总统大选中再次获胜，以 83.5% 的得票率开始了第五个任期。

　　也是在 2015 年 10 月，欧盟委员会宣布中止对白俄罗斯 170 个自然人和 3 个法人的制裁，其中也包括对卢卡申科总统本人的资产冻结和旅行禁令。欧盟表示，此举是对白俄罗斯释放政治犯的回应，并希望借此发展与白俄罗斯的政治关系。美国也声称将在白俄罗斯进一步改善其人权和民主记录后解除对白俄罗斯的制裁。白俄罗斯外交部新闻秘书米伦契克称，希望欧盟的举动可以使得所有制裁最终解除，并促使白俄罗斯与欧盟关系的正常化，这符合双边利益。

欧美一方面延续对俄罗斯的制裁，另一方面又逐步解除对白俄罗斯的制裁，一打一拉，绝非偶然。据悉俄罗斯一直希望在白俄境内建设空军基地以对抗北约东扩，但明斯克方面认为此举只会加剧该地区的军事和政治紧张而没有答应。卢卡申科总统也因为此事感到了来自莫斯科的压力，并开始尝试与西方改善关系。但这却无疑增加了莫斯科的地缘政治压力。

乌克兰也好，白俄罗斯也好，还有其他的独联体国家，在大国的夹缝之中谋求生存和发展，站不站队？站哪个队？站得多紧？都是稍有闪失就会满盘皆输的重大考验。

夏日困局

总部位于瑞士的维多集团（VITOL）是世界上重要的大宗商品贸易公司，它和嘉能可（GLENCORE）、托克（TRAFIGURA）三家公司几乎垄断了全球的油气贸易。2015 年 8 月，维多集团的首席财务官杰夫·德拉皮纳（Jeff Dellapina）来莫斯科出差，我和他约了一个工作午餐。

我主要是想听一听，作为大宗商品交易商，维多对未来石油价格的判断。杰夫先生对油价的估计相对乐观，但认为 2016 年在美国加息、美元升值而其他商品普遍相对贬值的大背景下，油价将受到几个潜在的不确定因素影响，包括伊朗恢复出口和产能的时间、沙特阿拉伯继续保持高产以抢回市场份额的决心和持续时间、中国是否还会像 2014 年底和 2015 年初那样继续大量进口石油和增加库存，以及利比亚是否能够在 2016 年逐渐恢复产能和出口。

在谈到还在继续的欧美对俄制裁问题时，作为美国人的杰夫和一起参加午餐会的俄罗斯朋友都认为制裁将长期化。因为在目前的情况下，大家对欧美和俄罗斯的新关系都渐渐习惯了，在美国大家都更多地在讨论伊朗，在欧洲的热点话题是北非和中东移民，俄罗斯和乌克兰没有什么大的突发事件与变化，已经慢慢地淡出了人们的视野，好像大家都不再关心俄罗斯了，因此也没有动力和必要去改变包括制裁在内的现状。甚至作为石油和天然气的出口大国，俄罗斯的影响也在减弱。这主要是由于目前左右国际石油市场的因素过于众多和复杂，俄罗斯已经不再是主要因素了。

说来仿佛有些伤感，在 2015 年的夏日，国际政治、经济热点频出，不确定因素越来越多的情况下，仍在被制裁的俄罗斯却好像逐渐成为了被遗忘的角落。也许在未来一段比较长的时间里，欧美的制裁可能将成为俄罗斯政治与经济生活的新常态。而受到制裁和国际能源价格的影响，俄罗斯的经济情况恐怕会每况愈下。只有等到国际油价发生实质性反弹的时候，俄罗斯的卢布汇率才会有所上升，从而降低通货膨胀，刺激经济重新向好。甚至有美国战略专家认为，俄罗斯作为石油价格的执行者，而不是石油价格的制定者，只能把卖资源获得的外汇储存起来，它没有独立的工业体系，人口老龄化，出生率低，不足为患（Russia is nothing）。

也许比受到敌人进攻更为令人难受的就是敌人已经不在乎你了。

2015 年夏天，俄罗斯面临着这样一个困局：国内经济情况恶化，分析其原因，主要是受油价低迷的影响、次要是受欧美制裁的影响，但当时刚刚签署的伊核协议让人很难找到支撑油价未来走势的理由，同时制裁在短期内也看不到丝毫松动的迹象。欧洲开始越来越忧虑难民的问题，而在那个时候难民问题是和俄罗斯毫无关系的。俄罗斯在困难重重的情况下被国际社会日益边缘化了，而这样的经济和外交形势也使俄罗斯国内的政治局势发生了波动，国内矛盾开始慢慢显现。

来自国内的噪声首先是从销毁欧洲食品问题开始的，俄政府强硬地限制食品进口政策遭到了一些人的反对。有民众在莫斯科红场附近举着牌子抗议政府在很多人吃不饱饭的情况下还销毁紧缺食品的行为，俄罗斯议会杜马里的反对党（俄罗斯共产党）称这些没收的食品可以分发给贫民，而不是销毁。但是政府说这些食品有安全问题，不能给大家食用，只能处理掉。于是，又有媒体议论纷纷，好像这段时间俄罗斯政府对于食品安全问题突然越来越重视了，法国的欧尚超市（Auchan）是在俄罗斯最大的食品连锁卖场，从 2015 年 7 月底开始，俄罗斯警察在全国范围内对欧尚进行了特别检查，说它们在肉类等商品方面存在食品安全问题。

但是吃不上肉的人，也许最在乎的不是肉类的食品安全问题。根据俄罗斯民意调查机构列瓦达分析中心（Levada Center）提供的数据，对执政党统一俄罗斯党和总理梅德韦杰夫的支持率从 2015 年 1 月的 71%下降到了 6 月的 68%，而对第一大反对党俄罗斯共产党的支持率则从 1月的 13%上升到了 6 月的 17%。

普京总统、梅德韦杰夫总理和统一俄罗斯党获得压倒性支持仍然不成问题，但反对力量也第一次在乌克兰危机之后重新开始抬头，如果让这样的内外困局不受控制地继续下去，只能是一盘死棋。必须有所作为、谋求转机了！

叙利亚

终于，在 2015 年 9 月的最后一天，夏日的困局被一招妙手化解。

　　普京仿佛一个围棋高手，轻巧地落子叙利亚，激起了一池波澜。无论最终的结果会如何，但至少俄罗斯不会再成为被遗忘的角落了，他重新又回到了全球地缘政治的热点，只要是热点，被关注，就有谈判与回旋的筹码，就有改变现状的机会。乌克兰作为苏联仅次于俄罗斯的第二大加盟共和国，若试图加入欧盟甚至北约，对俄罗斯来说无异于是有人在卧旁放火。而支持叙利亚阿萨德政权不至倒台，中东乱局延续所造成的源源不断涌向欧洲的难民，也可以毫不夸张地说成是欧盟的后院起火。

　　这也许和孙子兵法里面的围魏救赵之计有异曲同工之妙。

9 月风暴

　　2015 年 9 月 30 日，俄罗斯总统普京正式向俄联邦委员会提出在境外使用武力的请求。当天上午 10 点 20 分，俄联邦委员会开会审议普京总统的这一请求，上午 11 点，联邦委员会表决，以 162 票赞成一致同意给予总统在境外动武的授权。下午 13 点，俄罗斯空军在叙利亚境内对“伊斯兰国”恐怖组织 IS 武装发起了第一轮空袭。当天晚上 19 点，俄罗斯国防部公布了当天空袭的视频和画面。自此，俄罗斯开始了一场可以说是自苏联解体以来最大的军事行动，行动的目的是消灭猖狂活跃在叙利亚一带的“伊斯兰国”恐怖组织 IS，同时谋求推动政治解决叙利亚境内各派的军事冲突。

　　10 月 7 日，俄罗斯从里海的军舰发射巡航导弹，袭击 1 500 公里以外极端组织 IS 在叙利亚的目标。俄罗斯国防部长谢尔盖·绍伊古（Sergey Shoygu）向外界公告，共有 4 艘军舰发射了 26 枚巡航导弹击中并摧毁了 11 个目标，攻击没有造成平民伤亡。俄罗斯国防部表示导弹击中的目标包括位于叙利亚境内的 IS 组织的武器库、指挥中心和训练营等。叙利亚总参谋长表示，俄军的军事打击卓有成效，叙利亚政府军也随即向恐怖分子据点发动了大规模的地面攻势。

随着俄罗斯军队在叙利亚动作的不断升级，美国国务卿克里在10月8日与俄罗斯外长拉夫罗夫通电话。克里在电话中指出，俄罗斯在叙利亚境内的攻击目标，多数都与"伊斯兰国"IS极端组织无关。据说双方在半小时的通话中，未就任何技术性问题达成共识。美国国防部长卡特表示，俄方向"伊斯兰国"的目标发射巡航导弹，事前并没有通知美方，俄方的军事行动将美国及其盟友逼向了边缘。卡特还批评俄军的表现不够专业，指责其侵犯了北约成员国土耳其的领空。

北约成员国的国防部长们在10月8日也齐聚布鲁塞尔，他们对俄罗斯支持乌克兰东部反对派武装以及在叙利亚进行的军事行动表示了关切。北约秘书长斯托尔滕贝格表示，北约将评估俄军行动升级对北约成员国的安全威胁，北约准备派兵支援包括土耳其在内的盟国，应对任何威胁。英国国防大臣法伦呼吁俄罗斯改变在叙利亚的战略。英国人同时也证实将派遣100名英军前往爱沙尼亚、拉脱维亚和立陶宛，派遣25名英军参加在乌克兰进行的乌政府军训练项目。

10月20日晚上，叙利亚总统阿萨德（Bashar al – Assad）突然出现在了克里姆林宫，这是2011年叙利亚危机爆发之后，叙利亚总统的第一次外交出访，整个安排出乎意料。

俄军在叙利亚的军事行动在国内重新点燃了大家的激情。俄罗斯国有的民意调查机构（VTSIOM）在10月22日宣布，普京总统最新的支持率达到89.9%，再次创下新高①。而上次刷新纪录的支持率是在2015年6月创下的89.1%。进入夏天之后，总统的支持率就开始出现小幅下降，而9月末开始的对叙利亚的军事行动风暴终于扫去了夏日困局的阴霾，使得民心又一次空前团结。VTSIOM在10月15日还公布了一项调查，显示有32%的俄罗斯人认为俄罗斯的军队是世界上最强大

---

① VTSIOM的调查每月进行，10月的调查是在10月17日和18日，通过俄罗斯46个地区的1 600个人进行的，误差率被认为在3.5%以内。

的，而在 1990 年同样的调查中，只有 5% 的人持这样的观点。

战争决策与战争准备

讨论俄罗斯 2015 年 9 月开始的在叙利亚的军事行动，必须澄清两点事实：第一，俄罗斯对叙利亚的行动不是临时起意，而是至少从 2015 年初就开始认真考虑和论证的结果；第二，虽然从客观结果上，俄罗斯在叙利亚的军事行动结束了其在地缘政治问题中被日益边缘化的尴尬局面，但这绝不是俄在叙利亚行动的唯一原因，单纯从俄罗斯的国家安全角度分析，在叙利亚动武也有其逻辑的必然。

伊斯兰极端组织 IS 在叙利亚的发展以及叙利亚的混乱局势本身极大地威胁了俄罗斯的自身安全。在 1998 年科索沃战争和 1999 年车臣战争期间，俄罗斯前总理叶夫根尼·普里马科夫（Yevgeny Primakov）就曾经说过，存在一个伊斯兰极端主义的三角战略，即阿富汗—北高加索—科索沃①。俄罗斯一直担心来自中东和巴尔干地区的不稳定因素影响自己在高加索和中亚地区的有效统治。从沙皇俄国时代的第一次和第二次俄土战争，到苏联时期的阿富汗战争，虽然战争本身都发生在境外，但其实质都与莫斯科稳固其在境内穆斯林人口比例较高的高加索和中亚地区的统治有关。俄罗斯在 2015 年大规模军事介入叙利亚，也是担心伊斯兰极端主义向俄罗斯境内的渗透。进攻是最好的防御，俄罗斯人对这句话的理解十分深刻。

根据俄罗斯问题专家贾钟楠撰文所称，俄罗斯有关部门在 2015 年初，根据获得的大量情报认为以"伊斯兰国" IS 为首的极端恐怖组织正在对中亚地区和俄罗斯南部的主要穆斯林聚居地区进行渗透。根据这些情报进行分析，俄方认为在未来的 1~2 年内，中亚

---

① 普里马科夫回忆录《走过政治雷区》。

地区将陷入伊斯兰极端势力挑起的动乱甚至战争之中。俄罗斯国家安全委员会主席帕特鲁舍夫（Nikolai Patrushev）将这一情况向俄罗斯总统办公厅主任伊万诺夫和国防部长绍伊古进行了通报，并一起向普京总统进行了汇报。根据上述三人的分析，唯一能够延迟中亚和南俄动乱的办法就是御敌于千里之外，出动军事力量在前沿对恐怖势力进行打击。

2015年初春，俄罗斯总统普京召集了国家安全扩大会议。在这个会议上决定向叙利亚派遣军事力量，打击以"伊斯兰国"IS为首的极端恐怖主义，并由此推动叙利亚冲突各派与政府展开谈判，建立政治解决叙利亚问题的契机。据一位俄外交官员透露，这次会议全面评估了俄罗斯国家安全面临的风险，研究了军事解决方案的各种可能性。在所有方案中，普京明确反对派遣地面部队的计划。会议还讨论了叙利亚军事行动对俄罗斯国际政治形象可能带来的风险，包括对乌克兰危机带来的欧美制裁的进一步影响。会议最终确认，最好的军事行动方式是利用空中优势对叙利亚境内的恐怖组织进行打击，而将地面作战的任务留给叙利亚政府军去完成。

在这次会议之后，俄罗斯以空军为首，海军、陆军特种作战部队、后勤保障、军工企业联合开始了进行军事行动的准备工作。与此同时，俄罗斯还开始了行动之前的一系列外交斡旋，先后派特使与欧盟、以色列、北约展开秘密磋商。

2015年8月26日，俄罗斯政府批准了俄国防部长绍伊古与叙利亚国防部长签署的军事作战计划和协议，按照这个协议，叙利亚政府同意俄派遣飞机参与在叙利亚对恐怖组织的军事打击并且允许俄军永久使用叙利亚赫梅伊米姆空军基地。在协议签订前，叙利亚总统阿萨德还向俄政府发出了其派遣军事力量直接参与打击叙利亚境内恐怖组织的正式请求，这使俄罗斯成为在叙利亚混战中唯一按照国际规则取得了合法跨境打击极端组织资格的国家。

这次在叙利亚的军事行动，是俄罗斯在 2008 年南奥塞梯冲突后的第一次大型军事行动，据悉其准备工作做得非常仔细和充分。2015 年 8 月到 9 月，俄罗斯投入了包括海上和空中的大量军事力量，向叙利亚前线运送作战物资和人员。其中的海上运输的主要路线是从俄罗斯黑海的诺沃罗斯克港前往叙利亚的塔尔土斯港。俄罗斯向叙利亚的军事运输一方面是在高度保密的情况下进行的，另一方面也利用了诸如俄罗斯中央战区 2015 军事演习等其他行动进行掩饰。但仍有一些专家认为，美国的间谍卫星完全可以准确无误地侦查到俄罗斯向叙利亚的军事调遣和在叙利亚军事基地进行的改造工程，但五角大楼对此并没有做出任何的干涉。

到 2015 年 9 月 30 日军事行动正式开始之前，俄罗斯军队在叙利亚赫梅伊米姆空军基地已经聚集了一只超过 50 架战机的强大空中打击力量。其中包括强击机苏 30CM、轰炸机苏－34 和苏－24M、攻击机苏－25、武装直升机米－8 和米－24P、空中预警机和首次投入战术使用的无人机 ORLAN－10。此外还有包括装甲越野车 VOLK、装甲运兵车 BTR－82A、坦克 T－90C、重型火焰喷射器 TOS－1A、重型卡车 KA-MAZ 和 URAL 的陆战装备。为了更好地保护基地，俄罗斯还派出了隶属黑海舰队的 810 海军陆战队旅防守叙利亚塔尔土斯港口和通往赫梅伊米姆空军基地的运输道路，第 7 山地空降师保护赫梅伊米姆空军基地。俄罗斯军队还在赫梅伊米姆空军基地部署了 BUK－M2 和 PANTSIR－C1 地对空导弹。此外，在基地里还有俄罗斯军工企业派遣的大批企业代表，他们随时在现场为各式武器装备提供服务并收集和检验这些装备在实战中的技术指标。据分析，俄罗斯在前线直接参与叙利亚军事行动的人员基本保持在 1 500～1 900 人。

正是在这样的细致论证和周密准备之下，俄罗斯才在 9 月 30 日以迅雷不及掩耳之势发动了在叙利亚的空中打击，拉开了自己在叙利亚军事行动的大幕。

两架坠毁的飞机

俄罗斯在叙利亚的军事行动开始后不久，就先后有两架飞机坠毁，一架是 2015 年 10 月 31 日在西奈半岛坠毁的俄罗斯民航 7K9268 航班，另一架是 11 月 24 日在土耳其与叙利亚边境坠毁的俄罗斯空军苏－24 战机。这两架坠毁的飞机正好说明了叙利亚危机的两个特点：一是恐怖主义已经成为了全球面临的共同威胁；二是在叙利亚问题上各国博弈的关系极其复杂。

2015 年 10 月 31 日，俄罗斯科加雷姆航空公司（Kogalymavia）的一架空中客车 A321 飞机，航班号 7K9268，在埃及的西奈半岛中部坠毁。这架客机原计划从埃及飞往俄罗斯圣彼得堡，起飞 23 分钟后从雷达屏幕消失。飞机上载有 217 名乘客和 7 名机组人员，共计 224 人，包括 220 名俄罗斯公民、3 名乌克兰公民和 1 名白俄罗斯公民。据悉，该航班上的乘客大都是位于红海的埃及旅游胜地沙姆沙伊赫的游客，很多人是全家出游，失事人员里有多个两口之家或三口之家全部遇难。

在 7K9268 航班坠落之后，"伊斯兰国"即发布声明，声称是其位于埃及西奈的分支机构击落了这架俄罗斯客机，目的是为了报复俄罗斯在叙利亚的空袭。但来自欧洲和美国的航空安全专家和情报专家都质疑了这种说法，他们认为客机在失联之前的飞行高度超过 9 000 米，IS 组织的武装人员没有远程导弹，并不具备这种攻击能力。埃及总统塞西也认为 IS 组织宣称击落俄罗斯客机只是在做宣传。

2015 年 11 月 17 日，俄罗斯联邦安全部门证实，这架在西奈半岛坠毁的 7K9268 航班上载有爆炸装置，基本可以确定，这起坠机事件是由恐怖组织策划的。

在俄罗斯航班坠毁之后十几天，法国巴黎也在 11 月 13 日晚上遭遇了一系列恐怖袭击事件，造成至少 132 人死亡和 300 多人受伤，这一系列恐怖袭击事件包括 5 次爆炸和 5 次枪击，其中在法兰西体育场附近发生了 3 次爆炸。

法国总统奥朗德在恐袭发生之后发表全国讲话，谴责是"伊斯兰国"组织策划了巴黎恐袭案，称此次恐怖袭击是战争行为。此后，法国本土和科西嘉岛进入紧急状态。

在俄罗斯民航飞机坠毁和法国巴黎恐袭发生之后，世界很多国家都纷纷谴责恐怖主义袭击，向俄罗斯和法国人民表示支持和慰问。虽然莫斯科和巴黎收到的慰问电报名单与内容还有些差距，但至少俄罗斯与欧洲现在又有了一个新的共同语言——反恐，大家终于可以不必见面只谈乌克兰问题了。即使某些国家的官方态度还有不同，但从民间感情上说，大家所遭受的来自极端势力的迫害与痛苦却是一致的，这种感情上的一致性自从乌克兰危机之后在俄欧之间就几乎没有发生了。

但是国际地缘政治毕竟不是依靠感情维护的，复杂的国际关系与各国之间的利益博弈往往要比人类单纯的情感混乱得多。

在巴黎恐怖袭击发生的十天之后，又一架俄罗斯飞机坠落了。

2015 年 11 月 24 日，俄罗斯一架苏 – 24 战机在土耳其与叙利亚边境被土耳其空军的 F – 16 战机击落。俄罗斯战机上的两名飞行员跳伞后，其中一名被地面的叙利亚反政府武装开枪打死，另一名被叙利亚政府军找到并营救。

俄战机被击落后，土耳其紧急召集了中、俄、美、法、英五个联合国常任理事国的使节，向他们通报击落战机的相关情况。土耳其外交部也单独召见了俄罗斯使节，表示土方有权保卫其领土。土耳其军方发表声明，称曾经对侵犯其领空的他国军机进行过反复的警告。

俄罗斯总统普京则用极其严厉的措辞谴责了土耳其，称其行为是"背后捅刀"，并表示土耳其将为此付出沉重的代价。

事件发生后，正在巴黎访问的美国总统奥巴马敦促俄罗斯与北约同盟国阻止任何会造成紧张局势升级的行为。奥巴马表示,这件事的发生凸显了俄罗斯在土耳其边境附近进行军事行动的危险性。

北约秘书长斯托尔滕贝格表示期待俄罗斯与土耳其保持进一步联系,并在当前的形势之下保持冷静,避免不必要的事态升级。斯托尔滕贝格一方面强调通过外交途径避免事态升级是目前各方处理此事的关键;另一方面又重申坚定地站在土耳其一边并支持土耳其维护领土完整。

俄罗斯战机被土耳其击落之后,市场反应剧烈:土耳其股市在11月24日当天暴跌4.4%,俄罗斯MICEX股市也大跌超过3%,伦敦股市金融时报100指数下跌0.45%,巴黎股市CAC40指数下跌1.41%,法兰克福股市DAX指数下跌1.43%。纽约的三大股指在24日也一度下跌近2%,多亏美国商务部在当天公布了美国2015年第三季度的国内生产总值(GDP)数据,按年率计算增长2.1%,才使得午后股指企稳反弹。这起灰犀牛事件也推动了原油和黄金价格上涨:纽约商品交易所轻质原油2016年1月交货的期货价格当日上涨2.68%,伦敦布伦特原油2016年1月交货的期货价格当日上涨2.88%,纽约商品交易所2015年12月交割的黄金期货主力合约也在当日上涨了0.66%。

美国在2014年12月曾上映过一部电影,《霍比特人:五军之战》(*The Hobbit*:*The Battle of the Five Armies*),2015年叙利亚战场上的情况比霍比特人的五军之战还要混乱无数倍,其参与的力量远远多过五军。而俄罗斯战机坠毁事件就充分地反映了这种混乱与复杂。

俄罗斯支持叙利亚政府,打击IS武装,不喜欢叙反政府武装;美国打击IS武装,反对叙利亚政府,支持叙反政府武装和库尔德人;土耳其反对叙利亚政府,打击IS武装,也打击库尔德人,同时作为北约成员国与美国是盟友;库尔德人打击IS武装,也打叙利亚政府军,寻求民族独立,并因此与土耳其和伊朗存有芥蒂;伊朗支持叙利亚政府,支持与 IS 作战的黎巴嫩真主党，与沙特阿拉伯在中东争雄，同西方的关系刚刚随着伊核协议有所冰释，也许因此而对俄罗斯长期使用其哈马丹空军基地态度暧昧；沙特反对什叶派的伊朗和叙利亚政府，也打击逊尼派极端主义的 IS 武装，同时反对以色列，但却是美国在阿拉伯世界的主要盟友；以色列是美国的铁杆盟友，与阿拉伯世界相对抗；此外，还有在叙利亚内战中支持着不同派别的约旦、黎巴嫩、巴勒斯坦等。

俄罗斯战机的坠毁在具体事件的技术层面，也许存在偶然性，土耳其人胆敢在北极熊头上动土毕竟令人震惊。但在叙利亚局势的混乱与复杂之中，这种事情却几乎是早晚必然会发生的。

俄罗斯战机坠毁之后，俄军加强了在叙利亚的军事力量，特别部署了 S-400 和伊斯坎德尔（ISKANDER）防空导弹系统，并增派了作战飞机。与此同时，俄罗斯也开始了对土耳其的全面经济制裁，措施包括对旅游、贸易、人员往来等方面的限制。

莫斯科在冬季的平均日照时间每天才有 1 个小时，人们抓住新年和圣诞的假期，一定要去南方晒晒太阳。从交通便利和物价便宜考虑，埃及和土耳其是俄罗斯人旅行度假的两个热门目的地。但在 2015 年的寒冬，这两架坠毁的飞机让俄罗斯人对埃及望而却步、对土耳其恨之入骨，那些花欧元的地方物价又实在太高，于是索契和克里米亚则成为了旅游事业进口替代的新目的地。

俄罗斯和土耳其之间关系的修复是在半年多以后，2016 年 6 月底，俄罗斯和土耳其官方均宣布，土耳其总统埃尔多安就土方在 2015 年 11 月击落俄罗斯苏-24 战机一事向普京总统致信道歉。

道歉信发出半个多月之后，2016 年 7 月 15 日晚间，土耳其武装部队总参谋部部分军官发动了军事政变。政变持续不到 24 小时即被镇压。据称有土耳其官方消息人士向伊朗媒体 FARSNEWS 透露，土耳其情报部门曾在政变发生前收到了俄罗斯方面发出的提醒警告。

叙利亚问题中的俄美关系

参与在叙利亚的军事行动，给俄罗斯在国际政治舞台的作用带来了重新的定位，让美欧各国对俄罗斯在解决中东问题和其他重大国际问题中的地位进行了重新的确认，俄罗斯重新被西方媒体称为可与美国比肩的超级大国。

2015 年 12 月 15 日，美国国务卿约翰·克里再次到访俄罗斯，这与两年前因乌克兰和克里米亚问题前来莫斯科不同，克里这次访问主要是进行政治解决叙利亚问题的外交努力，希望协调美俄彼此在叙利亚问题上的立场。

以美国为首的联军自从 2014 年 9 月就在叙利亚境内开始了针对 IS 武装分子的战斗，但他们并不和叙利亚政府进行配合。而俄罗斯则在情报、后勤等各个方面得到了叙利亚政府和军队的全力支持。美国和俄罗斯一直对叙利亚总统阿萨德在叙利亚和平进程中应该扮演的角色意见不一，美国希望阿萨德下台，但俄罗斯坚持只有叙利亚人民才能决定阿萨德总统的命运。

俄罗斯称在叙利亚境内的"伊斯兰国"是其空袭的目标，但是美国指责俄罗斯为了支持其盟友阿萨德总统，也轰炸了温和派叛军，莫斯科对此表示否认。在克里访俄前夕，俄罗斯外交部抨击了美国的对叙政策，指责华盛顿"把恐怖分子分成了好的和坏的"。

克里访问莫斯科期间，普京总统和拉夫罗夫外长分别与其进行了会谈。普京总统在会谈之前表示，"我们团结一起，为最迫切的危机寻找出路"。克里则对普京总统表示，美俄两国有能力创造叙利亚局势的显著变化。克里在与拉夫罗夫外长会晤前表示，"尽管我们之间存有意见分歧，但我们还是可以在特定议题上达成有效合作"，"世界会因为主要大国取得的共识而获益"。拉夫罗夫则强调，"伊斯兰国"的问题并不只局限在叙利亚，他们在伊拉克、阿富汗和也门都有活跃的行动。美俄双方表示将在 2015 年 12 月 18 日于纽约举行的叙利亚问题外长级会议上，继续讨论联合国对叙利亚和平进程的解决方案。拉夫罗夫表示，俄罗斯与美国将持续在叙利亚问题上寻求共识，并共同协助联合国组织叙利亚反对派代表团参与相关和平进程。克里表示美俄双方已达成了一些共识，例如认定某些组织为恐怖主义组织等。

在克里访问俄罗斯的一个星期前，叙利亚各反对派在沙特阿拉伯首都利雅得举行了会议。在这次会议上，各反对派同意进行和平会谈，但在一份和平会谈指导原则的声明中表示，叙利亚总统阿萨德与他的支持者不能在过渡时期担任任何职位，不能参加政治过渡的进程。克里向俄罗斯人介绍了这次利雅得会议的情况。但俄罗斯不出意外地拒绝了叙利亚反对派们提出的先决条件，同时也批评这次利雅得会议并不具有代表性。据称俄罗斯还将一些参与该会议的人视为恐怖分子，并坚持在进一步商谈和平进程之前，要先拟出一份恐怖分子的黑名单。

随同克里访问俄罗斯的英国广播公司 BBC 记者芭芭拉·普莱特·厄舍尔（Barbara Plett Usher）说，在她采访克里的时候，克里表示明白俄罗斯在叙利亚问题上是不可或缺的，因为只有俄罗斯才能将阿萨德带上谈判桌。

当然，克里也利用在莫斯科会谈的机会，与俄罗斯人讨论了继续努力恢复乌克兰东部稳定的问题。克里对此表示："没有什么比解决乌克兰问题并推进至经济层面更能令我们感到开心"。这中间透露出的态度或试图让人觉察的态度，已明显比原来有所软化。显然，乌克兰问题已经不是克里访问的主要目的了，也不再是媒体关心的主要话题了。

颇具戏剧性的是，在克里访问俄罗斯一个星期之后，美国又增加了对俄罗斯进行制裁的名单。这也显示出了美国国内在对俄问题上的意见分歧。

2015 年 12 月 22 日，美国境外资产管理办公室（OFAC）将在克里米亚地区的一些企业、工厂、银行纳入了全面制裁（SDN）名单。同时将原来已在限制性制裁（SSI）名单里的俄罗斯储蓄银行（SBER-BANK）和俄罗斯外贸银行（VTB）下属的一些保险、租赁、投资、保理子公司，以及其在格鲁吉亚和白俄罗斯等地的一些分支机构也纳入了限制性制裁（SSI）名单。这次新的扩大制裁，或是克里米亚半岛上的一些地方性小机构，或是对已被制裁的大型银行下属机构名单的一次补充确认，并没有什么实质性的增加，更多的只是表达了一种态度。

2014年乌克兰危机爆发之后，俄罗斯在地缘政治舞台上仿佛成为了"被告"，美国和欧盟如同法官一样指手画脚、制裁惩罚；到了2015年夏天，欧洲难民潮等新的"案件"又来了，俄罗斯仿佛要被彻底地赶下地缘政治舞台了，连"被告"也没得做了，只能去当沉默的"观众"了；但2015年9月底，俄罗斯通过空袭叙利亚境内的IS武装改变了被动的局面，叙利亚各派成为了新的"原告"和"被告"，老"原告"乌克兰下台去了，而俄罗斯则和美欧一样，成为了新"案件"的联席"法官"。这无疑是一次成功的变身，首先，俄罗斯仍在舞台的中央，但是乌克兰问题已开始被叙利亚问题取代而缓缓退出了舞台；其次，俄罗斯已不像在乌克兰问题上那样处于一个被动的遭受指责的地位，而成为了拥有重要发言权的平等的谈判对手。

莫斯科在叙利亚的战略取得了多重的效果。

实战练兵

美军和俄军都有较强的战斗力，其原因之一就是这些军队一直在不断地进行着战争，实战练兵的效果，是依靠平日的训练和演习所达不到的。叙利亚战争也是如此。

俄军从2011年开始，在普京总统的亲自监督下，进行了一项斥资达20万亿卢布的军队现代化项目，该项目计划扭转俄罗斯自苏联解体之后近 20 年的军力下降趋势。这次在叙利亚的军事行动从某种意义上说也是对绍伊古担任俄国防部长后所实施的军事改革是否成功的检验，是对俄罗斯空军和海军现代化成果的检验。

俄罗斯军事专家分析，俄军的现代化水平与美、英、德、法等国相比，仍然有不小的差距，在叙利亚战场上，莫斯科一方面进行了练兵，另一方面也同时不断试验并向世界展示了俄军的新式武器。有大批随军进驻叙利亚俄军事基地的军工企业代表，对其企业生产的新式装备在实战中的表现进行了详细的观察和记录，并提出了更符合实战要求的技术改造方案。据悉在叙利亚实战中，苏－35 强击机在发射空地导弹时曾出现过一次滞留发射的现象，在场的军工代表立即对问题进行了研究和处理，保障了该型号战机在未来参与战斗的稳定性。

作为检验和展示武器装备，进行战术实战演练的练兵场，俄罗斯在叙利亚使用了诸如 KALIBER－NK 和 KALIBER－PL 空对地精准制导导弹等新型装备，通过部署在黑海的驱逐舰向距离 1 500 公里之外的叙利亚境内目标发射了巡航导弹，通过部署在地中海的顿河畔罗斯托夫号潜艇向被"伊斯兰国"作为首府的叙北部城市拉卡的两处恐怖主义目标发射了数枚口径型（Kalibr）巡航导弹，根据俄国防部长绍伊古大将介绍，这是俄军第一次从基洛级潜艇上发射巡航导弹。美国《新闻周刊》网站在 2017 年 11 月发表了一篇文章，题目是《俄罗斯正在叙利亚演练未来利用外太空的战争》，根据这篇文章介绍，俄军在叙利亚战争中建立了至少十颗卫星组网而成的战场信息系统，负责战争中的情报、通信、识别和指挥，通过这场在他国境内进行的局部战争对利用外太空进行未来战争进行了探索。

叙利亚战场在某种程度上也成为了俄罗斯军事产品的展览会。在国际能源价格继续维持在较低位置运行的时候，军工产品的出口创汇为俄罗斯对外贸易平衡发挥了重要和不可替代的作用。

在具体的战术层面，俄军也对包括多兵种向未知地区远程投送、军事后勤远程保障、多军种协同作战、与外国友军联合作战等科目进行了实战演练，并据此收集和总结经验，重新编制了部分战术守则。俄军还将这些在叙利亚战场上总结的实战经验，推广到了后来进行的诸如"高加索2016"联合军演等各种军事演习任务中，以提升俄军的总体战斗力。

仍未结束的叙利亚内战

截至2016年3月，俄罗斯在叙利亚赫梅伊米姆空军基地的战机数量已增加到了约70架，地面防护部队的作战力量也同步大大增强。但随即，如同当时进入叙利亚一样令人颇感突然地，俄罗斯宣布了撤军令。

2016年3月14日，在日内瓦就叙利亚问题的和平谈判进行过程中，普京总统通过电视宣布，俄罗斯将从叙利亚撤军，"国防部和军队的任务已经完成"。随后，俄罗斯空军在叙利亚的作战力量减少到了约40架战机的水平。

在俄罗斯的电视新闻中可以看到，从叙利亚归来的战士们受到了人们的热烈欢迎，兴高采烈的人群挥舞着旗帜，穿着俄罗斯传统服装的女孩们向飞行员献上面包和盐。

不知道是特别安排的还是纯属巧合，俄罗斯电视新闻在报道了从叙利亚撤军的消息之后，很快就又播出了在乌克兰东部顿巴斯（Donbas）最新的战斗画面。

尽管困难重重，但在俄罗斯军事顾问的协调下，叙利亚政府控制的各派军事力量终于获得了联合，并且在战术上取得了一定的成功。在俄罗斯空军的支持下，叙政府军解放了数百个被恐怖分子和反对派武装占领的村庄和居民点，解除了恐怖分子和反政府武装对科瓦伊利斯机场的围困，解放了具有历史意义的帕尔米拉古城和叙利亚第二大城市阿勒颇。叙利亚总统阿萨德的地位得到了巩固，美国人的效率低下与犹豫不决得到了佐证，土耳其也已不敢再找更多的麻烦了。俄罗斯确实在叙利亚战场上取得了显著的成绩，能够作为一个胜利者，高姿态地宣布撤军了。

其实，叙利亚危机就其波及范围和影响程度来讲，与其说是俄罗斯的问题，不如说更是欧盟的问题。比起在叙利亚战场本身取得的战役成就，参与叙利亚危机本身就对俄罗斯有着重大的战略意义。莫斯科向因乌克兰危机而制裁和孤立俄罗斯的欧洲人证明了，自己仍然是一个可以和美国共同解决地区危机的世界强国。从某种意义上说，通过叙利亚内战证明自己仍是世界强国，比在叙利亚内战中取得的结果更为重要。

对于俄罗斯的国内政治也是如此。根据《经济学人》2016 年 3 月引用的俄罗斯民意调查数据，1996 年，只有 36% 的俄罗斯人对自己国家在国际社会的政治影响力感到满意，而在 2015 年底这个比例已经上升到了 68%。从 2014 年到 2015 年，收回克里米亚、对抗欧美制裁、凯旋叙利亚，所有的地缘政治事件都不断强化着克里姆林宫的执政力量。

俄罗斯宣布撤军之后，与美国随即签署了停火协议，根据这个协议，在重新开火之前，俄美要对在叙利亚境内各派反对武装的性质进行确认，分辨出温和派反对武装并停止对其实施不加辨认的空中打击，而对其他恐怖组织的武装，则将进行联合空中打击。协议签署之后，美国总统奥巴马强调，美国只支持俄罗斯打击"伊斯兰国"恐怖组织，普京总统则建议成立国际反恐联盟。由此可见，美国的主要目的是限制俄军在叙利亚的行动范畴，而俄罗斯则希望通过反恐与西方建立新的统一战线。

可惜的是，第一次停火协议的执行情况并不理想。从叙利亚各个反政府武装中区分温和派的努力几经失败，美国五角大楼很难向俄罗斯提供其认为是属于温和派的反政府武装的名单，俄罗斯也不断指责一些被美国支持的叙利亚反对派武装具有极端恐怖主义的历史和特征。

而在此期间，叙利亚内战冲突各方则获得了难得的喘息机会，继续厉兵秣马、加强备战。

2016年9月，俄罗斯外长拉夫罗夫和美国国务卿克里再次代表俄美两国达成停火协议，但是新的协议又很快因为在阿勒颇战斗中人道主义援助车队被袭而遭到破坏。俄罗斯国防部试图证明在袭击悲剧发生时，叙利亚政府军的空军根本就没有飞行，而是美国无人机发射的导弹造成了这一惨剧。美国总统奥巴马则在联合国会议的发言中警告俄罗斯不应谋求利用武力重振昔日辉煌。法国总统奥朗德也在联合国的发言中说，叙利亚危机的无法解决，完全是由叙利亚总统阿萨德和其支持者造成的。反恐统一战线的建设工作就这样一再被相互地指责和争辩影响着。而俄罗斯历时半年的撤军也仿佛成为了一次军事增减的常规部署，而远不是彻底告别叙利亚的最终撤退。

进入2018年，这场已经历时7年、造成约50万人死亡、约200万人受伤、上千万人背井离乡的叙利亚内战仍然没有结束，甚至没有彻底结束的迹象。各派的战斗和流血仍在继续、各方的争吵和指责仍在继续、不断涌入欧洲的难民潮也仍在继续。但此时，叙利亚政府军所面临的局势已远非2015年9月俄罗斯开始空袭之时可比，大马士革与莫斯科在叙利亚内战中的主动权大大加强。

根据叙利亚内战地图网站（syriancivilwarmap. com）上显示的数据，2017年1月，叙利亚政府军控制的国土面积约3.5万平方公里，"伊斯兰国"控制的面积约7.9万平方公里，反政府武装控制的面积约2.3万平方公里，库尔德人的民主军（SDF）控制的面积约2.8万平方公里。到了2017年12月，叙利亚政府军控制的面积约为9.9万平方公里，"伊斯兰国"控制的面积约1.2万平方公里，反政府武装控制的面积约2.5万平方公里，库尔德人的民主军（SDF）控制的面积约5.2万平方公里。一年之内，政府军、极端武装、反政府武装和库尔德人的控制区域变化分别是：增加183%、减少85%、增加9%和增加86%。

俄罗斯在叙利亚的军事行动意义重大：一是御敌于国门之外，防止伊斯兰极端势力向高加索和中亚地区、向独联体国家和俄罗斯的渗入；二是在一定程度上改变了乌克兰危机之后，俄罗斯在国际社会与地缘政治中所面临的一味被动的局面，重新树立了其大国影响力；三是在俄罗斯糟糕的经济形势下，如同收回克里米亚一样，再次点燃了俄罗斯民众的爱国热情，增加了民众对政府的支持率，为 2018 年的俄罗斯总统大选打下了良好的民意基础。

战争仍在延续、历史仍在延续。

随着从 2015 年 9 月开始对叙利亚战争的深度介入，俄罗斯以及世界对它的关注点开始从 2014—2015 年由乌克兰问题所引发的一系列危机中转移到了另一个在中东的危机中。整个的俄罗斯历史就如同交接棒一样，在一个接着一个的危机中延续。

新常态与老状态

乌克兰危机与欧美制裁还没有结束，石油的故事还没有结束，中东的纷争还没有结束，俄罗斯与乌克兰、欧盟、美国的故事也还远远没有结束，但我们的书总是要进入最后一个章节的。2014—2015 年的波澜壮阔、跌宕起伏终究告一段落了。

普京总统 2015 年国情咨文

2015 年 11 月，普京总统在莫斯科克里姆林宫的圣乔治音乐厅里，发表了他一年一度的国情咨文。我们就用普京总统 2015 年起底的这篇国情咨文作为本书结束的开始吧。

普京总统在国情咨文里首先就叙利亚问题，对俄罗斯军人与恐怖分子所作的斗争表示感谢。他指出，俄罗斯长期以来一直处于反恐斗争的最前沿。俄罗斯目前所进行的战争是为了自由、真理和正义，为了人民生活和民族的未来。俄罗斯必须要联手国际力量一起抗衡恐怖活动。普京认为整个的中东和北非区域——伊拉克、利比亚、叙利亚，已经变成了一个混乱和无政府的状态，已经威胁到了全球。

"我们知道是什么原因，我们知道是谁想在那里按照自己的规则去强行改变政权。那结果怎么样呢？出现了麻烦，国家崩溃了，各国人民互相残杀，在那里聚集了很多极端的恐怖分子"，而俄罗斯则必须在远离国境的地方迎击并消灭他们。这也就是为什么俄方要应叙利亚合法政府的正式请求，决定采取军事行动的原因。

普京呼吁，面对恐怖活动，世界各国应该搁置一切争端和分歧，建立一个强大的拳头，将反恐战线统一起来，共同打击国际恐怖活动。而在俄罗斯国内，面对恐怖活动的威胁，除了军队、情报机构和执法机关之外，政府、政党、民间团体、新闻媒体也都要承担起反恐的责任。

就这样，普京总统十分巧妙地把对外反恐的问题引申到了内政问题上。面对在 2016 年要进行的俄罗斯国家杜马选举，普京引用了出生于 18 世纪末的俄国历史学家尼古拉·卡拉姆津（Nicolas Karamzin）的话，"如果自己都不尊重自己，那毫无疑问，别人也不会尊重你"。普京呼吁俄罗斯人民必须保持团结，要记住对于自己最主要的事情就是祖国俄罗斯。总统说这并不是要求盲目爱国，而是要确保我们所有的一切变得更加美好，我们要知道自己的目标。

接着，普京总统提出了国家需要解决的一些问题，包括腐败、滥用执法行为等。他还特别提到了青少年犯罪的问题，建议国家杜马支持俄罗斯最高法院修改条款，在重犯从重判的原则下，对不构成极大危害的青少年犯罪放宽处罚。普京还要求提高诉讼的独立性和客观性，把陪审团的人数从 12 名减少到五至七名，以便于其更容易组成。在国情咨文中如此详细地对立法和司法问题进行评价和建议，也是俄罗斯三权关系和俄罗斯人对法治理解的一种折射。

接下来，总统开始讨论经济问题。在指出挑战的严峻性和情况的复杂性之后，普京强调了改变经济结构的重要性，提出要提高民众的生活品质和质量，支持农业、铁路、汽车、轻工机械、中小企业的发展，提高社会救助的公平性。总统还提出了实现财政平衡的目标，强调这是宏观经济稳定和经济独立的必要条件，而金融稳定和独立则和所有的俄罗斯人都息息相关。

普京希望俄罗斯有自己的海外发展计划，在发展国际市场方面迈出步伐。而这样的计划首先要从国内市场开始进行，提高商品的质量使之达到国际最高标准。总统在这个问题上重点提到了农业：俄罗斯十年前几乎有一半的食品需要进口，而现在俄罗斯也成为了粮食的出口商。2015 年俄罗斯出口农产品近 200 亿美元，比出口的武器还多 1/4，已达到天然气出口收入的 1/3。普京总统为此特别感谢了俄罗斯的农业工作者。总统提出，要把在 2020 年之前完全满足国内市场作为一项民族层面的任务。这是在农业进口替代政策上确立的明确目标。

在振兴俄罗斯经济方面，普京还谈到了加大技术改良和创新，俄罗斯中央银行的作用，如何更好地挖掘国内投资潜力，继续在工业、农业、交通和住房方面推进实施几十个重大项目等诸多问题。普京同时欢迎外国投资者来俄投资并长期开展业务。建议协同欧亚经济联盟的伙伴，开始与上合组织及东盟成员国就建立经济合作进行磋商。继续推进交通基础设施现代化，在波罗的海、远东、北部和北极地区，发展港口、海运和航空运输，振兴地区经济。

在阐述了经济问题之后，普京又专门讨论了俄罗斯面临的人口问题。俄罗斯人口已连续三年正增长，虽然增幅不大，但依然呈现增长的趋势。这对俄罗斯十分重要①。一项重要的人口措施是发展学前教育，普京总统特别感谢了梅德韦杰夫总理对此事的关心。在保健方面最重要的成果是俄罗斯人日益增加的预期寿命。但人们仍抱怨医院、学校、文化和社会服务中心等机构常被无法理解的关闭或合并。总统认为需要尽快解决这些问题，方便民众获得医疗援助。普京还提出了如何帮助老年人和残疾人，如何继续增加教育投入等问题。

普京向聚集在克里姆林宫凝听他国情咨文的俄罗斯联邦委员会成员和杜马议员们宣布："我们的命运摆在我们面前，我们需要选择继续向前发展。"普京称克里米亚和塞瓦斯托波尔回归俄罗斯怀抱的2014年为里程碑一样的一年，对于2015年和将来，普京则信心十足地号召，要主动采取行动打击国际恐怖主义，与恐怖主义进行正面斗争。对于俄罗斯所面临的挑战，普京再次号召团结。他这次引用了俄罗斯著名化学家，化学元素周期律的发现者和俄罗斯伏特加酒配方的发明者，德米特里·门捷列夫（Dmitry Mendeleev）在100年前说过的话，"我们分散开就会销毁，我们的优势在于团结的力量"。对这些俄国先贤名言的引用，无疑是让大家牢记俄罗斯的光荣传统——团结、爱国，这并不是普京时代才有的标语。

总统最后强调，俄罗斯是这瞬息万变的世界中，全球化的一部分。面对发展道路上的困难和障碍，俄罗斯会接受所有的挑战，继续为实现公众利益、实现和平而努力。"只要我们携手并进，就一定能成功"。

---

① 自1991年苏联解体之后，俄罗斯人口一直是负增长，直到2013年才恢复了正增长。

　　普京总统在这辞旧迎新之际所做的国情咨文，可以看成是对于俄罗斯在乌克兰危机之后的一次总结、对 2014 年和 2015 年的一次总结，同样也是在参与叙利亚战争后，后危机时代开启时的一次宣言。这承上启下的工作报告，作为讲述俄罗斯 2014—2015 年危机故事最后一章的开头，恐怕是再恰当不过了。

　　叙利亚战争、石油危机、西方制裁常态化、经济结构调整、人口在正负增长间徘徊，这些仿佛是一个俄罗斯新常态的开始，但实际上也是自沙俄时期到苏联时期一直存在的一个俄罗斯老状态的延续。

外交

　　外交方面，2015 年末的俄罗斯已经不再像 2014 年那样孤立了，乌克兰和克里米亚问题已经不再像 2014 年那样作为令人尴尬的热点话题，叙利亚问题和经济问题成为了大家都愿意平等对话的新热点。这使得俄罗斯的外交空间在某些方面已基本恢复到了乌克兰危机之前的水平。

与西方关系的改善

　　俄罗斯从 2015 年开始每年在远东的符拉迪沃斯托克举办一次东方经济论坛。2016 年 9 月的第二届东方经济论坛上，曾于 5 月在索契会晤过普京总统的日本首相安倍晋三再次到访俄罗斯，出席论坛并和普京会谈。这个来自东方的美国盟友是 G7 国家之中唯一在乌克兰危机之后却与俄罗斯增进了双边关系的。

　　同样在 2016 年 9 月，中国杭州的 G20 峰会上，普京除了再次与习近平主席会面之外，还安排了与众多西方领导人的会谈，包括英国首相特蕾莎·梅（Teresa May），法国总统奥朗德（Francois Hollande），德国总理默克尔（Angela Merkel），还有美国总统奥巴马（Barack Obama）。在这些会谈中，元首们讨论的问题不仅是乌克兰的情况，如何保证明斯克协议的执行，更主要的是叙利亚问题和在此问题上欧美与俄罗斯的合作。通过这些密集的会晤安排，普京表明了俄罗斯已经不再像2014年和2015年那样孤立，虽然在包括乌克兰和叙利亚在内的诸多问题上，俄罗斯与西方的分歧仍然存在，在谈判和对话的渠道越来越畅通了。

再顺便提一句，2016年7月，俄罗斯宣布将克里米亚并入其南部联邦区管辖。而在此之前，克里米亚从2014年3月加入俄罗斯后，一直是俄罗斯的一个特殊联邦区。这进一步坐实克里米亚地位的行动受到来自乌克兰的抗议，并使该地区的局势再度紧张。几天后，俄罗斯宣布驻扎在克里米亚的俄军特种部队成功地阻止了两批试图进入该地区的乌克兰武装分子。据俄媒报道，有一名俄罗斯军官和一名士兵在这次冲突中牺牲。乌克兰否认自己参与了这起事件，美国和北约方面也声称并没有发现乌克兰参与此事的相关证据。但此事随后也就这样不了了之，既没有升级为更大规模的军事冲突，也没有引发西方的过度反应。普京与诸多西方首脑2个月后在中国杭州的会晤安排也丝毫未受影响。

从2016年开始，西方很多国家进入了选举年，这些扑朔迷离的选情更是为俄罗斯带来了新的曙光。

美国2016年的大选的确是把一个对俄国有着高度认同感的人带到了白宫。虽然"通俄门"的事情在我撰写本章时仍然甚嚣尘上、没有定论，但是各种爆料表明，特朗普总统应确实和俄罗斯有着长期的关系。

在欧洲，从难民问题到英国脱欧、意大利公投、加泰罗尼亚闹独立，别国的诸多问题使得俄罗斯简直成了在混乱的欧洲中最为稳定的大国。在2017年春季大选中获胜的法国总统马克龙（Emmanuel Macron）就职不到一个月，就在巴黎近郊的凡尔赛宫会见了来法国进行工作访问的普京总统。而2017年5月也是彼得大帝访问法国、俄法建立外交关系 300 周年纪念的日子。《欧洲时报》称，时隔 300 年，法国迎来了俄罗斯的另一位大帝。马克龙就普京访法一事接受媒体采访时表示："我尊敬俄罗斯，所以我邀请普京来访，这象征着两国 300 年的外交关系。"

而在法国总统选举第一轮投票中几乎与马克龙势均力敌的中右翼共和党候选人菲永（Francois Fillon）和极右翼国民阵线领导人勒庞（Marine Le Pen），更是公开的亲俄派。菲永曾经在一次总统选举的电视辩论中，将克里米亚回归俄罗斯与科索沃脱离塞尔维亚进行比较。菲永还认为 20 世纪 90 年代的北约东扩是一种对俄罗斯的挑衅，必然起到反作用。玛丽娜·勒庞在 2015 年接受德国《明镜周刊》采访时曾说，普京的政策令人钦佩，因为他自己说了算，不容许别的国家将观点强加给他。在 2017 年大选前夕，勒庞在 3 月到访俄罗斯并在克里姆林宫拜会了普京总统。

在法国工作的朋友介绍，法国普通民众对普京有好感的并不多，但是法国的能源公司和农产品出口商则十分担心失去俄罗斯的生意。所谓俄罗斯对欧洲的威胁，从地理上讲，离法国实在太远。而从法国的切身利益看，与普京在叙利亚问题上进行合作，也显然比顾忌那些焦虑的东欧国家要重要一些。即使是在 2014 年欧美对俄制裁刚刚开始的时候，时任法国总统奥朗德（Francois Hollande）也没有立刻取消与俄罗斯约 12 亿欧元的军舰订单，据说这也是那年美国对法国巴黎银行（BNP Paribas）开出 89 亿美元巨额罚单的原因之一。奥朗德总统最终被德国总理默克尔说服，支持了欧盟的对俄制裁。但是在马克龙时代，一个是刚开始自己第一个任期的自信满满的年轻人，一个是已在位 12 年、在国内与欧洲内部都满受质疑以致要花 4 个月才能组阁的老妇，法国和德国对欧洲未来领导权的争夺在所难免，这无疑也是俄罗斯在欧洲内部重新争取支持力量的契机。

不好不坏的新常态

俄罗斯与西方的关系在逐步改善的同时也依旧存在着诸多的问题和挑战，这样的关系在乌克兰危机之后的一段时间里，好也好不到哪去，坏也坏不到哪去。

在美国，"通俄门"事件反复发酵使得特朗普总统受各方掣肘而无法明目张胆地改善对俄关系。总统国家安全事务助理迈克尔·弗林（Michael Flynn）上任仅三周，就因在总统政权过渡期间与俄驻美大使谈论对俄制裁问题而被迫辞职。2017 年 7 月，特朗普的女婿兼高级顾问贾里德·库什纳（Jared Kushner）在华盛顿发表声明，对他在特朗普竞选和就职前与俄罗斯官方人物进行的 4 次会面做出解释。库什纳表示自己从未与外国有过不正当的联系。2018 年 2 月，美国特别检察官，曾任美联邦调查局局长的罗伯特·米勒（Robert Mueller）宣布起诉 13 名俄罗斯人和 3 家俄罗斯企业，指控他们长期干涉美国政治，包括在 2016 年干涉了美国总统选举。

法国新任总统马克龙的竞选团队也宣称俄方曾经向马克龙的竞选网站和邮件服务器发动过黑客攻击。马克龙总统本人也在凡尔赛宫与普京总统的记者招待会上，毫不客气地将俄罗斯卫星新闻通讯社和今日俄罗斯电视台称为谎话连篇的宣传机构。

2018 年 3 月在英国，为英国军情六处工作的俄军前情报人员谢尔盖·斯克利派尔（Sergei Skripal）和其女儿尤莉娅（Yulia）因接触到神经毒剂而中毒。该事件再次引发了俄罗斯与西方关系的紧张，掀起了一轮互相驱逐外交官的风潮。在神经毒剂中毒事件发生不到 1 个月之内，至少已有 24 个欧美国家共驱逐了约 139 名俄罗斯外交和情报人员，其中英国驱逐了 23 名俄罗斯外交官，美国宣布驱逐 60 名俄罗斯外交官并关闭西雅图俄罗斯领事馆。

西方对俄罗斯的制裁更是没有在短期内解除的迹象。不仅如此，美国反而还在一次次地扩大着自己的制裁名单。

2016 年 12 月，美国又将几家在克里米亚有业务的俄罗斯企业列入了制裁范围，其中包括参与修建连通克里米亚的刻赤海峡（Strait of Kerch）大桥的施工单位。

2017 年 8 月，美国总统特朗普签署了《以制裁反击美国敌人法案》（CAATSA 法案），进一步加强了对俄罗斯等国的制裁。但该法案涉及的俄罗斯高官与寡头名单一直到 2018 年 2 月才千呼万唤始出来，名单上的 114 位俄罗斯高官和 96 位商业大亨，被嘲笑是从克里姆林宫电话号码簿和俄罗斯福布斯（Forbes）富豪排行榜上复印下来的。据俄罗斯商业新闻 RBC 估计，在该名单公布的第二天，96 位上榜富豪名下公司的股票市值共蒸发了 11 亿美元。

2018 年 4 月 6 日，美国 OFAC 又公布了新的对俄制裁名单，涉及俄罗斯 24 名个人和 14 家机构。这次制裁与以往有些不同：一是此轮制裁并不只是针对乌克兰问题，美国财政部部长史蒂文·姆努钦（Steven Mnuchin）称，这次制裁是针对俄罗斯在全球范围内进行一系列活动，包括克里米亚问题、乌克兰东部冲突、向叙利亚政府提供支持、试图颠覆西方民主、进行恶意网络行为等。二是根据此轮制裁的相关措施，不止将禁止美国公民与被制裁者进行交易，非美国公民在知情的情况下为被制裁对象进行重大交易也可能面临次生制裁。三是这轮制裁并不是在乌克兰危机之后美国经常使用的限制性制裁（SSI）措施，而是更为严厉的全面制裁（SDN）[①]。

被列入这次全面制裁（SDN）名单的 24 名个人，除了 16 位俄政府

---

① 在欧美对俄罗斯的制裁中，只有 2014 年 3 月针对俄罗斯亚银行和 SMP 银行的第一轮制裁是全面制裁（SDN），此后的历次制裁则主要是限制性制裁（SSI）。限制性制裁（SSI）的内容主要是禁止美国银行和投资者向被制裁企业和银行提供特定天数以上的融资，但不涉及资金结算等其他内容。而全面制裁（SDN），类似 OFAC 对伊朗的制裁，是连资金结算、转账等也被禁止的。

官员，还有 8 位商人和他们旗下的企业，这 8 位商人分别是：全球最大铝生产商俄罗斯铝业的主席奥列格·杰里帕斯卡（Oleg Deripaska）和他旗下的 7 家主要企业；俄罗斯外贸银行（VTB）的行长安德烈·科斯京（Andery Kostin）；俄罗斯天然气工业银行（Gazprombank）董事长安德烈·阿基莫夫（Andrey Akimov）；俄罗斯天然气集团（Gazprom）总裁阿列克谢·米勒（Alexey Miller）；苏尔古特石油（Surgutneftegas）总裁弗拉基米尔·勃格丹诺夫（Vladimir Bogdanov）；伊戈尔·罗滕贝格（Igor Rotenberg）和他旗下的石油工程企业俄气布雷尼（GAZPROM BU-RENIE）与 NPV 工程公司（NPV ENGINEERING）①；基里尔·沙马洛夫（Kirill Shamalov）和他的拉多加公司（LADOGA）②；维克多·维克塞尔伯格（Viktor Vekselberg）和他的雷诺瓦集团（Renova）。另外还有俄罗斯国防进出口公司（RUSSIAN DEFENSE EXPORT）、俄罗斯金融合作公司（RUSSIAN FINANCIAL CORPORATION）等企业也被列入了此轮的全面制裁（SDN）名单。

　　这轮在 2018 年 4 月启动的制裁，是美国首次把俄铝这样对全球大宗商品贸易有系统影响的企业纳入全面制裁对象。有分析认为此次列入制裁名单的一些企业与克里姆林宫的关系并不特别密切，结合特朗普总统在此轮制裁前 1 个月签署的对美进口钢、铝产品加征关税的行政令，让人怀疑这次对俄制裁与当时风声骤紧的贸易摩擦颇有关联，其经济目的强于政治目的。

---

① 伊戈尔·罗滕贝格是阿尔卡季·罗滕贝格（Arkady Rotenberg）的儿子。阿尔卡季·罗滕贝格和他的兄弟，鲍里斯·罗滕贝格（Boris Rotenberg）在 2014 年 3 月，便已经出现在欧美的第一批制裁名单上，据说这两个兄弟很早以前就是普京的跆拳道队友。阿尔卡季·罗滕贝格还曾在 2013 年当选世界柔道协会执行委员。在受到制裁之后，阿尔卡季向他的儿子伊戈尔出售了所持有的包括俄气布雷尼（GAZPROM BURENIE）在内的众多公司的股份。

② 基里尔·沙马洛夫，根据西方媒体的报道，他是普京小女儿卡捷琳娜·吉洪诺娃的丈夫，但据悉两个人的感情在 2018 年初出现了问题。基里尔·沙马洛夫的父亲，尼古拉·沙马洛夫也在美国先前公布的对俄制裁名单之中。乌克兰危机之后，基里尔在 2014 年曾从被欧美制裁的季姆琴科手中收购了俄罗斯最大的石化公司西布尔 17% 的股份。

俄铝被纳入制裁之后，伦敦金属交易所（LME）表示将阻止俄铝公司的铝锭进入其仓库并暂停为俄铝所产金属签发担保权证；美国纽约商品交易所（COMEX）表示将限制俄铝公司的铝产品交割，撤销铝期货合约的俄罗斯产品担保。俄铝的股价被腰斩，公司表示受制裁影响将面临技术性违约风险。同时，由于买家紧急抢购来自俄罗斯之外的铝锭以备不测，造成全球铝价半个月内大涨近40%。俄镍（Norilsk Nickel）虽然不在这轮制裁名单内，但因间接持有俄铝较大股份，股价也重挫了16%，并随之造成国际镍价在半个月内大涨约33%。这轮制裁还造成卢布兑美元汇率两天下跌逾8%；俄罗斯交易系统指数（RTS）单日大跌11.44%；俄主权债收益率升高近0.5%；俄罗斯5年信用违约互换升至158个基点，创8个月新高。

在美国对俄罗斯新一轮制裁造成国际铝价和镍价飞涨之后不久，4月中旬，中美贸易摩擦升级，中国宣布准备对来自美国的高粱、大豆等农产品加征关税，这造成了拉美等地区农产品价格上涨。接着，特朗普在5月退出了伊核协定并威胁对伊朗实施新的制裁，石油价格随之突破70美元/桶的整数关口。2018年的春天，对大宗商品交易来说，颇为刺激。

2018年春天的情况也充分地表明，制裁已经成为了新常态。它不只是乌克兰危机的一个结果，而且开始与其他事件相关；它也不止是针对俄罗斯一个国家，而开始成为被惯常使用甚至滥用的新武器。欧美对俄罗斯的制裁，早晚会有取消的一天，但绝对不会是明天。也许在您——我亲爱的读者——读到本书的时候，制裁已经解除了，当然，也许新的更严厉的制裁又出台了。但无论怎样，在叙利亚问题、伊核问题、朝核问题等方面，俄罗斯与欧美的对话、谈判、合作仍然会继续，在经济、贸易、投资、能源、环境等各个方面的对话、谈判、合作也仍然会继续，俄罗斯仍然发挥着其地区大国的作用，即使制裁如影相伴，常态化的存在。

正如法国总统马克龙在 2017 年 5 月于意大利出席七国集团峰会时曾说："与俄对话至关重要，因为除非与俄方进行艰难交流，许多国际议题无法解决"。因此西方与俄罗斯进行对话和合作是必然和必需的，这也是俄罗斯在乌克兰危机后，2014—2015 年外交工作取得的胜利成果。但是这些对话与合作依然无法解决俄罗斯与西方之间存在着的诸多不信任与不理解。俄罗斯与欧美之间对待同一个问题，即使是采取合作的态度，但其看待问题的观点也有着根本的不同。这也就是制裁与合作并存的原因。而这既可以说是乌克兰危机之后的一种新常态，也可以说是自沙俄到苏联时期就存在的一个老状态。

在乌克兰和叙利亚发生的事情，从俄罗斯的角度看，是结果论和目的论的行为。如果任凭乌克兰完全地倒向西方，俄罗斯和欧洲之间就完全没有了战略缓冲，甚至黑海的出海口也会丧失，因此俄罗斯不能袖手旁观，因此俄罗斯要收回原本就属于它的克里米亚。在叙利亚，如果任凭大马士革政府垮台，"伊斯兰国" IS 和叙各派反政府武装、库尔德人一片混战，祸起萧墙，势必会把混乱和极端势力引向俄罗斯与独联体国家，因此俄罗斯必须主动出击，御敌于国门之外，以进攻作为最好的防御。

但是西方却以习惯论和行为论来看待俄罗斯在乌克兰和叙利亚的所作所为，认为这是一个败落的超级帝国必然的病态行为，而且今后还会继续进行下去。从西方的视角看，强制裁和低油价使得俄罗斯经济每况愈下、国内矛盾激化，对外战争的胜利将巩固普京的统治。2011 年到 2012 年的冬天，很多俄罗斯人上街游行，要求更公平透明的选举。这股橙色革命的风潮在独联体各国传播，并最终导致了 2013 年乌克兰的广场革命。但是普京却借此机会收回了克里米亚，在苏联解体——他所称的"二十世纪最大的地缘政治灾难"——之后，重振了俄罗斯的雄风。在西方眼里，普京达到这一目的的途径：一是依靠其从 2010 年开始的，包括 7 200 亿美元武器更新在内的军队现代化计划；二是依靠俄罗斯媒体不断将西方描绘成敌视俄罗斯的坏人；三是依靠对周边国家的武装干涉。

通过在乌克兰和叙利亚的行动，普京使俄罗斯得以与美国平起平坐地进行竞争。其意义不只是满足了俄罗斯重振昔日雄风的梦想，更是增加了克里姆林宫执政的合法性与自信。普京和俄罗斯精英们相信：赢弱的俄罗斯只能像乌克兰、伊拉克、埃及一样，最终被美国的民主价值同化。而他们更加相信：也正如在乌克兰、伊拉克、埃及，还有叙利亚所发生的一样，西方用它的民主价值毫不犹豫地鼓励人们推翻了现有政权之后，却并没有办法和意愿去防止混乱与灾难在那个可怜国度的进一步发生。而也正是因为如此，俄罗斯才会介入到乌克兰和叙利亚的事务中，俄罗斯的介入一方面为防止这些邻国的革命造成进一步的混乱与灾难；另一方面也为防止类似的革命有朝一日在俄罗斯出现。

而这种被认为是通过对外强硬政策巩固对内政治统治的俄罗斯模式，也正是西方最为担心的。乌克兰危机之后，普京的支持率直线上升。俄军轰炸叙利亚 IS 武装之后，被制裁、油价、卢布贬值等多重危机打压的俄罗斯人又再度增加了对总统的信心。但所有这些都不会是永久持续的，当人们对乌克兰、克里米亚、叙利亚的热度减退之后，怎么办呢？根据《经济学人》2016 年 3 月引用的俄罗斯民调数据，认为国家朝着正确方向前进的选民比例已经从 61% 跌落到了 51%。这使得普京需要寻找新的热点。于是就有欧洲战略问题专家大胆预测，俄罗斯在乌克兰和叙利亚之后的下一个目标将是波罗的海国家。

波罗的海影射出的俄欧关系老状态

讨论俄罗斯对波罗的海国家的威胁，这也许是北约国家真的担心，毕竟这是他们按上述的逻辑一步一步推导出来的结论。同时俄罗斯在2014年之后，也屡次被西方媒体报道增加了在波罗的海和北欧地区的军事活动，甚至在2017年6月还出现过俄罗斯苏－27战机在波罗的海上空拦截美军B－52远程战略轰炸机，以及在2017年8月，两架隶属北约的西班牙F－18战机在爱沙尼亚领空附近拦截3架俄罗斯军机的事件。

持有悲观态度的学者对欧洲未来的安全前景十分担心。上海同济大学德国研究中心的马克思·梅尔（Maximilian Mayer）教授在一篇文章中分析，在冷战结束之后的整个20世纪90年代，欧洲国家将自己的军费支出压缩到了不足其GDP总量2%的极低水平，在防御上完全依靠美国。自此之后，欧洲国家在武器更新、网络战研发等许多方面都开始大大落后。当奉行"美国第一"的特朗普总统对华盛顿在欧洲的责任含糊其词，再加上英国脱欧，整个欧洲仿佛只能依靠法国的核力量威慑俄罗斯了。梅尔教授不禁发出设问："如果俄罗斯吞并摩尔多瓦或者威胁芬兰与瑞典的时候，谁又能阻止他呢？"

但是当我们换个角度，从俄罗斯方面来看：西方国家政客及其媒体不断渲染波罗的海的紧张局势，只不过是为北约进一步东扩寻找借口。其目的无外乎是增加在波罗的海三国的驻军、压迫芬兰等国加入北约、在邻近俄罗斯的边境部署反导系统、为仍在持续的制裁寻找理由。而其最终的阴谋是在俄罗斯策动如同在乌克兰、叙利亚那样的橙色革命，使国家陷入长期的混乱而彻底无法与西方抗衡。

至于那几个总是显得忧心忡忡、义愤填膺的东欧国家，特别是波罗的海国家，在一些西方国家眼里，它们是面对莫斯科的威胁需要有责任的民主国家挺身而出，进行支持的伙伴，但在俄罗斯眼里，也许这只是那些曾经与自己在一个碗里吃过饭的、如今已背信弃义的小国制造紧张局势，引起西方大国注意，祈求政治支持、军事和经济援助的惯用伎俩。在波罗的海国家安全问题上，欧盟和北约国家内部也存在一些意见分歧。比如意大利就并不赞同一味向俄罗斯的邻近国家增加驻军，认为这会毫无意义地惹恼俄罗斯。

欧洲对于俄罗斯态度存在的分歧，自 2014 年乌克兰危机和制裁伊始就已经是路人皆知的事情，对俄罗斯持鹰派观点的主要有波罗的海三国与波兰，持鸽派观点的主要有意大利和匈牙利，德国和法国作为中间力量，也是中坚力量，保证了欧洲政策，包括对俄罗斯制裁政策的统一和延续。但是很多的情况也都在不断变化，英国脱欧谈判的考验、欧洲国家政府的陆续更迭、欧美关系随着特朗普入主白宫而进入了新的时期、欧洲与俄罗斯在叙利亚问题和中东难民问题上的合作日益加强，这些变化为维持欧洲国家内部在对俄问题上的共识增加了不少新的困难。

欧洲各国与俄罗斯的关系，在历史上就是扑朔迷离、不断变化的，只能用"没有永远的朋友，也没有永远的敌人"来进行描述。俄罗斯曾经在七年战争中和法国站在一起对抗普鲁士与英国人；在拿破仑时代和德意志站在一起抵抗法国人；在两次世界大战中又和英法站在一起抵抗德国人；在冷战中联合东欧对抗西欧；当然也在协约国武装干涉和克里米亚战争期间，孤身一人对抗团结一致的欧洲列强。俄罗斯就是这样有意无意地利用着欧洲各国之间的矛盾与分歧，纵横联合几百年。这一点和在欧洲大陆另一端、加入欧盟又决定脱欧的联合王国却颇有几分相似。

至于波罗的海和东欧的很多国家，与俄罗斯之间的悲欢离合、爱恨情仇，更是罄竹难书。相关故事可以参考本书的"前世今生"，这也就是本书为什么要从"前世今生"写起的原因。

如果欧盟与俄罗斯的关系在未来真的发生了变化，这不仅关系到乌克兰危机的最终出路或者克里米亚归属的国际承认问题，这也会使得未来很多可能发生的事情产生出不同的结果，比如独联体国家和东欧国家的国内政治走向、俄罗斯对这些国家或明或暗的影响、欧盟和美国对于东欧地缘政治的影响等。来自西方的最为悲观的推测，是这些东欧国家有可能重新回到冷战时期的状态。

因此，在 2015 年之后，也就是乌克兰危机和叙利亚问题都已然发生之后，欧盟内部对于驻军波罗的海和制裁俄罗斯等问题再次进行的讨论和出现的分歧，如同欧美与俄罗斯既合作又制裁的不好不坏的关系一样，看似是在乌克兰危机之后俄罗斯与西方关系的新常态，但实质上也是俄罗斯与西方关系中一直存在的一种老状态的延续。

更进一步分析，俄罗斯与西方的合作无外乎是利益方面彼此依靠，在地缘危机处理、国家安全维护、经济金融能源合作等方面，谁也无法离开谁，21 世纪全球化的发展更加剧了这种联系。但是俄罗斯与西方的分歧，除了政治和经济等方面的利益因素之外，还有深层次的原因，那就是文化与道路的不同。

俄罗斯第一频道（Channel One）著名的政论节目主持人瓦莱里·法捷耶夫（Valery Fadeev），2016 年曾经在电视里分析了美国同行们对特朗普和俄罗斯关系进行没完没了爆料背后的原因。据她所说，这应该是西方以自由为名的干涉主义面临失败前的挣扎，特朗普对普京的钦佩之情之所以被美国的一些人攻击，是因为这些人看到了特朗普与普京在处理事务上的很多共同点，而世界的秩序可能会以他们的原则为基础被全面更新。

特朗普当选美国总统之后，《经济学人》也曾经发文对俄罗斯和世界的未来表示疑虑。在 2014 年乌克兰危机和石油危机之后，为了应对石油价格下跌和欧美的制裁，使俄罗斯从国家垄断的能源型经济向更具活力的创新型经济转变，一些俄罗斯自由派经济学家和政治家一直在推崇增加市场活力、减少行政干预、去集权化的改革。但这些有着自由化意味的改革措施在特朗普当选之后可能出现的新的国际政治环境下开始显得没有必要了。在可能出现的新的国际政治中，也许西方的自由主义会越来越让位给俄罗斯模式了。

这两则分别来自俄罗斯与英国的分析，说明了在国家治理和经济道路上存在着的俄罗斯与西方的差异，这种差异实际上从沙皇时代到苏联时代一直存在。俄罗斯与西方道路的不同，俄罗斯对自身道路的选择、改革、犹豫、回调，这也都是历史悠久的老状态。从彼得大帝到叶利钦，都进行过彻底的全盘西化式的改革；而从尼古拉一世到苏联时代，也都进行过彻底的与西方的对抗。俄罗斯与那些欧洲小国不同，它不曾完全地隶属和臣服于罗马帝国、圣神罗马帝国或第三帝国，它永远是独立和抗争的；它甚至不曾隶属和臣服于梵蒂冈教廷，它有着自己东正教信仰的独立性。

法捷耶夫在俄罗斯第一频道里所做的上述分析发自内心，她表明了俄罗斯人与生俱来的雄心，俄罗斯并不只是希求西方解除制裁，它还要向西方证明，谁走的道路正确。俄罗斯的历史与文化在基因里决定了它只能做与太阳争光的恒星，而不是一颗围绕别人的行星。

这样的宿命，决定了俄罗斯与欧洲乃至整个西方世界的关系——永远是时好时坏、不好不坏。至于乌克兰的橙色革命、北约的东扩、叙利亚的难民、英国的中毒事件和被驱逐的外交官，甚至是倒塌的柏林墙、纳粹的坦克、十月革命的枪炮声，都不过是那滚滚长河中的朵朵浪花和旋涡激流。

内政

2016 年 8 月 12 日，没有任何征兆，被公认为俄罗斯政治强人之一的俄总统办公厅主任谢尔盖·伊万诺夫（Sergei Ivanov）被普京解除了职务。时年 63 岁的伊万诺夫是普京长期的政治盟友，在 20 世纪 70 年代曾同普京一起在列宁格勒克格勃工作。伊万诺夫曾担任过俄罗斯国防部长和第一副总理。2008 年，普京的第二个总统任期结束时，有许多观察家甚至把伊万诺夫看作普京的潜在继承者，但普京最终将总统职位让给了梅德韦杰夫并在四年之后再次继任。

乌克兰危机之后，特别是在 2016 年之后，普京解聘了数位自己长期的政治盟友，除了总统办公厅主任伊万诺夫之外，还有俄铁道部部长弗拉基米尔·亚库宁（Vladimir Yakunin）、俄联邦缉毒局局长维克托·伊万诺夫（Viktor Ivanov）、俄联邦保卫局局长尤金·穆罗夫（Yevgeny Murov）等。据不完全统计，截至 2018 年初，俄罗斯 85 名地方州长中已有 36 人被撤换，平均年龄也从 55 岁下降到了 46 岁。

这些位于权力核心的政治精英们的更替，被解读为普京为 2018 年总统选举和其后顺利执政所做的提前布局，甚至是在为后普京时代政权的顺利过渡未雨绸缪而提前做的准备。但是这些人事变动并不会对俄罗斯自苏联解体之后所形成的政治特色带来什么根本性的改变。

总统的权威

现代俄罗斯政治制度的第一个重要特色就是压倒一切的总统权威。这种总统权威形成的历史原因来自新俄罗斯的第一任总统——鲍里斯·叶利钦（Boris Yeltsin）。

叶利钦早在 1985 年到 1987 年担任苏共莫斯科市委书记时，就以自己特有的性格粗野和爱替老百姓发牢骚的形象，深受广大市民的拥戴。1991 年，苏联"8·19"事件期间，时任俄罗斯联邦总统的叶利钦，胆敢在自己办公室所在地"白宫"的门口，跳上前来包围他的苏军坦克，宣读《告俄罗斯公民书》，这一方面说明了当时苏共统治的羸弱，另一方面也说明了叶利钦的个人魅力与民意基础。

苏联解体之后，依旧坚信自己个人魅力的叶利钦根本没有在建设西方议会制度、政党制度和选举制度方面有任何实质性的建树。而由久加诺夫领导的俄罗斯共产党，一方面依靠苏共时代留下来的组织基础，另一方面依靠"休克疗法"之后经济崩溃造成的怨声载道的民意，通过选举成为了俄罗斯议会杜马的第一大党。在这样的情况下，叶利钦只能不断牺牲总理向议会谋求妥协。在叶利钦当总统的 8 年期间，一共任命过 7 位总理，仅在 1998 年至 1999 年，他就曾被迫 4 次解散内阁、撤换总理。面对议会的压力，除了被迫撤换总理之外，叶利钦也不断强化自己总统的权力，以削弱议会对其内政外交政策方面的各种限制。就这样，伴随着被不断打压的议会杜马和走马灯式的内阁总理，俄罗斯总统的权威越来越大。这在一些西方学者眼里，是俄罗斯民主政治和改革的倒退，但由于叶利钦时代与欧美的关系正处在蜜月期，这样的变化也就顺利发生了，并由此造就了一个俄罗斯特色的超级总统。随后，叶利钦又将这个超级总统的位置传给了普京。

总统的权威如此强大，超越政党、议会、内阁，这是俄罗斯政治与西方其他的选举政治十分不同的地方，也由此造成了俄罗斯的政党、选举、议会，与西方的差异。俄罗斯总统权威更多的是依靠其个人魅力，而非政党组织，这也是普京和梅德韦杰夫可以在 2008 年和 2012 年顺利地进行"王车易位"的原因。这样的总统政治，是叶利钦在苏联解体后的特殊情况下造就的，其奠定了新俄罗斯的政治基础、行为模式和准则。但同时，这样完全不同于西方议会民主制的俄罗斯式选举政治，在某种程度上也是其自身历史的另一种延续。

根据英国剑桥大学俄罗斯问题专家史蒂文·罗斯菲尔德（Steven Rosefielde）的研究，在俄罗斯历史上只出现过三次贵族限制王权的情况：第一次是在混乱时代（17 世纪初），俄罗斯贵族试图限制占领莫斯科的波兰王的权力；第二次是在 1730 年左右，最高枢密院（Supreme Privy Council）对安娜女王权力的限制；第三次是在 1825 年十二月党人起义期间。而这三次限制王权的努力最终都以失败告终。在俄罗斯的历史传统中，当贵族有机会决定沙皇或国家政治走向的时候，他们并不会出现罗马的布鲁特斯（Brutus）共和或英国的大宪章运动（Magna Carta），与其限制和削弱沙皇的独裁统治，俄罗斯贵族更倾向选择一个与自身利益一致的有能力的君主，并加强后者的权威。

卫士帮、家庭成员、圣彼得堡帮、强人集团

叶利钦时代留下的另一个政治传统，也是俄罗斯政治制度的第二个重要特色，就是总统在进行国家事务管理中，对自己身边的"小圈子"的特殊信赖与依靠。

叶利钦时代，还没有组建总统自己的政党组织，面对咄咄逼人的议会反对党团，还有总是要做替罪羊的羸弱总理，叶利钦只能依赖自己身边被称为"卫士帮"和"家庭成员"的一小撮亲信。

叶利钦在1987年被开除出苏共中央政治局的时候，众人唯恐避之不及，但当时负责他警卫工作的科尔扎科夫（Kerzhakov）却始终不离不弃，跟随着叶利钦。据说在那段日子里，科尔扎科夫还曾经不要工资，保护叶利钦的安全。叶利钦成为俄罗斯第一任总统之后，于1991年任命本已在1989年退休的科尔扎科夫为总统安全局局长。这之后在科尔扎科夫的推荐下，同样是从事警卫工作出身的巴尔苏科夫（Barsukov）被任命为总统警卫总局局长。除了这些忠心耿耿的"卫士帮"之外，叶利钦也十分依赖包括女儿兼顾问塔季扬娜（Tatyana）、顾问尤马舍夫（Yumashev，他后来成为了塔季扬娜的丈夫，也就是叶利钦的女婿）、总统办公厅主任沃洛申（Voloshin）等"家庭成员"向他提出的建议。

到了普京时代，来自圣彼得堡（普京的家乡和曾经长期工作过的地方）的干部在政府中的比例明显增加，被称作"圣彼得堡帮"。在普京2008年担任俄罗斯总理期间，俄联邦政府中的7位副总理里有4位、

18 位部长里有 5 位，出生在圣彼得堡或曾在圣彼得堡工作过①。

在普京的政权日益稳固和成熟，特别是统一俄罗斯党的力量日益加强之后，俄罗斯政坛中的圣彼得堡色彩开始逐渐淡漠，大家更喜欢使用"强人集团"（Siloviki）这个称谓来形容新的总统"小圈子"的组成。

"强人集团"（Siloviki）是一个在苏联时代就存在的词，是对军、警、宪、特等"强力部门"或"纪律部队"的称谓，其最具代表的群体就是克格勃。

从苏联解体，到"休克疗法"造成的经济灾难和国家的一片混乱，强人集团最终成为俄罗斯政权的中坚力量，有其必然的原因。叶利钦时代的俄罗斯，政治上，总统解除议会权力、议会弹劾总统、1993 年叶利钦炮轰议会大楼迫使议会投降，可谓一片混乱。经济上，1992 年的通货膨胀率达到 2510%，GDP 从 1991 年人均 7 370 美元下降到 1998 年的 4 459 美元，可谓一片狼藉。社会生活上，1998 年的人口普查失业率高达 21.7%，假酒、毒品、艾滋病泛滥，可谓一片乌烟瘴气。在强人集团的精英们眼里，在疾风暴雨般的社会经济转型中，在一切国家机构都涣散、瓦解、腐朽时，只有以各种方式或明或暗地分布在各条战线上的他们，以自己的冷静、克制、团结、担当，以他们严明的纪律和对祖国的忠诚，维持了这个国家的正常运转，使其没有彻底垮掉。

根据黄章晋 2015 年在《凤凰周刊》文章上所引用的数据，普京上台的前三年，俄政坛中来自强人集团的人数从不到 5% 迅速增加到了近六成，而政坛高层中更是有四分之一出身于强人集团。

而这些来自强人集团的精英比起叶利钦时代的卫士和家人们，也确实聪明和精干很多。

---

① 和圣彼得堡有关的 4 位副总理和 5 位部长分别为：副总理兼政府办公厅主任伊万诺夫、副总理德米特里·科扎克、副总理兼财政部长阿列克谢·库德林、副总理伊戈尔·谢钦（后任俄石油总裁）、司法部长科诺瓦洛夫、交通部长列维京、国防部长谢尔久科夫、教育和科学部长富尔先科。

叶利钦的"卫士帮"和"家庭成员"虽然对他忠心耿耿，处处为总统着想，但由于水平有限，经常是好心帮倒忙。巴尔苏科夫、塔季扬娜等人为避免影响叶利钦的健康，亲自审查提交给叶利钦的报告，把坏消息统统过滤掉。而诸如丘拜斯（Chubais）、普里马科夫（Primakov）之类被他们认为是制造坏消息的家伙们，也在他们的建议下被免去了职务。1996年6月，科尔扎科夫和巴尔苏科夫好心办坏事，误抓了为叶利钦助选的一位工作人员，使得装着上百万美元现钞的纸箱被曝光。这两个忠诚的卫士也因此不得不被踢出了叶利钦总统的圈子。叶利钦时期"小圈子"人物的智商与道德水平决定了那时的莫斯科其实是被少数几个寡头实际控制着的。

而来自强人集团的官员则大多低调为人、踏实做事、少有贪渎、办事果断、出手麻利、富有担当。他们其实是对苏联解体之后为所欲为的寡头们的一种制衡。普京所依靠的执政党——统一俄罗斯党，不能像苏共那样对党员依靠明确的意识形态进行教育、依靠严密的纪律与惩罚机制进行约束。在这种情况下，强人集团成员身上的职业品行与性格则很好地弥补了统一俄罗斯党所缺乏的东西。

面对苏联解体之初，俄罗斯的一片混乱、狼藉、乌烟瘴气，强人集团以其特有的手段和果敢迅速重建了国家秩序。根据经济合作与发展组织（OECD）2006年对俄罗斯的调查报告显示：在普京掌权之后，俄罗斯每十万人酒精中毒的比例从1995年的41.8下降到了2000年的34；每十万人的自杀率从1995年的56.4下降到了2004年的42.4；每十万人的谋杀率从1995年的44.4下降到了2004年的35.6。

如此看来，强人集团的崛起实际上是从苏联时代的管控（regulation），到叶利钦时代的无管控（de - regulation），再到重新管控（re - regulation）的一个过程。

2016年开始，老一辈强人集团的政治精英逐渐功成身退，但这并不会从根本上改变这个圈子的本质与作用。以接替老伊万诺夫成为俄总统办公厅主任的安东·瓦伊诺（Anton Vayno）为例：出生在 1972 年的瓦伊诺自 2012 年起就一直担任伊万诺夫的副手，他的祖父曾任爱沙尼亚共产党中央委员会第一书记，父亲曾任俄最大车企瓦兹（UAZ）的副总裁。瓦伊诺 1996 年毕业于莫斯科国际关系学院，之后在俄罗斯驻日本大使馆工作到 2001 年，2003 年进入俄总统办公厅工作，擅长和酷爱俄式摔跤搏击。俄分析人士认为，圈内成员的调整，只是普京在为第四个任期引入更新、更年轻、更听话的成员，但强人集团统治的实质不会变化。

这种信赖与依靠"小圈子"进行国家治理的方式，其实也是俄罗斯的老状态，伊凡雷帝的特辖军、彼得大帝的少年军、尼古拉一世的特别委员会，都是这一传统的延续。

俄罗斯的政党

总统依靠身边"小圈子"还有一个原因就是现代俄罗斯的政党基础十分薄弱。而这样的弱政党政治也是从苏联解体到叶利钦时代的遗产之一。

俄罗斯从沙皇时代就对政党的存在十分警惕，从尼古拉一世镇压十二月党人起义，到亚历山大三世捕杀企图行刺他的人民意志党人。在十月革命之前，俄罗斯的革命党总是与暗杀和暴乱有关而被严格镇压，资本主义时期的沙俄根本没有形成现代西方的政党和议会体制，其当时的政治现代化水平甚至还赶不上东方的日本。到了苏联时期，只有苏联共产党而不存在任何反对党。叶利钦成为俄罗斯总统的时候，对苏共的厌恶让他认为总统应当是超党派的。直到在杜马斗争和 1996 年大选中越来越力不从心之后，他才意识到拥有一个政党的重要性，于是授命切尔诺梅尔金组建政党。现在的统一俄罗斯党正是在这样的情况下逐渐形成的总统党，其党员人数在 2006 年超过 100 万，

2016 年超过 200 万，几乎吸收了前苏共的全部青年精英，带有强烈的俄罗斯特色。

在政党之外，现代俄罗斯还从苏联时代继承了官僚色彩严重的公务员队伍。那些构成政权基础的公务员，特别是"强人集团"所倚重的军人、警察和特务，从来都没有消失，他们依旧是新俄罗斯历任领导人有效管理国家的工具。根据经合组织（OECD）2006 年的报告，俄罗斯公务员队伍在 1994 年到 2005 年之间增长了约 33%，和其他国家相比，俄罗斯公务员数量与人口的比例虽不是最高①，但俄罗斯并没有类似西方的成熟的文官制度，从沙皇时代和苏联时代就被诟病的诸多问题，如贪污腐败、效率低下、陈腐守旧等，依然存在。与此官僚行政体系一脉相承的，还有同样被现代俄罗斯继承了的对社会生活的严密管理。俄罗斯反对党之一的"亚博卢"民主党（Yabloko）创始人亚夫林斯基（Yavlensky）曾说，俄罗斯建立的不是自由市场经济体制，而是从苏联时期就已开始形成的寡头统治，在苏共垮台后，它只不过改换门庭，像蛇蜕皮一样。

2015 年 10 月的一个周末，我像往常一样午饭后从餐厅门口取阅 *The Moscow Times* 报纸阅读。那期报纸头版头条的新闻是莫斯科乌克兰图书馆的馆长被抓了。位于莫斯科城北一个住宅区内的乌克兰文学图书馆在周三被查，馆长和书籍资料被一并带走。周四，图书馆馆长沙丽娜（Sharina）被以嫌疑煽动社会仇视的罪名立案。据称在 2011 年到 2015 年，沙丽娜曾违法向来图书馆的读者提供乌克兰民族主义作家和政治家德米特罗·克钦斯基（Dmytro Korchynsky）的书籍，这些书籍由于其极端主义色彩而在俄罗斯被列为禁书。这项指控使得沙丽娜面临轻则罚款、重则 5 年徒刑的处罚。在这篇报道边上的标题栏里，*The Moscow Times* 还刊登了致读者的启示，这张报纸将是他们最后一份日报

---

① 根据俄罗斯统计局的测算，俄罗斯 2004 年每千人的联邦公务员数量是 3.2 人，而 OECD 的研究报告显示，同时期美国的每千人公务员数量是 3.8 人，英国和加拿大是 5.1 人。

了，从下个星期开始，他们将改为周报。也许是受到了互联网媒体的强大冲击，也许是因为经济原因，也许是因为其发表的一些评论文章的政治倾向，从日报改为周报的原因他们没有说，但无论如何，这是件很令人惋惜的事，毕竟这是我们在莫斯科可以读到的几乎唯一一张当地英文报纸。

媒体、文化、新闻领域的严密管理，与外交和内政领域的其他种种情况一样，与其说是乌克兰危机之后的新常态，不如说是从沙俄、苏联就一直如此的老状态。

当然，现代俄罗斯也有一个看似和苏联时代极为不同的社会力量重新崛起，那就是东正教。东正教在沙皇俄国时期与政权的联系十分紧密，并不像中世纪的欧洲，存在罗马教廷与世俗皇帝的诸多争斗，这也是东正教与天主教的重大区别之一。东正教的传统在苏联时期中断了，但在苏联解体之后又很快得到恢复。新救世主大教堂是莫斯科最大的东正教堂，也是东正教大牧首的主教堂。最早的救世主大教堂是 1812 年亚历山大一世为纪念战胜拿破仑而修建的，该教堂在 1931 年被苏共拆除，并在赫鲁晓夫时期被改做公共游泳池。苏联解体之后，在原址重建的新救世主大教堂于 1990 年开工、2000 年竣工。统一俄罗斯党是一个精英的总统党，而在基层、在乡村、在平民之中，是再次复兴的东正教代替了苏共时代大大小小的党委和支部，从某种程度上成为了维护新俄罗斯国家稳定的统治力量。

每年 1 月 19 日是俄罗斯东正教的洗礼节。数百万的俄罗斯人会在这一天冒着严寒，如冬泳一般，在室外进行洗礼。他们跳入在湖面上凿冰开出的冰窟窿里，浸泡三分钟左右。2018 年 1 月 18 日，普京总统在结束一天的繁忙工作之后，来到了位于莫斯科西北，特维尔州奥斯塔什科夫市郊外的一家修道院，在零下 7 度左右的气候条件下，参加了在谢利格尔湖（Lake Seliger）举行的严冬冰水洗礼仪式。普京总统每逢东正教的重大节日，必会拜访教堂和修道院，参加弥撒和祈祷活动。但在冰水中参加冬季洗礼的新闻，据说还是首次在媒体报道。这无疑掀起了全俄各地学习的热潮，从气温在零下10度的莫斯科到气温在零下45度的雅库特，各地官员纷纷效仿。雅库特自治共和国首府雅库茨克市市长艾森·尼古拉耶夫在零下40度的气温里，率先垂范跳入冰池。还有伏尔加河畔的雅罗斯拉夫尔，作为统一俄罗斯党党员的市长斯列普措夫也身先士卒跳入冰水。在电视节目里，他说："我让所有政府部门的负责人和他们的副手都参加到这个有组织的活动中来。你们都是东正教徒，难道不是吗？"

在冰天雪地之中上行下效的洗礼热潮，不禁使人想起了苏联那火热的共产主义时代，庆祝五一劳动节和十月革命的游行，周末热火朝天的义务劳动。

人民群众

2016年9月的俄罗斯杜马选举，登记选民约1.12亿，投票率近48%，最终结果是统一俄罗斯党得票率近55%，获得了国家杜马450个议席中的343个，与上一届相比，席位大增。俄罗斯共产党得票约13%，获得42个席位；俄罗斯自由民主党和公正俄罗斯党得票紧随其后，分别获得了39个和23个杜马席位；另有两个小党和一位无党派人士也各自获得了杜马的一个议席。

2018年3月的俄罗斯总统选举，全俄注册选民约1.08亿，投票率超过67%。在八名候选人中，普京的得票率为76.69%，连任俄罗斯总统。据俄罗斯中央选举委员会发布的消息称，普京在此次大选中获得的支持率打破了俄罗斯历届总统选举的纪录。得票排名第二的是俄罗斯共产党的候选人格鲁季宁，得票率为11.77%；排名第三的是俄罗斯自由民主党主席日里诺夫斯基，得票率为5.65%。

这是俄罗斯议会和总统在 2014—2015 年乌克兰危机之后进行的第一次选举，显示了人民群众的意愿所向。

选民的选择

2016 年 8 月，在俄杜马选举之前，民调机构列瓦达中心（Levada Center）进行了一次民意调查。选民的支持无疑是指向统一俄罗斯党的，但这次民调中还有一个很有意思的问题，是选民们对于各个政党代表性的评判。

表 1　在你看来，下面的各个党派主要是代表了哪个阶层的利益（多选）

	俄罗斯共产党	统一俄罗斯党	自由民主党	公正俄罗斯党	亚博卢民主党	人民自由党
寡头、银行家、大企业	6%	30%	9%	6%	12%	12%
大企业高管	6%	23%	9%	6%	9%	7%
联邦和地方政府的官员与官僚	8%	26%	11%	7%	7%	5%
执法人员、情报、军警和内务部门	3%	28%	7%	4%	2%	1%
文化与知识精英	7%	8%	7%	8%	7%	2%
上层中产阶级	15%	13%	16%	13%	6%	3%
教师、医生、工程师、专家	17%	8%	11%	15%	7%	3%
普通人：公务员、蓝领工人、农民	31%	8%	17%	15%	3%	2%
穷人、失业人群、残疾人士	23%	3%	9%	10%	2%	1%
全体人民	15%	25%	19%	14%	8%	5%
不清楚	24%	15%	27%	37%	55%	71%

注：各政党对应的英文名称：俄罗斯共产党（Communists of Russia），统一俄罗斯党（United Russia），自由民主党（LDPR），公正俄罗斯党（A Just Russia），亚博卢民主党（Yabloko），人民自由党（People's Freedom Party）。

数据来源：列瓦达中心（Levada Center）2016 年 8 月民意调查。

民调显示大多数人认为统一俄罗斯党是代表寡头、银行家、大企业、官僚阶层和执法机构利益的，而俄罗斯共产党则更多地代表了蓝领工人、农民等普通人的利益。很显然，最大多数的选民并不是寡头，而是普通人，但为什么普通人会在选举中支持一个并不代表自身阶层利益的政党呢？

首先，无疑是因为普京的个人魅力。

乌克兰危机、收回克里米亚之后，普京的支持率明显上升了。有一种观点认为，普京通过外部矛盾转移了俄罗斯内部矛盾，从而获得了选民的支持。但实际上，普京和俄罗斯政府的支持率一直都没有特别低过，长期保持在60%以上。历史上，普京的支持率只有两次下探到接近60%附近，一次是在2000年第二次车臣战争之后，另一次是在2013年底，也就是乌克兰危机全面爆发的前夕。同样，高达90%的支持率也并不只是在乌克兰危机和收回克里米亚之后才出现，2008年，普京交棒给梅德韦杰夫而自己成为总理之初，其支持率也在90%上下。

桥水基金（Bridgewater）的创始人雷伊·达里奥（Ray Dalio）在他的《原则》一书中引述了新加坡国父李光耀曾经在2015年对国际领导人所做的评说。李光耀认为，普京是全世界最好的领导人之一。他解释说，评判一个领导人，必须考虑他所处的环境中，普京在领导俄罗斯——这件十分困难的事情上——做得很好。

俄罗斯广大选民支持统一俄罗斯党和普京的第二个原因，是他们所关心的主要问题并不在于该党的代表性。

表2　　　　　　　　你最担心下列哪些社会问题（多选）

	2004 年 1 月	2006 年 1 月	2008 年 1 月	2010 年 2 月	2012 年 2 月	2014 年 2 月	2015 年 2 月	2016 年 2 月
通货膨胀	73%	71%	81%	71%	72%	69%	82%	77%
影响大多数人口的贫困	57%	55%	49%	51%	53%	51%	43%	49%
失业率上升	35%	36%	28%	47%	36%	33%	38%	43%

续表

	2004 年 1 月	2006 年 1 月	2008 年 1 月	2010 年 2 月	2012 年 2 月	2014 年 2 月	2015 年 2 月	2016 年 2 月
经济危机，工农业状况不景气	30%	31%	29%	36%	33%	29%	36%	38%
卢布贬值	—	—	—	—	—	—	31%	27%
贫富差距加大，收入分配不公	29%	32%	35%	29%	36%	27%	24%	26%
腐败和贿赂	23%	23%	23%	28%	37%	32%	21%	24%
信仰、文化与道德危机	22%	26%	27%	28%	31%	26%	18%	16%
缺乏医疗保障	36%	30%	31%	27%	27%	25%	19%	15%
东乌克兰地区的军事冲突	—	—	—	—	—	—	28%	14%
毒品泛滥	28%	25%	26%	26%	30%	21%	14%	14%
学费上升，无法获得教育机会	30%	28%	26%	16%	18%	17%	13%	14%
环境退化，污染严重	19%	20%	23%	21%	20%	16%	9%	13%
西方对俄罗斯的制裁	—	—	—	—	—	—	15%	12%
移民的大量涌入	—	11%	8%	10%	15%	23%	9%	12%
所居住地区受到爆炸等恐怖袭击的威胁	13%	12%	6%	6%	9%	12%	4%	11%
官僚的权力滥用	10%	10%	9%	14%	15%	12%	8%	9%
弱势政府	9%	14%	8%	11%	11%	8%	6%	9%
工资、养老金和救济金迟发	10%	6%	3%	7%	4%	4%	3%	9%
犯罪率上升	30%	29%	23%	20%	17%	14%	8%	8%
民族主义兴起，丧失多元文化包容性	4%	8%	5%	7%	9%	10%	8%	8%
警察的粗鲁和残暴	—	8%	7%	12%	9%	7%	4%	5%
法院的执法不公	8%	5%	6%	6%	7%	7%	4%	5%
公民权利、民主自由受到限制（言论出版自由）	2%	2%	2%	3%	5%	4%	—	3%
其他	3%	2%	2%	2%	2%	2%	1%	3%
不清楚	1%	<1%	2%	2%	1%	2%	1%	<1%

注："—"表示这个选项在当年进行的民调中并没有作为可选答案列出。

数据来源：列瓦达中心（Levada Center）2016 年 8 月进行的民意调查。

和 21 世纪初相比，现在的俄罗斯人更加关心经济问题，而不是社会问题和政治问题。列瓦达中心在 2016 年 8 月的民意调查结果显示，最近十年里，无论是在经济高速增长的时期还是陷入萧条的时期，俄罗斯人都越来越关注通货膨胀、贫困、失业和经济危机等问题了，而对于诸如不断提高的犯罪率和毒品等社会问题，关注的人则越来越少了。还有西方国家总是指责俄罗斯的所谓人权问题和司法公正问题，也并不是俄罗斯选民们所特别关注的。这也从另一个方面再次显示了西方国家对俄罗斯情况理解的偏差。

解决好经济问题，寡头可以赚更多的钱，普通人也可以避免贫困和失业，因此，在这个问题上，效果比代表性更为重要和实际。

俄罗斯选民支持普京、支持统一俄罗斯党的第三个原因是政治正确性。

俄罗斯公众对普京在 2000 年第一次当选总统时最大的希望之一就是他将使俄罗斯恢复到苏联曾经拥有的地位。根据当时进行的民意调查，人们对这一点的关心远远超过了他们对 20 世纪 90 年代初失去的储蓄如何恢复、社会正义或反腐败斗争的关注程度，当时只有法治恢复和制止车臣战争的关注度与之接近。

支持一个总统和政党为了实现一个强大的俄罗斯，即使这个党并不代表自身的利益，这是一个政治正确性的问题。也许在美国和欧洲已开始有了放弃政治正确性的潮流，但这种情况在俄罗斯很难出现。这是因为传统上的个人主义和集体主义的差别，这种差别并不是宣传教育那么简单，这是一种植根于集体无意识中的文化传统，这种差别和传统的存在，比苏联十月革命还早，比美利坚合众国建国还早，那是西方与东方文化的差别（如果从欧洲的角度，俄罗斯也可以被称为东方的话）。

选民投票给明知道并不代表自己利益的政党，还有一个原因是他们别无选择。

很多俄罗斯反对党所存在的问题是人民群众并不知道他们到底代表谁，调查显示，有 71% 的人不知道人民自由党（People's Freedom Party）的利益所在，55% 的人不知道亚博卢民主党（Yabloko）的利益所在，但对于统一俄罗斯党，只有 15% 的人还没搞懂他代表谁。确定性总比不确定性要好得多。

同时，列瓦达中心的民意调查还显示，在多项选择中，尽管大多数人认为统一俄罗斯党代表的利益群体是寡头和官僚阶层，但也还有 25% 的人认为统一俄罗斯党代表了所有俄罗斯人，这个比例在所有被调查的政党中是最高的。而被认为代表了工人和农民利益的俄罗斯共产党，它们从苏联时代带来的包袱还没有轻到可以使其轻松迈步、超越统一俄罗斯党的程度。

所有这些分析解答了统一俄罗斯党目前仍然作为总统党被选民高度支持的原因，但也带来了不确定性。普京的第四个任期之后，是否会有一个魅力可以与之匹敌的继承人出现？作为大多数的普通人，蓝领工人和农民，当他们开始转向支持被认为是可以代表其自身利益的政党时，当他们在选择自身利益代表和选择政治领袖魅力之间的平衡发生变化时，票箱里出现的结果就不可预料了。类似 2016 年英国脱欧和美国总统大选那样的选民革命就有可能发生了。即使总统的魅力依然存在，也可能会再次出现叶利钦时代的府院对立局面。

这是俄罗斯选举政治存在的一个不确定性，为其未来增添了变数。

俄罗斯人

俄罗斯人面对艰难困苦的忍耐力和韧性，从沙皇时代、苏联时代、解体之后的转型时期，一直到乌克兰危机之后面对西方制裁，都无比强大，令人敬畏。那仿佛是祖辈被流放到西伯利亚的人们，在艰苦和与世隔绝的环境下继续生存而锻炼出来的特殊基因。

乌克兰危机、欧美制裁、油价下跌、卢布贬值、实际收入下降、贫困人口攀升，但是在莫斯科等城市并没有发生大规模的抗议事件。俄罗斯人有一种从沙俄时期和苏联时期一直延续下来的生存本能，当一切物质资料都被挤压、生活被逼向绝境的时候，人们能够与亲戚朋友结合在一起，相依为命，在特定的小群体中一同生存下去。

首先是黑市和易货贸易作为必需的补充与调剂，还有比起苏联时期和解体初期的确发展了很多的本土农业，加上莫斯科和圣彼得堡这类大城市的居民郊外自家小木屋房前屋后结出的土豆、黄瓜和西红柿。这使城市平民、工薪阶层、中产阶级可以磕磕绊绊地度过艰难。同时，那些财富新贵、有钱人也可以相对便利地移民到欧洲，比如塞浦路斯、马耳他、希腊、波罗的海三国等地。比较容易地成功离开国家，也为这个压力下的社会系统提供了另一个安全阀。

俄罗斯人生活中面对的威胁并不只是物质的生活资料方面，还有更危险的事情在不知何处等待，而这些危险的事情对于权贵和富人则更为突出，即使是他们已经离开了祖国。这也让在面包与牛奶、土豆与牛肉间挣扎的普通人心里平衡安静了许多。

2006年，逃亡到英国的俄罗斯前特工利特维年科（Litvinenko）因放射性钋–210中毒不治身亡。同年11月，俄罗斯右翼力量联盟创始人叶戈尔·盖达尔（Yegor Gaidar）在爱尔兰都柏林参加国际会议时吐血晕倒、疑似中毒。还是在2006年，记者安娜·波利特科夫斯卡娅（Anna Politkovskaya）在寓所门口被枪杀身亡，据悉其供职的《新报》，从2001年到2009年共有4名记者遭暗杀身亡。2013年，叶利钦的"家庭成员"之一、曾位列全球第九大富豪、至少遭遇过两次暗杀的别列佐夫斯基（Berezovsky）在伦敦的住所疑似自杀身亡。2015年2月，俄罗斯前第一副总理、反对派政治家鲍里斯·涅姆佐夫（Boris Nemtsov）在莫斯科红场附近遇刺身亡。2018年3月，为英国情报机构工作的俄军总参谋部情报总局前上校谢尔盖·斯克利派尔（Sergei Skripal）和他的女儿尤莉娅（Yulia）神经毒剂中毒。《莫斯科时报》（*Moscow Times*）在 2007 年 1 月曾发布过大卫·诺瓦（David Nowak）的一篇文章，称有超过 200 个记者、政治家、银行家在苏联解体之后非正常死亡。

经历了苏联解体这一路动荡、听闻了无数鬼怪故事，俄罗斯人如今再面对什么，也都坦然、淡然、默然了许多。

在对待西方的态度上，俄罗斯普通大众往往显得比较被动。从 2016 年开始，受西方与俄罗斯在叙利亚等问题上合作的增加以及欧美大选的影响，俄罗斯人对于欧美的态度也曾发生过显著的改善。根据列瓦达中心（Levada Center）的民调显示，2016 年 5 月，对美国持负面态度的俄罗斯人已从 2015 年 1 月的 81% 下降到了 70%，持正面态度的人从 12% 上升到了 19%；对欧洲持负面态度的俄罗斯人从 2015 年 1 月的 71% 下降到了 62%，持正面态度的人从 20% 上升到了 25%。这在一些外人看来，也许是多变或者容易被诱导，而在俄罗斯人自己看却更像是一种熊一样的憨厚和简单，这也是俄罗斯人的风格。

列瓦达中心的列夫·古德科夫（Lev Gudkov）主任进一步分析认为：俄罗斯人反西方的倾向与其自尊和自我价值的增长是无法割裂的，俄罗斯的集体认同总是消极的，人们只有在感觉到来自外部敌人的强大威胁时，才会团结一致。在既不愿意也不能够影响国内政治的情况下，人们很容易将自己的不满集中在美国和西方身上。按照古德科夫的说法，俄罗斯人在这样做时，也会把自己国家统治集团的一些特质投影到美国政府身上，比如犬儒主义、无视人权、贪婪和腐败。这也增加了作为"出气筒"的西方政府被厌恶的程度。

这种对外部威胁的警觉也许在苏联解体之后有过一段时间的减弱，但绝对不是 2014 年乌克兰危机之后才出现的新常态，在整个俄罗斯的历史上，俄罗斯人一直感觉到自己在受到其他民族和国家的威胁。也许很多俄罗斯的邻国都会认为俄罗斯在历史上经常欺负他们，但俄罗斯人却认为自己在历史上经常被周边别的国家欺负。蒙古国、波兰、瑞典、土耳其、法国、日本、德国，都曾经进攻过自己，自己的动作可能有时候比较粗暴，容易伤害到别人，但自己只是一只憨厚、淳朴，甚至略为愚笨的熊，只有在被惹怒了的情况下，才可能被迫伤人，否则就安心惬意地冬眠了。

这种对待其他国家的态度，让俄罗斯人往往忽视了自己所犯的错误和所应该承担的责任，同时也使俄罗斯人很容易地将自己摆到受害者的位置上。约有80%的俄罗斯人认为他们个人对欧美并没有敌意，是欧美对俄罗斯的敌对态度才造成了他们与欧美的对立情绪。

从克里姆林宫的角度看，在克里米亚和叙利亚，俄罗斯所采取的措施都是防御性的。按照俄罗斯的观念，是美国在乌克兰策划发动了政变，试图将它从俄罗斯身边夺走并把北约的军队进一步布置在俄罗斯的家门口。而阻止欧盟和北约向俄罗斯边境不断推进的最好办法，也许就是能够从根本上破坏和瓦解这两个对俄罗斯采取敌对态度的联盟。

经济与石油

在本书中，我已经把俄罗斯在2014—2015年经济所面临的挑战和问题，经济政策和效果做了一个比较全面的介绍和分析。2016年之后，俄罗斯的国民经济运行基本已经适应了制裁和低油价的新常态，重新走上了正轨。一方面，受到突然打击而急性发作的危机病症已看似治愈，另一方面，过度依赖能源产业、轻重工业发展失衡等长期存在的结构性问题却仍然没有得到根本解决，俄罗斯经济的慢性病症依然顽固。

经济复苏与长期挑战

在经历了2015年和2016年经济的持续衰退之后，2017年俄罗斯的

GDP 终于迎来了约 1.5% 的增长，这个速度虽然低于中国和印度，但也高于巴西、南非、沙特阿拉伯等新兴市场国家和产油大国同期的经济增速，若考虑到继续受到西方制裁的特殊因素，俄罗斯如此的增长速度已十分不易。在经济增长的同时，俄罗斯的通货膨胀率也被有效地压降到了 2.5%，这是自苏联解体以来的最低水平。受反制裁措施与进口替代政策的影响，俄罗斯 2017 年的粮食产量达到了 1.34 亿吨，也创下了历史最好水平。

一切的数据看起来都如此喜人。普京总统 2017 年 12 月在下诺夫哥罗德参加高尔基汽车厂 85 周年庆典活动时，不由得触景生情，面对广大工人听众提起了发生在 17 世纪的往事。当时，正是来自诺夫哥罗德的民兵解放了莫斯科，结束了俄罗斯历史上的混乱时代，从此，"一个团结、统一、强大的俄罗斯迅速地发展了起来"。普京号召汽车工人们继承这个传统："在像你们一样的广大人民群众的积极参与下，俄罗斯将不断前进！任何人、任何时候都无法阻止这一前进的脚步！"

也正是在这次集会上，普京宣布了他将参加 2018 年举行的俄罗斯总统竞选。

一切看来都很不错，是否真的如同 1612 年，米宁和波扎尔斯基①率领的诺夫哥罗德民兵把外国人赶出莫斯科、结束混乱时代一样，乌克兰危机之后的混乱时期也已然结束，一个新的时代已然到来了呢？

至少从经济上看还不尽然，俄罗斯的经济的确已经步入复苏并适应了制裁和低油价的新常态，但那些作为老状态存在的问题和挑战却仍然存在。

首先是投资不足。这也是欧美对俄罗斯制裁，特别是对俄罗斯大型银行在融资方面的限制所带来的最直接的影响。根据俄罗斯阿尔法银行（Alfa Bank）首席经济学家娜塔莉亚·奥尔洛娃（Natalia Orlova）分

---

① 米宁和波扎尔斯基的雕像至今仍然耸立在莫斯科红场瓦西里升天大教堂门前。

析，在 2017 年俄罗斯的新增投资中，有 90% 得益于三个政府支持的大型基础设施项目：中俄天然气管道、莫斯科城市改造、刻赤海峡大桥。俄罗斯的国内投资仍然过度依赖政府，投资增长的新引擎依然没有找到。

其次是消费疲弱、后续增长乏力。社会消费品零售数据历经了两年多的低迷之后，终于从 2017 年 4 月开始由负转正，但是居民收入数据依然不佳，使消费增长动力不足。根据俄联邦统计局数据显示，俄居民实际可支配收入在乌克兰危机之后已连续四年下降，2014 年同比下降 0.7%、2015 年下降 3.2%、2016 年下降 5.9%、2017 年下降 1.7%。在困难时期，居民通过自产自销、黑市和易货交易等代替正常的消费支出，这也是从农业为主的沙皇俄国到计划经济的苏联就一直遗留下来的通病。

最后是外贸依旧对能源依赖严重，贸易额极不稳定。俄罗斯对外贸易在乌克兰危机爆发之后，由于欧美制裁和油价下跌，从 2014 年到 2016 年分别下降了 6.8%、32.9%、11.1%，直到 2017 年，受惠于油价大幅反弹，俄罗斯外贸进出口总值才出现回升，达到 5 840 亿美元，增长 25%。俄罗斯外贸结构单一和能源占比过大造成其随国际油价的变化而波动巨大，对总体国民经济的稳定性也造成了不利影响。

还有俄罗斯的总体市场环境，虽然在世界银行营商环境排名中，俄罗斯的位次从 2012 年的第 120 名大幅提高到了 2017 年的第 35 名，但是俄罗斯中小企业的数量离其他主要经济体的水平还相距甚远。根据 2015 年中国全国政协十二届三次会议新闻发布会上新闻发言人的介绍，中国的中小微企业对 GDP 的贡献已经超过了 65%。在美国，中小企业对 GDP 的贡献率也大约在 50%，而俄罗斯的这个数据仅有 22% 左右。而且从莫斯科实际出台的政策看，其在短期内似乎也没有什么特别的办法促进俄罗斯中小企业更好地发展。

2017 年 5 月莫斯科公布了《2030 年俄罗斯联邦经济安全战略》报

告，该报告指出：俄罗斯经济面临的主要挑战是投资不足、能源依赖、中小企业占比过低、地缘政治局势紧张、腐败和贫困。

2014—2015 年那种制裁、油价、汇率，如坐过山车一样的戏剧性场面，在近一段时间内也许不会出现了，但是进入了新常态，也是回归了老状态的俄罗斯经济，依旧难言健康。

戒不掉的石油瘾

俄罗斯经济积重难返的最大问题就是对能源行业的过度依赖。

俄罗斯在 2015 年之后的经济复苏很大程度上得益于国际油价的大幅反弹。油价稳定，依赖于石油收入的财政状况必然好转，以卢布计价的财政压力减弱，卢布也就稳定了[①]，输入性通胀和总体通货膨胀水平也就得到了控制，俄央行又可以重启降息周期，经济自然恢复增长。同时，油价反弹使俄罗斯的大型能源企业经营状况得到改善，带动了众多上下游行业的复苏和繁荣，这也帮助俄罗斯的银行和其他金融机构稳定了经营。

油价在很大概率上是无法回到和长期保持在 2014 年 100 美元/桶以上的水平了。全球经济复苏决定了需求的增加，但以新能源替代化石能源是大势所趋。还有页岩油技术水平不断提升带来的成本下降，从供给端决定着油价的中枢下移，这是靠单纯的限产措施所无法改变的。油价从 2014 年开始的那波跳水已经告一段落，供需平衡与多空博弈使油价重新又稳定在了一个新的区间，并随着中东地缘政治的变化而蠢蠢欲动。但在将来，技术革命、经济危机，谁都可能随时带来新一轮的油价危机。

而俄罗斯，从长远看，最大的危机也在石油价格的不确定性和长期

---

① 与油价变化同步，卢布的汇率在 2015 年之后开始企稳，2016 年升值近 20%，成为当年表现最好的新兴市场货币。2017 年卢布依然保持了稳定。

趋于走熊。

根据俄罗斯资本复兴银行（Renaissance Capital）在 2016 年 7 月所做的分析，如果国际油价维持在 50 美元的水平，俄罗斯就可以避免高额的预算赤字，并将长期的合理经济增长水平维持在 3%，同时没有加税的压力。

俄罗斯财政部 2016 年的财政预算也是基于 50 美元/桶的油价假设而做出的，财政部在此水平上预测俄罗斯 2016 年的财政赤字率将稳定在 3% 左右，并最终实现了 3.5%。2017 年初，俄罗斯财政部在进行 2017—2019 年预算编制的过程中，出于更为保守和稳妥的策略，将预测油价定位在了 40 美元/桶。但同时，俄罗斯财政部长安东·西卢安诺夫在俄议会预算听证会上表示，即使油价真的跌至每桶 40 美元以下，也不会长期持续。而 2017 年油价的企稳反弹，使得俄罗斯财政赤字率在当年成功地下降到了 2% 以内。

据专家分析测算，国际油价每下降 5 美元，俄罗斯的财政赤字率就会增加 1%。如果国际油价再次承压下探到 2016 年初每桶接近 30 美元的低位，俄罗斯的财政赤字率也就将达到 7% 的高位。俄罗斯的财政稳定性很差，严重依赖石油价格。也正因为这种不稳定溢价，2018 年初，在通货膨胀被有效控制在 3% 以下且卢布汇率稳定的情况下，俄罗斯 10 年期国债的收益率仍然超过 8%。

欧美制裁之后，俄罗斯开始了艰苦的去杠杆过程，其 2015 年到期需要偿还的外债约 14.5 亿美元，2016 年约 7.2 亿美元。俄罗斯财政部在制定 2017 年预算时，确立了 2020 年实现财政收支平衡的宏伟目标，这也是与其去杠杆的大方向相吻合的。如果油价再次下跌并长期维持在比较低的水平上，为了实现财政平衡，莫斯科则必须采取一些财政改革措施。在俄财政部的备选措施中包括养老金改革、减少社会福利支出、减少和推迟投资、削减补贴、提高征税效率等，但是一个紧平衡的财政必然阻碍经济复苏的步伐。因此，从长期上，只有摆脱油价依赖，减少能源价格波动对俄罗斯公共财政、内需和汇率的影响，才是治本之道。

制裁与低油价中的俄能源企业

在很多情况下，一个国家的宏观经济目标和微观经济个体的决策往往无法达到完全的一致。虽然从国家层面，俄罗斯希望戒除掉对能源的过度依赖，但是从企业层面，这种去能源化的过程却极难付诸实施。

2014 年开始的油价大幅下跌，其中一个原因就是在高油价时期，大量的油气企业为追求利润，盲目扩大产能，造成了市场供大于求。而即便在油价下跌的市场环境下，资本追求利润的情况也并没有改变，为了抢占市场份额，以量补价的做法十分普遍。对于拥有众多区块储备的俄罗斯大型石油公司，其往往通过简单地扩大低成本区块产量、置换高成本区块产量，而在低油价状态下保持自身的竞争力与盈利水平。

卢克石油（LUKOIL）便是如此，作为少数几家在 2014 年欧美制裁狂潮中被波及有限的俄大型能源企业[①]，卢克石油在 2015 年和 2016 年期间，明显降低了成本较高的西西伯利亚油田的产出量，增加了成本相对较低的里海和乌拉尔等区块的开采量，通过有效的区块调整，增加了产能。同时，卢克石油也仍然逆势进行着绿地项目的投资，特别是对开发成本更低的新油田的投资。卢克石油 2015 年对新项目的绿地投资占其资本支出总额的 41%，而在 2013 年和 2014 年这个比例仅有 30% 左右。随着里海近海地区的 Filanovskogo 石油区块在 2016 年下半年投产，卢克总体的石油产量也重新步入增长。

在欧美制裁中受到融资限制的俄罗斯大型能源公司情况与卢克石油不同，会困难很多。诺瓦泰克（Novatek）就明显因制裁和融资受限

---

① 卢克石油在 2014 年 9 月被美国列入设备禁运制裁名单，但没有像俄石油等其他俄罗斯大型能源企业那样，受到欧美在融资方面的限制性制裁。

而降低了资本支出，根据其年报显示，诺瓦泰克资本支出占销售收入的比例在 2011 年为 23% 左右，2016 年第一季度则已大幅下降到了不到 6%。

同样受到欧美融资限制的俄罗斯石油（Rosneft）情况也差不多。俄石油一直增加自己在比较成熟的西西伯利亚区块的投资，却停止了一些潜在收益较高的新油田项目，比如东西伯利亚的 Taas – Yuriakh（TAAS）区块、万科尔（Vankor）区块、上乔（VCNG）区块等。俄石油在 2015 年对新项目的绿地投资占其总资本支出的比例只有 17%，而在 2012 年该比例在 24% 左右。俄石油暂停一些新项目的投资主要是出于短期流动性的考虑，这和它受到欧美制裁限制融资有直接关系，但新项目投资不足也将影响俄石油的长期发展。为了解决这个问题，俄石油大力吸引外国资本——主要是来自中国和印度的资本——对那些预计收益较好但却不得不暂缓的新项目进行投资。

位于东西伯利亚的 Taas – Yuriakh（TAAS）油田一直是俄石油对外招商的重点：俄石油曾经在 2013 年向中石油推荐过这个项目；2015 年 6 月，《华尔街日报》报道英国石油公司（BP）拟以 7.5 亿美元的价格收购该油田 20% 的股份；2016 年 3 月又传出消息，印度的三家国有石油公司——印度石油公司（Indian Oil Corporation）、印度石油有限公司（Oil India）和印度巴拉特石油公司（Bharat Petro Resources），将联合购买 TAAS 油田 29.9% 的股份。

万科尔（Vankor）区块也被印度人看好。2016 年 5 月，印度国有石油天然气公司（ONGC Videsh）以 12.68 亿美元收购了万科尔石油（Vankorneft）15% 的股份，10 月，其又以 9.3 亿美元追加收购了万科尔 11% 的股份，使其持股总数达到 26%。另外，那三家参股 TAAS 油田的印度国有石油公司也拥有万科尔石油 23.9% 的股份，这使得印度人在万科尔区块中的占股达到 49.9%，俄石油占股 50.1%。

与 TAAS 油田和万科尔油田同样也位于东西伯利亚的上乔（VC-

NG）区块则最终被来自中国的北控集团相中。北控集团下属的北京燃气在 2016 年 11 月与俄石油签署了以约 11 亿美元购买上乔项目 20% 股权的协议，并经过相关审批在 2017 年进行了股权交割。股权交割后，北京燃气将派出董事及管理人员参与上乔公司的经营管理。上乔区块中的天然气田计划于 2021 年投入开发生产，将通过在建的"西伯利亚力量"管道向中国输气。按照北控集团相关人士的描述，上乔项目将使北京首次拥有可自主调度的天然气资源，进而将大大提升北京的城市天然气保障能力。

在市场参与者的共同作用下，俄罗斯石油行业总投资额自 2009 年金融危机之后一直持续上升，2011 年突破 1 万亿卢布大关，2013 年又突破 1.5 万亿卢布，并在 2014 年和 2015 年乌克兰危机期间仍然保持在 1.5 万亿卢布以上，2015 年达到约 1.7 万亿卢布，再创新高。根据国际文传电讯社（Interfax）2016 年 6 月的数据，在油价跳水一年半之后，俄罗斯在油气领域的投资总体上仍保持旺盛，尽管受油价与制裁等因素影响，很多常规性上游项目的资金紧张，但石油生产和钻井进尺（drilling footage）仍同比增加了 1.6% 和 13%。与此同时，俄罗斯的原油产量也屡创新高。2014 年上半年俄原油产量约为 1 055 万桶/天，2014 年 7 月暴跌到约 1 040 万桶/天，随即便反弹至 1 060 万桶/天上方，2015 年更是徘徊在 1 070 万桶/天的较高水平，并在年底冲高到 1 080 万桶/天，在 2016 年初又进一步达到创纪录的 1 090 万桶/天。俄罗斯能源企业将这种逆势增长归因于政府灵活的税收制度、卢布贬值带来的成本降低和前期投资的大型绿地项目开始量产。

由此看来，戒除石油瘾的工作的确任重道远。

俄罗斯石油战略的深化

除了以卢布计价的投资和产量持续提高之外，2014—2015 年乌克兰危机之后，俄罗斯的石油战略还发生了几个新的变化，这些变化也可以看成是俄罗斯石油战略的进一步深化。

第一是强化了石油行业的国有垄断地位，加强了国家对能源领域的控制力。

2014 年，巴什石油（Bashneft）的老板叶夫图申科夫（Vladimir Yev-tushenkov）以洗钱的罪名被拘捕，随后在同意放弃对巴什石油的控制权之后获释。根据美国《石油情报周刊》（*Petroleum Intelligence Weekly*）公布的 2015 年全球石油公司综合排名，巴什石油位列第 48 位。

叶夫图申科夫获释之后，除了把巴什石油交给国家之外，也开始寻求出售他旗下包括银行、电信公司、儿童世界商场在内的诸多资产，一副心灰意冷的样子。而巴什石油，在 2016 年作为缩小俄联邦预算赤字的私有化计划的一部分，也被俄政府挂牌出售。当时很多人认为俄罗斯最大的私有石油公司——卢克石油（LUKOIL）是最合适的买家，甚至俄罗斯经济发展部部长乌柳卡耶夫（Alexei Ulyukaev）也表示，国有的俄石油并不合适购买巴什石油。但最终的结果，仍然是俄石油以 53 亿美元的价格在 2016 年 10 月购得了巴什石油。根据俄罗斯能源行业专家分析，这个价格对于卢克石油来说太高了，是无法竞争的。

作为此事的后续故事之一，俄经济发展部部长乌柳卡耶夫在 2016 年 11 月（也就是巴什石油交易完成的 1 个月后）被捕，罪名是他曾经向俄石油索要过 200 万美元的贿赂。据说乌柳卡耶夫是苏联解体以来被拘留的最高职务的在职官员。

作为此事的后续故事之二，俄石油对巴什石油的老东家叶夫图申科夫不依不饶，在 2017 年 6 月对其提起诉讼，要求叶夫图申科夫支付 1 710亿卢布的赔偿金。俄石油宣称叶夫图申科夫旗下的系统控股公司（SISTEMA）在重组巴什石油的过程中，以非法手段侵吞了后者的资产。

乌克兰危机之后，俄罗斯石油战略深化的第二个举措是加强海外扩张，以谋求更广泛的国际话语权。

以俄石油和卢克石油为代表的俄罗斯能源巨头，在油价下跌和西方制裁的逆境中坚持谋划"走出去"布局，表现出了对进一步国际化发展和投资海外资产的浓厚兴趣。

俄石油一边在出售其位于东西伯利亚的绿地项目，一边也在加紧海外扩张，其资源结构调整的战略意图十分明显。俄石油与全球第三大石油贸易商托克集团（Trafigura）有着长期且良好的合作关系，根据托克集团的年报显示，它帮助俄石油进行的原油销售量约为 80 万桶/天。2016年，俄石油与托克合作，从印度埃萨集团（ESSAR）手中收购了埃萨石油（ESSAR OIL）24% 的股权，作价 129 亿美元。埃萨石油拥有印度第二大私人炼油厂，位于靠近亚洲能源需求中心的战略航线上并且接近中东和中亚的原油产地。同时，埃萨石油在印度国内还拥有 2 700 多个零售站和存储设施，终端零售网络也颇具规模。除印度之外，俄石油也准备在印度尼西亚修建一个新的炼油项目，以向东南亚地区拓展业务。

卢克石油面对欧美与俄罗斯关系恶化以及欧洲清洁能源市场发展的情况，一方面考虑逐步剥离其位于欧洲的炼油资产；另一方面在寻找新兴市场国家的新项目。卢克石油的 CEO 瓦吉特·阿列克佩罗夫（Vagit Alekperov）曾向媒体表示，卢克一直在跟踪一些位于伊朗、伊拉克和墨西哥的上游区块项目，寻找海外投资机会。

俄罗斯石油战略深化的第三个动向是调整股权结构，在保持国有控股的基础上，不断引入外来投资者。

2016 年 12 月，俄罗斯政府将俄石油 19.5% 的股权出售给嘉能可（Glencore）和卡塔尔主权财富基金卡塔尔投资局，作价为 105 亿欧元。这是乌克兰危机之后俄罗斯最大的一笔外来投资，虽然对于这笔交易存在很多质疑的声音，但不可否认的是这笔交易对俄罗斯意义非常重大。根据俄石油总裁谢钦向俄媒体透露的交易细节，嘉能可和卡塔尔投资局的出资相同。但根据嘉能可向伦敦证券交易所披露的信息，该公司

只会以股权形式出资 3 亿欧元，通过间接持股方式占有俄石油 0.54%
的权益。该笔交易的剩余资金来自卡塔尔投资局和非资源性银行的贷
款融资，这样的操作方式实际上使嘉能可避开了大量持有俄石油股票
可能带来的非财务类风险。

这笔交易中还附带了一份五年期的协议，内容是嘉能可每天为俄
石油销售 22 万桶石油，这将使嘉能可成为全球最大的俄罗斯石油交易
商之一。这个附加协议使得这笔股权交易的实质更像是嘉能可在锁定
它的原油货源。根据美银美林的分析师估算，若每桶原油给嘉能可带来
1 美元的收益，该公司在这五年期间可通过与俄石油的贸易获利 4 亿美
元，相对于 3 亿欧元的实际股权投资，回报率惊人。

当然，关于俄石油股权的故事还没有结束。2017 年 9 月，嘉能可宣
布，其与卡塔尔投资局组成的财团计划向中国华信出售俄石油 14.16% 的
股份。若该转让完成，嘉能可持有的俄石油股份将为 0.5%，卡塔尔投资
局的持股比例为 4.7%。据悉该笔交易的合同金额约为 91 亿美元，拟于
2018 年 4 月交割完成。但 2018 年 3 月 1 日，与中国华信有关的公司股债
暴跌，A 股华信国际一度跌停，港股华信金融投资一度跌幅逾 30%，华
信债券也遭到重挫。当晚，上海华信发布公告称，有媒体报道中国华信
董事局主席叶简明被调查，公司正在就上述消息与股东联系，为保护债
券持有人利益，避免公司债券价格异常波动，华信债券停牌。

这个后续的新故事已经超出了本书讨论的范畴，我们还是言归正传。

俄罗斯正是依靠了在乌克兰危机之后的上述石油战略深化措施，
进一步增加了在油价博弈中的话语权，使自己可以在 2016 年秋天以一
个更好的条件与以沙特阿拉伯为首的欧佩克（OPEC）达成限产协议[①]，
并在一段时间内保证了该协议的执行。这也促进了国际油价在 2016 年
以后的回升和若干年内的稳定。

---

① 当然，这一轮限产协议的达成与维持也和中东战乱、沙特阿美（Aramco）筹划上市等众多
的因素有关。

适应了制裁和低油价的新常态，俄罗斯的经济仍然很难避免长久以往依赖能源、失衡发展的老状态。

决定论或意志论

本书写到这里，俄罗斯在 2014—2015 年跨越危机的故事就讲完了。但在置笔之前，掩卷沉思，总有一个问题萦绕心头：俄罗斯为什么会走了这样的一条道路，它未来的道路又通向何方呢？这是命中注定，无法更改的，还是可以以人们的意志为转移、以人们的行动为改变的呢？

俄罗斯的历史文化决定论研究

回到本书的"前世今生"，翻看俄罗斯历史的"前世今生"。从 1 100多年前的基辅罗斯建国；到近 800 年前惨败于成吉思汗的西征大军；再到 700 年前莫斯科公国在蒙古人的统治下崭露头角；550 年前承接拜占庭的衣钵，成为第三个罗马帝国；450 年前伊凡雷帝确立了沙皇的权威；400 年前俄罗斯民兵解放莫斯科，迎来了罗曼诺夫王朝的建立；300 年前彼得大帝创立的辉煌；200 年前战胜拿破仑横贯欧罗巴；直到 100 年前的十月革命和几十年前的苏联解体；其兴也勃焉、其亡也忽焉。

往长了说，在俄罗斯整个的历史里，往短了说，从苏联解体到现在的几十年里，俄罗斯历史的进程仿佛总存在很多受到个体意志影响的偶然性事件，但是每次偶然性事件叠加出来的结果，都是强化了俄罗斯自己从伊凡雷帝时代开始形成的被称为莫斯科大公国文化（Muscovite）的传统特质，而从没有偶然地给俄罗斯带来西方式的民主政治。这只能说明，那些所谓的偶然性里存在着已被决定了的必然。

2014—2015 年乌克兰危机过程中各种事件的演化是如此，此前各次危机与动荡中的事件演化也是如此。就拿大家仍然记忆犹新的苏联解体来说，解体之后俄罗斯会成为一个什么样的国家？是美国那样的自由资本主义？是曾在欧洲流行的社会民主党？还是返回到伊凡雷帝时代的莫斯科大公国？是巴枯宁式的无政府主义？是斯拉夫式的民族主义？或者是一个改革开放的市场经济社会主义？这看似是一次意志自由选择的绝佳机会，但结局也许在一开始就被决定了。

从历史上看，俄罗斯的发展正是各种可能的道路之间不断斗争和妥协的结果。这其中最主要的一对矛盾就是：朝向西方的学习及西化的倾向与斯拉夫民族主义之间的矛盾，这对矛盾从宗教基础、经济基础、血缘基础上与生俱来并长期存在。抵触来自外部的所谓现代化的污染，一直是俄罗斯、莫斯科大公国、罗曼诺夫王朝的文化传统。这种传统在某些时期可能被压制，比如彼得大帝以及叶利钦时代；在某些时候则会以一种十分激烈的方式表现出来，比如尼古拉一世以及勃列日涅夫时代。但是即使在看似西化情况比较严重的时期，俄罗斯的本质也还是传统的莫斯科大公国文化（Muscovite）占据主导。彼得大帝虽然进行欧化改革，学习西方的技术和军事、学习西方人的穿衣剃须，但他仍然以一种和伊凡雷帝一样的集权的军警化方式管理着自己的国家。彼得曾经在几个星期内处决了约 800 名近卫军、将自己立为皇储的儿子投入监狱使后者死于狱中。而在那个时代的英国，光荣革命已经胜利结束、君主立宪制已经确立、辉格党和托利党（现英国保守党的前身）也已成为了议会的主要力量。叶利钦时代也是如此，他一方面使得俄罗斯与西方的关系进入到了蜜月期，另一方面又在政治上削弱议会、拘捕议员，在经济上支持与自己关系密切的七大寡头①，继续着莫斯科大公国文化

① 1996 年 3 月，叶利钦秘密召见了 7 个金融寡头并与之达成了一项协议，银行家提供资金支持叶利钦连任总统，叶利钦则维护寡头们的经济利益。这七大寡头是：联合银行总裁别列佐夫斯基、大桥银行总裁古辛斯基、国际商业银行总裁维诺格拉多夫、首都储蓄银行总裁斯摩棱斯基、阿尔法银行总裁弗里德曼、梅纳捷普银行总裁霍多尔科夫斯基、俄罗斯信贷商业银行总裁马尔金。

特有的统治传统。

史蒂文·罗斯菲尔德（Steven Rosefielde）和斯蒂芬·赫德兰（Stefan Hedlund）合著的《1980 年后的俄罗斯》（*Russia Since* 1980）一书中说，自从苏联解体之后，克里姆林宫一直在为扩大内部授权、建立现代制度和增强执政合法性（insider empowerment, systems modernization, and bolstered legitimacy）而努力。这三个使命也是莫斯科在沙皇时期和苏维埃时期的重要任务，唯一变化的只是意识形态的旗帜。

在经济生活中，俄罗斯一直按照自己的传统行事。那是一种好大喜功和不重实际的经济英雄主义，而绝非资本流向边际收益最大地方的市场化的资本主义。从彼得大帝不顾一切地在沼泽地上建立圣彼得堡，到苏联时期的集体农庄和不计算利润的国有工厂，再到叶利钦时代的"休克疗法"与私有化，且不考虑其目的是否经济有效和符合帕累托最优（也许这些目的都是政治军事优先于经济的），仅就其目的实现方式来看，他们唯一考虑的就是目的本身，而不顾及实现目的之途径的成本效益分析、可能的代价和最差的情况。这是西方的理性主义所不会选择的行事方式。也正是这样的行事方式，对于边际变化缺乏敏感性，使得俄罗斯很难摆脱经济上由惯性依赖造成的结构失衡。从沙皇俄国时期的农业主导、冷战时期的军事主导、再到今天的能源主导，其根本原因是一样的。

这种类似毁灭式的创新行为，也是俄罗斯历史文化中一种特有的审美方式，从康定斯基（Kandinsky）的结构主义（Structuralism）到马列维奇（Malevich）的绝对主义（Suprematism），从这些艺术风格上都可以直观地看出那种矫枉必须过正、做事就做绝对的倾向。

为什么俄罗斯会与西方有这样明显的不同，并沿着自己的莫斯科大公国文化越行越远呢？

西方的政治、经济、社会基础来自罗马，罗马的法律加之与基督教的结合发展，形成了西方的文明体系。但俄罗斯则不同，它在某种意义上是独立于这个文明体系之外发展起来的。

第一，法兰西、英国、西班牙、希腊等都曾经被罗马帝国征服，成为它的同盟或海外行省。日耳曼人在5世纪摧毁西罗马帝国后也接受了基督教。再往后，教皇与查理曼大帝的结盟产生了包括法兰西、意大利和德意志的神圣罗马帝国，这是西欧在罗马帝国之后的第二次大一统。但在俄罗斯，随着东斯拉夫人在第聂伯河流域的定居，其与罗马文明和基督教文明的融合，反倒还不如与蒙古人和鞑靼人的融合来得多。

第二，俄罗斯的东正教来自君士坦丁堡的东罗马帝国，但东罗马的无论阿里乌斯教派还是基督身体不朽论，都被罗马的天主教教廷视为异端。东西罗马虽然都叫罗马，但其实完全是希腊语与拉丁语的两种文明。东罗马直到查士丁尼即位的第二年（529年），才关闭了被视为异教徒的自古希腊时期开始的雅典哲学学校。也是查士丁尼，曾经与哥特人交战18年试图收复罗马，但罗马人察觉到君士坦丁堡的行政腐败和苛捐杂税之后，反倒更喜欢哥特人了。教皇司提凡三世在754年与法兰克的丕平（查理曼大帝的父亲）所缔结的协议，以及因此捏造的君士坦丁赠予①，则意味着罗马教廷与东罗马帝国在政治上的彻底分离。在东方的教会中，君士坦丁堡的大主教从未获得摆脱俗界当局的独立，所有主教均被视为平等，而在罗马教皇的领导下，西方教会的发展则迥然不同。这些宗教上的差异也进一步造成了俄罗斯与西方在君主地位、权力制衡、文化习俗上的诸多不同。

第三，俄罗斯成为东正教的重心，是在君士坦丁堡被土耳其人征服并成为回教领地之后，莫斯科选择东正教，政治原因更多于信仰原因。俄罗斯所继承的与其说是东正教，不如说是东罗马帝国的正统性，也就是成为第三个罗马帝国的正统性。而西欧的所谓野蛮人对罗马教廷的

---

① 在教皇与丕平的协议里，教皇承认丕平的国王称号合法有效，丕平则把东罗马在意大利的全部辖区赠给教皇。为了给丕平的馈赠一个合法性，教士们伪造了文件，说成是君士坦丁皇帝颁布的，将罗马和西方领土赠予教皇。史称君士坦丁的赠予。这个把戏直到文艺复兴时期才被戳穿。

皈依虽也有政治原因，但更多的还是由于传教士的布道，以及中世纪修道院对于知识文明的垄断，还有恐怖的战争与黑死病对人们心理所造成的影响。根据罗素在《西方哲学史》所述，英格兰的改宗得益于教皇格列高利一世（Pope St. Gregory I）派圣奥古斯丁（St. Augustine of Canterbury）前往劝化，德意志的改宗也主要是传教士圣鲍尼法斯（St. Boniface）的功绩。

历史发展到近代，俄罗斯更是无缘西方三次伟大的文化运动：人权运动（humanism）、文艺复兴（Renaissance）、宗教改革（Reformation），进而缺席了西方的启蒙运动（Enlightenment），这使俄罗斯与欧美更加分道扬镳。

正是这些历史文化原因的集合，决定了俄罗斯始终沿着自己独特的莫斯科大公国文化的轨迹发展前行，到 1991 年的苏联解体，又到 2014 年的乌克兰危机。

另外，我们不得不在这里多说一句，俄罗斯虽与西方存在差异，但与东方更是截然不同。首先它没有东方的儒学文化和以天下为己任的士大夫传统，因此也就缺少了东方的道德束缚以及节俭、轻商等一系列思想概念。其次它也从未真正实现过东方那种建立在中央集权下的有效统治。在俄罗斯的历史上，人口稀少、地域辽阔、扩张迅速，其对于边远地区的治理，与其说是集权不如说是强权，与其说是管理不如说是压迫，与其说是统治不如说是掠税与寻租。而这也在一定程度上，从历史文化方面决定了俄罗斯也不同于东方的发展轨迹，就最近而言，则是决定了 20 世纪 80 年代的共产党改革在苏联和中国出现了截然不同的结果。

在经济上，苏联改革最主要的方面是私有化，但这造成了寡头的出现、国有资产流失和资金外逃。从表层上看，这是由于苏联的经济改革操之过急；从深层分析，苏联缺少中国经济改革成功的三种资源：居民的节省与存款习惯、华侨的资金与技术流入、人口与农村包产到户的红利；再更进一步研究，苏联那些犹太背景的寡头们没有中国儒家"君子爱财、取之有道"的道德约束。同样是一部分人先富起来，中国主要是靠做加法，靠产出的增多与流通的便利；而苏联则主要靠做减法，靠对国有资产的瓜分和私有化。现在仍然活跃在俄罗斯商业界的大佬们，很多都是原来的俄罗斯联邦政府副总理或部长，比如俄镍的波塔宁、俄石油的谢钦、纳米集团的丘拜斯等，这种情形在有着儒家轻商传统的中国是很难想象的。

在政治和外交上，苏联在苏东巨变中四面楚歌的直接原因就是那些东欧卫星国和加盟共和国的纷纷独立，刹那间，一个庞大的帝国就变得分崩离析。但是中国基本不会面临这类的困局，一方面是对外奉行独立自主不结盟的外交政策，另一方面是自秦始皇就开始实行的中央集权制传统，这使中国的内政外交都更为稳定。

在分歧意见的处理上，苏联解体很大程度上与叶利钦有关。首先是叶利钦被开除出政治局和脱离苏共之后，作为从苏共党内转向体制外的反对派过于强大；其次是叶利钦对最高权力的追求欲望以至于不惜牺牲苏维埃联盟。但是在北京，所有主要的意见都在党内进行讨论和解决，分裂党甚至分裂国家是绝对无法容忍和不可想象的。即便有体制外的反对者，也是松散和孤立的，绝不会强大到可以威胁政权的程度。"民为贵、社稷次之、君为轻"，为了人民的利益、国家的利益、党的利益，可以牺牲个人的利益，个人服从组织、全党服从中央，这恐怕又是叶利钦无法理解的东方文化了。

乌克兰和德意志的决定论探讨

俄罗斯的莫斯科大公国文化（Muscovite），不仅决定了它在2014—2015年乌克兰危机过程中和在1991年苏联解体前后的命运，也决定了这之前并还将决定这之后俄罗斯的整个历史宿命。而这样的决定论特点，也并不只是俄罗斯所独有。如果按照经验主义的归纳方法，我们可能需要再多看几个案例，比如在 2013 年底和 2014 年初引发了这场危机的国家——乌克兰。

截至 2018 年，已持续了四年的乌克兰东部冲突仍然没有停止。据西方媒体报道，已有超过 1 万人在乌东部的冲突中死亡。乌东的国际观察员仍每天通报着他们观察到的情况：2018 年 1 月 19 日有 340 次爆炸，1 月 20 日有 240 次爆炸，1 月 21 日有 195 次爆炸并有 2 人在顿涅茨克南部的小镇欧勒尼维卡（Olenivka）中弹身亡……这样日复一日的报告不知道什么时候才能彻底结束。

但是比起远离基辅的军事冲突，乌克兰最大的威胁却来自其首都内部。经济和腐败这些问题对基辅的冲击，比东部冲突和与俄关系恶化更为严重。

乌克兰经济并没有因为广场革命所带来的新政府以及其与西方变得紧密的关系而步入良性发展。欧洲复兴开发银行在 2015 年 5 月预测乌克兰当年的经济下滑 7.5%，6 月下调为下滑 9%，11 月又下调为下滑 11.5%，一路走低。而更具戏剧性的是，对比加入了俄罗斯联邦的克里米亚，却在 2015 年就已走出了经济低谷，当年游客人数增长 21%，GDP 增长 8.5%。

西方自 2014 年乌克兰危机之后开始对基辅政府的政治和经济支持，也由于后者在国家治理与打击腐败方面的行动不利，而越发犹豫并附加了越来越多的条件。2015 年 11 月，时任美国副总统拜登与乌克兰总统波罗申科通过电话讨论美国向乌克兰拟提供的第三笔 10 亿美元贷款问题。据白宫称，拜登在电话中强调，对乌克兰提供的该笔贷款将用于反腐和符合国际货币基金组织（IMF）要求的税制改革，并将在基辅努力对腐败进行调查和追述的情况下才进行发放。

2016 年特朗普当选美国总统，开始奉行美国第一的政策，重新审视华盛顿的国际责任，这更加重了乌克兰没人问、没人管的尴尬处境。

西方支持的减弱与国内政局的动荡，互为因果、相互叠加，从 2017 年下半年开始，乌克兰的情况更加恶化。反对派遭到了严酷的打压，基辅的街头又充满了示威者的帐篷和与警察的冲突，其规模虽然没有 2013 年底和 2014 年初那么大。

在 2008 年南奥塞梯冲突①期间担任格鲁吉亚总统的萨卡什维利（Saakashvili），乌克兰危机之后来到基辅，帮助波罗申科总统打击腐败。他在 2015 年 5 月加入了乌克兰国籍并被任命为乌克兰敖德萨州（Odessa）的州长。但随后，萨卡什维利与波罗申科的关系开始恶化。2017 年 7 月，波罗申科总统以萨卡什维利曾向移民机关提供个人虚假信息为由取消了其乌克兰国籍。2017 年 12 月，乌克兰警察在试图抓捕萨卡什维利的过程中，与其支持者发生了剧烈冲突。自此之后，由萨卡什维利领导的乌克兰"新力量运动"多次集会，要求总统波罗申科下台，并要求成立反腐败法庭，通过新的选举法。

重又混乱的首都加上依旧混乱的东部，中央政府无效的管理和积重难返的腐败，乌克兰的寡头们在这样的新常态下，为保卫自身安全，不仅要像以前那样积蓄财富、控制媒体和议会议员，还需要招募一定数目的个人武装。整个国家几乎回到了中世纪的诸侯割据状态。

乌克兰一直是俄罗斯与西方争夺的焦点，也是 2014 年开始的一系列危机的导火索，它更是所有发生了橙色革命的国家中最像俄罗斯的一个。因此有人说，如果乌克兰能够成功地成为一个欧美意义上的自由民主国家，它将向俄罗斯人展示东斯拉夫民族通向西方的一条可行的道路。而如果与此相反，乌克兰成为了一个失败的案例，它将强化一种信念，即信奉东正教的俄罗斯属于其自己的与西方不同的文化，也就是我们前面所称的莫斯科大公国文化（Muscovite），这种文化决定了西方

---

① 南奥塞梯冲突：2008 年 8 月，格鲁吉亚对谋求独立的南奥塞梯采取军事行动，随后，俄罗斯为保护其国民，派兵越过俄格边界，进入南奥塞梯地区与格鲁吉亚军队激战。战争进行了大约一个星期后结束，南奥塞梯宣布独立。

式的自由民主并不能给俄罗斯带来任何有价值的东西。

《经济学人》这类被戏称为"白左"的媒体认为：美国和欧盟经过这些年的折腾，都对基辅产生了审美疲劳，这种审美疲劳使欧美政府并没有尽其所能帮助乌克兰渡过难关，而是越来越希望乌克兰政治家能够证明他们有能力自己进行改革。在一些人的看法里，这也许是一个策略性的失误，没有欧美提供的经济支持和技术建议、没有欧美的帮助和持续监督、没有欧美给予的耐心和信任，基辅政府很难彻底铲除腐败、实现经济复苏、构建一个西方化的国家。而基辅的改革失败又将进一步打击西方的信心、削弱西方的支持，形成恶性循环。

但乌克兰目前的状况，究竟是西方支持的不够、俄罗斯持续的压力这些外因造成的，还是其本身历史和文明的内因决定的呢？乌克兰从 2014 年广场革命到现在这些年的发展，乃至追溯到其从苏联解体之后的发展，是不是也有决定论的特征呢？

2017 年底，乌克兰议会通过法律，确定 12 月 25 日的基督教圣诞节作为国家法定假日。但同时，每年 1 月 7 日的东正教圣诞节假期也依然保留。两个法定圣诞节假期的决定，也从一个侧面说明了这个国家不东不西的尴尬处境。

我们再尝试超越独联体国家的范畴，谈几句德国（虽然这与本书内容略微远了一些）。

德国与西欧、南欧诸国其实也存在比较显著的区别。西蒙·文德（Simon Winder）在他关于德国的著作《日耳曼尼亚》（Germania）中颇带风趣地描述了德意志民族及其历史的发展。在古罗马的历史学家塔西佗（Tacitus）眼里，德国是在阿尔卑斯山的北方，隐藏在茫茫林海之中，沿着莱茵河与多瑙河，没有被罗马征服的神秘之地。那里的人们并没有被罗马贪婪腐败、骄奢淫逸的恶习所污染，仍然血统纯正、朴素勇敢。被认为在北方森林之中的德国人，与地处温暖海滨的南欧人自此成为了两种人，有着不同的民族文化、历史、传统，以至于不同地看待世界、自然与人生的方式。

在中世纪，日耳曼人被罗马视为蛮族，但作为其部族一支的哥特人却在 410 年攻克了罗马，并在 476 年彻底使西罗马帝国灭亡。而这之后的蛮族归宗、长期战乱，也促进了欧洲各族的文明交融。神圣罗马帝国，全称是德意志民族神圣罗马帝国，它不仅表明了基督教的教皇与世俗皇帝之间的妥协和融合，也表明了北方的德意志文明与南方罗马文明之间的妥协和融合。被称为德意志第一帝国的神圣罗马帝国所得到的对罗马帝国传承的合法性，则成为了德国人日后屡次试图领导欧洲的法理依据。

但这样的妥协和融合却无法一直维持下去，路德的宗教改革可以说是北方民族对于来自南方的精神统治的一次反抗。宗教曾是用以成功征服欧洲北部的一种力量，但是罗马的教廷作为一种体制，不断从德国和英国吸取着大量的贡赋。欧洲北部虔诚的民族，越来越看不惯那些以从炼狱里拯救人类的灵魂为借口而收敛钱财、大肆挥霍、奢侈无度、道德败坏的南欧人了。民族、经济、道德、政治的动机结合在一起，路德的宗教改革在北欧的大部分地区，既受统治者王公贵族的欢迎，也受被统治者人民群众的欢迎。

在马克斯·韦伯（Max Weber）所著的《新教伦理与资本主义精神》中，详细阐述了路德教派与南欧天主教之间的不同。路德认为，中世纪修道士的生活毫无价值，不仅不能成为在上帝面前为自己辩护的理由，而且因对现世义务的放弃而成为了自私和逃避世俗责任的行为。在路德看来，在任何情况、任何条件下，履行职业的劳动和世俗的义务才是上帝应许的唯一生存方式，而且唯有这种方式才是上帝的意愿。按照韦伯所说，路德对职业概念的这种理解，其实德国神秘主义者——约翰内斯·陶勒尔（Johannes Tauler）——早已提出过了。如果这样，那这种新教的理念也就更具有明显的德意志特征了。

在此后的普鲁士统一德意志和两次世界大战之中，德国仿佛都站到了欧洲的对立面。在第一次世界大战中，德国和奥匈帝国、奥斯曼土耳其、保加利亚结成同盟国，其中奥匈帝国在拿破仑时代之前和德意志的众多国家都属于神圣罗马帝国。意大利原来也是同盟国，但后来又被英、法、俄收买加入了协约国。在第二次世界大战的欧非战场，德国虽与意大利结盟，但在北非和亚平宁半岛的战争里，德军调侃意军的段子比比皆是。以 1939 年入侵波兰作为"二战"的爆发，1943 年意大利投降，1945 年攻克柏林，意大利的陪跑时间约为 2/3。

两次世界大战中，德意志均是几乎孤身作战并且都最终战败，这是否是从那个罗马帝国北边森林里的蛮族时代就已经决定了的宿命呢？

直到现在，欧洲一体化以一种前所未有的和平方式快速推进，但在最近的欧债危机中，南欧与北欧的矛盾也依然清晰可见，而且与历史上的情况颇为相似。

2011 年底，欧洲债务危机愈演愈烈的时候，我正好在英国剑桥大学参加一个培训。在一次关于欧债危机的论坛上，来自各国的专家和教授在对意大利和欧洲其他深陷债务问题的国家进行救援的问题上，各抒己见。来自北欧的学者很不客气地揶揄意大利，认为是他们喝咖啡、晒太阳的懒惰造成了今天的问题。而来自南欧的学者则公开指责德国，认为德国的繁荣和财政盈余建立在向欧洲其他国家出口的基础之上，因此有责任对欧洲其他国家的债务问题伸出援手。

德国人的朴素节俭，并不是吝啬或装模作样，而是从罗马帝国时代北方森林里的蛮族就形成的深入骨髓的习惯；德国人的吃苦耐劳也不是利欲熏心或权宜之计，而是从宗教改革甚至更早就有的对于宗教信仰与世俗义务之间的理解。而这决定了今天欧债危机和欧洲诸多问题中德国与欧洲其他一些国家的地位不同、利益冲突、观点相异，这不是靠个别政治家的意志可以改变的。

在剑桥的时候，我还注意到那些与欧洲大陆隔海相望的英国本土教授们对欧债问题的态度，可以说是伤感中带着喜悦，迷惘里显出轻松。英国人从来就不把自己划入欧洲的范畴，在授课和讨论时，他们会把"美国、欧洲、英国"相提并论、进行研究。由此可见，英国在2016年公投脱欧的结果也并不意外。

哲学问题讨论

如果再这样讨论下去，将关于决定论的设想进一步推而广之到其他的国家和民族，就会变成一个十分宏大和复杂的问题。那是一个关于决定论与意志论之争的哲学问题。虽然对哲学问题的讨论并不是本书的主要内容，但既然讨论已经进行到了这里，就请允许我再多说几句，并将这个引申到哲学问题的讨论作为本书的最后一节。

在罗素（Russell）那本掺杂了太多个人意见的《西方哲学史》里面，沿着时间的脉络，介绍了一些在哲学历史中长期被争论着的对立观点，比如经验主义和理性主义、一元论和二元论、唯物和唯心等，决定论和自由意志这对论题也是其中之一。

古希腊时代，以留基伯（Leucippus，约前500年—约前440年）和德谟克利特（Demokritos，约前460年—前370年）为代表的原子论者，相信万物都是依照自然律而发生的，万物都是有理由的，而且都是必然的。这是一种比较明确的决定论观点。但是反对此意见的人不禁会问，何以世界自始就应该是它所原有的那种样子？原子的原始运动又是从何而来？这如果不是机缘论的原因，就只能归之于一位创世主的存在了。

伊壁鸠鲁（Epicurus，前342年—前270年）是一个唯物论者，但不是决定论者。他追随德谟克利特相信世界是由原子构成的，但不相信必然性。伊壁鸠鲁认为虽然我们要服从自然的威力，但我们仍然有自由意志，并在某些限度之内我们乃是我们自己命运的主人。这样的意志论观点认为，心灵高出于肉体的地方，就在于我们可以观赏快乐而不观赏痛苦。因此比起身体的快乐来，我们就更能控制心灵的快乐。

公元前 3 世纪早期，以塞浦路斯人芝诺（Zeno，前 336 年—前 264 年）为代表的斯多葛派在宇宙决定论方面又进行了一些发展。他们认为自然的过程是被自然律严格决定的，整个过程是永无休止的循环和重演。自然的过程，是被一个"立法者"所规定的，这个"立法者"是一个仁慈的天意。整个宇宙直到最微小的细节，都被设计成要以自然的手段来达到某种目的。斯多葛派这样便将客观方面的决定论和主观方面的目的论结合了起来，并由此为宗教信仰找到了一个哲学的基础。

基督教诞生之后，新柏拉图主义的创始人，出生于埃及的普罗提诺（Plotinus，204—270 年）主张自由意志而反对决定论。这在基督徒来说，是一个很重要的问题：是上帝决定了我是他的选民？还是我自由意志的行为可以决定我进天堂？普罗提诺的哲学被罗素认为是希腊的终结和基督教世界的开端。

在基督教的最初年代里，俄利根（Origen，185—251 年）以《驳塞尔索》奠定了基督教哲学的早期特征：纯粹理性、灵魂不死、自由意志。圣奥古斯丁（Saint Aurelius Augustinus，354—430 年）更是进一步固定了一直到宗教改革为止的教会神学之主要教义。按圣奥古斯丁的观点，即使是坏天使也没有一种与上帝相违背的本质，上帝的敌人并不是出自其本性，而是出于其意志。这无疑是一种意志论而非决定论的观念。奥古斯丁进一步论述，邪恶的意志没有动力因，只有缺陷因，它不是一种结果，而是一种缺陷。同时，历史并不是循环的，"基督为了我们的罪恶只死一回"。

马丁·路德（Martin Luther，1483—1546 年）的宗教改革，我们在前面探讨德意志的时候已经提到过了。新教为了削弱罗马教会的权力，选择了预定说。按预定说的观点，死后灵魂的宿命与祭司的举措完全无关，这在一定程度上反对了自由意志。但放弃中世纪统一教义更重要的意义在于扩大了人独立思考的自由。在希腊哲学和经院哲学之后，一个新的科学哲学时代就此开启。

中世纪结束之后，笛卡尔（Descartes，1596—1650 年）、斯宾诺莎（Spinoza，1632—1677 年）等人在他们开启近代哲学的研究事业中，也都或多或少地涉及了决定论与意志论的问题。笛卡尔的哲学在关于物质的理论上遵循了严格的决定论，在他眼里，活的有机体完全和死物一样受物理定律支配。斯宾诺莎也认为，一切事物都受着一种绝对的逻辑必然性支配，在精神领域中没有所谓的自由意志，在物质领域中也没有所谓的偶然性。斯宾诺莎还把这一哲学问题引申到了伦理学范畴，按他所说，万事皆由神定，因而全是善的。我们觉得是错误的和有罪的事情，只是从我们有限的眼光看才存在，在神的眼里，当作整体的部分去看则并不存在。这个观点倒有点像是王阳明所说的"无善无恶心之体、有善有恶意之动"。

在新的科学哲学时代，决定论和意志论更成为了物理学等科学范畴讨论的问题之一。牛顿（Newton，1643—1727 年）、爱因斯坦（Einstein，1879—1955 年）、薛定谔（Schrödinger，1887—1961 年）、玻尔（Bohr，1885—1962 年）、海森堡（Heisenberg，1901—1976 年），从经典力学到量子力学，对于这个宇宙是否是决定性的？上帝是不是在掷骰子？都有着各自的见解。

在哲学领域，休谟（Hume，1711—1776 年）将经验主义发展到了它的逻辑终结，原因和结果之间不再有必然的关联了。休谟那釜底抽薪式的哲学诠释，本书无法细致地论述和研究，但因果关系如果没有了逻辑必然，则善行与善报无关，自由意志选择的行为也与其结果无关，那么自由意志也就没有存在的必要了，结果必然是已经决定了的。

休谟的怀疑主义把传统哲学带入了死胡同，这造成了非理性信念的爆发。哲学研究的长河被泰山拦截而劈成了两股洪流，一面是绕开了休谟而继续理性主义的康德和黑格尔，另一面是高歌非理性主义的卢梭和尼采。

康德（Kant，1724—1804 年）在他的《纯粹理性批判》中认为，人的认识一方面有分析判断和综合判断的不同，另一方面又有先天判断和经验判断的不同。而因果律则属于先天综合判断的范畴，它不是从经验按归纳方式推断出来的，而是我们知识中先天的。康德用这种方式绕开了休谟对因果关系的逻辑否定。但先天性的因果律好像更具有决定论的意味。

黑格尔（Hegel，1770—1831 年）从某种程度上说是康德体系的发展。他认为一切东西都和外部事物有种种的关系，对于个别的事物无法谈任何完全真的事，唯有"全体"才是实在的。以此而言，所谓意志的决定也必然是放在种种与它相关的"全体"之中才产生的，因此实质上也必然是由这个"全体"决定了的。也正是从黑格尔开始，历史不再只是记录和评判，而出现了可认识、可分析、可预测的历史观点。"理性是世界的主宰，世界历史因而显示出一种合理的历程"。

与继续坚持理性主义的康德和黑格尔不同，浪漫主义者卢梭（Rousseau，1712—1778 年）排斥理性而支持感情。他最主要的政治学说在 1762 年出版的《社会契约论》里，在那里他提出了全体意志的概念。"我们每个人都把自己以及自己的全部力量置于全体意志最高指导之下，而且在我们的共同体中接纳每个成员作为全体中不可分割的一部分"。卢梭的全体意志把意志从个人层面上升到了社会和国家的层面。

尼采（Nietzsche，1844—1900 年）更是将非理性主义发展到了一个新的高度，他崇拜英雄，赞赏意志的力量甚于一切。在尼采看来，权力意志是一种神秘的精神力量，它的存在是绝对的、永恒的，它像河流奔腾不息、像海洋汹涌澎湃。在它永恒的运动变化中，万事万物被创造出来，又被消灭，世界就这样不断推陈出新，变化不已。自此，意志成为了存在的本源。

但无论是卢梭的全体意志还是尼采的权力意志，其实都是超出了个人意志的决定性力量，它们使得个人意志无法自由。这归根到底在实质上也是决定论的，只不过决定的力量从黑格尔的"全体"变成了称为"意志"的神秘力量。值得注意的是，卢梭的全体意志和尼采的权力意志，其最终的政治实践结果是摒弃了从约翰·洛克（John Locke，1632—1704 年）开始的，作为理性的英国式的政治范式，而在无政府主义和独裁政治之间剧烈动荡。卢梭的理论带来了法国的罗伯斯庇尔和拿破仑，尼采的理论带来了德国的俾斯麦和希特勒。而这两位哲学家，也最终一位患上了被害妄想狂，而另一位精神崩溃。

向哲学的先贤们致敬！

决定论和意志论的问题，和其他众多的哲学问题一样，还会被人类不断地讨论下去。而我们这里只是借用各位哲学先贤们的观点，启发一下我们自己思考的问题。如果把决定论和意志论的问题，从古希腊时代的宇宙宿命和中世纪的个人宿命延展到社会生活层面，介于广博宇宙与渺小个人之间的国家与民族的命运，是决定论的还是意志论的呢？

2014—2015 年，危机中的俄罗斯，其所作所为，所面临的挑战和取得的进展，只是在浩瀚历史长河中，沿着莫斯科大公国文化（Muscovite）自然的一种延续。这也许就是黑格尔所称的唯一实在的"全体"，认识这个作为"全体"的俄罗斯，才能理解其发展历程的必然性。或者说，俄罗斯历史文化因素的集合不断沉积而最终形成了卢梭所称的"全体意志"，每个俄罗斯人都在俄罗斯"全体意志"的指导下，成为了全体中不可分割的一部分。而"全体意志"在这个意义上，不如说是荣格（Jung，1875—1961 年）的"集体无意识"更为贴切，那是本能和原型一直遗传在一个族群心理的最底层的潜意识。在 2014—2015 年的危机和其他的历史事件里，由"全体"或"全体意志"或"集体无意识"所决定的发展变化过程中，个人意志自由选择的机会微乎其微。

如果我们认同这样的一种决定论结论，那么对于俄罗斯未来的道路也就有了大致的判断。

结束语

从维也纳回北京的飞机上，在邻座的鼾声中，我终于把这本书的最后一章最后一节写好。至此，我离开莫斯科返回北京工作已经有 2 年又 8 个月了。

俄罗斯的记忆已开始慢慢模糊，乌克兰危机也已过去了将近 5 年，俄罗斯的情况、欧洲的情况、美国的情况、俄美与俄欧关系的情况、乃至整个世界的情况，都发生了很多变化。说实话，我对今天俄罗斯所发生事情的了解，也已多是从媒体上得到的二手消息了，而我本身，新的工作挑战与繁忙程度亦难以言表，仅这次在欧洲一个多星期的出差，就有两天加班到后半夜两点。在这样的情形下，我在两年多利用各种间隙时间抽空写作的过程中，也曾不止一次地质疑本书仍然问世的必要性和可能性，甚至打算放弃。但我还是坚持下来了。因为我相信这并不是一本仅仅针对 2014—2015 年乌克兰危机期间俄罗斯情况介绍的时事性读物，它有在此之后仍值得去阅读和研究的地方。

我奢望可以通过这本书探究 2＋1 个问题：

问题 1：俄罗斯究竟是怎样的？

问题 2：面对西方的制裁和各类接踵而来的危机，该怎么办？

另外一个"＋1"的问题，是肯定无法在这一本书中全面讨论清楚并阐明观点的，而只能是试图提及一二，那就是关于决定论或意志论的问题，历史是必然的，还是偶然的？

关于第一个问题，俄罗斯究竟是怎样的？

一个人在危机的时刻，往往显现他/她的真正秉性，一个国家可能也是如此，当危机四起的时候，一些国家、民族、社会、经济等方面深层次的矛盾和问题就更显露出来。因此在2014—2015年，身处俄罗斯，对于了解和理解它究竟是一个什么样国度应该是有独特好处的。

关于第二个问题，如果面对西方制裁、货币危机、支柱产业和国民经济严重衰退，该怎么办？

被欧美和世界发达经济体的几乎所有国家实施经济制裁、政治孤立；本国货币贬值50%；油价下跌50%使得支柱产业受到全面打击。这些变量会对一个国家的政治、社会、经济产生什么影响？我在俄罗斯所体会和学习到的东西，比任何的计量经济学模型、沙盘推演和压力测试都来得真切。这绝对是千金难买、可遇不可求的一次机会。最好谁都不要再遇到这样的、仿佛喝口凉水都塞牙的情况，但如果真的又有类似的情况袭来，俄罗斯在2014—2015年，还有这以后的所作所为，或有借鉴、或有教训，都是难能可贵的案例。

关于"＋1"的问题，历史是决定论的或是意志论的？

乌克兰危机能不能避免？油价下跌引发的卢布危机和经济危机能不能避免？与西方这种独特的关系以及国内经济畸形的结构，不是现代俄罗斯才面对的问题，早到苏联时代，甚至更早到罗曼诺夫王朝和留里克王朝时代，就已经如此了。是否有宿命，如果存在宿命，一个国家的宿命又是由什么决定的呢？这无疑是一个宏大、复杂、深刻、沉重的问题。这里只是先拿俄罗斯做一次不甚完全的案例剖析吧。

两年多在俄罗斯的工作和生活，一段异乡的岁月已然结束；两年多见缝插针进行的辛苦写作，一本厚厚的著作也已然完成。

感谢我的父亲，是您教给了我思考与写作的习惯，您的言行为我照亮前行的方向，让我终身受益。感谢我的母亲，作为独子的我，两年多的时间远离家乡，对您无法照顾、少有探望，即便是回到北京之后，也总是忙于工作，又加之沉湎于本书的写作，陪伴您的时间实在太少了，而您则每每以慈爱来宽容我的任性。感谢我的爱人，宝宝才半岁，你就抱着她陪我远赴苦寒之地，经历了欧美制裁、食物单调、没有蔬菜、冬季漫长、不见阳光的一系列困难，更是在没有老人帮忙、语言不通的情况下，自己在异域照顾宝宝，此中艰辛，外人实难体会。感谢我的宝宝，你刚学会走路，就和俄罗斯小朋友一样，在大雪中蹒跚，小脸冻得通红，在莫斯科几次生病，高烧不退，还住进了医院，你还勇敢地在那个没有一个人会说中文的本地幼儿园待了半年，当你摔倒的时候，爬起来，笑着对我说"Нормально"，每每想起，既让人微笑、又让人心酸。当我面对困难的时候、疲劳困顿的时候，你们的笑容、温暖、坚强和乐观永远鼓励着我。

感谢我在莫斯科和北京的同事们，你们不仅在工作中支持、帮助我，更有很多人在生活中关心和照顾我与家人，带着不懂俄语的我们去医院寻医问病，回国休假也不忘带一点来自祖国的食品给我们打牙祭。在俄罗斯遭受制裁，各类风险与危机四伏，很多业务在做与不做之间难以抉择的时候，我们在一起的团结、理解、默契和包容，才使工银莫斯科能够在此逆境中生存和发展。特别是那些至今仍然在俄罗斯坚持战斗的同事们，你们辛苦了！

感谢姜建清董事长，您在百忙之中详细审阅了我的书稿，从大段内容的写法调整，到具体的错字，都仔细圈改，提出了很多宝贵的指导意见，您还不辞辛劳为本书题写了序言，令拙著倍添光彩。万分感谢您一直以来对我工作的指导、帮助、鼓励与支持。

感谢李辉大使在繁忙的工作之余，仔细阅读了我的书稿，并撰写了热情洋溢的感言，令人万分感动。在所有当代的中国人中，大使无疑是最了解俄罗斯的，在所有在俄罗斯工作的中国人中，大使也无疑是最辛苦的，您的表率和对我工作的肯定，将激励我继续努力前行。

还要感谢中国金融出版社的魏革军社长、张智慧老师和王雪珂编辑，本书的顺利问世离不开你们的支持、帮助与辛勤劳动。

2015 年底，我在俄罗斯主权基金的新年酒会上，遇到了俄罗斯美国商会的代表独自在热闹的会场的一个角落里小酌。我问这位在被自己祖国制裁的国家里工作的人，未来会怎么样？他说在美国大选之前，对俄罗斯的制裁和所有的情况都不会改变，只能看大选之后了。我们相对无言，又碰了一下酒杯，也许在这样的情况下，最好的表达方式就是喝酒了。在这样的时间，这样的地点，必须有这样一群人来面对这样的一些问题，而这样的一群人就是我们。谨以此书纪念那段岁月，也向所有经历了那段岁月的人们致意！

最后要感谢的，是您，我尊敬的读者，感谢您花费时间读完这本厚书，也希望这本拙匠之著对您能有所启发。

知己知彼。

居安思危。